JN300653

税法講義（第2版）

税 法 講 義

―― 税法と納税者の権利義務 ――

（第 2 版）

山田二郎 著

信 山 社

第2版のはしがき

　本書の第1版を出版後、5年が経過した。この間、税法の毎年の改正や数多くの新判例、数多くの新しい分野の研究の公刊、学会での報告がされてきている。講義ではプリントを配ってフォローしてきていたが、第2版を出版するにあたって、できるだけ不十分な個所を補充することにした。山田が2000年3月に東海大学法学部を定年退職し、税法講座を西山由美専任講師に引継ぐことにしたので、この機会に、本書の内容を時代の要求に応えられるように充実したいと改訂を行った。

　今度の第2版の内容については、西山講師に補正・校正について御尽力を頂いた。EUの税制の紹介をはじめ国際課税の動向、地方の時代を迎えた地方税の分野、内外の判例の位置づけ等については今後の改訂の課題としたい。

　2001年3月

山 田 二 郎

初版はしがき

　国際化と高齢化の進む社会を迎えて、この社会を支える税制に関する国民の関心が一段と高まってきている。

　現行の税制は、国税と地方税で構成されている。税制の内容は、税法と税条例で規定されており、租税法律主義と租税平等主義が基本原則となっている。本書は、法学部で行う税法講義の教科書として執筆したものであるが、視点を納税者の立場におくように心がけ、納税者の権利義務を説明することに特徴をもたせようと意図している。

　第1章ないし第5章では、税法の体系・通則を取り上げ、第6章では個別税法のうちの主な税目である所得税、法人税、消費税、相続税及び贈与税、固定資産税、国際課税を扱っている。

　第7章以下では、租税手続法、租税徴収法（滞納処分）、租税救済法（税務争訟の手続）、租税処罰法を扱っている。平成5年11月行政手続法が漸く公布されたが、租税手続には全般的に適用除外となっている。「公正な課税処分は、公正な租税手続によりはじめて保障される」ので、租税手続法の制定は是非とも必要なことである。租税法律主義、租税平等主義は、租税手続法制の充実、租税救済手続の活性化により保障されるものであるので、第7章以下の論述にもできる限り力を入れた積りである。

　本書は、余裕がなかったので説明の足りないところを残しているが、この点は改訂の機会をえて、その際にはもう一度全般的に見直し、内容をより充実したものにしたい。

　本書をまとめるについては、参考文献に掲げた研究、本文の（注）に掲げた研究を利用させて頂いたが、とりわけ金子宏『租税法』、清永敬次『税法』

初版はしがき

は体系の組立て、論述の進め方について多くの点で参考とさせて頂いた。

　原稿の整理が遅れたために東海大学大学院法学研究科中沢元博君、西田幸典君には校正、資料の整理などの労をわずらわせた。また、信山社編集部の袖山貴氏には本書の刊行にあたって格別のご尽力を頂いた。各位に深く感謝を申し上げたい。

　なお、計数資料の出典は、㈶日本租税研究協会「税制参考資料集」、自治省税務局「地方税関係資料集」、図表類の出典は、「図説日本の税制」（財経詳報社）である。

　　1996年3月

　　　　　　　　　　　　　　　　　　　　　　　　　山　田　二　郎

目　次

第1章　租　税 …………………………………………………… *1*

第1節　租税の意義 ………………………………………… *1*

1　税法と租税 (*1*)
2　租税と納税者 (*2*)

第2節　わが国の租税制度の発達 ………………………… *5*

1　租税制度の歴史 (*5*)
2　わが国の租税制度の概観 (*5*)
3　欧米の租税制度 (*7*)

第3節　租税原則 …………………………………………… *8*

第4節　国と地方自治体の歳入と歳出 …………………… *9*

1　国と地方自治体の歳入 (*9*)
2　国と地方自治体の歳出 (*9*)

第5節　租税の分類 ………………………………………… *11*

1　国税と地方税 (*11*)
2　直接税と間接税 (*11*)
3　申告納税方式による租税と賦課課税方式による租税 (*12*)
4　その他の分類 (*12*)

目　次

第 2 章　税法の体系 …… 17

第 1 節　税法の種類 …… 17

1　租税実体法、租税手続法及び租税処罰法 (17)
2　国内税法と国際税法 (18)

第 2 節　租税の法源 …… 20

1　憲　法 (20)
2　法　律 (21)
3　命　令（政令、省令）(21)
4　告　示 (22)
5　条例及び規則 (22)
6　条　約 (23)
7　通　達 (23)
8　判　例 (24)

第 3 節　税法の適用範囲 …… 26

1　地域的適用範囲 (26)
2　人的適用範囲 (26)
3　時間的適用範囲 (26)
4　国際的な課税権の競合と調整 (27)

第 3 章　租税の基本原則 …… 29

第 1 節　租税法律主義 …… 29

1　租税法律主義と憲法 84 条、30 条 (29)
2　租税法律主義の例外 (29)
3　政令への委任（委任立法の限界）(30)

第2節 租税平等主義 ………………………………………………… 31

    1 立法上の租税平等主義 *(31)*
    2 執行上の租税平等主義 *(32)*

第4章 税法の解釈と適用 ………………………………………… 35

第1節 税法の解釈 ……………………………………………………… 35

    1 税法の解釈の基準 *(35)*
    2 「疑わしきは国庫の不利益に」 *(36)*
    3 借用概念の解釈 *(36)*

第2節 法形式の選択・濫用と税法の解釈 ……………………… 39

    1 租税回避行為 *(39)*
    2 仮 装 行 為 *(40)*
    3 取消しうべき行為、無効の行為等 *(41)*
    4 違法所得に対する課税、違法な経費の控除の是非 *(42)*

第3節 信義誠実の原則 ……………………………………………… 46

第5章 租税実体法 ………………………………………………………… 49

第1節 課税要件と租税法律関係 ………………………………… 49

第2節 課税要件の内容 ……………………………………………… 50

    1 納税義務者等 *(50)*
        1−1 納税義務者 *(50)*
        1−2 税 理 士 *(51)*

目　次

　　2　課税物件（53）

　　3　帰　属（54）

　　4　課税標準（55）

　　5　税　率（56）

第6章　個別税法 …………………………………………… 57

第1節　所　得　税 ………………………………………… 57

　　1　納税義務者（57）

　　　1－1　納税義務者の区分（57）

　　　1－2　納税義務者と課税所得の範囲（58）

　　　1－3　法人と所得税の納税義務（58）

　　　1－4　人的非課税（58）

　　　1－5　課税単位（59）

　　2　課税物件（60）

　　　2－1　所得概念（包括的所得概念）（60）

　　　2－2　違法所得（61）

　　　2－3　所得の推計（62）

　　　2－4　非課税所得（物的非課税）（62）

　　3　帰　属（62）

　　4　課税標準（tax base　収入金額と必要経費の計算）（63）

　　　4－1　所得の分類（63）

　　　4－2　所得の計算（63）

　　　4－3　各種所得の範囲と各種所得の金額（65）

　　　4－4　収入金額（70）

　　　4－5　必要経費（75）

　　　4－6　損益通算と損失の繰越控除、繰戻控除（82）

　　　4－7　所得控除（83）

　　5　税率と税額控除（84）

目　次

第2節　法　人　税 ……………………………………………………91

1　法人税と個人所得税の2重課税（法人実在説と法人擬制説）
　　の調整（91）
2　納税義務者、課税物件、帰属（92）
　2－1　納税義務者と課税物件の範囲（92）
　2－2　人的非課税（92）
　2－3　課税物件（92）
　2－4　帰　属（92）
3　課税標準（93）
　3－1　課税標準と益金、損金（93）
　3－2　確定決算主義と申告調整（法人の決算と課税所得）（93）
　3－3　益金及び損金の額（94）
4　主な益金・損金と別段の定め（99）
　4－1　役員に対する給与と別段の定め（99）
　4－2　寄付金と別段の定め（損金算入の限度額計算）（101）
　4－3　交際費等と別段の定め（103）
　4－4　使途秘匿金（使途不明金）（104）
　4－5　資産の評価益・評価損と別段の定め（104）
　4－6　引当金・準備金と別段の定め（107）
　4－7　同族会社の行為・計算の否認規定と否認の効果（108）
5　税　率（109）
　5－1　内国法人の通常の税率（109）
　5－2　同族会社の特別税率、土地重課（110）
　5－3　退職年金等積立金等に対する税率（110）
　5－4　税額控除（110）

第3節　消　費　税 ……………………………………………………113

1　消費税の導入と直間比率の是正（113）
2　納税義務者（114）

13

目 次

  2－1　納税義務者と消費税の転嫁（*114*）
  2－2　事業者の範囲（*115*）
 3　課税物件（*115*）
  3－1　国内取引（*116*）
  3－2　外国貨物の引取り（*116*）
 4　課税標準（*117*）
 5　税　率（*118*）
 6　仕入税額控除（*118*）
  6－1　仕入税額控除の計算（*118*）
  6－2　仕入税額控除と区分計算（課税売上割合）（*119*）
  6－3　仕入税額控除と推計計算（*119*）
  6－4　簡易課税制度（*120*）

第4節　相続税及び贈与税 …… *123*

 1　相続税及び贈与税と租税体系（*123*）
 2　相 続 税（*124*）
  2－1　納税義務者（*124*）
  2－2　課税物件と非課税物件（*124*）
  2－3　課税標準と税率（*125*）
  2－4　税額の加算、減算等（*128*）
  2－5　相続財産の評価（*129*）
  2－6　相続税の納付と物納制度（*130*）
 3　贈 与 税（*133*）
  3－1　納税義務者（*133*）
  3－2　課税物件（*133*）
  3－3　課税標準と税率（*134*）
  3－4　財産の評価（*134*）

第5節　固定資産税 …… *136*

 1　地方税の体系と固定資産税の沿革（*136*）

2　納税義務者と課税物件 (137)
　　　2－1　課税物件 (137)
　　　2－2　納税義務者 (137)
　　　2－3　固定資産税の非課税 (138)
　　3　課税標準と税率 (141)
　　　3－1　課税標準と基準年度 (141)
　　　3－2　固定資産の評価と固定資産評価基準 (142)
　　　3－3　課税標準の特例と負担調整措置 (142)
　　4　税　率 (144)

第6節　国際課税 …………………………………………… 146

　　1　国際的な2重課税と国際課税制度 (146)
　　2　外国税額控除 (146)
　　　2－1　国際的な2重課税の排除 (146)
　　　2－2　外国税額控除の対象となる外国法人税 (148)
　　3　タックス・ヘイブン対策税制 (149)
　　4　移転価格税制 (150)
　　5　過少資本税制 (153)
　　6　外国法人に対する課税 (153)
　　7　租税条約 (155)

第7章　租税手続法 …………………………………………… 161

　第1節　税務行政組織 …………………………………………… 161

　　1　国税の税務行政組織 (161)
　　2　地方税の税務行政組織 (162)

　第2節　納税義務の成立・確定・消滅 ……………………… 164

　　1　納税義務の成立と確定 (164)

目　次

- 1－1　納税義務の成立（*164*）
- 1－2　納税義務の成立時期（*164*）
- 1－3　納税義務の成立時期と課税期間等との関係（*165*）
- 2　納税義務の確定（*166*）
  - 2－1　納税義務の確定と確定手続の態様（*166*）
  - 2－2　申告納税方式（*167*）
  - 2－3　賦課課税方式（*167*）
  - 2－4　自動確定方式（*168*）
- 3　納税申告と補正手続（*168*）
  - 3－1　納税申告の性質と提出先（*168*）
  - 3－2　納税申告の種類（*169*）
  - 3－3　納税申告の効力（*171*）
  - 3－4　更正の請求（*172*）
  - 3－5　課税処分（*175*）
- 4　納税義務の承継（*182*）
  - 4－1　納税義務の承継とその態様（*182*）
  - 4－2　納税義務の承継と租税債務の確保の要請（*183*）
- 5　租税の納付と納税義務の消滅（*183*）
  - 5－1　租税の納付と納期限（*183*）
    - (1)　法定納期限と具体的納期限（*183*）
    - (2)　納期限の延長（*184*）
    - (3)　納税の猶予（*185*）
  - 5－2　延納と利子税（*185*）
  - 5－3　租税の納付（*186*）
  - 5－4　租税の納付の方法（*187*）
  - 5－5　源泉徴収による租税の納付（*188*）
  - 5－6　納付以外の納付義務の消滅（*188*）
- 6　租税の還付（*191*）
  - 6－1　過誤納金（*191*）
  - 6－2　還付金（*191*）
  - 6－3　還付の手続（*192*）

6 — 4　還付金等の消滅時効 (*193*)
　　　6 — 5　還付金等の充当 (*193*)
　　　6 — 6　還付金等の還付加算金 (*193*)

第 3 節　納税者の記帳義務と税務調査 ……………………*195*

　1　納税者の記帳義務 (*195*)
　2　税務調査 (*197*)
　　2 — 1　税務調査の態様 (*197*)
　　2 — 2　課税処分のための税務調査 (*197*)
　　(1)　純粋の任意調査 (*198*)
　　(2)　間接強制を伴う任意調査 (*198*)
　　(3)　強制調査 (*204*)

第 4 節　租税の強制徴収（滞納処分）……………………*206*

　1　強制徴収の手続 (*206*)
　　1 — 1　滞納と強制徴収の手続 (*206*)
　　1 — 2　滞納処分と自力執行力 (*208*)
　　1 — 3　滞納処分と違法性の承継 (*209*)
　　1 — 4　債権者代位権・債権者取消権 (*209*)
　　(1)　債権者代位権 (*209*)
　　(2)　債権者取消権 (*210*)
　2　租税債権と私債権・他の公課との優劣 (*211*)
　　2 — 1　租税債権の一般的優先権（優先徴収権）(*211*)
　　2 — 2　租税債権と私債権との調整 (*212*)
　　(1)　現行法の位置づけ (*212*)
　　(2)　質権・抵当権との調整 (*212*)
　　(3)　先取特権との調整 (*214*)
　　(4)　留置権との調整 (*215*)
　　(5)　仮登記担保との調整 (*215*)
　　(6)　譲渡担保との調整 (*216*)

目　次

　　　2－3　租税公課の相互間の調整（*217*）
　　　2－4　租税債権と私債権間の特殊な調整（*218*）
　　3　租税債権と他の強制換価手続（主に倒産手続）（*218*）
　　　3－1　滞納処分と強制執行等（*218*）
　　　3－2　租税債権と倒産手続（*219*）
　　　　(1)　倒産手続の諸制度（*219*）
　　　　(2)　租税債権と破産手続（*219*）
　　　　(3)　租税債権と会社更正手続（*222*）
　　4　滞納処分による債権差押と相殺（*224*）
　　　(1)　滞納処分による債権差押と民事執行法による債権差押（*224*）
　　　(2)　決定相殺と契約相殺（*224*）
　　　(3)　決定相殺について判例の動向（*225*）
　　　(4)　契約相殺（相殺予約）について判例の動向（*226*）
　　5　滞納処分と第2次納税義務の制度（*226*）
　　　(1)　第二次納税義務の制度（*226*）
　　　(2)　第二次納税義務の態様（*227*）
　　　(3)　第二次納税義務の成立と確定（*229*）
　　　(4)　第二次納税義務の性質（附従性と補充性）（*230*）
　　　(5)　第二次納税義務者の救済（*231*）
　　6　滞納処分の手続（*232*）
　　　6－1　滞納処分の進行と適用法令（*232*）
　　　6－2　督　促（*233*）
　　　6－3　財産の調査（*233*）
　　　6－4　財産の差押（*234*）
　　　　(1)　差押の着手（*234*）
　　　　(2)　差押の対象財産（*235*）
　　　　(3)　差押の手続（*236*）
　　　　(4)　差押の効力（*238*）
　　　　(5)　差押の解除（*240*）
　　　6－5　交付要求及び参加差押（*241*）
　　　6－6　財産の換価（*242*）

(1) 滞納処分と差押財産の換価 (*242*)
　　　(2) 換価の手続 (*242*)
　　　(3) 換価の効果 (*243*)
　　6 — 7　配　当 (*244*)
　　　(1) 滞納処分と配当 (*244*)
　　　(2) 配当の手続 (*244*)
　　6 — 8　滞納処分と納税義務の消滅 (*245*)
　7　滞納処分と緩和措置 (*245*)
　　7 — 1　換価の猶予 (*245*)
　　7 — 2　滞納処分の執行停止 (*246*)

第8章　税務救済法 …………………………………… *249*

第1節　税務争訟の構造 …………………………………… *249*

　1　税務争訟と納税者の救済 (*249*)
　2　行政不服申立前置主義と選択主義 (*249*)
　3　税務争訟に適用される法律 (*250*)

第2節　行政上の不服申立て …………………………………… *252*

　1　行政不服申立ての種類 (*252*)
　2　異議申立て (*252*)
　3　審査請求 (*252*)
　4　国税不服審判所 (*253*)
　5　不服申立期間 (*253*)
　6　不服申立人 (*254*)
　7　不服申立ての教示 (*255*)
　8　不服申立ての手続 (*255*)
　9　執行停止（執行不停止の原則）(*255*)
　10　行政不服申立ての審理 (*256*)
　　10 — 1　異議申立ての審理 (*256*)

目　次

　　10―2　審査請求の審理（257）
　　　(1)　閲覧請求制度（260）
　　　(2)　職員の調査権（262）
　11　行政不服申立ての決定・裁決（262）
　　11―1　決定・裁決の内容（262）
　　11―2　通達と異なる解釈と裁決（264）
　　11―3　決定・裁決の理由附記（265）
　　11―4　決定・裁決の効力（266）

第3節　税 務 訴 訟 ……………………………………………268

　1　税務訴訟の種類（形態）（268）
　2　税務訴訟と訴訟要件等（269）
　　2―1　出訴期間（269）
　　2―2　行政不服申立前置主義（270）
　　2―3　訴訟物（争点主義と総額主義）（270）
　　2―4　取消訴訟の対象（処分性）（272）
　　2―5　主張責任・立証責任と国税通則法116条
　　　　　（証拠申出の順序）（273）
　　　(1)　主張責任と立証責任（273）
　　　(2)　取消訴訟の主張責任と立証責任（273）
　　　(3)　税務訴訟の主張責任と立証責任（274）
　　　(4)　証拠申出の順序（276）
　　　(5)　推計課税と主張責任・立証責任（278）
　　2―6　職権証拠調べ（279）
　　2―7　文書提出命令（280）
　　　(1)　文書提出命令と税務訴訟の特色（280）
　　　(2)　文書提出命令の対象文書（281）
　　　(3)　文書提出命令と守秘義務（282）
　　2―8　取消訴訟と主張の制限（284）
　　　(1)　取消訴訟と原処分主義（284）

(2) 取消訴訟と原処分の理由の差換え（*285*）
　3　税務訴訟と執行不停止（*285*）
　4　税務訴訟の判決（*286*）
　　(1) 判決の種類（*286*）
　　(2) 判決の効力（*287*）
　5　税務訴訟と和解（*288*）

第9章　租税処罰法 …………………………………… *295*

第1節　附　帯　税 ………………………………………… *295*

　1　附帯税の種類と行政罰（*295*）
　2　延滞税（*295*）
　3　利子税（*296*）
　4　加算税（*296*）
　　(1) 過少申告加算税（*297*）
　　(2) 無申告加算税（*297*）
　　(3) 不納付加算税（*298*）
　　(4) 重加算税（*298*）
　5　過　怠　税（*300*）

第2節　租　税　犯 ………………………………………… *302*

　1　租税犯と処罰の変遷（*302*）
　2　租税犯の構成要件（*302*）
　　(1) 脱　税　犯（*302*）
　　　イ　逋脱犯（*302*）
　　　ロ　逋脱犯の成立（*303*）
　　　ハ　逋脱犯の両罰規定（業務主の処罰）（*303*）
　　　ニ　逋脱犯の刑罰（*305*）
　　　ホ　その他の脱税犯（*305*）
　　　　㈤　拡張的脱税犯（*305*）

目　次

　　　　　　(ロ)　不納付犯（305）
　　　　(2)　租税危害犯（306）
　　　　　　イ　単純無申告犯（306）
　　　　　　ロ　不徴収犯（306）
　　　　　　ハ　調査妨害罪（306）
　　3　犯則事件の調査（307）
　　　　(1)　租税犯の刑事手続と調査（捜査）手続の特色（307）
　　　　(2)　犯則事件の調査（307）
　　　　(3)　犯則事件の任意調査（307）
　　　　(4)　犯則事件の強制調査（308）
　　　　(5)　収税官吏の告発等（309）
　　4　通告処分（310）

資　料
　　1　日本の近代税制の主な沿革（312）
　　2　国税収入の構成の累年比較（314）
　　3　地方税収入の構成の累年比較（318）

事項索引（巻末）

〈略 語 表〉

A 法令・通達

通	国税通則法
通令	国税通則法施行令
徴	国税徴収法
徴令	国税徴収法施行令
国犯	国税犯則取締法
国犯規	国税犯則取締法施行規則
所	所得税法
所令	所得税法施行令
所規	所得税法施行規則
所通	所得税基本通達
法人	法人税法
法人令	法人税法施行令
法人規	法人税法施行規則
法人通	法人税基本通達
相	相続税法
相通	相続税法基本通達
財評通	財産評価基本通達
印	印紙税法
消	消費税法
消令	消費税法施行令
消通	消費税法取扱通達
酒	酒税法
措置	租税特別措置法
措置令	租税特別措置法施行令
措置通	租税特別措置法通達
関	関税法
地	地方税法
地令	地方税法施行令
行審	行政不服審査法
行訴	行政事件訴訟法
民訴	民事訴訟法

B 判 例 集

民集	最高裁判所民事判例集
刑集	最高裁判所刑事判例集
民録	大審院民事判決録
高民	高等裁判所民事判例集
高刑	高等裁判所刑事判例集
下民集	下級裁判所民事判例集
行集	行政事件裁判例集
訟月	訟務月報
判時	判例時報
判タ	判例タイムズ
税資	税務訴訟資料

C 雑 誌

研究	租税法研究
シュト	シュトイエル
ジュリ	ジュリスト
税弘	税務弘報
税通	税務通信
租研	租税研究
法時	法律時報
法曹	法曹時報
民商	民商法雑誌

〈主な参考文献〉

〈主な参考文献〉

1 法令集
 実務 税法六法 法令編（新日本法規）
 実務 税法六法 通達編（新日本法規）

2 税制一般・税法の体系書・教科書
 シャウプ使節団「日本税制報告書」(1949年、復元版、日税連出版局)
 福田卓弘監修「シャウプの税制報告」(1985年、霞出版社)
 カール・S・シャウプ　柴田弘文ほか訳「シャウプの証言」(1988年、税務経理協会)
 塩崎　潤監訳「シャウプの財政学」(1)(2)(1973年、有斐閣)
 植松守雄「シャウプ報告に基づく税制改正とその後の変遷」税制の動き2000・5・1
 大蔵省財政史室編「昭和財政史」(1984年、東洋経済新報社)
 平田敬一郎ほか「昭和税制の回顧と展望」(1979年、大蔵財務協会)
 ㈹財政研究所編「項目別　税制調査会答申集」(1983年、財経詳報社)
 木下和夫「税制調査会―戦後税制改革の軌跡」(1992年、税務経理協会)
 佐藤進・宮島洋「戦後税制史（増補版）」(1983、年税務経理協会)
 吉牟田勲「日本税制史の変遷」(1995年、㈱ジェイ・アイ・エス)
 大蔵省調査課長編「図説・日本の税制」(1970〜2000年、財経詳報社)

 杉村章三郎「租税法」、「地方税法」新法学全集 (1940年、日本評論社)
 田中二郎「租税法」（新版第3版）法律学全集 (1990年、有斐閣)
 須見脩一「税法総論Ⅰ」（増補版）(1971年、有信堂)
 中川一郎編「税法学体系」（全訂増補版）(1975年、ぎょうせい)
 松隈秀雄「税務読本」(1967年、東洋経済新報社)
 金子　宏「租税法」（第7版補正版）(2000年、弘文堂)
 清永敬次「税法」（第5版）(1998年、ミネルヴァ書房)
 新井隆一「租税法の基礎理論」(1974年、日本評論社)

〈主な参考文献〉

北野弘久「現代税法講義」（3訂版）（1999年、法律文化社）
畠山武道・渡辺　充「租税法」（2000年、青林書院）
水野　勝「租税法」（1993年、有斐閣）
村井　正「租税法―理論と政策」（1988年、青林書院）
武田昌輔監修「DHCコメンタール法人税法・所得税法・相続税法・消費税法・国税通則法（加除式）」（第一法規）

租税法学会、租税法研究第1号ないし第28号（1973年～、有斐閣）
別冊ジュリスト・租税判例百選（1968年、有斐閣）
別冊ジュリスト・租税判例百選（第2版、1983年、有斐閣）
別冊ジュリスト・租税判例百選（第3版、1992年、有斐閣）

志場喜徳郎ほか「国税通則法精解」（第三版、1977年。大蔵財務協会）
木下和夫・金子宏監修「21世紀を支える税制の論理　全7巻」（1995年～。税務経理協会）

3　所得税

金子　宏「所得概念の研究」（1995年、有斐閣）
金子　宏編「所得課税の研究」（1991年、有斐閣）
金子　宏「所得課税の法と政策」（1996年、有斐閣）
渡辺伸平「税法上の所得をめぐる諸問題」司法研究報告書（1962年、法曹会）
塩崎　潤・植松守雄ほか「所得税法の論理」（1969年、税務経理協会）
林　大造「所得税の基本問題」（1966年、税務経理協会）
泉　真之松「所得税法の読み方」（新版）（1986年、東京教育情報センター）
大島隆夫・西野裏一「所得税法の考え方・読み方」（第2版）（1988年、税務経理協会）
注解　所得税法研究会編「注解　所得税法」（1994年、大蔵財務協会）

4　法人税

田中耕太郎「貸借対照表法の論理」（1890年、有斐閣）
田中勝次郎「法人税法の研究」（1965年、税務研究会）

25

〈主な参考文献〉

武田昌輔「会社税務精説」(1962年、森山書店)
武田昌輔「立法趣旨　法人税法の解釈」(5訂版)(1993年、財経詳報社)
武田昌輔「公益法人課税」(1993年、全国公益法人協会)
武田隆二「法人税法精説」(1990年、青山書店)
　同　　「所得会計の理論」(1970年、同文舘出版)
西野裏一「法人税法原論」(1981年、税務経理協会)
吉牟田勲「法人税法詳説」(1988年、中央経済社)
中村利雄「法人税法要論」(1992年、税務経理協会)
山本守之「体系法人税法」(1993年、税務経理協会)
渡辺淑夫「法人税法」(1993年、中央経済社)

5　相続税

吉田富士雄「相続税法」(1990年、税務経理協会)
貝塚啓明ほか「資産課税のあり方」(1989年、日税務務研究センター)
白崎浅吉・桜井四郎「相続税法解説」(1974年、税務研究会出版局)
北野弘久ほか「争点相続税法」(1995年、勁草書房)
北野弘久編「コンメンタール相続税法」(1944年、勁草書房)

6　消費税その他の国税

ジョルジュ・エグレ(荒木和夫訳)「付加価値税」(1985年、白水社)
水野忠恒「消費税の制度と理論」(1989年、弘文堂)
尾崎　譲編「消費税法詳解」(1991年、税務経理協会)
木村剛志・大島隆夫「消費税法の考え方・読み方」(改訂版)(1993年、税務経理協会)
山本守之「実務消費税法」3訂版(1996年、税務経理協会)
八田達夫「消費税はやはりいらない」(1994年、東洋経済新報社)

吉田富士雄「間接税法総論」(1968年、税務経理協会)
出水美之松・松本　茂共編「全訂酒税法注解」(1966年、財務出版)
大蔵省関税局関税研究会編「関税法精解」(1974年、日本関税協会)
大倉真澄「印紙税法の詳解」(1967年、財経詳報社)

〈主な参考文献〉

清水　堪ほか「新登録免許税法詳解」(1982年、金融財政事情研究会)

7 地方税 (主に固定資産税関係)

丸山高満「日本地方財政史」(1985年、ぎょうせい)
橋本　徹「現代の地方財政」(1988年、東洋経済新報社)
佐藤　進・高橋　誠編「地方財政読本」(第3版)(1991年、東洋経済新報社)
丸山高満「地方税の基礎知識」(1981年、良書普及会)
丸山高満「地方税の一般理論」(1983年、ぎょうせい)
碓井光明「地方税の法理論と実際」(1986年、弘文堂)
碓井光明「地方税条例」(1979年、学陽書店)
碓井光明「地方体財政・財務法(改訂版)」自治体法学全集9 (1995年、学陽書店)
山田二郎ほか「固定資産税の現状と納税者の視点」(1983年、六法出版社)
地方財務研究会編「地方税法総則逐条解説」(1985年、地方財務協会)
自治省固定資産税課編「固定資産税逐条解説」(1986年、地方財務協会)
自治省資産評価室編「固定資産評価基準解説(土地篇)」(1994年、地方財務協会)
自治省資産評価室編「固定資産評価基準解説(家屋篇)」(1994年、地方財務協会)
自治省固定資産税課・資産評価室編「評価ハンドブック―平成6年度固定資産評価基準」(1993年、地方財務協会)
佐々木喜久治「固定資産税(平成7年度版)」(1995年、税務経理協会)
木下和夫監修「固定資産税の理論と実態――日本の固定資産税と各国の不動産税」(1987年、ぎょうせい)
米原淳七郎「土地と税制――土地保有税重課論批判」(1995年、有斐閣)

自治省税務局府県税課編「事業税逐条解説」(1995年、地方財務協会)
自治省税務局市町村課編「新訂　事業所税詳降」(1982年、地方財務協会)
自治省税務局固定資産税課編「五訂　特別土地保有税」(1986年、ぎょうせい)
中西　弘ほか「地方税」(1986年、第一出版)
北脇保之ほか「地方税法Ⅰ、Ⅱ」、「地方交付税法」地方公務員の法律全集7、

〈主な参考文献〉

  8、10（1992年、ぎょうせい）

8 租税手続法（国税徴収法を含む）
  志徳喜徳郎ほか「国税通則法精解」（7版）（1990年、大蔵財務協会）
  吉国二郎ほか「国税徴収法精解」（12版）（1987年、大蔵財務協会）
  租税法研究会編「租税徴収法研究　上・下」（1959年・1960年、有斐閣）
  浅田久治郎「租税徴収の理論と実際」（1971年、きんざい）
  西沢　博ほか．「民事執行と滞納処分の実務」（1981年、きんざい）

9 税務救済法に関するもの
  山田二郎「税務訴訟の理論と実際」（増補版）（1976、財経詳報社）
  山田二郎・石倉文雄「税務争訟の実務」（改訂版）（1993、新日本法規出版）
  小川英明・松沢　智編「租税争訟法」裁判実務大系20（1988、青林書院）
  南　博方「租税争訟の理論と実際」（増補版）（1980年、弘文堂）
  松沢　智「租税争訟法」（1977年、中央経済社）
  中尾　巧「税務訴訟入門」（1991、商事法務研究会）
  泉　徳治ほか「租税訴訟の審理について」（司法研究報告書、1984年、法曹会）
  木村弘之亮「租税証拠法の研究」（1987年、成文堂）

10 租税処罰法に関するもの
  臼井滋夫「国税犯則取締法」（1990年、信山社）
  松沢　智「租税処罰法」（1999年、有斐閣）
  木村弘之亮「租税処罰法」（1991年、弘文堂）
  佐藤英明「脱税と制裁」（1992年、弘文堂）

11 国際租税法と外国の文献
  Harvard Law School, World Tax Series, Taxation in the United States（1963年）
  Harvard Law School, World Tax Series, Taxation in the United Kingdom（1963年）
  Harvard Law School, World Tax Series, Taxation in the Federal

〈主な参考文献〉

Republic of the Germany (1963年)
Harvard Law School, World Tax Series, Taxation in France (1966年)
J.K. McNulty, Federal Income Taxation of Individuals (1988年)
R.グード(塩崎　潤訳)「個人所得税」(1966年、日本租税研究協会)
同・「法人税」(1981年、今日社)
小松芳明「各国の租税制度」5訂版(1980年、財経詳報社)
金子　宏編「国際課税の理論と変貌」(1997年、有斐閣)
水野忠恒「アメリカ法人税法の法的構造」(1988年、有斐閣)
水野忠恒「国際課税の制度と理論」(2000年、有斐閣)
木村弘之亮「国際税法」(2000年、成文堂)
P.ワイデンブルグ外、髙橋真一訳「アメリカ法人税制」(1996年、木鐸社)
白須信弘「アメリカ法人税法詳解」(1984年、中央経済社)
本庄　資「アメリカの州税」(1987年、財経詳報社)
須田　徹「アメリカの税法―連邦税・州税のすべて」(1987年、中央経済社)
宮坂善寛「米国の州税制―法人税とユニタリータックス」(1985年、日本貿易振興会)
㈳日本租税研究協会「1986年米国税制改革法の解説」(1985年、日本租税研究協会)
㈳日本租税研究協会「ヨーロッパの付加価値税」(1987年、日本租税研究協会)
K・ティプケ(木村弘之亮ほか訳)「所得税・法人税・消費税―西ドイツ租税法」(1988年、木鐸社)
監査法人トーマツEC統合チーム編「EC加盟国の税法」(1990年、中央経済社)

尾崎　護「G7の税制」(1993年、ダイヤモンド舎)
小松芳明「国際租税法講義」(1995年、地方経理協会)
小松芳明「国際取引と課税問題」(1994年、信山社)
村井　正編「国際租税法の研究」(1990年、育英堂)
宮武敏夫「国際租税法」(1993年、有斐閣)
中里　実「国際取引と課税」(1994年、有斐閣)
木村弘之亮「多国籍企業税法―移転価格の法理」(1993年、慶応通信)

29

〈主な参考文献〉

小松芳明「租税条約の研究」(新版)(1982年、有斐閣)

小松芳明編著「逐条研究日米租税条約」(1989年、税務経理協会)

矢内一好「国際課税と租税条約」(1992年、ぎょうせい)

第1章 租　　税

第1節　租税の意義

1　税法と租税

税法（租税法）は、租税（税）[注1]について定めている法規である。

憲法30条では、国民の納税義務を規定し、また憲法84条では、課税原則を規定しているが、憲法や法規の中で、租税の意義（内容）について定めている規定は存在しない。

租税の意義について、ドイツ租税基本法3条1項は、次のように定めている。「租税とは、特別の給付に対する反対給付ではなく、かつ、公法上の団体が収入を得るために、法律が当該給付義務に結びつけている要件事実に該当する一切の者に対して課す金銭給付をいう。収入を得ることは、これを従たる目的とすることができる。関税及び――は、この法律にいう租税とする」（中川一郎編「77年AO法文集（邦訳）」昭和54年税法研究所）。このドイツ租税基本法に定めている租税の意義を参考にして、租税の定義がされている。租税とは、国又は地方自治体が、その課税権に基づき、収入を得ることを目的として、法令に基づく義務として国民（住民）に負担させる無償の金銭的給付である。

このような租税の定義の一方で、イギリスやアメリカでは、租税を共同社会の構成員が当然負担すべき会費であるという意識が強くなっている。特に地方税では、このような意識が強いといえる。1990年にイギリスで従来のレイト（固定資産税）に代えて導入されたポール・タックス（poll tax、人頭税。1991年に不評のため廃止）は通称コミュニティ・チャージ（community charge）と呼ばれていたが、このような意識を示しているといえる。またアメリカのホームズ裁判官の有名な言葉に、「租税とは、文明に対して支払う対価である」というのがあり、租税の内容を簡潔に表している[注2]。

第1章 租　税

2　租税と納税者

　租税は、国又は地方自治体（都道府県と市町村）が国民（住民）に対して、納税義務という負担を課すものであることに大きな特色がある。

　租税の意義について、説明を加える。

　(1)　租税は、国又は地方自治体が取り立てるものである。

　租税は、国又は地方自治体が法令に基づき国民（住民）から取り立てるものである。地方自治体も、国とは別個に独立した自治団体（地方自治体。憲法92条以下）であり、固有の課税権（租税に関する立法権、税条例制定権）を有している。地方自治体の課税権は国の法律（地方税法）によって授権されているものではない[注3]。

　(2)　租税は、収入を得ることを目的として、国民（住民）に負担させるものである。制裁として科される罰金、科料、過料は租税に該当しない。

　最近、税法の中には、政策に利用されるものが増えてきているが（例えば、地価税は、土地神話を崩すという土地政策のために設けられた）、第2次的にでも収入を得ることを目的としているものは租税に含まれる。

　(3)　租税は、法令に基づく義務として課されるものである。専売収入（塩、アルコールの2種類[注4]）は法令に基づく義務として課されるものではないから、租税には該当しない。国又は地方自治体に対する寄付金も、任意のものであるから、租税には該当しない。

　(4)　租税は、無償の金銭的給付である。使用料（公営住宅の家賃、公営水道の料金、市バスの料金など）又は手数料（登記簿閲覧、印鑑証明の手数料など）は、公の施設の使用又は特定の公の事務に対する「対価」という性質を持っているので、租税と区別される。受益者負担金は、公の特定の事業（土地の整備、排水溝の設置など）の経費に充てるためその事業から利益を受ける者に課されるものであるから、租税には該当しない。一般に行政サービスの対価として負担を求めるものは、手数料として支払いを求め、対価性の明確でないものが租税として徴収されている。

　租税の負担の方法について、応能負担（応能税）、応益負担（応益税）という区別がある。地方税は応益負担の原則に立つべきもので、公のサービスと租税の負担が釣り合っていることが必要であるといわれているが、これはトータルの話で、応益負担といっても、公のサービスと個々の住民の租税の負担とを直接結びつける対価性があるというものではない。

　租税は、明治時代の前は労役や年貢の形態で負担をさせていたが、貨幣経済が

第1節　租税の意義

確立した今日では原則として金銭で納付することに限定されている（通34条1項。例外、相続税の物納、相41条）。

(5)　地方交付税（地方交付税法）、地方道路譲与税（地方道路譲与税法）、石油ガス譲与税（石油ガス譲与税法）、消費譲与税（消費譲与税法）などは、税という名称を用いているが、国が消費税などの税目で国民から納付を受けた税金を、国から地方自治体へ配分するもの（地方交付金）であり、国民から直接納付を受けるものではないので、租税には該当しない。

(6)　国民所得に対する租税の負担と社会保険料の負担とを合わせたものを、国民負担率と呼び、公的負担の水準を表わす指標として用いている。ヨーロッパ各国において、昭和40年から最近までの間に国民負担率は大幅に増加している。例えば、イギリスは38.8%～48.2%、ドイツは42.9%～50.0%、フランスは47.2%～62.7%と増加しており、高福祉政策をとっているスウェーデンでは46.3%～69.3%と著しく負担が増加している。日本は、この間22.7%～37.8%（租税負担率24.0%、社会保険料負担率13.8%）と増加しているが、国民負担率は外国に比べるとなお低い水準に止まっている。日本では、高齢者の構成割合が増える21世紀を迎えても、国民の自助努力に期待することにしており、国民負担率を50%以下にしたいというのが政策目標となっている[注5]。

注(1)　税と租税は、全く同義であり、語源は、収穫した農作物を取り立てることをいう（藤堂明保「漢字語源辞典」549頁。tax, steuer, impôt）。
　(2)　ホームズ裁判官のこの言葉は、アメリカの内国歳入庁（IRS）の玄関に掲げられており、この言葉は、次のように続いている。「租税は文明に対して支払われる対価である。それ故、私は、租税を進んで支払う。」
　(3)　地方自治体の課税権について、福岡地判昭和55.6.5（大牟田電気税事件）判時966・3、東京地判平成2.12.20判時1375・59（山田「判評」判時1388・175）は、国の法律によって授権されたものと解しているが、今日では、通説は、地方自治体は国と並んで固有の課税権を持つものと解している（佐藤　功「日本国憲法概説（全訂第4版）」544頁、金子　宏「租税法」87頁、清永敬次「税法」3頁、塩野　宏「行政法III」90頁）。
　(4)　煙草の専売は、1985年に廃止（日本たばこ産業株式会社）。

第1章　租　税

国民所得に対する租税負担率及び社会保障負担率の比較

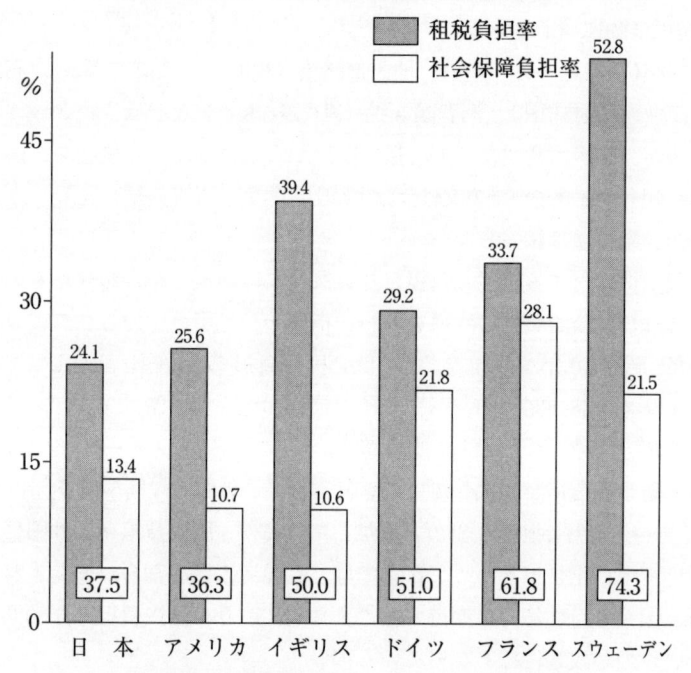

国	租税負担率	社会保障負担率	合計
日　本	24.1	13.4	37.5
アメリカ	25.6	10.7	36.3
イギリス	39.4	10.6	50.0
ドイツ	29.2	21.8	51.0
フランス	33.7	28.1	61.8
スウェーデン	52.8	21.5	74.3

(注) 1. 日本は平成6年度予算であり、フランスは平成元暦年、ドイツは平成2暦年、その他の諸外国は平成3暦年である。
　　 2. □内の数字は、租税負担率と社会保障負担率の合計である。
　　 3. ドイツについては旧西ドイツの数値である。

出典・森信茂樹編「図説　日本の税制　平成6年版(1994年)」

(5)　ニュージーランドやオーストラリアも社会障制が世界で最も進んでいる国であるが、ニュージーランドでは専ら租税収入だけで賄われている（大浦一郎ほか「ニュージーランドの財政金融」1995年）。

　　1994年3月29日に発表された高齢者福祉ビジョン懇話会（厚生大臣の私的諮問機関。宮崎　勇座長）の報告（21世紀福祉ビジョン）によると、年金・医療・福祉の比重を5：4：1から5：3：2に変えることとし、2025年の要介護老人は現在の約200万人から520万人に増えるが、国民負担率は50％を超えないようにすべきであると提言している。

第2節　わが国の租税制度の発達

1　租税制度の歴史

租税は、国や地方自治体が経費を賄うために取り立てるものであるが、租税の形態は、その時代の経済、社会構造や徴税技術（徴税機構）の水準と密接に関連している。

国や地方自治体は、行政活動（行政サービス）の財源（歳入）を主に税金による収入に求めているので、国や地方自治体にとって税金の仕組みは重要な制度であり、このように国等の財源を税金に求める制度を租税国家と呼んでいる。

古代エジプトは賦役が中心であり、ギリシャ、ローマ帝国では財産税と間接税（酒税）が導入され、ローマ末期には不動産税や人頭税がみられるようになっている。中世封建社会では、貢納、賦役が中心であったが、商業の発展によって発生した都市では市民に対し関税、消費税が課せられるようになっている。これに続く絶対王政時代も関税や消費税にウエイトがおかれていたが、19世紀から20世紀にかけて資本主義の発展に伴い各国で所得税、法人税が導入され、20世紀後半にかけて付加価値税（VAT．Value added tax）が導入されるようになっている[注1]。

中国では、農業が産業の中心であったことから、唐代中期以降、塩税、消費税、関税の比重が高くなっているが、清代に至るまで租税の中心は田賦であった。

2　わが国の租税制度の概観（資料「日本の近代税制の主な沿革」参照）

わが国の租税制度は、7世紀の半ばに「大化の改新」によって唐に倣って律令国家が作られ、中央集権的な政治が行なわれ始めると共に「租、庸、調」[注2]という租税制度が統一的に全国に施行されるようになった。

「租、庸、調」は税負担が非常に重く農民の逃亡を招き、上手く機能しなかったといわれているが、奈良時代には荘園＝私有地が拡大し、各領主は国家とは別に荘園を基礎に年貢を課すことになった。

鎌倉時代には封建制度が確立し、領主が農民に対して収穫した米の一部を現物で納めさせる「年貢」が租税の中心であった。

室町時代に入ると、商業の発展に伴い、倉役、酒屋役といった商工業者に課税

第1章 租　税

する新たな租税が創られ、幕府の財政を支えている。

　豊臣秀吉の時代には、太閤検地と呼ばれる耕地の調査により、土地の生産力を玄米の生産量（石高）で表すようになり、その石高に応じて年貢を課すことになり、また「検地表」の作成により、土地の直接耕作者を登録し、租税負担の責任者とした。

　江戸時代は、年貢を中心とした農民に対する租税が中心で、田畑・屋敷を課税対象とする本年貢（収穫の約40％を納付。四公六民など）、山林や副業などの収益に課される小物成、労役の一種の助郷役などが課された。商工業者に対しては運上金、冥加金といった営業税や免許税のほか各種の雑税が存在したことが注目される。

　明治維新により近代的な国家を成立させるには、その財政需要を賄う統一的な租税制度の整備が必要とされた。まず、地租改正に着手し、土地所有権の確認を行うとともに、確認された土地所有者（地主）に地券を発行し、耕作者でなく地主を納税義務者とし、収穫量の代わりに収穫力に応じて決められた地価を課税標準として、豊凶に拘らず定率の3％を課税し、納税は貨幣で納付することになった。この地租改正により、近代的な土地所有権の確立と共に、明治政府は安定した収入を得ることができるようになった（税収全体に占める地租の比率は、明治10年までは約80％）[注3]。

　その後産業革命・資本主義の発達により税収構成は変化し、酒税や印紙税の占める割合が高くなっている。明治20年（1887年）に財政需要の増大に対応するために、欧米に倣って、所得税を導入している。そして、所得税の税収に占める割合は、昭和前期にかけて急速に高くなっている。

　第2次世界大戦後は、占領国アメリカの影響のもとで、昭和25年（1950年）シャウプ勧告に基づき申告納税制度や所得税・法人税を中心とする税制（いわゆるシャウプ税制）が施行され、現在のわが国の税制の基礎が創られた[注4]。

　しかし、昭和62年から昭和63年にかけて行われた抜本的税制改革は、高齢化社会や経済構造の変化、国際化の動きなどに対応して、所得・消費・資産の間のバランスのとれた公平で簡素な税体系の構築を狙って、間接税を抜本的に見直すことになり、消費税が導入されることになった（昭和63年）。また、平成4年（1992年）には、資産課税の強化の中核として新しく地価税が導入された[注5]。

3　欧米の租税制度

　ヨーロッパにおける国家は、封建国家から専制国家に、専制国家から立憲国家へと発展したのであるが、徴税の方法は、封建国家の初期には任意献納の形式で行われ、その後に租税承諾の形式（経常費は君主の負担、臨時費は租税承諾を求める形式）に変わり、次に専制国家では専断的賦課が行われ（税金は、臨時税から経常税へ）、立憲国家となってはじめて議会の同意を必要とすることになった。イギリスの先例（1215年マグナカルタ「代表なくして租税なし」。1628年（チャールズ１世）権利請願書、1689年（ウィリアム１世）権利章典など）に従い、アメリカの独立戦争（独立宣言1776年）、フランス革命（人権宣言、1789年）が税金について議会の同意という考え方（租税法律主義）を定着させ、これが明治時代に近代立憲国家へ脱皮した日本にも導入されている。

　19世紀から20世紀にかけて資本主義の発展に伴い各国では所得税・法人税が税金の中で主要なウェイトを占め、所得を課税対象とする所得税・法人税などの直接税が最も公平、公正な優れた税金と考えられ、今日でもアメリカではこの考え方が引き継がれている。しかし、一方で、20世紀後半からEUの諸国では、所得税・法人税を全く排除するというのではないが、次第に所得税・法人税から付加価値税にウェイトを移すように税金のシフトに変化が見られるようになっている。所得税についても、最近税率がフラット化してきていることも注目される。詳しいことは、個別税法の項目で説明する。

　発展途上国や社会主義経済から市場主義経済に移行した諸国でどのような税制を採用しているかということも、興味のあることである。

第1章 租　税

第3節　租税原則

　どのような種類の租税を、どれだけ課し、どのように徴収すべきかという税制の一般的基準を租税原則（課税原則）と呼んでいる。
　有名なものに、アダム・スミスの4原則、ワグナーの4大原則・9原則、マスグレイブの5原則がある[注6]。
　租税原則はその時代の経済・社会情勢を反映して力点の置き方は違っているが、租税負担の公平、経済への中立性、徴税制度の簡潔さ（税務当局及び納税者の双方にとって費用をできるだけ少なくする。）という基本的な要請では共通している。
　経済への中立性というのは、税制が特定の人や物あるいは経済的活動に介入することをできるだけ避け、民間の経済活動への影響をできるだけ小さくしようとすることである。しかし、最近は、政策税制といわれるように特定の政策のために税制を利用しようとするものが目立つようになっており（例えば、土地政策のための特別土地保有税、地価税、地球環境を改善するための環境税）、税制のあり方が問われている[注7]。

第4節　国と地方自治体の歳入と歳出

1　国と地方自治体の歳入

わが国では、行政が行う公共サービスは、国と地方自治体との間で分担をしている。それで、主として税金で集められた歳入を国と地方自治体との間でどのように分配するかは極めて難しい問題である。

その大要は、国は、国防、外交、司法、産業政策など、国家的見地から行う行政活動を、地方自治体は、義務教育、消防、警察、環境整備、高齢者福祉など、日常生活に密着した行政活動を行うものとされている。平成7年(1995年)に地方分権推進法が施行され、平成12年（2000年）に地方分権一括法が施行されて、地方自治体の分権化とその財政の充実(国の地方自治体への税源の移譲、地方自治体の新税の創設など)が大きな波となって動き出している。

このような行政活動の分配に立脚して、国税と地方税の2つの税体系が設けられている。地方税の不均衡を是正するために、国は地方交付税、地方譲与税という形で、地方自治体の財源調整を行っている[注8]。

平成12年度の国及び地方自治体の歳入額とその内訳をみると、歳入額の合計は国が84兆9,871億円、地方自治体が88兆9,300億円とほぼ同額となっている。内訳は、国の歳入では租税及び印紙が57.3％を占めており、地方自治体の歳入では地方税が39.4％、地方交付税が24.1％、地方譲与税が0.7％を占めている。

2　国と地方自治体の歳出

平成12年度の歳出額をみると、
国の歳出は、大きなものから順に挙げると、次のとおりである。
　地方財政関係費（地方交付税など）14兆9,304億円（17.6％）
　社会保障関係費(社会福祉費、社会保険費、失業対策費など生活扶助や医療や年金のための支出) 16兆7,666億円（19.7％）
　公共事業関係費　　9兆4,307億円（11.1％）
　文教・科学振興費　6兆5,222億円（7.7％）
　防衛関係費　　4兆9,358億円（5.8％）

第1章　租　税

　　国債費（国債の償還、利払などのために支出）21兆9,653億円（25.8%）
　地方の歳出は、投資的経費、給与関係費、一般行政費に分かれる。
　　投資的経費　　28兆4,187億円（32.0%）
　　給与関係費　　23兆6,642億円（26.6%）
　　一般行政経費　19兆7,087億円（22.2%）
　投資的経費とは、住民の日常生活に直結する住宅、道路、橋、公園、学校などの建設、整備や災害復旧などに支出される経費である。
　給与関係費とは、地方自治体の職員、教員、警察官、消防職員などの給与として支出される経費である。
　一般行政経費とは、児童、老人、心身障害者のための各種福祉施設の整備、運営、老人医療費の公費負担として支出される経費である。
　国の中央集権性が強いことを説明するのに、財源の面で「3割自治」というフレーズがよく使われている。この3割とは、地方財政の歳入に占める地方税収入の比率をいうのか、それとも国税と地方税の合計に占める地方税収入の比率をいうのか明確でない。しかし、国民に公共サービスを供給しているのは、地方自治体の歳出の7割近くに達している。
　地方税の比率が低いのに地方自治体が中心になって公共サービスを供給することを可能にしているのは、国が地方自治体に多額の財政移転（地方交付税、地方譲与税）を行っているからである。それで、日本の中央政府は自ら仕事をする政府というよりも、財政移転により地方自治体に仕事をやらせる財源配分型政府であるといわれている。

第5節 租税の分類

税法上の重要な分類だけを取り上げる。

1 国税と地方税

　国税とは、国が租税法規に基づいて課税する租税である。現在国税の種類は、所得税、法人税、相続税、消費税など23種である（資料「国税収入の構成の累年比較」参照）。

　地方税とは、地方自治体が租税条例に基づいて課税する租税であり、道府県税と市町村税とに分れる。地方税法に挙げられている租税（法定普通税）は、27種である（資料「地方税収入の構成の累年比較」参照）。地方税としては、このほかに、各地方自治体が独自に課税している租税（法定外普通税）として、犬税、広告税、別荘等所有税などがある。

　地方自治体も、憲法上独立の統治団体であるので、憲法上固有の租税立法の制定権（条例制定権）とこれに基づく課税権が認められている。

　地方税について定めている地方税法は、地方自治体の課税権（住民の納税義務）の直接の根拠となるものではなく、地方自治体の地方自治を重視している憲法の建前からみて、地方税の課税が区々になるのを調整するために定められているにすぎない基準法（枠法）と考えるべきである（憲法84条と地方税法2条の関係）。

　国税として課税された租税収入のすべてが国の財源となるのではなく、国の歳出の項で説明したとおり、20%以上が地方交付税などにより地方自治体に移譲されている[注9]。

2 直接税と間接税

　直接税とは、法律上の納税義務者と租税の実際の負担者（「担税者」という）が一致することを立法者が予定している租税をいう。

　間接税とは、法律上の納税義務者と担税者とが一致しないことを立法者が予定している租税をいう。間接税では、納税義務者が納付する租税は納税義務者以外の者（多くの場合、消費者）に転嫁することが予定されている（税制改革法11条）。

第1章 租　　税

　租税犯罪（犯則事件）の調査手続等を定めている国税犯則取締法は、直接国税と間接国税とを区別し、簡易な行政手続により刑罰（罰金）を課したのと同一の効果があったものとする通告処分（同種の制度、交通反則金の通告処分）を、間接国税についてだけ適用することにしている（但し、消費税は通告処分の対象から除外されている。国犯14条、国犯規１条）。

3　申告納税方式による租税と賦課課税方式による租税

　納税義務の確定方式による区別である。
　申告納税方式とは、納税者の申告によって納税義務が確定するもので、納税者が納税すべき租税を自分で算出して申告し、申告期限までに納付する方式である。自己賦課方式とも呼ばれている。
　賦課課税方式とは、課税団体の発行する納税通知書が納税者に送達されて納税義務が確定する方式である。納税者は納税通知書に従って納付する。
　戦前は、わが国の租税は賦課課税方式によっていたが、戦後特にシャウプ勧告後は大半の国税に申告納税方式が採用されている。
　地方税は、なお大半のものが賦課課税方式（地方税法では普通徴収という。地１条１項７号）である。
　申告納税方式、賦課課税方式のいずれにもよらない租税（「自動確定方式」と呼ばれている。）もある（例、登録免許税、自動車重量税など）。

4　その他の分類

　課税標準（課税ベース）を、物の数量で定める従量税（例、酒税）と物の価額で定める従価税（例、相続税）とに区別されることがある（酒税は、従価税→従量税）。
　所得や財産が帰属する特定の者の担税力に重点をおいて課税される人税（例、所得税、住民税）と物の所有、物の取得、物より生ずる収益等に重点をおいて課税される物税（例、固定資産税、地価税）とに区別されることがある。
　租税はその収入を歳入に組み入れ一般的使途に充てるが（例、所得税、固定資産税など）、租税の中には特定の使途に充てる目的で課され使途が限定されているものがある（例、地方道路税、自動車取得税、都市計画税）。前者を普通税、後者を目的税と呼んでいる。地方税法は、目的税の創設を制限している（地４条、５条）。しかし実際は、この制約は厳格ではなく、特定の使途に充てる収入を法定外普通税の

第5節　租税の分類

法形式で租税が課されている（例、奈良県文化観光税、京都古都文化観光税）。
　このほか、累進税、比例税及び逆進税、経常税と臨時税、応能負担（税）と応益負担（税）などの区別がある。

注(1)　社会主義国の租税制度は、原則として私有財産制を採用していないので、根本的に発想を異にしている。
　　　社会主義国の税金は、国営企業・外国貿易による収入を国家の歳入とするもので、徴税の基礎を売上高におくものを取引税と呼び、収益の一部を徴税するものを収益税と呼んでいる（国営企業収入を国家予算にふり向けたものを税金と呼んでいる。）。もっとも、中国では、現在、個人所得税法、合併企業所得税法、外国企業所得税法が制定されており、1991年8月の社会主義崩壊後のロシアでは付加価値税（歳入の28％）の導入が検討されている。
　(2)　「租」は、田畑の収益を、「庸」は個人の労働力を、「調」は、地方の特産物（例えば、繊維製品、海産物、鉱産物などの現物納付）を課税物件とするものであった。
　(3)　福島正夫「地租改正の研究」(1962年)
　　　丹羽邦男「地租改正法の起源」(1995年)
　(4)　日本税理士連合会「シャウプ使節団日本税制報告書」(復元版、1979年)、福田幸弘監修「シャウプの税制勧告」(1985年)
　　　カール・シャウプ（柴田弘文ほか訳）「シャウプの証言」(1988年)
　　　カール・シャウプ（塩崎　潤ほか訳）「財政学」(1)(2)(1974年)
　(5)　佐藤　進・宮島　洋「戦後税制史」(1983年)
　　　木下和夫「税制調査会・戦後税制改革の軌跡」(1992年)
　　　地価税は、地価の抑制と土地の有効利用を目的とする資産保有税（国税）として、平成4年1月1日から施行された。しかし、地価税が恒久税として創設されたのかどうか、資産保有税である地価税（国税）と固定資産税（市町村税）の役割分担については整理ができていない。地価税の納税義務者は、課税時期（1月1日）に土地・借地権等を有する個人及び法人である。地価税については、人的課税除外（国、地方自治体、公益法人など）と物的課税除外（1,000平方米までの居住用の土地など）が定められているほか、基礎控除（資本金が10億円をこえる法人については10億円、個人については15億円、1平方米当たり3万円など）が定められているので、課税が都会の特定の業種（百貨店、ホテル、鉄鋼業など）に偏る結果となっている。地価税は相続税の評価額を課税標準としており、その税率は0.3％の比例税率である。平成3年以降バブル経済が崩壊し地価が下落したので、地価税は平成10

第1章 租　　税

年以降凍結されて今日に至っている（措置71条）。
(6) スミスの4原則とは、次の内容である（wealth of nations）。
　(1) 平等の原則　the principle of equality
　　国民は政府を支持するために、各人の能力に比例して税金を納める義務がある。
　(2) 確実の原則　the principle of certainty
　　租税納付の形式・方法ならびに税額は、納税者にもすべての人にも明瞭でなければならない。
　(3) 便宜の原則　the principle of convenience
　　租税は、納税者にとって、もっとも便宜である時期において、かつ便宜な方法によって納税できるようにしなければならない。
　(4) 最少徴税費の原則　the principle of least expense
　　租税は、それが国庫に帰する純収入額と国民が納付する額との差をなるべく少なくしなければならない。
　　このスミスの4原則が長く学会を支配していたが、最近ではこれを修正するワグナーの4大原則・9原則、マスグレイグの5原則が広く使われるようになっている。

　　ワグナーの租税原則
　　(1) 財政政策上の原則　　① 十分的原則
　　　　　　　　　　　　　　② 弾力的原則
　　(2) 国民経済上の原則　　③ 税源の選択
　　　　　　　　　　　　　　④ 税種の選択
　　(3) 正義上の原則　　　　⑤ 普遍の原則
　　　　　　　　　　　　　　⑥ 平等の原則
　　(4) 税務行政上の原則　　⑦ 確実の原則
　　　　　　　　　　　　　　⑧ 便宜の原則
　　　　　　　　　　　　　　⑨ 最少徴税費の原則

　　マスグレイグの5原則は、①公平、②中立性ないし効率性、③経済安定と成長、④確定、明確、⑤徴税費最少を掲げている。
(7) 使途を特定せず一般経費に充てる目的で課される租税を普通税と呼び、特定の経費に充てる目的で課される租税を目的税と呼んでいる。租税は、普通税が原則であり、使途を特定する目的税は例外とされている。目的税は財政を硬直化するおそれがあるといわれてきている。しかし、最近では、大きな目的があり、使途も明らかであるときは、目的税はかえって国民の共鳴を得やすいのではないかと

いう見解が有力になっている。例えば、地球温暖化、森林破壊、海洋汚染などの地球環境の破壊を地球規模で修復する財源を確保するために環境税eco-tax（炭素税）の構想が提唱され、ＥＵ諸国では1993年から炭素税の導入が検討されているが、これも税制、とりわけ目的税のあり方を問う課題である。1993年１月27日に明らかになった経済協力開発機構（OECD）報告書案では、加盟各国に対し、地球温暖化防止のために炭素税を協調しながら段階的に導入すべきだとしている（もっとも、税収の使途を特定する目的税化は不必要で、一般会計に入れられるべきだとしている。）。

　北ヨーロッパの国々では、**別表**のとおり1990年から燃料課税とは別にCO_2の排出量を抑制する目的で炭素税を導入している。

　ＥＵでは、環境税を段階的に導入することにしている。

　また、ドイツのカッセル市では、1992年市町村としてはじめて容器税を導入し、立ち食いソーセージ店などファストフード店と自動販売器の設置業者から使い捨て食器１つ当たり50ペニヒ（約30円）、缶や瓶１本当たり40ペニヒ（約25円）などの徴収を始め、このような使い捨て容器に対する課税がドイツで本格化しそうだといわれている。ドイツの連邦行政裁判所は、「容器税」を合憲とする判決を下し

欧州各国の環境税（炭素税）の概要
（環境庁調べ）

国、導入時期	課税対象、税率	使途	その他
スウェーデン （91年１月）	石油、石炭、天然ガス、ガソリンなど 炭素ガス排出量１㎏当たり　約5.7円	一般財源に繰入れ	電力会社には免税措置あり
ノルウェー （91年１月）	ガソリン使用量１リットル当たり　約12.6円 重・軽油同　約6.3円 天然ガス使用量１立方㍍当たり　約12.6円	同　上	所得減税を実施。税収は公共交通機関の改善に使用
フィンランド （90年１月）	化石燃料（石油類、石炭、天然ガス等） 排出量中の炭素１㌧当たり　約740円	同　上	自動車燃料は課税対象外
オランダ （90年２月）	ガソリン、重・軽油、天然ガスなど 排出量中の炭素１㌧当たり　約310円	環境行政	88年に導入した燃料税に炭素税を加えた

第1章 租　税

ている。

　環境税に関する主な文献、石　弘光編「環境税　実態と仕組み」(1993年)、OECD「環境と税制」(1994年)

(8)　地方交付税は、昭和29年に従来の地方財政平衡交付金に代って設けられたものである。地方交付税では、所得税、法人税、酒税の32％、消費税（地方消費税を除く国税分（4％）の29.5％、たばこ税の25％が、地方譲与税では、石油関係税が国から地方自治体に移譲されている（地方交付税法2条、6条など）。

　99年度の地方交付税交付金の総額は、14兆9,300億円で、このうち一般的な財源となる普通交付税は14兆0,163億円、災害など特別需要に応じて配分する特別交付交付金は9,140億円であった。

(9)　国、地方自治体の一会計年度の歳入・歳出は、予算の形式で議会の承認を受けることが必要とされている（憲86条、地方自治法210条、地方財政法3条）。外国では予算を法律の形式で成立させている例（アメリカ、イギリス、フランスなど）があるが、わが国では予算という別の法形式を採ることにしている。多数説は、国の予算は政府を拘束するのみで、一般国民を直接拘束せず、法律と異なる特殊の法形式であると解している。国の予算の提出権及び国会の審議権は、法律案とは区別されている（憲73条、86条。衆議院の予算先議権、議決における衆議院の優越。60条）。歳入予算は、単に歳入の予測見積りであるにとどまるのに対し、歳出予算は、支出の目的・金額・時期の3点において、この制限を超えて支出することが許されていない（主な文献、宮沢俊義「ドイツ型予算論の一側面」憲法の原理（1967年）245頁、河野一之「新版予算制度」（1991年）、小林　武「予算と財政法」（1988年）など）。

第2章　税法の体系

第1節　税法の種類

1　租税実体法、租税手続法及び租税処罰法

税法（tax law）は、租税に関する法規（条例を含む。）であるが、その内容から租税実体法、租税手続及び租税処罰法に分類される。

租税実体法とは、納税義務（課税権）という法律効果が発生するための法律要件に関する法を中心とするものである。課税要件の主なものとして、(イ)納税義務者、(ロ)課税物件（課税対象）、(ハ)納税義務と課税物件との関係を示す帰属、(ニ)課税物件を金額・数量で表現し、納付すべき税額を算定する基礎を示す課税標準、(ホ)税率の5つをいうが、租税実体法には、この外に、納税義務の成立時期、成立した納税義務の承継、消滅などに関する法規を含んでいる。

租税実体法は、国税では、個々の税法（例、所得税法、法人税法、相続税法、消費税法。これらの個々の税法を「個別税法」と呼んでいる。）及びその関係法令（例、所得税法施行令、所得税法施行規則）の中で定められており、その中の共通的な事項は国税通則法の中で定められている。

租税手続法とは、成立した納税義務の納税義務者による申告、納付、そのほか申告が正しく行われなかった場合に税務官庁により納税義務を確定するための課税処分（更正、決定）、納税者が申告を是正する手続（修正申告、更正の請求）、納税が遅滞した場合の税務官庁による滞納処分の手続（督促、差押え、換価、配当等）を中心とした法規をいう。税務官庁の調査手続（例、質問検査権）に関する法規も含まれる。また、税務官庁による課税処分、滞納処分等に対する不服申立ての手続（異議申立て、審査請求。審査請求前置主義[注1]。）、課税処分の取消訴訟等の訴訟手続（税務訴訟）に関する法規（行政不服申立てと訴訟に関する法規を、一括して「租税争訟法」、「租税救済法」と呼ぶ。）も、租税手続法の中に含まれる。

第2章　税法の体系

　租税手続法には、国税では、一般法としては、国税通則法や国税徴収法があり、行政不服申立てに関する行政不服審査法、訴訟に関する行政事件訴訟法がある。行政手続法が平成6年10月1日から施行されているが、租税手続は特殊な領域であるということと最判昭和48．7．10刑集27・7・1205などで租税手続が明らかにされている理由で、租税手続に行政手続法は適用除外となっている（通74条の2、地18条の4）。しかし、平成13年4月1日から施行となる情報公開法にはこのような除外規定はおかれていない。租税手続について、アドバンス・ルーリング、納税者オンブズマンの制度化、税務調査を含めて納税者権利保障法（納税者権利憲章）の制度が必要である。

　租税処罰法とは、納税義務者の申告義務違反等に課せられる行政罰としての加算税（例、過少申告加算税、重加算税）と、刑罰が課される種々の租税犯（例、逋脱犯、租税危害犯）及び租税犯則事件の調査手続に関する法規をいう。

　租税処罰法には、国税の場合は、加算税については国税通則法、租税犯と刑罰については個別税法の中の罰則規定、租税犯則事件の調査手続については主に国税犯則取締法がある。

　地方税については、租税実体法、租税手続法、租税処罰法は地方税法の中に基準が示されており、各地方自治体が、この地方税法の定めている基準に従って条例の中で定めている。もっとも、租税手続中の滞納処分については原則として国税徴収法、犯則事件の調査については原則として国税犯則取締法を準用する形が採られている。

2　国内税法と国際税法

　外国人及び外国法人に対する課税並びにわが国の国民及び内国法人の対外的活動に対する課税を規定した税法を国際税法と呼んでいる。そして、国際税法と区別される他の領域の税法を国内税法と呼んでいる。

　国際税法の詳細は、「第6章第6節　国際課税」の項目で説明する。

注(1)　行政事件訴訟は、現行の行政事件訴訟法のもとでは、行政不服申立ての前置（経由）を原則として必要とせず、行政不服申立てを経由するか、それとも直ちに行政事件訴訟（取消訴訟）を提起するかを国民の選択に委せる建前を採っているが（行訴8条、選択主義）、税務訴訟では、この行政事件訴訟法の建前の大きな例外とし

て、処分取消訴訟を提起するについて通常の場合は2段階の行政不服申立て(異議申立てと審査請求)を経由することを必要としている(通115条)。

第2節　租税の法源

　国民に対して直接効力（法的拘束力）をもつものとして存在する法の形式（法の存在形式）を法源（sources of the law）と呼ぶが、租税に関する法源としては、憲法、法律、命令、告示、条例及び規則、条約などが存在する。

1　憲　法

　租税に関する最も重要な憲法の条項は、納税義務および租税法律主義を定める憲法30条及び84条である。法治主義（法の支配、rule of law）を採る近代立憲国家において、租税法律主義は現在では特別の意味をもつものではないが、マグナカルタ以来の歴史的な経緯と租税が国民にとって利害関係が深いということに由来して、日本国憲法の中にも規定がおかれているものといえる。

　次に、憲法14条が租税平等主義の根拠となり、税法の領域でも重要な法的基準となっている。

　このほかに、税法に関連して問題となった憲法の規定を列挙すると、信教の自由（20条）と宗教法人に対して課税する文化観光税、古都保存税との関連（奈良地判昭和43.7.17行集19・7・1221）、不利益な供述の強要の禁止（38条）と税務調査を拒否した場合の処罰規定との関連（最判昭和47.11.22刑集26・9・554）、最低生活の保障（25条）と最低生活を下回る課税（基礎控除、扶養控除等の基準）との関連（最判平成1.2.7判時1312・69）、家族生活における男女の平等（24条）と夫婦の所得税の課税単位（夫婦の一方が所得をうける場合の所得の分割）との関連（最判昭和36.9.6民集15・8・2047）などがある。

　特に、最近は租税法の憲法適合性（立法裁量の逸脱の有無）が議論されることが多くなっている。

　いわゆるサラリーマン税金訴訟の最判昭和60.3.27民集39・2・47の多数意見は、給与所得者に経費の実額控除を認めるかそれとも経費の概算控除を認めるかは立法裁量の問題で、裁量権の逸脱はないとしている。同様に、国や地方自治体に対する寄付金について、東京地判平成3.2.26判時1379・67は、個人と法人との間に取扱いの差異を認めるかどうかは立法裁量に属する問題で、裁量権の逸脱

第 2 節　租税の法源

はないとしている。

しかし、大阪地判平成 7 .10.17週刊税務通信2401・30、2402・20は、被相続人が相続前 3 年以内に取得した土地・建物は相続税を路線価でなく取得額で計算するという旧措置法 69 条の 4 の規定（いわゆる 3 年しばりの規定）を違憲ではないが、バブルが崩壊し地価の下落により立法当時と状況が変り課税の著しい不公平、不合理を生じるようになったときにこの特例により課税することは平等原則（憲法14条）に違反し違憲の疑いが強い（適用違憲）として、特例の適用を否定している（この判決が出たことにより、この特例は平成 8 年 1 月 1 日以降廃止された。）。

2　法　律

国税に関して、国会の制定する法律が租税の法源の主要な部分を占めている。租税法律主義は租税に関する重要な事項はすべて法律で定めることを必要としている。

国税に関する法律には、一般的（基本的、共通的）な事項を定めるものと、個別的な事項を定めるものに分れる。一般的な税法律には、国税通則法、国税徴収法、国税犯則取締法などがある。個別的な税法律には、所得税法、法人税法、相続税法、消費税法などがある。

地方税に関して、地方税法があるが、地方税の法源となるのは地方自治体が制定する租税条例である。地方税法は、地方自治体が租税条例を制定するにあたっての基準を定めているものである(地 2 条、 3 条)。従って、地方税法の性格について、基準法（枠法）と呼ばれている。地方税法の中には、国税の場合の一般的事項と個別的事項がまとめて規定されている。第 1 章の総則が国税通則法及び国税徴収法にあたる事項を規定しており、第 2 章以下が個々の地方税について規定している。

3　命　令（政令、省令）

行政（権）が制定する法規を総称して命令と呼ぶ。具体的には、内閣が制定する政令（憲法 73 条 6 号、内閣法 11 条）、各省大臣が制定する省令（一般に規則と呼ばれている。国家行政組織法 12 条）がある。税法の領域でも、税法を具体的に執行するには命令が必要であり、命令は税法の領域では重要な法源となっいる。租税の領域では、命令は、租税法律主義との関係から、法律の委任に基づいて命令で定め

ることができる限界（委任立法への授権の限界）が厳しく問題とされる。

国税の場合、政令は、財務省令であり、通常「○○法施行令」と呼び、その細則である省令を、「○○法施行規則」と呼んでいる。

4 告 示

告示（国家行政組織法14条1項）は、一般に国民を拘束する性質をもたない行政規則とされているが、税法上の法令に基づく一定の告示には、委任立法と同様に納税義務者の納税義務を確定する内容のものがあり、租税の法源の1つとなっている。例えば、所得税法78条2項2号では、所得控除の一種である寄付金控除の対象となる特定寄付金の範囲・金額について「政令で定めるところにより大蔵大臣が指定したもの」と定めているが、具体的には告示の形式で示されている（所令216条2項。例、昭和40年4月30日大蔵省告示154号）。

固定資産税の課税標準である固定資産課税台帳の登録価額は、自治大臣が告示の形式で定める固定資産評価基準により算定されることになっている（地388条1項）。この固定資産評価基準の法律上の性質（法的拘束力）について、判決の中には、法の委任に基づく適法な委任立法（政省令）の一種であると解しているものがあるが（例えば、千葉地判昭和57．6．4判時1050・37、東京地判平成2．12.20判時1375・59）、その沿革、他の規定との関連（地402条、403条）、及び地方税法が基準法にすぎないことからいって、市町村長が行う評価の基準と技術的な援助を定めたものにすぎず、その性質は相続税の領域の相続財産評価通達と同じものではないかと考えられる（山田二郎「判評」判時1388・175）。

5 条例及び規則

地方税の法源は、地方自治体が制定する租税条例である（例えば、東京都税条例）。地方自治体がそれぞれの地方税（都道府県税、市町村税）を賦課徴収するには、地方税法を基準として、税目、課税客体、課税標準、税率等について、租税条例を制定しなければならない（地3条1項）[注1]。

地方自治体の長は、租税条例を実施するための手続等を規則で定めることができる。通常「○○市税条例規則」と呼んでいる。

6　条　約

　憲法と条約の効力関係について、学説は、憲法優位説と条約優位説に分かれているが（憲法優位説が通説）、租税に関して締結された条約（租税条約）及び確立された国際法規は、国内法的効力を有し（憲法98条2項）、税法の法源となっている。

　租税条約で既に発効しているものは、アメリカ、イギリスなど44か国に及んでいる(平成11年6月現在)。租税条約の多くは所得課税に関する条約であり、OECDモデル租税条約を基本として締結されている。その内容は、先進国、開発途上国及び旧社会主義国の3つのカテゴリーに分類されるが、国際的な経済活動を円滑に行うことができるよう相互に軽減税率を定め、また国際的な二重課税及び脱税を防止することを定めており、また、開発途上国とは経済協力の観点から「みなし外国税額控除」を認めることを規定している。

　租税に関する確立された国際法規としては、外交使節等の非課税特権を定めているものがある（ウィーン条約23条、34条、36条）。

　アメリカでは、「後法優位の原則」が唱えられていて、租税条約を締結しても、これと抵触するような国内法が制定されると、その範囲で国内法が優先するという解釈が採られているが、これは租税秩序を混乱させるという批判が、日本やヨーロッパの諸国から寄せられている。

7　通　達

　通達とは、上級行政庁が所管の下級行政庁に対し、法律の解釈や裁量判断の具体的指針を示すなどして、行政上の取扱いの統一をはかるために書面で発する命令をいう（国家行政組織法14条2項）。

　通達は、一般に、下級行政庁又はその職員を拘束するものであるが、国民に対して拘束力をもつものではないので、租税の法源ではないと解されている。

　租税に関する通達（国税庁長官通達、自治省事務次官依命通達）は租税の法源となるものではないが（最判昭和38．12．24訟月10・2・381）、租税に関する通達はその数が多いだけではなく、納税義務者が申告ないし納税額を計算するにあたって具体的な基準となるものであるので、租税の領域では、通達は事実上において法源と等しいような拘束力をもっているといえる。税法の解釈と運用（執行）にあたっては、通達がもっとも参考とされている。

　租税に関する通達は、公表されている公開通達と、公表されていない秘密通達

とがある。また、各税法について逐条的に取扱基準を示している基本通達（例、所得税基本通達、財産評価基本通達）と、個別事項の取扱いを示す個別通達がある。

通達の内容には、租税法令の解釈を示している解釈通達（例、所通2－46は、所2条1項33号の「配偶者」には内縁関係にある者は含まれないという解釈を示している。）と租税法令を適用する際の取扱いの基準を示す取扱通達（例、所通36－28は、所36条1項（収入金額）の収入すべき金額について、金銭の無利息貸付け等による経済的利益で5,000円以下のものは課税しなくて差支えないとしている。）があるが、租税法令で定めるべき内容のものが通達で処理されているのは、租税法律主義からいって許されないことである。

通達は国民を直接拘束するものではないので、通達に反する課税処分がされても直ちに違法とはならないが、通達に反する課税処分は平等原則又は信義則などの見地から違法性が問われる。パチンコ球遊器に10年間も物品税を課税していなかったのに、通達で課税することに変更したことが租税法律主義ないし信義則の見地から疑問視されたことがあった（最判昭和33．3．28民集12・4・624）[注2]。

8 判 例

裁判所の判決は、個々の紛争を解決するもので法規ではないが、判例、特に最高裁判所の判例が繰り返されることによって、法規と同じ拘束力が生ずることが少なくない。

わが国は、租税をはじめ行政上の法律関係について成文法規によって規律することを建前としており（成文法主義）、判例法を建前としては承認していないが、判例が繰り返された場合、成文法の空白を埋めるものとして、租税に関しても判例が租税の法源となっているものがある（例、推計課税の手続要件）。

注(1) 地方自治体の固有権についての主な文献として、宮沢俊義「固有事務と委任事務」憲法原理（1967年）183頁、成田頼明「地方自治の保障」日本国憲法体系（第5巻）135頁、塩野宏「行政法Ⅲ」（1995年）89頁。
(2) 田中二郎「法律による行政と通達による行政」（司法権の限界所収、1976年）293頁。
　　　地方税法は、不均一課税（地6条2項）と法定外普通税（地4条3項、5条3項）などについて定めている。不均一課税とは、公益上その他の事由があるときは不

均一の課税を認めるものであるが、固定資産税については、固定資産税が物税であることから、単に法人と個人の区別、課税標準額の大小、固定資産の種類、用途等によって不均一課税をすることはできないと解されている（昭和51年5月20日自治省告示95号）。

　法定外税は、普通税に限られ、目的税（使途の特定している税）は認められていない。この合理的理由は理解できない。現実の税条例をみると、法定外普通税の形式で、明らかに目的税的なものが制定されている（例えば、奈良市の奈良文化観光税、京都市の古都保存協力税）。地方自治体の自主的な課税権を認める見地から、法定外目的税を名実共に認めるように地方税法の改正の必要が求められている。

第3節　税法の適用範囲

1　地域的適用範囲

税法は租税法規を制定する機関の権限（公権力）が及ぶ地域に対して効力をもつ。国税に関する法律、命令、告示等は、わが国の領土の全域にわたって適用される(注1)。

地方自治体の制定する税条例・規則は、その地方自治体の区域のみに適用される。

2　人的適用範囲

税法は、原則として、その適用地域にいるすべてのものに適用される。日本人であると外国人である(国籍)とを問わず、また自然人であると法人であると、人格のない社団もしくは財団であるとを問わない（住所居所主義、本店所在地主義）。代表者又は管理人の定めがある人格のない社団又は財団は、所得税・法人税・消費税などでは法人とみなされ（所4条、法人3条、消費税法3条）、相続税・贈与税では個人とみなされて（相66条1項）、納税義務者として取り扱われている。

3　時間的適用範囲

税法がいつから施行されるかは、その法規の附則で定められることになっている。税法の時間的適用範囲で特に問題とされるのは、税法の遡及適用である。

法の遡及適用というのは、法規の施行期日の前に発生している事実に当該法規を適用することをいう。例えば、改正税法の施行期日前のある者の所得について遡って改正税法の適用を認め、改正税法の定める高い税率の適用を認めるのが、税法の遡及適用の一例である。

刑罰法規の遡及適用は憲法で許されていない（憲法39条。不遡及の原則）。しかし、憲法上、税法の遡及適用を認める立法を禁止する規定はないが、遡及適用により納税者に不利益を与えるものは、納税者の予測可能性を奪い法的安定を侵害するということで許されないと解されている(注2)。

第 3 節　税法の適用範囲

4　国際的な課税権の競合と調整

「第 6 章第 6 節国際課税」の項で説明する。

注(1)　領海について、わが国では、従来 3 海里（ 1 海里＝1852m）を主張していたが、平成 8 年に国連海洋法条約を批准し、領海を200海里（約370キロメートル）とすることに変更している（国連海洋法条約 3 条、領海法 1 条）。領域外の大陸棚で生じた所得について、わが国の税法の適用の可否が争われた事例がある。東京高判昭和59．3．14行集35・3・231は、領域外の大陸棚における海底資源の探索及び開発に関しては、沿岸国の法令が大陸棚にも適用されるという最近の国際法上の考え方に従い、このような大陸棚における海底資源の探索については、わが国の主権が及び、国内源泉所得（法人138条 1 号）に含まれると判示している（大陸棚における海底資源の探索を請け負った外国法人に対する課税について、その洋上のオイル・リグ（作業基地）が日本国内にある恒久的施設に当たるかどうかが争われた事件である。同旨、昭和49．6．21直審 3 —79、直審 3 —34）。

(2)　福岡高那覇支判昭和48.10.31訟月19・13・220は、「租税法律主義の見地からみれば、特定の物品を過去に遡って課税の対象とすることは、法律の改正がすでに予定されていて、納税者側にもそのことが予測され、法的安定性を著しく害しないような場合にかぎって許されるものと解すべきところ、本件改正規定（注・高等弁務官布令17号改正 3 号による物品税の課税物品の追加）のように、のちに至って数年以上も前に遡って課税品目となっていない物品に対する課税行為をすべて適法化するような立法は、その許容の範囲を逸脱するものであ」ると判示している。

第3章　租税の基本原則

租税の基本原則は、租税法律主義と租税平等主義である。

第1節　租税法律主義

1　租税法律主義と憲法84条、30条

憲法84条は、「第7章　財政」の項の中で、「あらたに租税を課し、又は現行の租税を変更するには、法律又は法律の定める条件によることを必要とする。」と定め、また憲法30条は、「第3章　国民の権利及び義務」の項の中で、「国民は、法律の定めるところにより、納税の義務を負ふ。」と定めている。これらの憲法の規定は、租税に関する事項は原則として法律で定めなければならないこと(租税法律主義)を要求しているものである。

租税法律主義が現行の憲法でも強調されているのは、前述のとおり、歴史的な由来と租税が国民に利害関係が深いことによるものといえる。

2　租税法律主義の例外

租税法律主義の例外として、2つの場合がある。地方税と関税である。

地方税は、地方税法という法律に基準(枠)が示されているが、具体的な納税義務は税条例できめられることになっているので、租税法律主義の例外といえる。しかし、地方税については地方自治体が憲法上固有の課税権をもっているので、租税法律主義が地方税の場合は租税条例主義と名称を変えるだけであり、実質的に例外というのは適切ではない。

関税について、関税法3条は、「輸入貨物には、この法律又は関税定率法その他関税に関する法律により、関税を課する。但し、条約中に関税について特別の規定があるときは、当該規定による。」と定めている。そして、関税については、条約によることが認められている。この場合も、形式的にいうと租税法律主義の

例外ということになるが、条約は法律よりも上位の法と解されているので、実質的に租税法律主義の例外ということにはならない。

条約によって租税に関して規定することは、関税だけではなく、所得税及び法人税についても行われていることであり、このような場合、租税法律主義の例外というのは適切ではない。

財政法3条では、「租税を除く外、国が国権に基いて収納する課徴金及び法律上又は事実上国の独占に属する事業における専売価格若しくは事業料金については、すべて法律又は国会の議決に基いて定めなければならない。」と規定しているが、上記手数料等は「国会の議決」が必要であるとしても、租税は、反対給付の性質をもたないものであるので、上記手数料等とは区別されている。

3 政令への委任（委任立法の限界）

租税法律主義との関係で問題となるのは、政令への委任の範囲（限界）である。租税法律主義は、租税に関する事項は原則としてすべて法律（条例）によって定めなければならないことを要請しているが、個別的・具体的な事項は政令に委任するということは避けることができないことである。租税に関して、個別的・具体的な事項を政令に委任することは必要かつ不可避なことで許されるとされているが、包括的・概括的な事項を政令に委任（いわゆる白紙委任）することは、租税法律主義との関係で許されない。しかし、どの範囲を個別的・具体的な委任と解するか（委任立法の限界）は難しい問題である。

所得税法68条、法人税法65条のような規定が租税法律主義に違反する包括的委任規定となるか見解が分かれているが、通説は違反しないと解している[注1]。

第2節　租税平等主義

1　立法上の租税平等主義

　憲法14条は、平等原則を規定している。平等原則は、アリストテレスの正義論における平等的正義と分配的正義に由来するもので、租税の領域では租税平等主義ということになる。

　租税平等主義は、租税の立法をするに当って、本質的に同じことを合理的理由もなく異なる取扱いを行い、又は本質的に異なるものを合理的な理由もなく同じように取り扱うことを禁止するものである。

　平等原則は、水平的平等（形式的平等、絶対的平等）と垂直的平等（実質的平等）との2つの観点がある。租税の領域では、この水平的平等と垂直的平等という2つの観点から平等原則の要請が働いており、この組合せが難しい問題を提起している。平等原則とは、単純な水平的平等をいうものではなく、合理的理由のない不平等な取扱いを禁止するものである。消費税では、水平的平等の要請が強く働いており、所得税では累進税率を課すということで垂直的平等（高所得高負担）の要請が強く働いている。アメリカ法では異なる取扱いを是認する基準を合理性（reasonableness）に求めるが、ドイツ法では正義（Gerechtigkeit）に求めている。

　所得税に関して、特定の所得（例、配当所得）について合理的な理由がないにもかかわらず非課税とするとか、特定の所得（例、給与所得）について経費の控除を制限することにより、明白な著しい差別的取扱いがあるときは、租税平等主義に違反するということになる。

　租税平等主義に反するということで争われた裁判例として、給与所得など特定の所得だけに適用になる源泉徴収制度に関する最判昭和37.2.28刑集16・2・212、最判平成1.2.7訟月35・6・1029、スター格の職業野球選手の所得を事業所得とし、オーケストラの楽団員の所得を給与所得と取り扱っていることに関する東京高判昭和47.9.14訟月19・3・73、ゴルフ場利用場（旧娯楽施設利用税）をスケート場等の利用に対しては課税せず、ゴルフ場の利用に対して課税することに関する最判昭和50.2.6判時766・30、サラリーマンの給与所得について経費の控除（経費の実額控除）を認めないのは事業所得と較べて平等原則に反するとい

31

う、いわゆるサラリーマン税金訴訟の最判昭和60．3．27民集39・2・247などがある。

また、個人の国等に対する寄付金（特定寄付金）について寄付金控除の限度額（25％）を定めている所得税法78条の規定は、法人の国等に対する寄付金について法定限度を設けていない法人税法37条の規定と対比して平等原則に反すると争われた事件として、最判平成5．2．18判時1451・106（一審・東京地判平成3．2．26行集42・2・278）がある（八千穂村日中青年の家事件）[注2]。

これ迄の裁判例では、立法上の平等原則に反すると判示したものはなく、立法裁量の範囲内の問題であるとしている[注3]。

2 執行上の租税平等主義

平等原則は、立法における平等な取扱いを求めると同時に、法の執行（解釈・適用）における平等な取扱いを要請している。

租税平等主義は、税法の執行にあたって、本質的に同じ事実に合理的な理由もなく異なる取扱いをしたり、又は本質的に異なる事実に合理的な理由もなく同じ取扱いをすることを禁止している。

相続財産の評価については、相続税法では時価主義を採用しているが（相22条）、財産評価基本通達によって一般的に時価よりも低く評価（平成4年以降、宅地については地価公示価格の80％）をしている。それで、ある特定の納税者についてだけ特別の事情がないのに財産評価基本通達を適用せず、時価で高く評価するということは、執行上の平等主義に反するということになる。この場合、時価で評価をするということが相続税法に適合する取扱いであっても、税法令との適合性の要請は後退し、租税平等主義により差別的取扱いは許されないという要請が優先することになる（同旨、宇都宮地判昭和30.11.24行集6・12・2805、大阪高判昭和44．9．30高民22・5・682など）。租税平等主義に違反する課税処分や滞納処分は違法な処分ということになる。

注(1) 旧法人税法9条1項は、法人税の課税対象である所得について、「各事業年度の所得は、総益金から総損金を控除した金額による。」と規定すると共に、同条8項で「……第1項の所得の計算について必要な事項は、命令で定める。」と規定していたところ、旧法人税法施行規則10条の3第6項が、使用人兼務役員に対する役

第2節 租税平等主義

員分の賞与の損金不算入を規定すると共に、使用人兼務役員の範囲を限定し、「同族会社の役員のうち、その会社が同族会社であるかどうかを判定する場合にその判定の基礎となる株主若しくは社員又はこれらの者の同族関係者であるもの」をその範囲から除外したことについて、大阪地判昭和41．5．30行集17・5・591は、上記の規則の規定は委任の範囲を超える無効なものとしている（同旨、大阪高判昭和43．6．28行集19・6・1130。反対、長崎地判昭和42.10．6行集18・10・1281）。東京高判平成7．11.28判時1570・57は、登録免許評税の取消事件で、法律の委任がないのに政令以下の規定で課税要件や手続要件を定めることは租税法律主義に違反し無効であるとしている。

地方自治体の税条例の中には、税条例の中で課税要件を規定しないで基準法である地方税法の規定を包括的に準用しているもの（いわゆるセービング・クローズ）が少なくないが、このような規定の仕方が租税法律（条例）主義の観点から疑問視されている（碓井光明「地方税の法理論と実際」（1986年）83頁）。

(2) この判決では、所得税法78条に定める寄付金控除の割合が諸外国の制度との比較でも相当の水準にあり、この割合を更に高めることに伴う弊害が指摘されていること、個人の寄付金の支出について法人の場合のような内在的制約が働かないことを挙げ、両者の違いは不合理なものではないとしている。

(3) ドイツの1951年所得税法26条は、個人単位主義の原則の例外の1つとして、夫婦合算課税を定めていた。ドイツ連邦憲法裁判所1957年1月17日決定は、同条は、既婚の市民と未婚の市民の間の租税上の平等原則に違反し、また婚姻の保護（基本法6条1項）に違反し無効であると決定している。この違憲判決の結果、1958年の所得税法改正で、二分二乗方式が導入されると共に、分離課税の選択を認めることにしている（改正所得税法26条 a、b。北野弘久「夫婦合算課税の違憲性」別冊ジュリスト23・ドイツ判例百選78）。まだドイツ連邦憲法裁判所1995年8月18日決定は、不動産に対する同国の財産税、相続税の不動産（土地）の課税標準が取引価格の5分の1であることは金融資産に較べ著しく低く平等原則に違反（基本法違反）するという判断を示している。平等原則の適用について、わが国の裁判所の判断は厳格でないことが批判されている。平等原則に関する主な文献、伊藤正己「法の下の平等――その解釈をめぐる若干の問題」（公法研究18号．1958年）、同「法の下の平等」（国家学会雑誌64．1．31～。1950年）。

第4章　税法の解釈と適用

第1節　税法の解釈

1　税法の解釈の基準

　法令を具体的な事実に適用するために、法令の意味内容を明らかにすることを、法令の解釈という(注1)。

　税法は侵害規範（国民に負担を求める規範）の代表的なものであり、法的安定性の要請が強く働くから、税法の解釈、特に租税実体法の解釈は一般的にいって法文から離れた自由な解釈は許されていない。法文から離れた自由な解釈が許されることになると、租税については法律で定めるという租税法律主義が税法の解釈の過程で崩れることになる。

　この意味において、税法の解釈は、原則として法文や文言を重視した文理解釈によるべきであり、拡張解釈や類推解釈(注2)を行うことは許されていない。もっとも、税法の法文や文言だけから規定の意味内容を明らかにすることが困難な場合には、規定の趣旨・目的を参酌して税法の文言を解釈することは許されることであり、このことが必要な場合は少なくない。

　税法の解釈について、旧ドイツ調整法1条2項は、「税法の解釈にあたっては、国民思想、租税法律の目的、経済的意義ならびに諸事情の変転を考慮しなければならない。」と規定されていた。同法は、1977年に新しい租税基本法が制定されたのに伴い廃止され、この条項は新しい租税基本法には引き継がれていないが、この条項は税法の解釈のあり方を考えるについて参考にすべき立法例として、現在でも論議の対象とされている。この条項の中の税法の解釈にあたってその経済的意義を考慮するという考え方は、一般に経済的観察法（あるいは実質主義あるいは実質課税の原則）と呼ばれているが、ドイツでも、1970年代の中頃以降、税法をその文言から離れて緩やかに解釈することに対して批判が強くなり、今日の判例・

通説では、予測可能性・法的安定性を重視する立場から、税法は原則として文言に従い厳格に解釈しなければならないという考え方が採られている。

2 「疑わしきは国庫の不利益に」(in dubio contra fiscum)

税法の解釈に関して、従来から「疑わしきは国庫の利益に」(in dubio pro fisco．疑わしきは課税するという趣旨)と「疑わしきは国庫の不利益に」(in dubio contra fiscum．疑わしきは課税しないという趣旨)という論議がされている。税法の解釈原理として、「疑わしきは国庫の利益に」を主張する見解はないが、「疑わしきは国庫の不利益に」を税法の解釈原理として積極的に支持することについて見解が分かれている。この問題は、税法の規定の内容が不明瞭である場合、すなわち「疑わしい場合」にどのように税法を解釈すべきかということである。

税法上で許されている解釈を行っても意味内容を確定しえないという場合は非常に稀なことであるが、このような「疑わしい場合」は税法がないのと等しいことになるので、結局「国庫の不利益に」判断をせざるをえないことになり、課税をすることはできないということになる。「疑わしきは国庫の不利益に」という命題は、税法の解釈原理としておおげさに取り上げるようなものでなく、税法の解釈から当然に出てくる帰結であるといえる。

刑事法(刑事裁判)の分野で、「疑わしきは被告人の利益に」という命題がいわれているが、それは刑事法の解釈に関する原理ではなく、事実認定に関する原理で、犯罪構成要件に該当する事実の存否が認定できない場合は、その事実は被告人の利益に存在しないと認定をすべきことをいうものであり、この命題がそのまま税法の解釈に妥当するというものではない。

3 借用概念の解釈

税法は私法上の経済取引を対象として租税を課し、また租税の納付を求めるものであるので、税法の中に私法上の経済取引に関する民法上の用語を用いていることが多い。特に、租税実体法の中には、課税要件として私法上の法律効果(例、売買、贈与、賃貸借)を取り込んでいるものが多い。

このように他の法領域、殊に民事法(民法、商法など)における用語(概念)が税法の中に用いられている場合、これを税法における借用概念という。他の法領域という場合、民法や商法などの実定法の中に用いられている用語には限定され

第1節　税法の解釈

ない。実定法の中には用いられていないが、他の法領域において一般に用いられている用語も、借用概念の中に含められている。例えば、不動産の取得(地73条の2第1項)とは、不動産の所有権の取得を意味すると解されている(最判昭和48.11.16 民集27・10・1333)。俸給、給料、賃金、歳費及び賞与並びにこれらの性質を有する給与 (所28条1項) とは、雇傭契約に基づく使用人給料・賞与又は委任契約に基づく役員報酬・賞与を意味するものと解されている (東京高判昭和47.9.14 訟月19・3・73)。

他の法分野で使用されておらず、税法が独自に用いている用語を固有概念という。社会学、経済学、自然科学など、他の学問分野で用いられている用語と同じ用語を税法が用いている場合は、借用概念ではなく、固有概念である。

借用概念で問題となるのは、借用概念を他の法分野で用いられているのと同じ意義に解すべきか、それとも税法の特徴 (経済的観察法) を強調し、異なる意義に解すべきかという点である。この点につき、ドイツでは、ラ化租税基本法(RAO)の制定 (1919年) までは同意義に解すべきであるという見解が有力であったが、租税基本法の制定と共に私法上の解釈に固執すべきでなく、別意義に解することも許されるという見解が強くなり (代表、エンノ・ベッカー)、この傾向はナチス時代になって強くなったが、第2次世界大戦後は再びもとに戻って、現在では原則として同意義に解すべきであるという見解が支配的である。わが国においても、判例及び学説の上で、税法の借用概念について異なる意義に解すべきであるという考え方は支持されていない。

借用概念について、学説及び判例は、他の法分野におけるのと同じ意義に解釈するのが、租税法律主義と予測可能性・法的安定性の要請に合致するものとしている。税法が他の法領域で使用されている用語を取り込み、特に別段の規定(定義規定)をおいていない場合は、当然に他の法領域において確定している意義と同じ意義で用いているものと解すべきであり、反対に税法独自の解釈を認めることになると、納税者の経済生活における予測と安定性を阻害することになる。このようなことから考えてみると、税法の中の借用概念については、税法独自の解釈を認めるのは正しくないと考えられる。

借用概念について、代表的な裁判例としては、所得税法の「利益の配当」(所24条1項) に関する最判昭和35.10.7 民集14・12・2420 (保全経済会の株主優待金が争いとなったもの)、所得税法の「匿名組合」(所210条)に関する最判昭和36.10.27 民

集15・9・2357、所得税法の「配偶者」(所2条1項33号)に関する大阪地判昭和36.9.19行集12・9・1801、不動産取得税における「土地及び家屋」(地73条1号)に関する最判昭和37.3.29民集16・3・643、固定資産税における「所有者」(地343条1項)に関する福岡高判昭和42.10.20 行集18・10・1350、所得税法における「住所」「居所」(所2条1項3号)に関する大阪高判昭和61.9.25 訟月33・5・1297などがある。

なお、非課税規定などの例外規定については厳格な解釈を要請している判例があるが(例、所9条1項16号に定める「損害保険契約に基づき支払を受ける保険金」に、生命保険金が含まれるのかについて、最判平成2.7.17判時1357・46は含まれないとしている。)、例外的規定だから特に厳格に解釈しなければならないという解釈原理は正しくないように考えられる。

注(1) 制定法の解釈について、カール・ラーレンツ『法学方法論』(米山 隆訳、1991年)。
 (2) 借地権の設定の対価として土地の更地価額の3分の2に当たる権利金を受け取っている場合、この権利金が所得税法上の「不動産の貸付けによる所得」(不動産所得。所26条)かそれとも「資産の譲渡による所得」(譲渡所得。所33条)かが争われた事件で、最判昭和45.10.23民集24・11・1617は「借地権の設定に際して土地所有者に支払われるいわゆる権利金のなかでも、経済的、実質的には、所有権の権能の一部を譲渡した対価としての性質をもつ………権利金は、………譲渡所得にあたるものと類推解釈するのが相当である。」と判示しているが、この判示は、一般に税法の類推解釈を肯定したものと受け取るべきではなく、所得分類については一番近いものに分類するということで類推解釈を認めたにすぎないと考えるべきである。

第2節　法形式の選択・濫用と税法の解釈

1　租税回避行為

　租税回避行為（tax avoidance）とは、課税要件の充足を回避することにより租税負担を軽減又は排除することをいう。

　税法上で通常行われるものと予定している法形式（取引形式）を納税者が選択せず、これと異なる法形式（異常な法形式）を選択することによって、通常の法形式を選択した場合と同一の法律的効果ないし経済的効果を達成しながら、通常の法形式によった場合に生ずる租税上の負担の軽減又は排除をはかることである。

　例えば、土地の所有者が譲渡所得の税負担を免れるために、土地を譲渡(代金を受領)する代りに、土地の上に極めて長期間の地上権を設定して、土地の使用収益権を借主に移転し、それと同時に、弁済期を地上権の終了する時期として借主から当該土地の時価に等しい金額の融資を受け、地代と利子とは同額としかつ相殺するという契約を締結した場合は、典型的な租税回避として挙げられている。

　税法は、納税者が通常行う法形式ないし取引形式を予想して課税要件を定めているのであるが、納税者が通常の法形式によるのと同じ経済的効果を達する異常な法形式(迂回行為や多段階行為など)を選択して、これにより通常の法形式をとった場合に生ずる租税負担を軽減又は排除しようという租税回避行為が行われることがある。このような租税回避行為が行われた場合、同一の経済的効果が生じているにもかかわらず、通常の法形式が選択されたときには課税され、これに対し異常な法形式が選択されたときには課税がされないということになり、租税負担の公平ないし租税平等の原則に反する結果が生じることになる。このため、租税回避行為の取扱いが税法上問題となる。

　租税回避に対処するためには、租税回避があった場合にこれを否認し、通常の法形式におき換えて課税することを税務官庁に認める一般的否認規定を設けることが考えられる。上記の例では、土地の譲渡があったものとして課税するという否認規定を設けることである。

　ドイツでは租税回避行為一般を禁止する規定として、租税基本法42条（旧租税調整法6条）がある。「法の形成可能性の濫用により租税法律を回避することはで

きない。濫用が存在するときは、経済的事実に相応する法的形成をした場合に発生すると同じように租税請求権が発生する。」と規定されており、解釈上租税回避行為に該当するには、「租税回避の意図」が必要であると解されているのが注目される。

税法は、納税者が選択した法形式を基礎として課税要件の存否を認定して課税するものであるから、租税回避行為の否認はこのような税法の適用に関する原則に対する例外ということになり、納税者に厳しい影響を与えることになる。租税回避行為を否認して行われる課税は、実際に行われた法形式ではなく、想定された通常の法形式に基づく課税ということになる。したがって、想定された法形式に基づく課税は、租税法律主義の建前からいって、当然にそのための法律上の根拠（否認規定）があってはじめてできるということになる。

わが国では、租税回避行為の否認を認める規定として、同族会社の行為計算の否認に関する規定（法人132条、所157条、相64条など）と、海外取引の移転価格税制に関する規定（措置66条の4）がある。同族会社の行為計算の否認規定は同族会社についてのみ定めている規定であり、立法論は別として、同族会社以外に適用することは許されない。また海外取引の移転価格税制に関する規定は、海外取引に限定した規定であり、国内取引に適用することは許されない[注1]。

租税回避行為は、脱税(tax evasion)とは基本的に異なる。課税要件の充足を避けるために異常な法形式を選択して取引を行い、納税義務が発生しないようにすることである。脱税（租税逋脱）は、課税要件を充足した取引があり納税義務が発生しているのに、納税義務を免れようとすることである。脱税は処罰の対象となるが、租税回避行為は処罰の対象とならず、一種の租税節約（tax saving）であるといえる。

租税回避行為は、一般に許されない行為であるように考えられているが、これを禁止したりあるいは否認する規定がない場合は、租税回避行為であるからといって、税法上許されない行為として否認されることはない。租税回避行為はこの意味で税法上許されている一種の租税節約ということができる[注2]。

2 仮装行為

仮装行為とは、架空の外観を作り出す行為で、典型的な例は、民法94条1項の規定にいう通謀虚偽表示（仮装行為）である。

第2節 法形式の選択・濫用と税法の解釈

　仮装行為は、納税者が架空の外観を作りこの外観に示されているような法律関係を形成する意思はない場合である。架空の外観によって一定の経済的効果や法律関係は発生していないから、仮装行為は課税上では全く考慮されない(意味のない)行為である。後述の実質所得者課税の原則（所12条、法人11条）が適用される余地のない全く意味のない行為である。

　仮装行為の裏に当事者の真に意図した法律行為や真の取引が隠されている場合は、その隠された法律行為ないしそれによって形成される法律関係が課税を行なう前提事実となる。

　租税回避行為の場合、そこで選択された法形成は、納税者が真にこれを意図したものであり、そこに真の法律関係が形成されるから、租税回避行為は仮装行為とは区別される。

　仮装行為の例としては、上述の通謀虚偽表示のほかに、納税者が虚偽の住所を設定したり、帳簿上に架空仕入の記入をしたりするようなことも含まれるが、仮装行為は課税の基礎とはならない。

　京都地判昭和30.7.19.行集6・7・1708は、企業組合（中小企業等協同組合法により設立された法人）名義の事業活動から生ずる所得について、企業組合の存在を仮装とし、その組合を構成する個々の組合員に対して所得税を課税した処分を適法としている。

　仮装行為は通常は意図的にされる所得の隠ぺい行為であるので、仮装行為はしばしば重加算税（通68条）や租税逋脱犯の対象として取り上げられる。

　租税回避行為に関して、隠れたる利益処分（verdecte gewinnaussutung）が問題とされる。隠れたる利益処分とは、会社からその株主に対して通常の利益処分（例、配当）という形式ではない利益の処分が行なわれることをいう。隠れたる利益処分の例としては、会社の株主たる役員に対する過大報酬の支払いなどをいうが、隠れたる利益処分は租税回避行為の例ではなく、仮装行為に該当するものである。

3　取消しうべき行為、無効の行為等

　私法上において完全な効果の生じない（瑕疵のある）法律行為には、取消しうべき行為（民法4条2項、9条、12条3項、96条1項など）と、無効の行為（民法90条、94条1項、95条など）がある。

第4章　税法の解釈と適用

　取消しうべき行為は、取消し理由があっても取り消される迄は有効であるから、取消しうべき行為に基づいて一定の法的効果ないし経済的成果が発生するときは、当然に課税がされる（最判昭和38.10.29民集17・9・1236、訟月9・12・1373）。取消しうべき行為が後に取り消され、経済的成果が失われるときは、それに従って課税上の調整が行なわれる。例えば、取消しうべき行為（例、未成年者の売買）による経済的成果等の発生を前提とする譲渡所得の申告又は更正は、後に取り消されたことが判明すると、遡って修正される（更正の請求又は減額更正。通23条2項3号、通令6条1項2号、通71条2項、地20条の9の3第2項3号、地令6条の20の2第2項、地17条の6第1項3号）。法人や個人の事業所得のような継続的営業で後の年度でも修正が可能な場合は、経済的成果が失われた年度の課税で修正（当期における損益修正）がされる[注3]。

　無効の行為は、態様を2つに分けて考えられている。まず、仮装行為のような場合は、一般に課税上全く考慮されず、課税の対象とはならない。また、課税上、法的効果の発生が重要である租税（例、不動産取得税）では、法的効果が生じない無効の行為の場合、課税は行なわれない。これに対して、経済的成果の発生が重要である租税（所得税、法人税、消費税など）では、本来無効の行為であっても経済的成果が生じているときは（例、売買代金を受領しているとき）、それに従って課税が行なわれることになる（利息制限法に超過する利息・損害金について、最判昭和46.11.9民集25・8・1120）。無効の行為であるにも拘らず課税が行なわれた場合、後に無効であることが確認され、経済的成果等が消滅したときは、取消しうべき行為が取り消された場合と同様に、課税上の調整が行われることになる。

4　違法所得に対する課税、違法な経費の控除の是非

　違法所得に対する課税の問題は、主に所得税及び法人税で生ずる。法律上禁止された行為によって得た所得、例えば賭博による所得、売春による所得、麻薬の売買による所得、許可を受けない営業による所得も、すべて、税法上は課税の対象とされる。つまり、税法上は、所得の原因となる行為が法律上禁止された違法な行為であるかどうかは、関係のないことと考えられている。税法上の所得に関する定めは、違法に得た所得であっても適法に得た所得との間に担税力の上で差がない以上、違法所得も適法所得と同様に課税の対象となると考えられている。

　違法所得を課税の対象とすることは違法な行為を是認するということではない。

第2節　法形式の選択・濫用と税法の解釈

課税と課税の基因となる行為の法的評価とは区別すべきものである。違法所得であっても、所得が発生したから課税されるのであって、所得を生ずる行為（原因）を是認するから課税が行われるというのではない。違法所得に課税しないとすれば、違法な行為を適法な行為よりもかえって課税上優遇することになり、租税負担の平等に反することになってしまう。

　違法所得も課税所得に含めると、違法所得も納税申告をしなければならないことになる。憲法38条1項は、自己に不利益な供述の強要を禁止しているので、違法所得に対する課税について憲法38条1項との合憲性が問題とされている。憲法38条1項が刑事手続にだけ適用されると解すると、税法上の申告は行政手続であるから、直接関係がないということになる。しかし、憲法38条1項は、刑事手続だけではなく、刑事責任の追及と関連のある場合は刑事手続以外にも適用されると解されている（最判昭和47．11．22刑集26・9・554）。憲法38条1項が行政手続にも広く適用になると解しても、申告は所得の源泉について具体的に明示して違法所得であることを明示することを求めるものではなく、また税務調査で収集した資料を犯罪捜査のために利用することが禁止されていること（例、所234条2項、法人156条、相60条4項）などから考えて、憲法違反の問題は生じないと考えられている[注4]。

　違法所得に対する課税の問題と関連して、一定の支出が法令上禁止されているとき（例、賄賂の提供、脱税工作金の支出）、当該支出が必要経費又は損金として認められるかという問題がある。アメリカでは、この問題は、パブリック・ポリシイ（public policy、公序の理論）ということで議論されていて、法令上禁止されている支出を必要経費又は損金として控除を認めて優遇することは、全体の法体系の統一性を崩す（法律秩序を混乱させる）ことになって許されないと解されている。最判昭和43.11.13民集22・12・2449は、株主相互金融会社の株主優待金についてその法人税法上の損金性が争われた事件で、「支出が法律上禁止されているときは損金に計上することは許されない。」と判示している。この最判が、公序の理論を採用したものかどうかは明確ではないが、その後も脱税工作金について法人税法上において損金算入を認めない判決が出ている（東京高判昭和63.11.28判時1309・148など）。もっとも、わが国の所得税法や法人税法は、罰金、各種の加算税・加算金、交通反則金、独禁法違反の課徴金については明文の規定で控除を認めていないが（所45条1項3号以下、法人38条2項2号以下）、これら以外の法令上禁止

されている支出の控除が問題となり、見解が分かれている。

注(1) わが国には、租税回避行為一般を禁止する規定はない。しかし、同族会社については、否認規定が設けられていて(所157条、法人132条、相64条など)、異常な租税回避行為は通常の取引行為におき直して課税されることになっている。また、海外取引に限定されているが(アメリカ内国歳入法482条では、海外取引に限定していない。)、移転価格税制が導入されていて(措置66条の4)、特殊関係にある外国法人との取引について対価が独立企業間価額(通常の取引価額)と比較して相違している場合は、独立企業間価額におき直して課税されることになっている(同趣旨の規定、ドイツ国際取引課税法1条、イギリス所得・法人税法485条、OECDモデル条約草案9条)。

広島地判平成2.1.25行集41・4・42、訟月36・10・1897は、赤字法人を合併法人とし、黒字法人を被合併法人とするいわゆる「逆さ合併」による繰越欠損金の損金算入(法人57条)を、法人税法132条にいう租税回避行為に該当するとして、赤字会社を被合併法人、黒字会社を合併法人とする吸収合併におき直して繰越欠損金の損金算入を否認しているが、繰越欠損金の損金算入を否認する根拠として法人税法132条を適用すべき事案であったかどうか、すなわち事業継続の有無を問わず否認できるか、資本取引を否認の対象にできるかなど多くの検討の余地を残している事案である(参照、被合併法人の繰越欠損金の損金算入を否認した事例として、最判昭和43.5.2民集22・5・1067)。

(2) 山田二郎「行為計算の否認規定の適用をめぐる諸問題」杉村章三郎先生古稀祝賀税法学論文集(1970年)351頁、清永敬次「租税回避の研究」(1995年)、岡村忠生「タックス・シェルターの構造とその規制」法学論叢136・4～6・269(1995年)、同「税負担回避の意図と二分肢テスト」税法学543・3、中里実「課税逃れ商品に対する租税法の対応」ジュリ1169・116。

(3) 法律行為の取消し等により経済的成果が失くなったときに、前期に遡って所得計算を修正できるのか(前期損益修正)、それとも経済的成果がなくなった年度の所得計算に損失として計上するのか(当期損益修正)、遡及して修正することの可否が問題となっている。売上の計上洩れ、経費の過大計上、契約の法定解除、やむをえない事情による契約の解除、取消しなどは遡及して所得計算を修正できると解されているが、欠陥商品の返品、値引き、売掛債権の貸倒損失などは遡って所得計算を修正できない(当期の所得計算に損失として計上すべきもの)と解されている。また、法人税法では、確定決算主義の建前から、原則として、契約の解除等による損失は損失が生じた年度(当期)に計上すべきものと解されている。詳しく

は、「第6章第1節4―4(2)収入金額の計上時期」の項で説明する。
(4) 違法所得の税法上の問題について、玉国文敏「違法所得課税をめぐる諸問題」法時744、748、750、755、761、764、767、770。

　最判平成6・9・16判時1518・146は、所得を秘匿するために要した支出（脱税経費）を費用又は損失として損金することは公正処理基準に従ったものといえないとして損金に計上することを否定しているが、架空の経費を損金に計上することが許されないのは、公正処理基準に照らして判断することではなく、公正処理基準を持ち出す以前の問題であり、また脱税経費を損金に計上できないのは、その理由を公正処理基準から引き出せる問題ではなく、パブリックポリシーにその根拠を求めるべきである。

第4章　税法の解釈と適用

第3節　信義誠実の原則

　私法や一般法の基本原則である信義誠実の原則（信義則 treu und glauben、禁反言の原則 estoppel）は、民法1条2項、改正民事訴訟法2条に定められているが、信義則が税法の領域にも適用になることについては、一般に承認されている。信義則は、納税者側にも、また税務官庁側にも適用になるが、主に問題となるのは、税務官庁側の行政指導等の変更に関してである。

　信義則は、ある者の過去の言動に反する主張を許すと、その言動を信用した相手方の利益を害することになるので、その者の主張の変更を法律上許さないものとし、相手方の利益を保護しようとするものである。

　税法の領域で信義則の適用が問題となるのは、過去の言動（例、納税の申告）が法令に違反しており、後に変更した言動（例、更正処分）は適法な場合である。このような場合に信義則の適用により税務官庁の適法な言動を許さないとすると、租税法令に定めるところによって課税することを税務官庁に求める税務行政の法令適合性の要請と矛盾するという結果となる。そこで、信義則の税法の領域における適用は、税務行政の法令適合性の要請と納税者の信頼保護の要請とをどのように調整したらよいかという問題であり、信義則が適用される要件、信義則が適用された場合の効果が検討されてきている[注1]。

　東京地判昭和40.5.26 行集16・6・1033は、各種学校を経営している納税者（文化学院）が、その教育用資産について非課税扱いとなるという通知を受けていたので、非課税法人である準学校法人へ組織変更の手続をしないでいたところ、約8年後に過去5年間に遡る固定資産税の課税を受けたことを争った事件であり、判決では信義則を適用する要件として、

　㈠　税務官庁が誤った言動をしたことに納税者側に責められるような事情があったか、

　㈡　税務官庁のその言動がいかなる手続、方式で納税者に通知されたか。一般的なものか特定の納税者に対する具体的なものか、口頭によるものか書面によるものか、その言動を決定するに至った手続（照会回答、申告指導という形でされたものか）など、

第3節　信義誠実の原則

(ハ) その信頼を裏切られることによって納税者の被る不利益の程度などの諸点を考慮すべきであるとし、この事件では信義則を適用して過去5年に遡る課税処分を信義則に違反する無効なものとしている（将来に向っては、信義則は働かず有効としている。）。

この東京地裁の判決は下級審の判決ではあるが、信義則の適用要件を具体的に提示したものとして、広く参考とされているリーディング・ケースとなっている。

具体的事例では、信義則はかなり厳格に適用されている。

最判昭和62.10.30判時1262・91は、青色申告の承認を受けていない納税者からの青色申告書による申告を数年にわたって誤って受理していた税務署長が、その後白色申告による納税者としてなした課税処分につき信義則の適用の有無が争われた事件について、次のような判断を示している（第一審、控訴審では、信義則を適用して更正処分を違法としている。）。

「租税法規に適合する課税処分について、法の一般原理である信義則の法理の適用により、右課税処分を違法なものとして取り消すことができる場合があるとしても、法律による行政の原理なかんずく租税法律主義の原則が貫かれるべき租税法律関係においては、右法理の適用については慎重でなければならず、租税法規の適用における納税者間の平等、公平という要請を犠牲にしてもなお当該課税処分に係る課税を免れしめて納税者の信頼を保護しなければ正義に反するといえるような特別の事情が存する場合に、初めて右法理の適用の是非を考えるべきものである。そして、右特別の事情が存するかどうかの判断にあたっては、少なくとも、税務官庁が納税者に対し信頼の対象となる公的見解を示したことにより、納税者がその表示を信頼しその信頼に基づいて行動したところ、のちに右表示に反する課税処分が行われ、そのために納税者が経済的不利益を受けることになったものかどうか、また、納税者が税務官庁の右表示を信頼しその信頼に基づいて行動したことについて納税者の責めに帰すべき事由がないかどうかという点の考慮は不可欠のものであるといわなければならない。

これを本件についてみると、納税申告は、納税者が所轄税務署長に納税申告を提出することによって完了する行為であり、税務署長による申告書の受理及び申告税額の収納は、当該申告書の申告内容を是認することを何ら意味するものではない。また、納税者が青色申告書により納税申告したからといって、これをもって青色申告の承認をしたものと解しうるものでないことはいうまでもなく、税務

第4章 税法の解釈と適用

署長が納税者の青色申告書による確定申告につきその承認があるかどうかの確認を怠り、翌年分以降青色申告の用紙を当該納税者に送付したとしても、それをもって当該納税者が税務署長により青色申告書の提出を承認されたものと受け取りうべきものでないことは明らかである。そうすると、原審の確定した前記事実関係をもってしては、本件更正処分が税務官庁の納税者に対して与えた公的見解の表示に反する処分であることはできないものというべく、本件更正処分について信義則の法理の適用を考える余地はないものといわなければならない。」。

　信義則に違反するということで、課税処分が違法とされることは多くないが、信義則に違反したとみられる場合は加算税を賦課することが許されない「正当な理由」に当たると解されているし（例、名古屋地判昭和37.12.8 行集13・12・2236）、また信義則の違反を違法な行為として国家賠償法に基づく損害賠償を請求できると解されている。もっとも、税務官庁が過去の誤った言動を将来に向って是正することについては、信義則の制約が働くものではない。

　注(1)　信義誠実の原則に関する主な文献、中川一郎「税法における信義誠実の原則」(1984年)、乙部哲郎「租税法における禁反言の法理」民商75・2、同「租税法と信義則・禁反言(1)、(2)」民商100・3、4、同『行政法と信義則』(2000年、信山社)。

第5章　租税実体法

第1節　課税要件と租税法律関係

　税法が定めている一定の要件を充足したときに租税法律関係（納税義務、租税債権）が発生する。

　租税法律関係は、国又は地方自治体と国民（住民）との間の租税に関する権利義務の関係である。租税法律関係は、一定の事実が存在することにより法律上当然に発生したりあるいは税務官庁の処分によって発生するものであり、私法の領域のように当事者間（私人間）の自由な合意によって発生するものではない。租税法律関係の消滅についても同様である。

　租税法律関係の性質について、これを国、地方自治体又は税務官庁に国民より優越的な地位を認める権力関係とみる租税権力関係説（オット・マイヤー、オトマール・ビュラー）と、これを公法上の債権債務の関係にすぎないとみる租税債務関係説（アルバート・ヘンゼル）が対立していた。この二つの考え方は租税法律関係のどの点を重視するかということで見解が分れているものである。租税権力関係説では、特に課税処分や強制徴収における税務官庁の優越的地位を重視するのに対し、租税債務関係説は租税法律関係を基本的に租税債権と租税債務の関係とし、租税手続法における特色は租税債権債務関係に対し従たる地位を占めるにすぎないと考えるものである。

第5章 租税実体法

第2節 課税要件の内容

税法が納税義務の成立するために必要としている要件が課税要件である。
主要な課税要件は、納税義務者、課税物件、帰属、課税標準及び税率の5つである。

1 納税義務者等
1―1 納税義務者

納税義務者は、各税法において租税を納める義務を負担する者である。担税者、すなわち実際に(経済上)租税を負担する者とは異なる。所得税、法人税、相続税など多くの直接税の場合は、納税義務者と担税者は一致するが、消費税や酒税等の間接税の場合は、徴税の便宜から、担税者と異なる者(事業者、製造者など)が納税義務者とされている。

税法上の納付義務であっても所得税の源泉徴収義務(所181条、183条など)、特別地方消費税の特別徴収義務(地119条)などは、納税義務者から租税を徴収し、これを課税団体(国又は地方自治体)に納付する義務であり、納税義務とは区別される。

また、ある納税義務者の財産について滞納処分を執行してもなお徴収すべき税額に不足すると認められる場合にその不足すると認められる税額を限度として、当該納税義務者と一定の関係のある者に対して、補充的に納税義務を負わせることがある(徴33条以下)。このような保証人に類似の納税義務者を第二次納税義務者(徴2条7号)というが、本来の納税義務者とは区別されている。

納税義務者は、多くの場合、個人及び法人の双方であるが(例、消費税)、法人税は法人だけが納税義務者とされ、所得税は原則として個人だけを納税義務者としている。人格のない社団又は財団は、課税の便宜から、例えば法人税、所得税では法人とみなされ(所4条、法人3条)、相続税・贈与税では個人とみなされて(相66条1項)、納税義務者となる。

立法政策上から、人的課税除外(人的非課税)の規定をおき、納税義務者の範囲を限定している。人的課税除外として主な例は、外交官・国際機関の職員及びそ

の家族の免税特権である(国際慣習法)。このほかにも、公益上の理由から、公共法人(例、地方自治体、公団、公庫)は法人税が免除されている（法人4条3項）。

納税義務者は、一定の基準により区分が行われることがある。納税義務者の区分は、どの範囲の課税物件について納税義務を負わせるかを決めるために行われている。このような区分は、主として課税にあたって人的要素が重視される直接税で行われている。所得税では個人について居住者（1年ルール。所2条1項3号）と非居住者（同5号）に区分され、さらに居住者について永住者と非永住者（5年を基準とする。同4号）に区分される。国内における住所、居住期間、国内における永住の意思などを基準とし、わが国との場所的若しくは生活上の結びつきの程度が高くなるに応じて課税物件の範囲を大きくしている。わが国に住所を有するかどうかによる納税義務者の区分は、相続税・贈与税でも行われている。

法人税では、内国法人と外国法人に区分される。これは、日本国内に本店又は主たる事務所を有するかどうかによって区分されている（法人2条3号、4号）。内国法人の課税物件の範囲には限定がないのに対し、外国法人の課税物件は国内源泉所得に限定されている（法人9条）。

課税物件の範囲について限定のない納税義務者を無制限納税義務者、限定のある納税義務者を制限納税義務者という。

1－2　税理士

納税者の依頼を受けて租税に関する代理その他の行為を業として行う租税に関する専門家が、税理士である。

税理士については、税理士法があり、税理士の使命、業務、資格、権利及び義務が定められている。

税理士は、税務に関する専門家として、申告納税制度の理念に沿い、独立して、公正な立場において納税義務者の信頼にこたえ、租税に関する法令に規定された納税義務の適正な実現を図ることを使命としている（税理士法1条）[注1]。税理士の業務は、適正な納税義務の実現と依頼者の租税負担の軽減をはかるという2面性をもっている。

税理士と依頼人との間の顧問契約は、税理士業務に関する委任契約（実際には、顧問契約と経営コンサルタント契約の混合した契約であることが多い。）であるが、この関係は、継続的な性質をもつものであるので、無条件に解除できるものではな

第5章　租税実体法

いが、両当事者の信頼が失われた場合には依頼人は解除できると解することができる。ただし、最判昭和58.9.20判時1100・55及び東京高判昭和63.5.31.判時1279・19は、原則としていつでも解除できると解している(注2)。

注(1)　税理士制度に関する主な文献、日本税理士会連合会「税理士制度沿革史」(増補改訂版)(1987年)、北野弘久「税理士制度の研究」(1995年)、松沢　智「税理士の職務と責任」(第三版)(1995年)、日本税理士会連合会「税理士法逐条解説」(新訂版)(1993年)、東海税理士会ほか編「諸外国の税理士制度」(1994年、新日本法規)、ホルスト・ゲーレ(飯塚毅訳)「ドイツ税理士法解説」(1991年)。税理士は、税理士の登録をすると当然に地区税理士会の会員となる(税理士法49条の6)。この意味において、税理士会は、強制加入団体である。

　　大阪高判平成1.8.30判時1332・76は、大阪合同税理士会が行った会費3,000円の増額及び税理士政治連盟への拠出金の交付等（税理士法の改正運動資金）の決議を、特定の政治家に対し政治献金を行うことを目的としてされたものではなく税理士会の目的の範囲を逸脱するものではないなどとして無効でないとしている（上告）。最判平成5.5.27判時14090・83は、大阪税理士会の特別会費を徴収する旨の決議について会費の使途を定めたものにすぎないから返還を求める法的根拠とならないとしている。

　　また、熊本地判昭和61.2.13 判時1181・37は、南九州税理士会が税理士法の改正運動資金として会員から特別会費5,000円を徴収する旨の決議について、税理士政治連盟(政治資金規正法にいう政治団体)は税理士会の政治実働部隊であるとしたうえで、税理士会の権利能力（目的による制限）の面から、税理士会の公益性より税理士会が政党や特定政治家の後援会に政治資金を寄付することは税理士会の目的の範囲に含まれず、本件決議は税理士政治連盟への寄付であることを示されていたから民法43条に反し無効であるとし、次に思想・信条の自由の面からは、税理士法の一部改正への賛否は、各税理士が個人的・自主的に決定すべきことで、多数決で会員を拘束し反対の意思表示をした会員に対し協力を強制することは許されず、しかも税理士政治連盟へ寄付するための特別会費の納付を強制することは、反対の意思表示をした会員に対し一定の政治的立場に対する支持の表明を強制することに等しく無効であり、特別会費の納入義務を負わないと判示した。これに対し、この控訴審である福岡高宮崎支判平成4.4.24判時1421・3は、原判決を取り消し、上記の各論点について反対の判断を示している（上告）。

(2)　大判大9.4.24民録26・8・562は、当事者双方の利益のためにされた委任は、民

法651条の規定により解除できないとしている。

最判昭和43.9.20 判タ227・147は、委任事務の処理が委任者のみならず受任者の利益でもある場合でも、受任者が著しい不誠実な行為に出た等やむをえない事由がある場合には、委任者が委任契約を解除できるとしている。

2 課税物件

課税物件とは、課税要件の中の物的要素である課税の対象をいう。担税力のあることを推測させる一定の物件、行為又は事実である。

主要な租税の課税物件を示すと、次のとおりである。

　所　　得　　税——暦年ごとの所得（所7条、36条）
　法　　人　　税——事業年度ごとの所得（法人5条、9条）
　相　　続　　税——相続によって取得した財産（相2条）
　贈　　与　　税——贈与によって取得した財産（相2条の2）
　印　　紙　　税——一定の課税文書の作成（印2条）
　登 録 免 許 税——登記、登録、特許、免許など（登録免許税法2条）
　消　　費　　税——国内での資産の譲渡等及び保税地域から引き取られた外国
　　　　　　　　　　貨物（消4条）
　関　　　　　税——外国からの輸入貨物（関3条）
　不動産取得税——不動産の所有権の取得（地73条の2）
　固 定 資 産 税——所有している固定資産（地342条）

課税物件について、はじめから種々の理由により、特定の物件を課税物件から除外することが定められている(物的非課税)。例えば、一定の所得を非課税所得として課税物件から除外する場合（生活用資産の譲渡所得、損害賠償金、公益法人等の非収益事業所得など。所9条、10条、法人7条、10条など）、一定の取引等を非課税として課税物件から除外する場合（土地、住宅の貸与など。消6条）、一定の資産を非課税として課税物件から除外している場合（墓地など、地348条）などがある。

物的非課税には、法律上当然に非課税とされる場合（所9条、法人7条、消6条など）と、納税義務者からの一定の申請を要件として非課税とされる場合（例、老人の少額預金の利子所得。所10条、措置4条など）がある。非課税と免除とは、区別の難しい場合があるが、免除とは、いったん成立した納税義務の全部又は一部を後日免責することであり、両者は一応区別される。

3　帰　属

　課税要件である納税義務者と課税物件との結びつきを帰属という。例えば、所得税、法人税では、納税義務者が課税物件である所得を「取得する」ことにより、相続税、贈与税では、相続財産等を「取得する」ことにより、印紙税では課税文書を「作成する」ことにより、納税義務者と課税物件との帰属の関係が生ずる。

　所得税、法人税、消費税では、特に帰属の関係が重要な意味を持っているので、帰属に関する原則として、「実質所得者課税の原則」が定められている（所12条、法人11条、消13条）。

　実質所得者課税の原則の適用が争われた事例は、他人名義により許可を受けた事業から生ずる収益（事業所得）、他人の名義を借りている預金から生ずる利息（利子所得）、登記簿上の所有名義が他人になっている財産の賃料収入（不動産所得）又は譲渡による収入（譲渡所得）、会社役員の個人名義で会社が取得した配当金（法人の所得）などである。

　事業の場合、課税物件である所得を「取得する者」とは、許可を受けている名義人ではなく、当該事業を実際に経営しその収益を享受する者を所得の帰属する者とみるのが実質所得者課税の原則である（所通12-2）。

　また、資産から生ずる収益の場合、課税物件たる所得を「取得する者」とは、登記などの単なる名義人ではなく、当該資産からの収益を享受する真実の所有者が所得の帰属する者である。この「実質所得者課税の原則」は、明文の規定はないが、贈与税にも適用があると考えられている。

　「実質所得者課税の原則」の適用に関して、特に資産から生ずる収益について、資産の法律上の帰属者のほかに、収益を実際に享受する者が存在するときに、法律上の資産の帰属者ではなく、実際の収益の享受者を所得の帰属者とすべきであると解する見解がある。この見解は、事実上の帰属又は経済上の帰属を重視する考え方で、このような見解を経済的実質主義と呼び、これと対立して法律上の帰属を重視する見解を法律的実質主義と呼ぶ。

　このように見解の対立はあるが、一般的に収益の享受（経済的な成果の帰属）は法律上の関係によってその帰属者が決まるので、通常は法律上の関係によって帰属（者）を決める法律的実質主義が法的安定性のうえからいっても合理性が高い見解であるといえる。そして、法律上の関係を離れて経済上の帰属を考えなければ課税上の不都合が生ずるような特殊な場合（例えば、横領による違法な所得など）だ

け、経済上の関係により帰属（者）を決めることになる。

　ところで、固定資産税は、所有名義人が誰であるかによって納税義務者を決めることになっている。この決め方を、表見課税主義（台帳課税主義）と呼んでいる。固定資産税は、固定資産の所有者に課税されるが（地343条1項）、この所有者の認定は登記簿、償却資産課税台帳に所有者として登記又は登録されているものを所有者とみなして行われる（地343条2項）。固定資産税は、このように、所得税や法人税と異なり、登記又は登録上の所有名義人によって形式的に納税義務者が決められることになっている。課税は本来担税力をもつ真実の所有者に対して行われるべきものであるが、固定資産税は、課税物件が大量であること、所有者の変動が頻繁でないこと（登記による所有権者の推定）を考慮して、主として徴税の便宜のうえから、表見課税が許されてきている（上記の観点から、固定資産税の表見課税が憲法29条に違反しないとするもの、最判昭和30.3.23民集29・3・336）。

4　課税標準

　課税標準（課税ベース）とは、課税物件を数量化したもので、税率を適用して税額を算出するための基礎となる金額又は数量をいう。

　所得税や法人税のように所得を課税物件としている租税は、課税標準は所得の金額である。

　相続税、贈与税、固定資産税のように財産を課税物件とする租税は、課税標準は財産の価額（法律では時価としているが、通達等では具体的に評価割合を定め時価より低い一定の課税標準を定めている。）である。消費税のように資産の譲渡等の一定の取引を課税物件とする租税では、譲渡等による資産の売買価額、譲渡等の対価の額が課税標準である。

　課税標準の中には、所得税、法人税、消費税、贈与税のように一定の期間内における課税物件を合計として課税標準としているものがある。この期間を、課税期間と呼ぶ（通2条9号）。それは、所得税、贈与税では一暦年であり、法人税では一事業年度である。これらの租税では、課税物件がどの課税期間に計上されるか（課税物件の年度帰属）は、課税標準の計算上では極めて重要な問題であり、税務では年度帰属をめぐる争いがしばしば生じている。

　税法や通達では、課税標準の算定や財産の評価について技術的な多数の規定をおいており、課税標準の算定は税法の解釈・適用上において重要な課題であるだ

けではなく、税務会計という独立の学問領域の対象となっている。

5 税率

　課税標準に対して納付すべき税額の割合を税率という。

　課税標準が、所得税、法人税、相続税、固定資産税などのように金額で示されている場合は、税率は百分比で示される（所89条等）。印紙税、酒税などのように、課税標準が数量で示されている場合は、一単位(例えば、1通、1キログラム)当りの金額で示される（酒22条等）。

　所得税、相続税では、負担の実質的公平（垂直的公平）をはかるために、累進税率が採用されている。累進税率（超過累進税率）とは課税標準が大きくなるに従って高い税率を定めるものをいう。

　実効税率という言葉は多様に使われているが、税法で定めている税率ではない。通常の場合は、租税特別措置法などによる課税上の優遇や課税所得の捕捉洩れなどによって課税標準が低くなっている場合に、このような課税上の優遇などがなかったとして算定される課税標準と、課税上の優遇などを適用して現実に納付されるべき税額との割合を、実効税率と呼んでいる。このような実効税率は、税法上定められている税率より低いものとなる。なお、法人の所得に関しては、法人税のほか、地方税として法人住民税と事業税が課されているが、それをすべて合計した法人の税負担の割合を実効税率とも呼んでいる（前者と区別して、法人総合税率と呼ぶのが正確である）。

第6章　個別税法

第1節　所得税

1　納税義務者
1−1　納税義務者の区分

　所得税は、原則として個人の所得を課税対象とするものであるが、所得は担税力を示す指標としてわかり易いことから、所得税は1797年にイギリスで初めて導入され、それ以来最良の租税、最も重要な租税として役割を果してきている。

　所得税の納税義務者は原則として個人であるが、一定の所得については法人も納税義務者となる（所5条3項、4項）。代表者又は管理人の定めがある人格のない社団又は財団は、法人とみなされる（所4条）。

　個人は、居住者と非居住者に区分される。居住者とは、国内に住所を有し又は現在まで引き続いて1年以上居所を有する個人である（所2条1項3号）。非居住者とは、居住者以外の個人である（同5号）。居住者は、さらに永住者と非永住者に区分される。非永住者とは、国内に永住する意思がなくかつ国内に住所又は居所を有する期間が現在まで引き続いて5年以下の個人である（同4号）。永住者は、非永住者に該当しない者である[注1]。

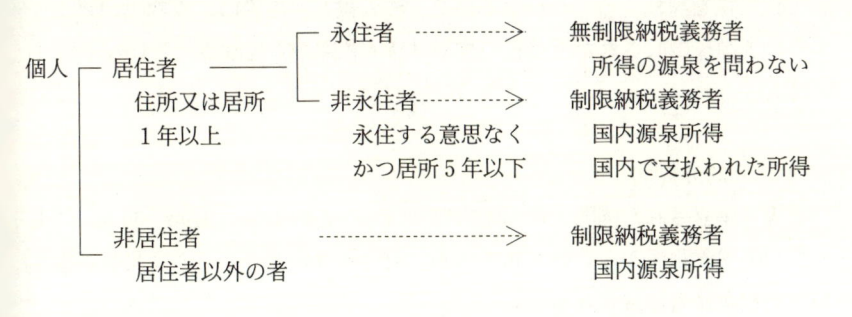

```
個人 ┬ 居住者 ───┬ 永住者 ············> 無制限納税義務者
    │ 住所又は居所 │                    所得の源泉を問わない
    │ 1年以上    └ 非永住者············> 制限納税義務者
    │            永住する意思なく      国内源泉所得
    │            かつ居所5年以下       国内で支払われた所得
    │
    └ 非居住者    ············>        制限納税義務者
      居住者以外の者                   国内源泉所得
```

第6章 個別税法

1-2 納税義務者と課税所得の範囲

個人に関するこのような区分は、課税所得の範囲に関連して重要な意味をもつ。居住者のうち永住者は、所得の源泉地がどこであるかを問わないですべての所得について納税義務を負う（所5条1項、7条1項1号）。非永住者は、国内源泉所得（所161条）のほか、国外源泉所得のうち国内で支払われ又は国内に送金されたものについて納税義務を負う（所5条1項、7条1項2号）。非居住者は、国内源泉所得についてのみ納税義務を負う（所5条2項、7条1項3号）。

したがって、永住者が無制限納税義務者であり、非永住者及び非居住者は制限納税義務者である。納税義務者の区分は、国籍の有無（国籍基準）ではなく、主として住所又は居所の有無（住所居所基準）によりなされている。

1-3 法人と所得税の納税義務

法人は、内国法人と外国法人とに区分される。内国法人とは、国内に本店又は主たる事務所を有する法人であり（所2条1項6号）、所得の源泉地がどこであるかを問わず国内で支払いを受ける一定の所得について納税義務を負う（所5条3項、7条1項4号）。外国法人とは、内国法人以外の法人であり（所2条1項7号）、国内源泉所得のうち一定の所得について納税義務を負う（所5条4項、7条1項5号）。法人の一定の所得に対して、法人税ではなく所得税が課税されるのは、法人の所得を捕捉するために、源泉徴収制度を利用することと関連している。例えば、利子の支払者が支払利子について源泉徴収を行うとき、相手方が個人か法人かを区別することが困難であるので、源泉徴収の対象となる一定の所得については、一律に相手方が法人である場合にも所得税の納税義務を負わせようとするものである。ただし、この場合、通常、源泉徴収の対象となった所得を法人税の課税標準に含めて法人税を課税することになるので、法人税と所得税の二重課税が起こらないように、源泉徴収された所得税の税額は法人税額から控除される（法人68条1項、144条）。

1-4 人的非課税

外交官等は確立された国際法規（例えば、ウィーン条約23条、34条、36条）により所得税の納税義務者から除外されている。現行制度の下では、天皇及び皇族も所得税の納税義務者に含まれる[注2]。

第1節 所 得 税

1—5　課 税 単 位 (tax unit)
(1) 個人単位主義

　伝統的な家族制度を反映して創設以来、同居する家族の所得はすべて合算する制度(家族単位主義、世界単位主義)が維持されていたが、シャウプ勧告による昭和25年の税制改正で原則として個人単位課税を採用することになった。もっとも資産所得について名義分散の弊害が目立ったので昭和32年の税制改正で資産所得について資産所得の合算制が復活したが(所55条)、昭和63年の税制改正で廃止となっている。現行のわが国の所得税は、個人が取得した所得については、その個人に課税することを原則としている(個人単位主義)。

　所得税の課税単位をどのように定めるかについては、立法例が分かれている。夫婦を課税単位(夫婦単位主義)としている国(ドイツ、アメリカ)、あるいは家族を課税単位(家族単位主義)としている国(フランス)がある。夫婦や家族を課税単位としている立法例は、夫婦や家族が1つの消費単位であり、各人がプールされた所得を共同して享受(消費)しているという実情を重視するものである。

　夫婦や家族を課税単位としている立法例では、課税の方法にはいろいろな形態のものがある。夫婦を課税単位とする場合、夫婦の所得を合算して税率を適用して税額を求める方法(単純合算課税)では、累進税率であるときには高い税額となり、不合理な結果となる。そこで、これに対処するために、夫婦の所得を合算しても、その合計額の2分の1に税率を適用して税額を求め、その税額を2倍する方法(2分2乗方式)がとられている。2分2乗方式の選択を認めるドイツの所得税は、当該税額について夫婦に連帯納税義務が課されている(第3章第2節注(3)参照)。2分2乗方式は、夫婦の一方である夫だけが働いて所得をうる場合も、妻が貢献しているという考え方(内助の功を半分とする。)によるものである。この方式は、片稼ぎ夫婦には有利な税制であるが、共稼ぎ夫婦には不利な税制であるという批判がある。

第6章 個別税法

(2) 個人単位主義の例外（家族単位主義）

```
        夫　A＝事業主（家族の共同事業…………家族単位主義）
        ↑↓        ↖ 労務を提供（給料収入）
        建物を賃貸
        ↓（家賃収入）              息子　C
        妻　B
```

わが国の所得税法は、個人単位主義を原則としているが、生計を一(いつ)にする親族が事業を営む場合には、例外として、家族単位主義を採っている（所56条）。例えば、Aが事業主で、Aの妻Bが自己の建物を事業のために提供し、息子Cが事業のために労力を提供し、BとCがその対価（家賃、給与）を取得しているような場合、Bへの支払家賃、Cへの支払給与をAの事業所得から必要経費として控除することを認めず、その代りにBの建物提供に係る不動産所得、Cの勤労に係る給与所得に対して課税しないことにして（家族内の金銭のやりとりがないものとし、結果として合算をしたということになる。）、家族単位でAの事業所得として課税することにしている。親族が事業を営む場合は、事業を営む主体は、家族に属する個人ではなく、むしろ家族全体が1つの事業の主体であるという状況と、親族間の金銭のやりとりは恣意的になり易く、また税務官庁が金銭のやりとりを把握することが困難であることの状況に着目した制度である。なお、家族が専らその事業のために労力を提供する場合は、一定の要件のもとに、その家族の給与所得（専従者給与）を認めるとともに、支払給与は事業所得の必要経費として控除することが認められている（青色事業専従者給与（所57条1項、相当な対価）、事業専従者控除（所57条3項。配偶者86万円、その他50万円））[注3]。

2　課税物件

2－1　所得概念（包括的所得概念）

19世紀から20世紀にかけて所得税の対象となる所得を一定の源泉から生ずるものに限定する考え方（所得源泉説）が主張されたことがあった（アドルフ・ワグナーなど）。この見解は、制限的所得概念とも呼ばれているもので、反復的・継続的に事業又は労働といった源泉から生ずる所得だけが課税対象となる所得を構成し、相続・贈与による利得、富くじの利得、事業活動以外による資産の譲渡による利

第1節 所得税

得など一時的・臨時的な所得は課税所得に含めないとしていた。この説は（19世紀後半のプロイセン所得税、わが国の戦前の所得税法）、経済活動により生じた富を所得とする考え方である。しかし、わが国をはじめ最近の所得税はこのような考え方を採っていない。

　所得源泉説に代わる説が純資産増加説である。この見解によると、所得税は個人の担税力に応じて課せられる租税であり、それにはある個人にどれだけの富が増加したかが重要であって、一時所得や譲渡所得であっても個人の担税力を高めるものであり、所得の中に含めるべきであるという。所得の範囲を広く捉え、担税力に応じた公平な課税を重視するもので、包括的所得概念(comprehensive type concept of income)と呼んでいる。ドイツのゲオルク・シャンツによって主張され、これをアメリカのロバート・ヘイグ、ヘンリー・サイモンズが発展させた見解で、今日の通説となっている（上述の3者の頭文字をとって、S-H-S所得概念と呼ばれている。）。ところで、最近では、消費（所得から貯蓄を控除したもの）を課税の対象とする方がより公平であるということから、消費を課税の対象とする支出税の構想が有力となってきている（アーヴィング・フィッシャー、ニコラス・カルドア）(注4)。

　包括的所得概念によると、所得の中に一時所得や譲渡所得も含まれることになるが、さらに資産の毎年の値上り益や帰属所得(imputed income)も含まれることになる。帰属所得とは、自分の財産の利用（自分の家屋に住むこと、自家消費など）から得られる経済的利益をいう。包括的所得概念を採用しても、税務行政の困難さを考えて値上り益やすべての帰属所得を課税対象に取り込むのは適切ではないということで、わが国では値上り益や帰属所得は原則として課税対象に含めていない。ただ、自家消費については、課税する旨の規定がおかれている（所39条)(注5)。

2－2 違法所得

　法律上禁止された行為によって取得した所得（違法所得）も、課税の対象となる。所得の原因となる行為が法律上禁止された違法な行為であるかどうかは、税法上は考慮されない。違法所得と適法所得の間に担税力に差がないから、課税の公平からいって、違法所得も適法所得と同様に課税の対象とされる。違法所得を課税の対象とすることは、違法な行為を是認することではない。課税と課税の基

因となる行為の法的評価とは区別される。横領や背任などの場合は、所有権の移転の有無が重要ではなく、違法行為によって取得した財物が現実に支配管理（消費）されているときは、その者に所得が生じたものとして課税がなされる（違法所得として課税された後、正当な権利者へ返還あるいは没収されたときは、課税は修正する必要が生じる。）(注6)。

2－3　所得の推計

　所得税の対象となる所得は、納税者の実際の所得（実額）であり、現行の申告納税制度の下では納税者が自ら所得の実額を明らかにする建前になっているが（記帳義務。所231条の2以下）、所得の実額が明らかでないときに、課税を見逃すことは課税の不公平を来すことになるので、白色納税者に対してはその所得を推計して認定することが認められている（所156条）。推計課税については、「第8章第3節2－5(5)推計課税と主張責任・立証責任」の項で説明する。

2－4　非課税所得（物的非課税）

　所得税の非課税所得は、所得税法9条、9条の2、10条、11条、租税特別措置法4条以下(29条、40条)などに定められているほか、税法以外の法律にも定められている(生活保護法57条、児童扶養手当法25条など)。非課税所得は、社会政策上の考慮（公職選挙法に基づく政治献金、所9条1項17号）、行政執行上の考慮（強制執行による競売代金、同10号）、教育・学術の奨励（文化功労者年金、同13号イ）などいろいろの理由から定められているが、本来所得といえないものを確認的に非課税所得として規定しているものもある（元本の払戻し（同11号）、旅費（同4号）、通勤費（同5号）など）。

3　帰　属

　納税義務者と課税物件を結びつける関係を帰属というが、所得税では納税義務者が所得を「取得」することにより、課税要件を充足することになる。所得税及び法人税では、帰属に関する原則として、実質所得者課税の原則が定められている（所12条、法人11条）。所得税法12条は、資産又は事業から生ずる収益について定めているが、それは特に典型的なものを取り出して規定したものにすぎず、給与所得などについてもこの原則は適用があると考えられる。

第1節　所得税

4　課税標準（tax base　収入金額と必要経費の計算）

課税標準を居住者の場合について、説明する。

4 — 1　所得の分類

所得税法は、所得の担税力の違いなどから、所得を10種類に分類している。

①利子所得（所23条）、②配当所得（所24条、25条）、③不動産所得（所26条）、④事業所得（所27条）、⑤給与所得（所28条）、⑥退職所得（所30条、31条）、⑦山林所得（所32条）、⑧譲渡所得（所33条）、⑨一時所得（所34条）、⑩雑所得（所35条）。

4 — 2　所得の計算

(1)　各所得について、「所得の金額」を計算するが（所21条1項1号）、「所得の金額」は、原則として収入金額から必要経費を控除した金額である。

(2)　10種類の所得の金額から、総所得金額、退職所得金額及び山林所得金額を計算する（所21条1項2号）。

総所得金額は、利子、配当、不動産、事業、給与、短期譲渡（所有期間5年以内の譲渡。所33条3項1号）及び雑の各所得の金額について損益通算（所69条）を行った後の各所得の金額の合計額と、長期譲渡（所有期間5年を超える譲渡。所33条3項2号）及び一時の各所得の金額について損益通算を行った後の各所得の金額の合計額の2分の1に相当する金額とを合計し、純損失の繰越控除及び雑損失の繰越控除を行った後の金額である（所22条2項）。

退職所得金額及び山林所得金額は、退職及び山林の各所得の金額についてそれぞれ損益通算、純損失の繰越控除及び雑損失の繰越控除（所69条ないし71条）を行った後の金額である（所22条3項）。

(3)　次に、総所得金額、退職所得金額及び山林所得金額から所得控除（所72条以下）したものが（所得控除の順序について、所87条）、課税総所得金額、課税退職所得金額及び課税山林所得金額であり（所89条2項）、これらが所得税の課税標準である。課税総所得金額又は課税退職所得金額は別々に税率を適用して、また課税山林所得金額はその金額の5分の1に税率を適用した金額を5倍して、各々の所得税の税額が計算され（所89条1項）、この額を合計した金額から税額控除（所92条ないし95条）をして所得税の額を求める（所21条1項4号、5号）。

第6章　個別税法

(4) 総合所得税と分類所得税

　所得税の立法例には、各種の所得ごとに異なる税率を適用して税額を算定する方式（分類所得税）と、各種の所得を合算しこれに税率を適用して税額を算定する方式（総合所得税）とがあるが、今日では、総合所得税が担税力により適合した課税方式と考えられている。わが国の所得税法も、総合所得税の建前を採用しているが、退職所得及び山林所得については担税力などから他の所得とは総合せず、他の所得から分離して税率を適用することにしている（所21条1項2号ないし4号、22条、89条1項）。また次に述べるとおり、この基本的な仕組みについて主として政策的な配慮から分離課税を採り入れている。

(5) 基本的な仕組みの修正（分離課税）

① 利子所得、証券投資信託の収益の分配に係る配当所得、定期積金・相互掛金の給付補てん金（雑所得）、抵当証券の利息（雑所得）、金等の売戻し条件付売買による売戻しの利益（譲渡所得）及び一時払生命保険等に係る差益（一時所得）等については、支払を受ける金額を課税標準として、15％の税率が適用される（措置3条、3条の3、8条の2、8条の3、41条の10、所209条の2、209条の3）。

② 株式等に係る配当所得については、納税者が源泉分離課税を選択すると、支払を受ける金額を課税標準として、35％の税率が適用される（措置8条の5）。

③ 割引債の償還差益（雑所得）については、支払を受ける金額を課税標準として、18％又は16％の税率が適用される（措置41条の12）。

④ 土地の譲渡等に係る事業所得若しくは雑所得又は土地建物等の譲渡所得については、各所得について算定される一定金額（必要経費の控除、損益通算、所得控除などを適用した後の金額）を課税標準として、20％の税率（ほかに地方税6％）が適用される（措置28条の4、28条の5、31条ないし32条）[注7]。

⑤ 株式等の譲渡による事業所得、譲渡所得又は雑所得については、株式等の譲渡に係る譲渡所得の金額（譲渡損失を控除して、所得控除の適用があるときは適用後の金額）を課税標準とし、20％の税率が適用される。（措置37条の10、ほかに地方税6％、地附則35条の2）。ただし、上場株式等の場合には、納税者の選択により、源泉分離課税の方法で、譲渡対価の5.25％等に相当する金額を譲渡利益金額として、20％の税率の適用（譲渡対価の1.05％）を受けることができる（旧措置37条の11経過措置で平成15年4月1日まで源泉分離課税措置を存続）。

第1節 所　得　税

4－3　各種所得の範囲と各種所得の金額
(1)　利子所得

利子所得は、公社債（所2条1項9号）及び預貯金（同10号）の利子並びに合同運用信託（同11号）及び公社債投資信託（同15号）の収益の分配に係る所得である（所23条1項）。

利子所得はこれらのものに限定されているので、これらに該当しないものは他の種類に分類される。

利子所得の金額は、利子等の収入金額である（所23条2項）。必要経費の控除は認められない。利子所得にも借入利息など必要経費が考えられるが、必要経費の控除は認められない。控除を認めないのは、通常殆ど経費を要していないからであるといわれている。

(2)　配当所得

配当所得は、法人から受ける利益の配当（所2条3項）、剰余金の分配（協同組合等の場合）、基金利息（保険業法64条1項）及び公社債投資信託以外の証券投資信託（所2条1項13号）の収益の分配に係る所得である（所24条1項）。通常の利益の配当ではないが、資本の減少、株式の償却、退社、法人の解散又は合併、利益積立金の資本への組入等の場合に生じる法人からの利益の配当又は余剰金の分配に当たるものをみなし配当と呼び、配当所得に含めている（所25条）。

配当所得の金額は、配当等の収入金額から配当等の基因となる株式等を取得するための借入金の利子（負債利子）を控除した金額である（所24条2項）。借入金の利子以外の経費の控除は認められていない。もっとも、借入金の利子は、株式等の譲渡益に対する必要経費でもあるので、株式の譲渡益に係るものは配当所得からは控除できない（所24条2項但書、措置37条の10第6項3号、37条の11第7項）。

(3)　不動産所得

不動産所得は、不動産、不動産の上に存する権利（借地権など）、船舶又は航空機の貸付けによる所得である（所26条1項）。食事付きのアパートなど不動産の貸付けのほかにサービスの提供を伴っているときは、不動産所得ではない（事業所得あるいは雑所得となる。建物の貸付け事業として行われているかどうかを判定する基準として、おおむね5棟・10室という基準が示されている。所通26-9）。借地権の設定の対価である権利金が土地の価額の2分の1を超える場合は譲渡所得とされる（所33条1項、所令79条1項）。不動産等の貸付けを業として行う場合も事業所得ではな

く不動産所得に分類される(所令63条)。不動産等以外の資産の貸付けによる所得は、業として行うときは事業所得となる。不動産の貸付けを業として行う場合、何故事業所得でなく、不動産所得と分類しているのか明らかでないが、必要経費の範囲で差異が生じている。

不動産所得の金額は、不動産所得に係る総収入金額から必要経費を控除した金額である(所26条2項)。東京地判平成3.7.10判時1402・35は、不動産賃貸業を営む者が現に貸付けの用に供していない土地に係る固定資産税及び都市計画税は不動産所得の必要経費にならないと解している。

(4) 事業所得

事業所得は、各種の事業(所令63条は、卸売業、小売業など12の事業を定めている。)から生ずる所得である(所27条1項)。ただし、不動産等の貸付業によるものは不動産所得、山林事業によるものの一定のものは山林所得に分類される(所32条2項。所有期間5年を超えて伐採、譲渡したもの)。また、事業用固定資産の譲渡による所得は、譲渡所得となる(所33条2項1号)。

事業所得の金額は、事業所得に係る総収入金額から必要経費を控除した金額である(所27条2項)。

(5) 給与所得

給与所得は、俸給、給料、賃金、歳費、賞与並びにこれらの性質を有する給与(家族手当、超過勤務手当、フリンジ・ベネフイット（現物給与、社宅、専属乗用車）など)に係る所得である(所28条1項)。給与所得は、雇用関係に基づくものだけでなく、委任の関係に基づく会社役員の報酬・賞与も含まれる。給与所得は、雇用又はこれに類する継続的な非独立的勤務関係に基づいて労務の対価として他人から受け取る報酬で、退職に伴う退職金を除いたものである。オーケストラの楽団員が楽団から受け取る報酬が給与所得か事業所得か争われた事例があり、判例は、勤務内容に特殊性があるが雇用関係に基づくものとして給与所得と判断を下している（東京高判昭和47．9．14訟月19・3・73）。

給与所得の金額は、原則として、給与等の収入金額から給与所得控除額という一定額を控除した金額である(所28条2項)。給与所得控除額(平均すると、収入金額の30％)は、一定額を控除額として、収入金額の大きさに応じ一定率を適用して算出することになっている（同3項）。給与所得控除額の内容は、

① 給与所得が資産所得など他の所得に比べて担税力が弱いこと、

第1節 所得税

② 給与所得にも一定の必要経費が存在すること、
③ 給与所得は源泉徴収されるので捕捉率が一番高いこと、
④ 源泉徴収されるので所得税の納期が他の所得より早いこと、
の4つの要素を考慮して設けられたということになっているが、これらの4つの要素がどの割合で考慮されているのかは明確になっていない。

昭和62年の所得税法の改正により、給与所得に係る一定の特定支出額(通勤費、転勤費、研修費、資格取得費、単身赴任に伴う帰宅旅費の5種類の支出)が給与所得控除額を超えるときは、超過額の控除が認められている(所57条の2。給与所得者の特定支出の実額控除)。

一般にサラリーマンに必要経費の実額控除を認めないのは、他の所得と比べて不公平であるということで争われた有名な事例(大島サラリーマン税金訴訟)があるが、判例はそれは立法裁量の問題であり、平等原則に違反するとはいえないと解している(最判昭60.3.27民集39・2・247)[注8]。

(6) 退職所得

退職所得は、退職手当、一時恩給その他の退職により一時に受ける給与及びこれらの性質を有する給与に係る所得である(所30条1項)。本人が死亡して遺族が受け取る一定の退職手当等は相続財産とみなされて相続税の課税対象となるので(相3条1項2号)、所得税は課税されない(所9条1項15号)。雇主等から直接支払われるものでなくても、過去の勤務に対する退職給与の性質をもつもの(例えば、厚生年金保険法に基づく退職一時金)は、みなし退職手当ということで、退職所得に含められる(所31条)。退職所得とは、退職という事実に基づき一時金(退職金)として支払われるものをいうので、例えば5年とか10年という短い期間で区切り退職金名義で打切り支給(勤務期間を通算しない支払い)がされても、従前の雇用関係が依然継続している場合には、退職という事実に基づく支払いではないということで、退職所得には該当しないと解されている(5年定年制について、最判昭和58.9.9民集37・7・962。10年定年制について、最判昭和58.12.6判時1106・61)[注9]。

退職所得の金額は、退職手当等の収入金額から退職所得控除額という一定額を控除した残額の2分の1の金額である(所30条2項)。退職所得控除額は最低額を80万円とし、原則として勤務年数に応じて定められている(同3項、4項)。退職所得控除額及び2分の1の控除は、退職所得が主として退職後の生活資金であることを考慮して定められたものである。

67

第6章　個別税法

(7) 山林所得

　山林所得は、山林の伐採による所得及び山林の譲渡による所得である（所32条1項）。山林所得は、山林経営から生ずる所得に限定するため、山林の伐採又は譲渡が山林取得後5年以内にされるときは、山林所得に含めず（同2項）、事業として行うときは事業所得、それ以外は雑所得に区分する。

　山林所得は、自家消費の場合を除き、伐採したもの又は立木の譲渡による所得である。法人への遺贈又は贈与、限定承認にかかる相続等による譲渡の場合には、時価による譲渡があったものとみなす特別の規定をおいている（所59条、60条。譲渡所得の場合と同じ）。

　山林所得の金額は、山林所得による総収入金額から必要経費及び特別控除額（所32条4項）を控除したものである（所32条3項。なお、山林所得の概算経費控除、措置30条）。

(8) 譲渡所得

　譲渡所得は、資産の譲渡による所得である（所33条1項）。これには、一定の借地権等の設定に伴う所得（いわゆる権利金で土地の価額の2分の1を超えるもの）も含まれる（所33条1項かっこ書、所令79条）。

　資産とは譲渡可能な有価物で、土地、建物、知的財産権、有価証券等をいうが、たな卸資産等の譲渡による所得及び山林の伐採又は譲渡による所得は、譲渡所得には含まれない。前者は、事業所得又は雑所得に区分され、後者は、山林所得、事業所得又は雑所得に区分される。

　資産の譲渡には、売却のほか、交換、競売、収用、代物弁済、現物出資、離婚に伴う財産分与等によるものを含む。法人への遺贈又は贈与・限定承認にかかる相続等による譲渡については特別の規定がおかれている（所59条、60条。法人に対する贈与、限定承認に係る相続、法人に対する遺贈、個人に対する包括遺贈のうち限定承認に係る遺贈、法人に対する時価の2分の1未満の低額譲渡については、時価で譲渡があったものとみなされる）[注10]。

　譲渡所得の金額は、所有期間5年を基準として短期譲渡所得（所33条3項1号）と長期譲渡所得（同2号）に区分し、それぞれについて総収入金額から資産の取得費（所38条）及び譲渡費用を控除したそれぞれの残額の合計額から特別控除額50万円（所33条4項）を控除した金額であり（所33条3項）、長期保有資産についてはその2分の1が総所得金額に算入される（所22条2項2号）。特別控除額を控除

第 1 節　所 得 税

するのは、少額のものは課税しないという趣旨であるが、政策的見地から土地建物の譲渡については長期（5年超の所有）と短期（5年以下の所有）で、税率や課税所得の計算を異にしており、また各種の特別控除が認められている（措31条以下）。例えば、措置35条では、居住用財産の譲渡所得について、3000万円の特別控除、買換特例を定めている(注7)。

　譲渡担保として資産の譲渡が行われる場合は、法律上資産の所有権の譲渡があったのではなく、また譲渡に伴う収入金額がないから、譲渡所得は発生しない（不動産取得税については、譲渡担保による所有権の取得も、不動産取得税の課税要件である「不動産の取得」に該当すると解されているが（地73条の2、最判昭和48.11.26民集27・10・1333）、譲渡担保の目的となっている財産が被担保債権の消滅により、譲渡担保の設定の日から2年以内にその設定者に戻された場合は、非課税とされている（地73条の7第8号）。）。

　生活に通常必要な動産（生活用動産）の譲渡所得は非課税とされているが（所9条1項9号、所令25条）、自家用車通勤のサラリーマンの自家用車の譲渡による譲渡所得は生活用動産の譲渡所得には該当しないと解されている（最判平成2.2.23判時1354・59）。

(9)　一 時 所 得

　一時所得は、以上の8種類の所得以外の所得で、営利を目的とする継続的行為から生じた所得以外の一時の所得であり、かつ労務その他の役務又は資産の譲渡の対価でないものをいう（所34条1項）。馬券・車券の払戻金、賭博による利得、生命保険の保険金(年金形式のものは雑所得)、法人からの贈与などである。宝くじの賞金は特別法（当せん金付証票法12条）で非課税とされている。政治家個人が受け取る政治献金は、政治資金規制法の届け出の有無を問わず(闇の政治献金も)、雑所得に分類している（政治的活動費として支出したものは、雑所得の必要経費と扱われ、結局政治家が受け取った政治献金は課税対象外となっていることについて、最近は国税当局の甘い取扱いが批難されている）。

　一時所得の金額は、一時所得に係る総収入金額から収入を得るために支出した金額及び特別控除額50万円を控除し、特別控除後の2分の1の金額である(所34条2項、22条2項2号)。

(10)　雑 所 得

　雑所得は、以上の9種類の所得のいずれにも該当しない所得である（所35条1

項)。非事業用貸金の利子、不動産等以外の資産の貸付けで業として行わないものによる所得、所有期間5年以内の山林の伐採・譲渡で業として行わないものによる所得、著述業に従事していない者の原稿料、印税、講演料、競争馬のオーナーの賞金などのほか、公的年金に係る所得をいう。

雑所得の金額は、雑所得（公的年金等に係るものを除く。）に係る総収入金額から必要経費を控除したもの、及び公的年金等の収入金額から公的年金等控除額を控除したものの合計額である（所35条2項）。

4－4　収入金額

(1) 収入金額の構成要素と特則

収入金額を構成するのは、通常は他の者から受け取る金銭であるが、金銭以外の物（現物給与、交換で取得する不動産など）又は権利（株式配当など）その他の経済的な利益（債務の免除益など。「フリンジ・ベネフィット」と呼んでいる。）を受け取る場合は、これらの受け取る利益の価額が収入金額となる。このような金銭以外の場合は、物、権利又は経済的利益を取得した時における価額によって、収入金額を算定する(所36条2項)。負担付贈与は、その負担が贈与者側の収入金額を構成する（最判昭和63.7.19判時1290・56）。

離婚に伴う財産分与として資産の譲渡があった場合、分与者が負担する財産分与の債務が消滅することになるので、財産分与の債務の金額が収入金額となると解されている（最判昭和50.5.27民集29・5・641、最判昭和53.2.16判時885・113）。また分与を受けた者が分与財産を他へ譲渡した場合には、財産分与請求権の金額がその譲渡所得の計算において取得費となる（東京地判平成3.2.28判時1381・32）。

収入金額を構成するのは他の者から受け取る金銭その他の経済的利益であるが、次の①ないし②の場合は、自家消費した経済的利益が収入金額とされる。③の場合は、譲渡があったものとみなして、当該譲渡金額が収入金額となる。④の場合は、時効取得を援用した時に、その取得した資産の時価が収入金額となる。また⑤及び⑥の場合は、他の者から受け取る経済的利益が収入金額から除外される。また⑦の場合は、収入金額に加えた債権の貸倒れがあったときは、その範囲で遡って収入金額がなかったものとされる。

① 　たな卸資産を家事のために消費した場合、又は山林を伐採して家事のために消費した場合は、消費時におけるこれらの資産の価額が収入金額とされる

第1節 所得税

(所39条)。例外として、いわゆる帰属所得が課税される場合である。

② 米、麦など一定の農産物について、収穫時のその農産物の価額が収入金額とされる(所41条1項)。農業の場合、記帳慣行が普及しておらず、自家消費が多いことなどから、収穫時の農産物の価額をもって直ちに収入金額とする方法が採られている。これを収穫高主義と呼んでいる。

③ 山林又は譲渡所得の基因となる資産の贈与・相続のうちで、相手方が法人であるときや相続の限定承認がされたときなど一定の場合は、その時価によりこれらの資産の譲渡があったものとみなされる(所59条1項)。これをみなし譲渡と呼んでいる。これらの場合は、これらの資産の時価相当額が贈与者・被相続人等の収入金額となる。贈与・相続等までの間に生じたこれらの資産の価値の増加分（値上り益）を、贈与者・被相続人の段階で課税しようとするものである。贈与者等に課税するのは、みなし譲渡の課税をしておかないと、所得税を課税する機会を失うためである(別に法人税の課税はされる)。限定承認の場合は、被相続人に所得税を課税し、租税債務を含めて限定承認した相続財産の範囲で納付させる方が税金の納付を確保できるという考え方によるものである。

みなし譲渡で問題となる資産の贈与には、負担付贈与は含まれないと解されている（最判昭和63.7.19判時1290・56）。負担付贈与の負担は、経済的利益（対価）として収入金額を構成することになる。

④ 資産を時効取得したときは、時効を援用したときの資産の時価が収入金額（一時所得）となると考えられている（東京地判平成4・3・10訟月39・1・139）。

⑤ 国庫補助金等は、一定の要件の下に、収入金額に算入しない(所42条ないし44条)。国庫補助金等を収入金額に入れて課税の対象としてしまうと、国庫補助金等を交付した目的が、なくなってしまうからである。

⑥ 固定資産を交換した場合、一定の要件を充たしているときは、譲渡がなかったものとみなされる（所58条）。交換の場合の譲渡所得の特例と呼ばれている。同種の固定資産の交換があり同一の用途に供したときは、同一の固定資産を引き続いて所有しているものとして取り扱うもので、交換による取得資産の価額を収入金額に計上する必要はなく、譲渡した固定資産の取得価額をそのまま引き継ぐということになる。これは、課税の延期を認めるものである。

⑦ 事業上の債権でない債権（例えば、譲渡所得を生ずる資産の譲渡代金債権）の回収不能等による損失については、当該債権に係る収入金額が計上された年度まで遡って当該回収不能等による損失に相当する金額が当該各種所得の金額の計算上なかったものとされる（所64条1項）。また、保証債務を履行するために資産の譲渡があった場合も、その主債務者（滞納者）に対する求償権を行使できないとき（求償権の回収不能による損失）は、資産の譲渡に係る収入金額は、回収不能な求償権の範囲で当該収入金額が計上された年度まで遡ってなかったものとされる（同2項）。事業上の債権が回収不能となったときは、回収不能となった年度の損失とされるが（当期分で損益修正）、非事業上の債権は多くの場合一回性のものであるので、遡って収入金額がなかったものとされる（過年度分を損益修正して更正の請求をする）。

(2) 収入金額の計上時期

所得を構成する収入金額と必要経費の計上時期を分けて説明する。

所得税は、所得を暦年ごとに分けて計算するので、計上時期は重要な問題である。特に取引が年度にまたがって行われているときは、その取引による収入金額をどの年度に計上するかが問題となる。

所得税法は、その年において「収入すべき金額」をその年の収入金額とすると定めているだけで（所36条1項）、計上時期について明確な基準を定めていない。

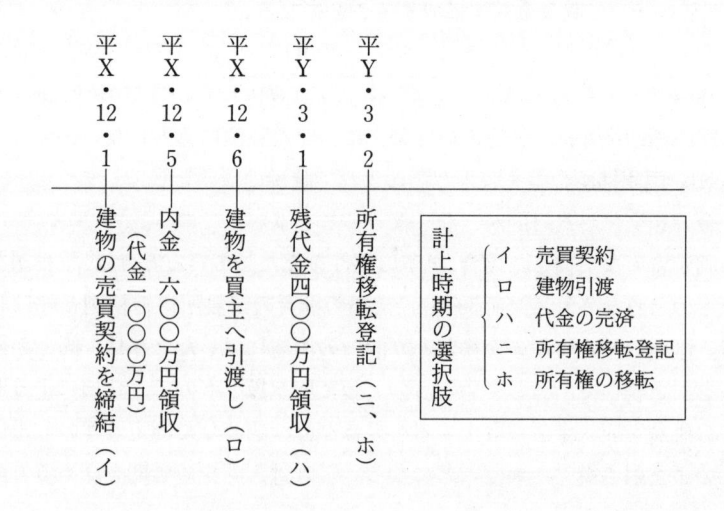

平X・12・1	建物の売買契約を締結（イ）
平X・12・5	内金 六〇〇万円領収（代金一〇〇〇万円）
平X・12・6	建物を買主へ引渡し（ロ）
平Y・3・1	残代金四〇〇万円領収（ハ）
平Y・3・2	所有権移転登記（ニ、ホ）

計上時期の選択肢
イ　売買契約
ロ　建物引渡
ハ　代金の完済
ニ　所有権移転登記
ホ　所有権の移転

第1節 所得税

もっとも、所36条1項は、「収入した金額」と定めず、「収入すべき金額」をその年の収入金額とすると定めているので、現金主義（現金・小切手などを実際に領収した時に収入を計上すること）を採っていないことは明らかである（例外として、現金主義を規定している場合として、小規模事業者（所67条）、無記名公社債の利子等（所36条3項）がある。）。

判例は、収入すべき金額とは「収入すべき権利の確定した金額」をいうと解し、

区　分	遡及して課税を修正するもの	当期の損益として処理するもの	修正を認めないもの
法定申告期限前の原始的な誤りと過年度損益修正事項	当初の計算が、事実に反している場合、不合理である場合、税法規定に反している場合 （例） ①売上の計上漏れ、②経費の過大計上、③粉飾決算による利益の過大計上（法70条）、④棚卸評価の誤り、⑤減価償却の超過額、⑥引当金の限度超過額、⑦圧縮記帳の限度超過額など	左の場合以外の場合 （例） ①欠損商品についての返品、値引き、②合理的な見積金額と実際額との差額、③貸倒債権の取立額など	税法上別段の定めがある場合 （例） ①減価償却の不足額、②引当金の不足額、③圧縮記帳の不足額など
法定申告期限後の後発的な誤りと過年度損益修正事項	税法固有の特殊な過年度損益修正の場合 （例） ①所得の帰属主体が異なるとして他の納税者に課税された場合、②不服申立ての裁決等により原処分が異動した場合、③契約の法定解除、やむを得ない事情による契約の合意解除、取消し	左の場合以外の場合 （例） ①欠陥商品以外の返品、値引き、②売掛債権の貸倒損失、③通常の契約の合意解除、取消し	

権利の確定時期を計上時期とするべきであるとしている（最決昭和40.9.8刑集19・6・630、最判昭和40.9.24民集19・6・1688など）。この見解を、権利確定主義と呼んでいる。しかし、権利確定主義にいう「権利の確定」をいつとみるのか明確でないこと、企業会計原則の採る基準（発生主義。権利が発生する事実が生じた時に収入を計上すること）と相違するのは適当でないということで、実務（通達）では権利確定主義を支持していない。通達では、棚卸資産については、引渡基準（所得税基本通達36－8）を、譲渡所得については、引渡基準と契約の効力発生日基準の選択主義（同基本通達36－12）を採っている。

　例えば、平成○○年12月1日に代金1,000万円で建物を売買する契約を締結し、建物の所有権移転登記・所有権移転時期は代金の完済時と定めていたところ、同年12月5日に売主は600万円の支払いを受け、同年12月6日に建物を買主に引き渡したが、残代金400万円の支払いが翌平成Y年3月1日に行われ、同年3月2日に登記名義の移転が行われたという事例について、権利確定主義によると、契約の締結をもって権利の確定とみるのか、それとも建物の引渡し、代金の完済、所有権の移転、あるいは登記名義の移転をもって権利の確定とみるのか、明確ではない。契約の締結又は建物の引渡しの時が計上時期であるとすると、1,000万円全部が契約年度である平成×年の収入金額となり、他方代金の完済や登記名義の移転の時、あるいは所有権移転の時が計上時期とすると、翌年の平成8年が収入金額の計上時期となる。これ迄、収入金額の計上時期は一時点に絞るべきと考えられてきたが、最近は、複数存在する合理的な時期の中から、納税者が任意の時期を選択できるという見解が有力となっている。前述のとおり、譲渡所得については、通達もこの見解を採用している。納税者の選択が誤っていたり、納税者が任意に選択をしない場合には、計上時期の選択権は税務官庁に移ることになる(注11)。

　所得税法は、割賦販売、延払条件付販売、延払条件付請負、長期工事の請負のような特別の長期の取引については、特に規定をおき、割賦基準（所65条1項）、延払基準（所66条1項）、工事進行基準（所67条1項）により収入金額を長期に分割して計上することを認めている。

　債権の回収が不能になったり、契約が解除・取り消された場合に遡及して所得の修正（過年度分の損益修正として更正の請求）ができるかについて、継続的事業（事業所得、法人所得）では原則として遡及して所得を修正することが許されていない

第1節 所 得 税

(上記修正事項のリストを参照。資産の譲渡代金が回収不能となった場合の所得計算の特例について、所64条。後発的理由に基づく更正の請求について、通23条2項、通令6条)。

4-5 必 要 経 費

(1) 必要経費の範囲

各種の所得の金額を計算するにあたり控除が認められる金額を必要経費と呼んでいる。所得税法の中には、必要経費の定義規定はなく、総収入金額に係る売上原価その他総収入金額を得るため直接に要した費用の額及びその年における販売費、一般管理費その他これらの所得を生ずべき業務について生じた費用(償却費以外の費用でその年において債務の確定しないものを除く。)と定めているだけであるので(所37条1項)、アメリカ内国歳入法162条に用いられている「通常かつ必要な経費」(ordinary and necessary expenses) という定義が参考にされている。

必要経費は、現実に支出した額によることを原則としているが、課税庁側及び納税者の便宜等を考慮して、収入金額の一定比率による金額によることを認めている場合がある(給与所得の給与所得控除額(所28条3項)、雑所得に含める公的年金等の公的年金等控除額(所35条4項)、山林所得の概算経費控除(措30条)など)。これを、概算経費控除と呼んでいる。医師の社会保険診療報酬については、社会保険診療報酬の単価との関連から、優遇税制の一つとして必要経費の概算控除が認められており、この制度は不公平な税制であるという批判を受けて次第に縮小されてきているが(措置26条)、納税者が概算控除を選択して申告しかつその計算に錯誤がない場合は、仮に実際の費用額が概算控除額を超えるときでも、更正の請求により申告の是正を求めることはできないと解されている(最判昭和62.11.10判時1261・54)。もっとも、選択にあたって計算の錯誤があり、かつ脱漏所得が発見されたようなときは、修正申告により申告の是正ができると解されている(最判平成2.6.5民集44・4・612)。

(2) 各種所得の必要経費

(2)-1 配 当 所 得

配当所得の基因となる株式等を取得するために要した負債の利子が必要経費として控除が認められる(所24条2項但書)。株式等の譲渡益に対応するものは、配当所得からは控除できない。もっとも制度の複雑化を避けるために、負債利子は

75

負債による株式等の配当所得からのみ控除できるという個別対応主義は採っていないので、負債によらないで取得した株式等に基づく配当所得を含む配当所得の全体から控除することができる。

(2)—2　不動産所得・事業所得・山林所得・雑所得

不動産所得、事業所得及び雑所得の場合、必要経費を構成するのは、売上原価その他収入を得るため直接に要した費用及び販売費、一般管理費(従業員に対する給料など)などの費用である(所37条1項)。

山林の伐採等による事業所得、山林所得及び雑所得の場合、必要経費を構成するのは、山林の植林費、取得に要した費用、管理費、伐採費その他山林の育成・譲渡に要した費用である(所37条2項)。

(2)—3　必要経費と家事費、家事関連費、租税・公課

納税者及びその家族の食費、住居費、衣料費等の家事上の経費(家事費)は、必要経費として控除することはできない(所45条1項1号)。所得税法は、この種の経費は、基礎控除や扶養控除などの所得控除の中で考慮することにしている。

家事上の経費に関連する経費(家事関連費)のうち一定のものは必要経費として控除することができない(所45条1項1号)。家事関連費とは、必要経費として控除される費用と控除されない家事費とが一体となって支出されるものをいう(店舗兼用住宅の家賃・固定資産税など)。家事関連費は、必要経費分が明らかに区分されない場合には、全体として控除を認めないが、店舗部分と住居部分とが面積比などにより区分できる場合は、店舗部分の家賃等は必要経費として控除が認められる(所令96条1号)。また青色申告による納税者は業務との関連性を明らかにした経費については控除が認められている(同2号)。

所得税や住民税は必要経費として控除することはできない(所45条1項2号、4号)。所得税や住民税は納税者の人的事情を考慮して課税されるものであり、事業活動(収入金額)との結びつきは直接的ではないという理由などによる。

附帯税、過怠税、延滞金、罰金、科料、過料、課徴金も必要経費として控除することはできない(所45条1項3号、5号、6号、8号、9号)。これらのものを必要経費として控除を認めると、制裁として課した意味を弱めることになるからである。パブリック・ポリシィ(public policy 公序の理論)と呼ばれている(違法な支出について損金算入を否定しているもの、最判昭和43.11.13民集22・12・2449)。

納税者の行為に基づいて負担する損害賠償金は、故意又は重大な過失によるも

第1節 所得税

のは、必要経費とされない（所45条1項7号、所令98条）。故意などによるものは、業務の遂行と直接の関連性がないと考えられることによる。従業員の行為に直接起因する損害賠償金を納税者（事業主）が負担した場合も（例えば、タクシー業で使用人である運転手の交通事故による損害賠償金を民法715条により使用者が負担する場合）、納税者に故意又は重大な過失が認められるときは、納税者の必要経費と認めない取扱いとなっている（所通45－6）。

(2)－4　必要経費と負債利子（借入金利子）

　配当所得、不動産所得、事業所得、山林所得、雑所得などの計算で、負債利子は必要経費として控除が認められている。

　しかし、個人の居住用不動産（土地、建物）の譲渡による譲渡所得の計算では、負債利子は、当該不動産の使用開始の日以前のものに限り、取得原価に含めることができると解している。最判平成4.7.14民集46・5・492、最判平成4.9.10訟月39・5・957は、居住用不動産の譲渡による譲渡所得の計算上、負債利子は、「資産の取得に要した金額」（所38条1項）に該当しないと解したうえで、個人が不動産を居住の用に供するまである程度の期間を余儀なくされることを考慮し、当該不動産の使用を開始するまでの期間に対応するものは、必要な準備費用ということで、「資産の取得に要した費用」に含めることができると解している（同旨、所基38-8）。この最高裁判決は、通達の取扱いを支持したものであるが、理論的には検討の余地を残している(前掲最判平成4.9.10には、橋本裁判官の反対意見が付されている)。なお、平成4年分以降、土地政策の一環として、個人の不動産所得の計算上生じた借入金利子のうち、土地の取得に係る借入金利子に対応する部分については、他の所得との損益通算から除外することに改正されている（措置41条の6第1項、措置令26条の6第1項）。

(2)－5　売上原価等

　事業所得の必要経費を構成するたな卸資産（所2条1項16号）の販売に係る売上原価は、たな卸資産の取得価額の計算方法(所令103条、104条)及び選定した評価方法（原価法と低価法。取得価額の算出方法には、個別法、先入先出法、後入先出法、総平均法その他。所令99条、99条の2）を基礎として計算する（所47条）。

　たな卸資産の販売に係る売上原価は、このようにして計算した年度当初のたな卸資産の価額と年度中に取得したたな卸資産の取得価額の合計額から、年度末のたな卸資産の価額を控除して計算する。

有価証券の売却による事業所得及び雑所得に係る有価証券（所2条1項17号）の原価についても、有価証券の取得価額（所令109条ないし119条）及び選定した評価方法（原価法と低価法。原価法としての総平均法及び移動平均法。所令105条、108条）を基礎として計算する（所48条）。

(2)— 6　減価償却費

不動産所得、事業所得、山林所得及び雑所得の金額の必要経費に算入できる減価償却資産に係る減価償却費の金額は、減価償却資産の取得価額（所令126条ないし128条）、及び選定した償却方法（定額法、定率法、生産高比例法その他。所令120条ないし122条）、耐用年数（減価償却資産の耐用年数等に関する省令1条以下）、残存価額（同省令5条）、償却可能限度額（所令134条）、選定した特別償却の方法（措置10条の2）などを基礎として計算する（所49条）。

(2)— 7　繰延資産の償却費

不動産所得、事業所得、山林所得及び雑所得の金額について必要経費となる繰延資産（開業費、開発費、試験研究費など。所2条1項20号、所令7）の償却費は、原則として、繰延資産に係る支出の効果の及ぶ期間（開業費、開発費、試験研究費については5年）を基礎として計算する（所50条、所令137条）。

(2)— 8　資産損失

不動産所得、事業所得、又は山林所得に係る事業用の固定資産等の取りこわし、除却、滅失等による損失の金額は、保険金等で補填される金額を除き、当該所得の金額の必要経費となる（所51条1項）。各所得に係る事業上の売掛金、貸付金等の貸倒れ、値引等による損失の金額は、当該各所得の必要経費となる（同2項）。貸倒れに至らない場合でも、一定の場合には、通達で債権償却特別勘定への繰入額を必要経費に算入することが認められている（所通51—18以下）。山林の災害等による損失の金額は、保険金等で補填される金額を除き、事業所得又は山林所得の金額の必要経費となる（同3項）。これらの資産損失は、いずれも当該損失の生じた年度の必要経費となるものである（同1項ないし3項）。

不動産所得・雑所得を生ずべき事業用資産又はこれらの所得の基因となる資産の損失は、損失の生じた年度の不動産所得又は雑所得の金額の必要経費となる（所51条4項）。この場合の損失は、当該不動産所得又は雑所得の金額を限度としてのみ、必要経費として認められる（同項）。この種の資産損失は家事費の性格を強くもっているということから、事業上の固定資産に係る資産損失と区別して、赤字

第1節　所　得　税

が出ても他の所得と損益通算をすることが認められていない。

(2)―9　引当金、準備金への繰入額

　青色申告による事業所得の場合、一定の要件の下に、貸倒引当金(所52条)、返品調整引当金(所53条)、退職給与引当金(所54条)及び製品保証等引当金(所55条の2)への繰入額が必要経費として認められる。また青色申告による事業所得又は不動産所得の場合には、一定の要件の下で、特別修繕引当金への繰入額が必要経費となる(所55条)。また以上の引当金のほか、青色申告による事業所得の場合、政策的見地から、各種準備金への一定の繰入額が必要経費として認められている(措置20条以下)。

(2)―10　事業に協力する親族に対する給与等

　事業主と生計を一にする親族に対し給料を支払っても、原則として、事業所得、不動産所得又は山林所得の必要経費として認められない(所56条)。家族が協力して行う事業については課税単位として家族単位主義が採られていることによる。ただし、事業に専従する親族に対する給与については、一定の要件の下に、事業所得の必要経費として認められている(所57条)。

(2)―11　家内労働者等の最低費用

　家内労働者(家内労働法2条2項)等が事業所得又は雑所得を有する場合は、必要経費としてこれらの所得の金額の計算上必要経費に算入すべき金額の合計額が65万円(給与所得控除の最低額に相当する金額)に満たないときは、当該満たない金額をこれらの所得の金額の計算上必要経費に算入することができる(措置27条)。

(2)―12　給　与　所　得

　給与所得の金額は、原則として、給与等の収入金額から給与所得控除額(平均して、30％)を控除して計算するが(所28条2項)、昭和62年度の改正により、給与所得者において負担する通勤費、転任に伴う転勤費、研修費、資格取得費及び単身赴任に伴う帰宅旅費の特定支出額が法定の給与所得控除額を超える場合は、その超過額の控除が認められることになった(所57条の2)。

　給与所得者にも経費の実額控除を認めるようにすべきだという要求に応える形で改正されたのであるが、上記の特定支出額は給与所得に係る必要経費項目をすべて包含しているわけではなく、非常に限定したものであるので、給与所得に経費の実額控除の道が開かれたという実感を国民に与えていない。

(2)―13　譲　渡　所　得

第6章　個別税法

　譲渡所得の基因となった資産の取得費及び譲渡費用（仲介手数料、登録免許税など）が、控除できる（所33条3項）。資産の取得費とは、その資産の取得に要した金額、設備費、改良費（修繕費に当たらない資本的支出）をいう（所38条1項）。借入金で資産を取得した場合の借入金利子が資産の取得費に含まれるかについて見解は分かれているが、前述のとおり、最判平成4.7.14民集46・5・49は、当該資産の使用開始前の借入金利子は取得費に含めてよいと解している（所通38―8）。当該資産が減価する資産であるとき、事業用資産の場合は減価償却累計額を控除した金額（残存価額である簿価）が（所38条2項）、非事業用資産の場合は上記減価償却に準じて計算した減価額を控除した金額が、資産の取得費となる。

　資産の取得費については、譲渡所得の対象となる有価証券の譲渡の場合（所48条3項、所令118条。総平均法）、みなし譲渡（時価による譲渡）として課税される場合(所60条2項)、みなし譲渡として課税されない場合（所60条1項。課税の延期）、国庫補助金等で資産を取得する場合(所令90条)、交換により固定資産を取得する場合（所令168条）、昭和27年以前に取得した場合（所61条2項ないし4項）について、それぞれ特別の規定がおかれている。財産分与により取得した資産の取得費は、財産分与を受けたことにより消滅した財産分与請求権の債権額であると解されている(東京地判平成3.2.28判時1381・32。同評釈、山田二郎「判評」判時1394・176)。生活に通常必要でない資産（別荘、競走馬、書画、こっとう品等）の災害等による損失は、損失の生じた年又はその翌年の譲渡所得の金額の計算上においてのみ控除できる（所62条、所令178条。生活に通常必要な資産による収入・損失は、非課税・非控除、所9条1項9号、所令25条）。

(2)―14　一時所得

　収入を得るために直接に要した金額が必要経費として控除できる（所34条2項）。一時所得に含まれる生命保険の満期（解約）返戻金等に係る保険料又は掛金は、一時所得を得るために支出した金額である（所令183条2項、4項、184条）。

　時効取得により土地を取得すると、その所得は一時所得と区分されるが、時効取得した土地を譲渡した場合、その譲渡所得の取得費は、一時所得として課税されたか否かを問わず、取得時効の援用時の時価（当初の取得費ではない。）であると解されている（東京地判平成4.3.10訟月39・1・139）。この解釈は、所得税法38条の取得費に関する規定から導き出せるものではないが、譲渡所得は一度課税対象となったあとの値上り益を課税対象とするものであるという考え方によるもので

80

第1節 所得税

ある。

(3) 必要経費の計上時期

商品等の販売による収入金額に関する売上原価(所37条1項)として控除できる金額は、その年に計上される収入金額に対応するものである。

役務の提供等による収入金額に関する費用として控除できる金額は、その年に計上される収入金額に対応するものである。

譲渡所得に関する資産の取得費等の必要経費(所33条3項)は、当該資産の譲渡に係る収入金額が計上される年度の必要経費となる。

以上の場合は、いずれも収入金額の計上時期（帰属年度）が決まると、それに対応する必要経費も同じ年に計上される。売上原価や取得費等は、収入金額の計上時期が決まると、それに対応してその計上時期が決まる。このように、期間損益を正確に把握するために、収益とそれを生み出すのに要した費用とを同一の会計年度に計上させなければならないという考え方を、費用収益対応の原則と呼んでいる。

収入金額と直接的な対応関係が明確でない費用（一般管理費その他の費用）については、債務の確定したものを確定した年度に計上することになる。所得税法は、「その年において債務の確定しないもの」は計上できないと、消極的な面から基準を設けている(所37条)。債務の確定の有無は、通常、債務の成立、給付原因の発生、金額の算定可能性という3つの要件の充足から考えることになる（所通37-2）。例えば、販売に伴うアフターサービスの費用は、現実に修理の必要が生じた年の必要経費となり、販売の年の必要経費とはならない。これは、引当金による費用の見越計上を認めないことであり、負債性引当金である返品調整引当金等の規定（所53条ないし55条の2）は、この例外を認めるものである。

減価償却費として必要経費に計上できる金額は、減価償却等の方法(耐用年数と減価償却率。所49条、50条、所令120条、137条)によって費用の年度配分が決まる（減価償却資産が販売されたときは、購入代価から減価償却累計額を控除した金額(簿価)が取得費（売上原価）として必要経費に計上される。）。

資産損失は、損失が生じた年度の必要経費となる（所51条など）。

収入金額につき例外的に現金主義が認められている場合は、必要経費についても例外として現金主義によることになる(所67条の2)。また収入金額について例外的に割賦基準等を適用するときは、必要経費も割賦基準等により計上される(所

81

65 条ないし 67 条)。

4 — 6　損益通算と損失の繰越控除、繰戻控除

　損益通算とは、ある種類の所得について生じた損失を他の種類の所得から控除することをいう (所 69 条 1 項)。ここで損失とは、必要経費として控除が認められる金額をいうので、必要経費の控除が認められない所得 (利子所得、退職所得) では、損失の控除が認められない。山林所得、譲渡所得、一時所得で認められている特別控除額は、損失の計算に含まれない。

　配当所得は、負債によらないで取得した株式等の負債利子も他の株式等による配当所得から控除することを認めているので、損失が生じても損益通算の対象とならない (所 69 条 1 項)。生活に通常必要でない資産 (例えば、貴金属、書画) の災害等による損失は、その家事費的な性格から、原則として、損益通算の対象とされない (所 69 条 2 項、所令 200 条 1 項)。一時所得については通常は損失は生じないので、その損失は損益通算の対象とされない (所 69 条 1 項)。雑所得の場合も、損失は損益通算の対象とされない。損益通算の対象となる損失が限定されている趣旨は明確ではないが、他の所得から控除を認めるのは適当ではないという考慮による。

　ある種の所得の損失をどの所得から控除するかという順序は、納税者の税負担に大きな違いが生じる。このため、損益通算の順序について、一定の方式が定められている (所 69 条 1 項、所令 198 条、199 条)。

　損益通算をしても控除できないで残る損失を純損失と呼び (所 2 条 1 項 25 号)、青色申告者の場合は、純損失を将来 3 年にわたって繰越控除することが認められている (所 70 条)。白色申告者の場合は、一定の純損失に限って繰越控除が認められる (所 70 条 2 項)。雑損控除 (所 72 条) の対象となる雑損失 (所 2 条 1 項 26 号) も、3 年の繰越控除が認められている (所 71 条)。これらの繰越控除についても、どの種類の所得から控除するか、控除の順序が定められている (所令 201 条、204 条)。また、純損失については、遡って 1 年の繰戻控除も認められている (所 140 条以下)。

　不動産所得のうち土地の取得に対応する負債利子については、前述のとおり、平成 4 年以降他の所得と損益通算ができないことに改正されている (措置 41 条の 4、措置令 26 条の 6 第 1 項)。

第1節 所 得 税

4－7 所 得 控 除

　所得控除とは、総所得金額、退職所得金額又は山林所得金額から控除することが認められている15種類の金額をいう(所72条以下、措置41条の14以下)。雑損控除以外の控除はどれから先に控除してゆくかは重要でないが、雑損控除は雑損失の繰越控除が認められているため(所71条)、雑損控除をまず行うものとされている(所87条1項)。どの所得金額から所得控除を行うかについては、総所得金額、超短期所有土地等に係る事業所得等の金額、土地等に係る事業所得等の金額、特別控除後の分離短期譲渡所得の金額、特別控除後の分離長期譲渡所得の金額、株式等に係る譲渡所得等の金額、山林所得金額、退職所得金額の順序によることになる（所87条2項、措置28条の4第6項2号、28条の5第3項、31条6項、32条5項、37条の10第6項、措置令19条11項、21条11項)。

　基礎控除を除く所得控除は、一定の資産損失(所72条)、一定の支出(所73条から78条)、納税者又は家族に関する一定の事情(所79条ないし82条)、家族の有無及び数(所83条ないし84条)を考慮して設けられたものである（人的諸控除といわれている)。基礎控除(所86条)は、配偶者控除（所83条、措置41条の14)、配偶者特別控除（所83条の2）及び扶養控除（所84条、措置41条の14）と共に、課税の最低限を示しているものである（憲法25条にいう「健康で文化的な最低限度の生活を営む権利」の保障との関連で、課税の最低限についての立法裁量の当否が議論されている[注12]。)。これらの基礎控除などの控除は、所得税の累進度を高める効果及び納税者数を一定水準以下に押える効果をもつものである。

　配偶者控除、扶養控除の対象となるのは、民法上の妻、親族をいう。内縁の妻(大阪地判昭和36．9．19行集12・9・1801)、内縁の連れ子・未認知の子（東京地判昭和62.12.16判時1268・22）は扶養控除の対象とならない。

　寄付金控除の対象となるのは、国又は地方自治体に対するもの、公益を目的とする事業を行う法人で大蔵大臣の指定を受けたもの及び、特定公益信託のうち政令で定めるものの信託財産とするために支出したものに限定されている。寄付金控除の対象となる寄付金を特定寄付金と呼んでいる。法人による国又は地方自治体などに対する寄付金はその全額が控除（損金算入）されるのに対し、個人による寄付金は原則としてその所得の25％だけが控除されるので、不平等な取扱いではないかと争われたが、最判平成5．2．18判時1415・106（八千穂村日中青年の家事件。1審・東京地判平成3．2．26判時1379・67）は、立法裁量の範囲内の問題であ

り、平等原則（憲法14条）に違反しないという判断を示している。

政治団体や政治活動に対する一定の寄付金（政治献金。政治資金規正法4条4項、公職選挙法179条2項）は、寄付金控除の対象（特定寄付金）や後述の税額控除の対象として扱われる（政治資金規正法22条の8、措置41条の17。政治献金をした会社の取締役に対して、会社の目的外の行為であることなどを理由に、株主から代表訴訟（商法267条1項）が提起されたことがあるが（八幡製鉄政治献金事件）、最判昭和45．6．24民集24・6・625は、応分の限度内の寄付であるかぎり違法なものではなく、取締役の責任はないと判断している。）[注13]。

平成5年の税制改正で、「青色申告特別控除制度」が創設された。これは、不公平税制と批判されていた「みなし法人課税制度」が平成4年末で廃止されたのに伴い、適正な記帳慣行を確立し、青色申告制度の健全な発展を図るという観点から創設されたものであると説明されている。従来の「青色申告控除」に代えて、次の所得控除を定めている（措置25条の2）。

① 正規の簿記の原則に従い記帳している事業所得又は不動産所得を生ずべき事業を営む青色申告書　35万円

② その他の青色申告書　10万円

ある一定の政策を達成するのに所得控除によるかあるいは税額控除によるかという選択が行われるが、所得控除によるときは、累進税率の適用と関連して、高額所得者ほど税負担軽減の効果が大きくなるといわれている。

5　税率と税額控除

所得税は、超過累進税率が採用されている（所89条）。所得の垂直的平等（負担の公平）を図るために、多くの国で、所得税については累進税率（日本では最低税率10％、最高税率37％の4段階。地方税を加えて最高50％）が採用されている（消費税については、負担の水平的平等の観点から単一税率で適用されている。）[注14]。

税率の適用について、一定の所得については、分離課税が認められている。山林所得については、山林所得が長期にわたる山林経営から生じたことを考慮して5分5乗方式が認められている（所89条）。また、変動所得（所2条1項23号）、臨時所得（所2条1項24号）については、その所得の臨時的性質を考えて、平均課税が認められている（所90条）。

課税標準に税率を適用して算出した税額から一定の金額の控除が認められてい

る。これを、税額控除という。税額控除には、法人税との2重課税を排除するために設けられた配当控除(所92条)、国際的2重課税の排除のために外国税額控除(所95条)、試験研究費のための支出を優遇するための試験研究費に関する税額控除(措置10条)、住宅取得を促進するための住宅取得等特別税額控除(措置41条、41条の2)などがある。

注(1) 居住者の定義について、イギリス、ドイツをはじめとするヨーロッパ諸国、東南アジア諸国では、1年ルールではなく、183日(6ヵ月)ルールを採用している。アメリカでは従来明文の規定がなかったが、1959年の税制改正において、183日ルールを採用することを明確にした。わが国も、諸外国なみの183日ルールに切り換えることが望ましいのではないかといわれている。

(2) イギリスの王室は、19世紀に所得税が導入された時にビクトリア女王が納税をしていたが、1910年ジョージ5世が免税措置を主張し、ジョージ六世(エリザベス女王の父)の即位(1937年)から免税となっていた。しかし、エリザベス女王は1993年4月から免税特権に終止符をうち、あらゆる所得に対して一般国民と同じ税率で税金を納めることに改められた(もっとも、女王からチャールズ皇太子に対する資産の譲渡については、「王室資産の国家からの独立を守るために」相続税は課税されないという)。女王の課税対象となる所得は、個人所有地からの所得約3,600万ポンド、証券投資による収入約500万ポンド、馬主としての収入約100万ポンド、資産総額は1億ポンド程度と見られている。

(3) 課税単位について、金子　宏「所得税における課税単位の研究」田中二郎先生古稀記念『公法の理論（中）』703頁（1974年）。

(4) 野口悠紀雄「現代日本の税制」(1989年)94頁、宮島洋「租税論の展開と日本の税制」(1986年)25頁。大川政三・小林　咸「財政学を築いた人々」(1983年)。

(5) 所得概念について、金子　宏「租税法における所得概念の構成（1）〜（3完）」法学協会雑誌83・9〜10・1241、85・9・1249、92・9・1。

(6) 旧所通148では、違法所得のうち、窃盗、強盗又は横領による利得については、取得した財物の所有権が移転しないという理由で、課税の対象とならないと解していた。

違法所得の税法上の問題について、玉国文敏「違法所得課税をめぐる諸問題」法時744号、748号、750号、755号、761号、764号、767号、770号。

(7) 平成元年に制定された土地基本法の基本概念に沿って作成された平成2年の税制調査会の答申は、税金の負担の適正・公平をはかるという見地から、資産課税の強化が必要とされ、土地の保有・譲渡・取得に対して課税が強化され、土地

第6章　個別税法

の譲渡益に対しては、国税としての所得税又は法人税、道府県税及び市町村税としての住民税の重い負担を課していた。

個人が所有期間5年超の土地(長期保有土地)を譲渡した場合の譲渡益課税の税率は、下図のように改正されて(措置31条、地附則34条)、法人が保有土地を譲渡した場合は、譲渡益について法人税5％ないし10％の追加課税がされた（措置62条の3）。

個人の土地譲渡益課税の税率
（所有期間5年超の場合）

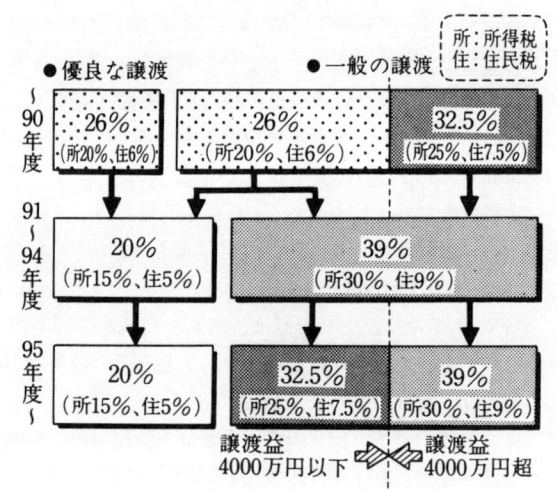

年度	優良な譲渡	一般の譲渡	
～90年度	26%（所20%、住6%）	26%（所20%、住6%）	32.5%（所25%、住7.5%）
91～94年度	20%（所15%、住5%）	39%（所30%、住9%）	
95年度～	20%（所15%、住5%）	32.5%（所25%、住7.5%）譲渡益4000万円以下	39%（所30%、住9%）譲渡益4000万円超

所：所得税　住：住民税

（注）カッコ内は、所得税(国)と住民税(地方)の内訳。
「優良な譲渡」とは、優良な住宅地造成のための譲渡など一定条件を満たすもの

5年以下の短期所有、2年以下の超短期所有の土地を譲渡した場合は、個人の場合も法人の場合も、長期に較べ重課されている(措置63条、63条の2)。法人が超短期所有の土地を譲渡した場合には、譲渡益に対し通常の法人税率(37.5％)に30％の税率を加算した税率（67.5％）により、短期所有（所有期間5年以下）の土地を譲渡した場合には、20％を加算した税率（57.5％）により分離課税がされた

バブルが崩壊し景気の沈滞が続いているので、平成7年度、8年度、10年の改正で地価税の課税は停止となり、法人・個人の土地譲渡者の課税は緩和され、おおかたバブル前の枠組みに戻されている。

第1節　所　得　税

　　個人による居住用土地等の譲渡、あるいは収用や優良な住宅地の供給などの特定の政策目的に応じた土地の譲渡については、各種の特別控除、軽減税率により税負担の軽減が図られている。また、国土利用政策や土地政策の観点から特定の事業用資産を買い換えた場合などには課税の繰延べが認められている。

　　居住用財産の買換えの課税の特例は、戦後の住宅建設の促進を図るために、昭和27年に創設され、昭和44年の土地税制改革まで存続していた。しかし、昭和44年の土地税制の改正にあたって、負担の不公平などを理由に、居住用財産の特別控除を大幅に拡大し、買換えの特例は廃止された。ところが、昭和57年の改正で、長期安定的な土地税制の確立をめざして、所有期間10年超のものに限って買換えの特例が復活した。

　　しかし、昭和62年の緊急土地対策で、大都会の急激な地価高騰の波及を抑制する見地から、原則として居住用財産の買換え特例制度は廃止されることになった。ところが、平成5年の税制改正で、景気対策と住替えによる居住水準の向上を図るという目的で、土地政策との整合性から、次のような一定の条件付・限時法の形式で、居住用財産の買換え特例（措置36条の6、措置令24条の5）が復活している。

　　①　譲渡資産及び買換資産の土地の対価の額が適正な取引価額であること、②　譲渡資産の所有期間が10年以上であること、③　譲渡価額が2億円以下であること、④　買換資産の建物床面積が50㎡以上240㎡以下、土地面積が500㎡以下であること

(8)　サラリーマン税金訴訟について、「法律事件百選」ジュリ900号144頁（清永敬次執筆）、山田二郎「判評」税通40巻7号103頁。

(9)　所得分類、特に短期定年制に基づく退職手当の所得分類について、山田二郎「所得税法における所得の分類」『末川先生追悼論集』民商78巻臨時増刊号（4）297頁（1978年）。

(10)　最判昭和63．7．19判時1290・56は、所得税法60条1項1号にいう贈与には負担付贈与は含まれないとし、譲渡所得の計算に関して租税特別措置法31条所定の長期譲渡所得の課税の特例を適用することを否定している（この判決の評釈、山田二郎「判評」判タ706・328、波多野弘「判評」判時1303・178）。

(11)　所得の計上時期について、植松守雄「収入金額(収益)の計上時期に関する問題」租研8・30（1981年）、田中　治「税法における所得の帰属年度——権利確定主義の論理と機能」大阪府立大学経済研究32・2・161、金子　宏「権利確定主義は破綻したか」日税論集22・3。

(12)　基礎控除　　　　　38万円

第6章 個別税法

配偶者控除　　　38万円（老人控除対象配偶者（70才以上）の場合　48万円）
配偶者特別控除　共稼ぎでない給与所得世帯の配偶者の場合　38万円
扶養控除　　　　扶養親族1人につき　38万円
特定扶養控除　　特定扶養親族（16才～22才）1人につき　53万円
老人扶養控除　　老人扶養親族（70才以上）1人につき　48万円

設例　夫（45才）、妻（40才）、長男（13才）、長女（16才）の家族構成で、夫の給与収入のみで生計をたてている場合の所得控除は

基礎控除	38万円
配偶者控除	38万円
配偶者特別控除	38万円
扶養控除	38万円
特定扶養控除	53万円

合計　205万円

(13)

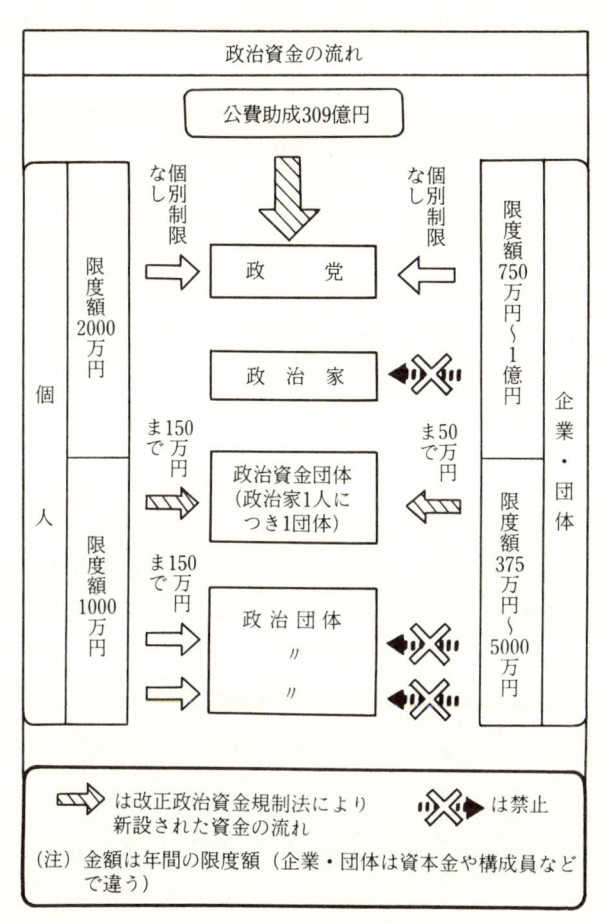

```
                    政治資金の流れ
                  ┌──────────────┐
                  │ 公費助成309億円 │
                  └──────┬───────┘
                         ▼
   個    な個         ┌────────┐        な個    限
   人    し別   ⇨    │ 政  党 │    ⇦   し別   度    企
        制             └────────┘         制     額    業
   限   限                                  限   750   ・
   度                 ┌────────┐              万    団
   額                 │ 政治家 │   ✕         円    体
  2000                └────────┘            〜
   万     ま150      ┌──────────┐    ま50   1
   円     で万       │政治資金団体│   で万    億
         円          │(政治家1人に│    円    円
         ⇨          │つき1団体) │   ⇦
   個                └──────────┘           限
   人                                        度
        限           ま150                    額
        度           で万                    375
        額           円                      万
       1000          ⇨  ┌────────┐         円
        万               │政治団体│   ✕    〜
        円          ⇨   │  〃   │         5000
                         │  〃   │   ✕    万
                         └────────┘        円
   ┌──────────────────────────────────┐
   │ ⇨ は改正政治資金規制法により      ✕ は禁止 │
   │   新設された資金の流れ                     │
   │ (注) 金額は年間の限度額(企業・団体は資本金や構成員など │
   │     で違う)                                 │
   └──────────────────────────────────┘
```

出典：平成6年10月31日付　日本経済新聞

(14)　米国では、所得税の税率は15％、28％、31％、36％、39.6％の5段階であるが、ブッシュ大統領が2001年に発表した減税案では、税率を4段階に簡素化し最高税率を33％、最低税率を10％に引下げることになっている。ドイツでは、2005年までに段階に最低税率を15％、最高税率を42％に引下げられることになっている。ロシアでは2001年1月から所得税の累進税率（12、20、30％）を廃止し、13％の均一税率を導入した。

　　主要国の所得税の国際比較は**別表**のとおり。

　　日本では、昭和25年のシャウプ税制では最高税率が55％であり、当時

第6章 個別税法

米国では最高税率が91％であった。時代の変遷による公平観などを背景に税率は変動してきている。

所得税の国際比較

区分＼国名	日本		アメリカ	イギリス	ドイツ	フランス
国税収入に占める所得税収入の割合	(10年) 33.2%		(10年) 72.7%	(9年) 34.5%	(9年) 35.1%	(9年) 18.4%
個人所得に対する所得税負担割合	(10年) 3.6% (5.5%)		(10年) 11.3% (13.8%)	(8年) 10.2%	(9年) 6.8%	(9年) 3.7%
課税最低限	12年度改正前 382.1万円	12年度改正後 368.4万円	245.0万円	113.4万円	384.9万円	294.3万円
税率 最低税率〔住民税の最低税率〕	10% 〔5%〕	10% 〔5%〕	15% 〔4%〕	10%	22.9%	10.5%
税率 最高税率〔住民税の最高税率〕	37% 〔13%〕	37% 〔13%〕	39.6% 〔6.85%〕	40%	51%	54%
税率の刻み数〔住民税の税率の刻み数〕	4 〔3〕	4 〔3〕	5 〔5〕	3	—	6

(備考) 1．課税最低限は、夫婦子2人（日本は特定扶養親族に該当する子と16歳未満の子がいるものとし、アメリカは子のうち1人を16歳以下としている。）の給与所得者の場合である。
2．( )書きは、住民税を含めた場合である。アメリカの住民税の税率は、ニューヨーク州個人所得税による。
3．邦貨換算は次のレートによった。
（1ドル＝112円、1ポンド＝180円、1マルク＝60円、1フラン＝18円）

第2節　法人税

1　法人税と個人所得税の2重課税（法人実在説と法人擬制説）の調整

　法人税の課税物件は、原則として法人の所得である。ところで、法人税が課税された法人の所得が個人出資者に分配されると、個人出資者に対して配当所得として所得税が課税される。つまり、法人の事業から生じた所得は、まず、法人税の対象となり、次に配当として支払われると所得税の対象となり、同じ原資に対して2度の課税が行われる。これが、法人の所得に対する法人税と所得税の2重課税と呼ばれるものである。

　シャウプ勧告では、「根本的には法人は、与えられた事業を遂行するために作られた個人の集合である。」という観点に立ち（シャウプ使節団「日本税制報告書」（以下「シャウプ勧告」という。）105頁）、法人の所得は個人出資者の所得であるから当然2重課税が生じるとし、2重課税を排除する方法として、所得税の計算で25％の配当控除（税額控除）を提案した。今日でもこの提案による配当控除（所得控除）の制度が1部修正した形で残っている（所92条）。

　このシャウプ勧告の考え方は、法人を個人の集合とみる法人擬制説によるものであり、これに対し法人を個人と別個の取引主体とみる考え方を法人実在説という。法人実在説に立つと、このような2重課税を排除するための調整措置は必要でないということになる。外国におけるこの点の法制もいろいろと変遷をたどっている。

　法人税と個人所得税の2重課税を調整する方法には、①配当支払段階調整方式と、②配当受取段階調整方式とがある。後者はさらに、（イ）配当帰属計算方式と、（ロ）配当税額控除方式に分類される。インピューテーション方式(imputation system、法人税株主帰属方式)とは、この（イ）の方式であり、わが国では、配当グロス・アップ方式と呼ばれているものである。法人税に、配当インピューテーション方式を導入する傾向は、ＥＣ諸国において有力になってきている。

　インピューテーション方式とは、受取配当に対する法人税を個人配当に上積し、これに累進税率を適用した税額のうち、上積した法人税額を前払分として控除するものである。この方式の特徴は、税込配当を株主個人の所得に帰属させて計算

することであり、法人税部分を控除することによって2重課税を回避することにしている。

2 納税義務者、課税物件、帰属

2-1 納税義務者と課税物件の範囲

法人税の納税義務者は、法人である。代表者又は管理人の定めがある人格のない社団又は財団は、法人とみなされる（法人3条）。

法人は、内国法人と外国法人とに区分される。内国法人とは日本国内に本店又は主たる事務所を有する法人である（法人2条3号）。外国法人とは、内国法人以外の法人である（法人2条4号）。本店所在地を基準として区別されている（本店所在地基準）。

内国法人に対する法人税の課税物件は、各事業年度の所得、清算所得、退職年金等積立金である（法人5条、8条）。法人税の課税物件のうちでもっとも重要な各事業年度の所得についていうと、内国法人は、所得の源泉地がどこであるかを問わず、すべての所得について納税義務を負う（法人4条1項）。これに対し、外国法人は、国内源泉所得についてのみ納税義務を負う（法人4条2項、所212条）。

2-2 人的非課税

公共法人（法人2条5号）は、法人の公共的な性格から非課税とされる（法人4条3項）。公共法人には、各種の公庫・公団・公社、地方公共団体、国立教育会館、日本育英会、日本開発銀行などが含まれる（法人税法別表第1）。

2-3 課税物件

内国法人の原則的な課税物件は、所得（法人5条）である。各事業年度の法人税の非課税所得は、公益法人等（法人2条6号）又は人格のない社団等（法人2条8号）の収益事業（法人2条13号）から生じた所得以外の所得である（法人7条）。

外国法人の場合も、同様である（法人10条）。

2-4 帰属

所得税と同様に、納税義務者である法人が所得を「取得」することにより、課税要件を充足することになる。帰属に関する原則として、実質所得者課税の原則

が定められている（法人11条）。

形式に捉われずに、実質的（通常は法律的）に所得を取得しているかどうかで認定する。

3 課税標準
3—1 課税標準と益金、損金

内国法人に対する法人税の課税標準は、各事業年度の所得の金額（法人21条）、退職年金等積立金の額（法人83条）及び清算所得の金額（法人92条、112条）である。

法人税の原則的な課税標準である各事業年度における所得の金額は、当該事業年度の益金の額から損金の額を控除して算出される（法人22条1項）。

法人の所得は、事業活動による所得だけであるので、所得税のように所得の区分はない。益金の額は、所得税の収入金額に相当し、損金の額は所得税の必要経費に相当する。所得の実額が明らかでないときは、推計課税が許されている（法人131条）。推計課税については、第8章第3節税務訴訟の項で説明する。

3—2 確定決算主義と申告調整（法人の決算と課税所得）

法人の各事業年度の事業の成果は、決算の中で示される。法人税法は、法人の決算（具体的には、株主総会の承認をえた損益計算書及び貸借対照表などの決算書類）を基礎として各事業年度の所得の金額を計算する建前を採っている（法人74条1項）。これを確定決算主義と呼んでいる。確定決算主義は、課税所得の算定にあたって、決算に示された法人の計算に従うべきことをいうのであるが、それと同時に決算に示された法人の計算と異なる計算は課税所得の算定にあたっても認められないことをいうものである。

確定決算主義は、損金経理（法人2条26号）をした金額が原則として損金となることを定める規定（法人31条、32条、35条2項、42条ないし56条の2など）、利益又は剰余金の処分として経理したものは損金の額に算入しないことを定める規定（法人35条3項、37条1項）などにも示されている。

もっとも、確定決算主義といっても、法人の決算が事実に反するとき（例えば、売上計上漏れ）は、このような決算が課税所得の算定の基礎となるものではなく、客観的事実が基礎となる。また、法人税法が損金計上額に限度を設けている項目

(法人31条、32条、34条1項、37条2項など)あるいは一定のものについて益金不算入とする項目(法人23条、25条)など特別の定めをおいているときは、これらの定めに適合していない決算は、課税所得の計算(納税申告)にあたってそのまま算定の基礎とすることは許されない。

確定決算主義は、原則として、内部取引に妥当するもので、外部取引については客観的事実が優先するということになる。

法人が提出する納税申告書は、上述のとおり、原則として確定決算主義により法人の確定決算に基づくことが要請されているが、法人税法に別段の定めがあり商法・企業会計と異なる計算が求められているときなど(例えば過大役員報酬。法人34条1項)は、申告にあたって決算上の計算を修正することが必要になる。これを、申告調整(事項)と呼んでいる[注1]。

平成11年4月1日以降に開始する事業年度に欧米の企業にならい税効果会計を強制適用することになっている。税効果会計とは、「税務上の利益」から計算される税額を「会計上の利益」から計算される税額に調整することをいう。

3−3 益金及び損金の額

(1) 益 金

益金の額は、原則として、資産の販売、有償又は無償による資産の譲渡又は役務の提供、無償による資産の譲受け、その他の取引で資本等取引(法人22条5項)以外のものに係る収益の額である(法人22条2項)。したがって、有償によるたな卸資産の売却の場合は、その対価の額が法人の益金の額を構成する。また債務免除益、一定の資産の評価益なども益金の額を構成する。

無償による資産の譲渡又は無償による役務の提供により収益が生ずるのかどうか見解が分かれているが、無償取引の場合にも、通常の対価相当額の経済的利益が相手方へ移転するので、通常の対価相当額を収益として認識し、益金に計上すべきであると考えられている。親会社の子会社への無利息貸付けについて、大阪高判昭和53.3.30判時925・51は、通常の利息相当額の経済的利益が親会社から子会社へ移転しているとし、その経済的実体は、親会社に発生した通常の利息相当額の経済的利益が親会社から子会社へ移転しているもの(親会社に通常の利息相当額の収益が発生し、この利息相当額を子会社への寄付金として支出したもの)と解している(同旨、最判平成7.12.19民集49・10・2121。法人通9−4−1、9−4−2は、無利

第2節 法 人 税

息貸付け等について、子会社等の合理的な整理、再建計画に基づくような場合は、その収益について課税を行わないものとしている。)。

　資本等取引とは、法人の資本等の金額(法人2条16号)の増加又は減少を生ずる取引及び利益等の分配をいう(法人22条5項。例えば、減資差益金(法人2条17号ハ)など)。

(2) 損　金

　損金の額は、原則として、当該事業年度の収益に係る売上原価等の原価の額(法人22条3項1号)、販売費、一般管理費その他の費用の額(法人22条3項2号)及び損失の額で資本等取引以外の取引に係るもの(法人22条3項3号。災害損失、固定資産売却損など)である。

　建物、機械、装置等の減価償却算定は、その取得価額を使用される年数(耐用年数)によって費用として年度配分することになっているが(減価償却制度)、平成10年の税法改正で、建物(新規取得分)の減価償却方法の定額法への一本化や建物の

損金の範囲

適用＼分類	原価の額 (法人22③一)	費用の額 (法人22③二)	損失の額 (法人22③三)
基　本	公正妥当な会計処理の基準に従って計算した金額		
修　正	法人税法の別段の定め (法人22、29〜65)		
特　例	租税特別措置法の定め (措置43〜68の3)		
内　容 (法人22③)	① 売上原価 ② 完成工事原価 ③ ①②に準ずる原価	① 販売費 ② 一般管理費 ③ その他の費用	① 損失
内容に対する条件 (法人22③、④、⑤)	① 当該事業年度の収益に係る原価	① 当該事業年度の費用 ② 債務確定のもの(減価償却費は例外)	① 当該事業年度の損失
	資本等取引以外の取引に係るもの		

第6章 個別税法

耐用年数の短縮（最近のものでも50年を限度）等の見直しが行われた（法人令48条以下）。

(3) 課税所得の計算と公正基準

益金を構成する収益の額及び損金を構成する原価等の額は一般に公正妥当と認められる会計処理の基準（以下「公正基準」という。）に従って計算するものとしている（法人22条4項）。公正基準は、必ずしも企業会計原則（昭和24年7月9日経済安定本部企業会計制度調査会中間報告）だけを指しているものではなく、商法の計算規定、「株式会社の貸借対照表、損益計算書、営業報告書及び付属明細書に関する規則」、「財務諸表等の用語、様式及び作成方法に関する規則」、「連結財務諸表の用語及び作成方法に関する規則」や企業会計原則を含むものである。法人税の所得計算にあたって、公正基準によるというこの規定は、確定決算主義と結合しているもので、重要な意味を持っている。さきに「確定決算主義と申告調整」の項で、法人税の所得計算は、法人の決算を基礎として各事業年度の所得を計算する建前となっていると述べたが、法人の決算は公正基準により処理されることになっているので、法人税の所得計算は、法人税の中に特別規定（別段の定め）があるもの以外は、原則としてこの公正基準に従って計算することを明らかにしているものである。たとえば、益金の計上時期において、法人税法の中に原則的な基準を示した規定がないので、法人税法22条4項の趣旨に従い、公正基準により、いわゆる発生主義あるいは引渡基準に基づき計上時期を判断するということになる。

(4) 益金及び損金に関する別段の定め

前述のとおり、法人税の所得計算は、原則として、公正基準に従って計算することになっているが、法人税法等に別段の定めがあるときは、別段の定めを優先してこれに従い計算する（法人の決算を、申告の段階で修正する）。

法人税法及び租税特別措置法の別段の定めによって公正基準が修正されている事項は、次の3つに分類できる。

① 公正基準を確認しているもの。

例えば、資産の評価益の益金不算入の規定（法人25条）、資産の評価損の損金不算入の規定（法人33条）、役員賞与の損金不算入の規定（法人35条1項）、法人税の損金不算入の規定（法人38条）など。

第2節　法人税

② 公正基準を前提としていながら、統一的な基準を設定し、または一定の限度を設けているもの。

　　例えば、たな卸資産の評価に関する規定(法人29条)、減価償却に関する規定（法人31条）、寄付金の損金算入の限度を定める規定（法人37条）、引当金に関する規定（法人52条以下）など。

③ 租税政策上の理由から、公正基準に対する例外を定めているもの。

　　例えば、受取配当の益金不算入に関する規定(法人23条)、特別償却や準備金に関する規定（措置42条の5以下、措置54条以下）、交際費等の損金不算入に関する規定（措置61条の4、62条）など。

法人税法の別段の規定は、大別して、①および②に属し、租税特別措置法の規定は、③に属するということができるが、別段の規定として重要な意味のあるのは、②および③に属する諸規定である。

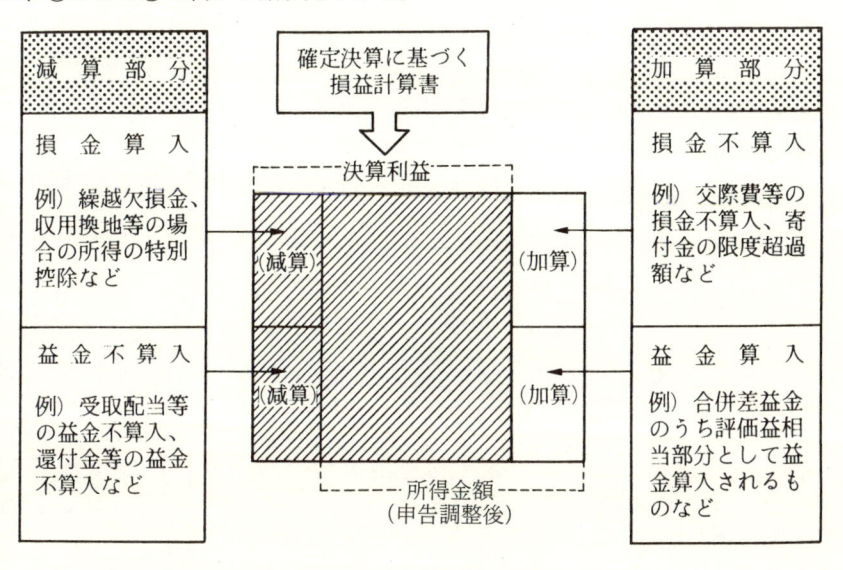

減算部分	確定決算に基づく損益計算書	加算部分
損金算入 例）繰越欠損金、収用換地等の場合の所得の特別控除など	決算利益 （減算）　（加算） 所得金額 （申告調整後）	損金不算入 例）交際費等の損金不算入、寄付金の限度超過額など
益金不算入 例）受取配当等の益金不算入、還付金等の益金不算入など	（減算）　（加算）	益金算入 例）合併差益金のうち評価益相当部分として益金算入されるものなど

(注)　確定決算とは、その事業年度の決算につき、株主総会の承認又は総社員の同意その他これらに準ずるもの。

(5)　収益及び費用の計上時期

　(5)—1　収　益

　収益については、合理的な範囲で計上時期の選択が許されると考えるべきで

第6章 個別税法

あるが、実務では、引渡基準を原則として、資産の種類に分けて計上基準を示している。

(イ) 棚卸資産（法人通2－1－1）、(ロ) 固定資産（法人通2－1－14）、(ハ) 例外（法人62条ないし64条）。

(5)―2　費　用

費用のうち、原価については収益と個別に対応するので費用収益対応の原則（個別対応）が妥当し、費用及び損失については収益との対応関係が明らかでないので、費用については債務確定主義(法22条3項)損失については発生主義が妥当すると考えられている。

第2節 法人税

4　主な益金・損金と別段の定め
4－1　役員に対する給与と別段の定め

　役員に対する給与は、役員報酬、役員退職給与(役員退職慰労金)、役員賞与に区分されるが、法人税法は、役員退職給与とは、退職した役員に対して支給する給与（法人36条）、役員賞与とは、役員に対して支給する臨時的（定期・定額でないもの）な給与で退職給与以外のもの（法人35条4項）、役員報酬とは、役員に対して支給する給与のうち、役員賞与及び役員退職給与以外のもの(定期の給与。法人34条2項)と定義している。

　この給与には、金銭で支給される以外の経済的利益（現物給与などのいわゆるフリンジ・ベネフィット）も含まれる。

　法人が使用人に対して支給する給与は、原則として人件費（通常は一般管理費）としてすべて損金に算入できるが、役員に対する給与は、法人に対する法律上の地位（雇用関係と委任関係）が異なるため、使用人と異なる取扱いとなっている。

　まず、役員賞与は、商法及び企業会計において利益処分として取り扱われていることを受けて(財務諸表等規則114条1項3号、商法281条1項4号)、損金に算入することができない（法人35条1項）。

　次に、役員報酬、役員退職給与は、原則として損金に算入することができるが、法人税法に別段の定めがあり不相当に高額な部分（過大分）は損金に算入することができないことが定められている（法人34条1項、36条）。平成10年の税法改正で、役員と特殊な関係のある使用人（特殊関係使用人）も過大な使用人給与の過大分の損金算入ができないことが定められた（法人36条の2）。

　役員報酬について、過大か否かの判定基準は、法人税法施行令69条に示されていて、それには形式基準と実質基準がある。形式基準とは、定款の規定、株主総会の決議等により定められている役員報酬の限度額である(法人令69条2号。商法269条、279条)。実質基準とは、同種・類似規模の法人の役員報酬の支給状況、当該役員の職務内容、その法人の収益など(法人令69条1号)が挙げられている。実務では、主に実質基準にいう同種・類似規模の法人の支給状況を基準としたことをめぐってその適否が争われている。

　役員退職給与については、過大か否かの判定基準は、法人税法施行令72条に定められている。役員報酬と同様に形式基準と実質基準が考えられるが、同条は実質基準についてのみ定めている。実質基準として、当該役員が法人の業務に従事

第6章 個別税法

した期間、その退職の事情、同種・類似規模の法人の役員退職給与の支給状況などが挙げられている。実務では、役員退職給与は、一般に、①功績倍率法（最終月額報酬×勤務年数×功績倍率。最判昭和60．9．17税資146・603、東京高判昭和56．11．8行集32・11・1998）、②1年当り平均額法（勤務年数1年当りの平均退職給与額×勤務年数。札幌地判昭和58．5．27行集34・5・930）の2つの方法のいずれかを用いており、最終月額報酬が低い特殊な事例は②の方法を採っているが、大半は①の方法で算出している。それで、実務では、功績倍率法で用いる功績倍率（平均功績倍率は2.5ないし3.5）の高低（功績加算の高低）の適否をめぐって争われている（死亡した役員・従業員に対して支給される弔慰金（遺族補償金）は一定の限度で損金算入が認められている。相通3-20の取扱いを法人税にも適用している）。

最近、法人が役員を被保険者とする高額の生命保険契約に加入し、役員の死亡に伴いこの生命保険金を原資として役員退職給与を支給する場合が少なくないが、役員退職給与の原資が生命保険金であることは、退職給与が相当額かどうかの判断に影響をもつものではなく、相当額の判断は役員の功績などによって個別に判断されるべきである（生命保険金とヒモ付きであることは要素とはならず、功績などによる積上げ計算の内容の適否を判定すべきである。）と考えられている（長野地判昭和62．4．16訟月33・12・3076、浦和地判平成3．3．30判タ773・108）。帳簿が不備な場合にされる推計による所得計算は、平均的な所得を求めることが許されているが、役員報酬や役員退職給与の相当額の判定は、平均額が基準となるものではなく、個別の適正額が基準となるものである。

使用人兼務役員（例、労務部長兼取締役）に支給される賞与のうち、使用人とし

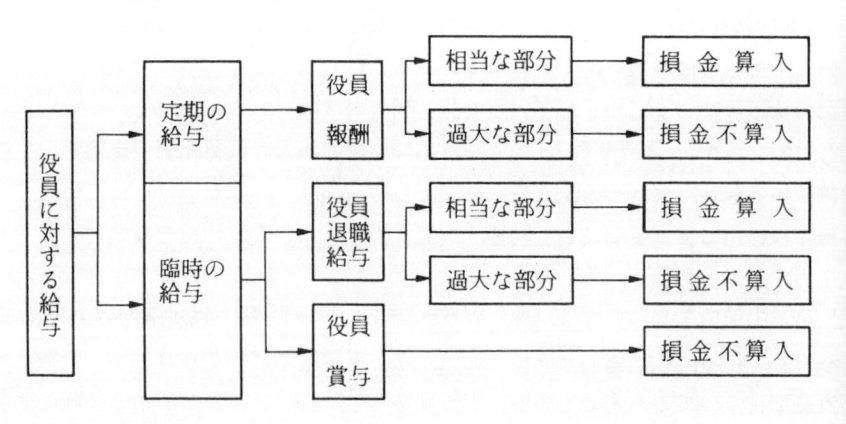

役員に対する給与	定期の給与	役員報酬	相当な部分	損金算入
			過大な部分	損金不算入
	臨時の給与	役員退職給与	相当な部分	損金算入
			過大な部分	損金不算入
		役員賞与		損金不算入

ての職務に対する部分は、損金経理を条件として、相当な金額は損金に算入することができる（法人35条2項）。

4－2　寄付金と別段の定め（損金算入の限度額計算）

　法人税法上の寄付金は、通常の意味の寄付金よりもかなり広く、その名義のいかんを問わず、金銭その他の資産又は経済的利益の贈与又は無償の供与（つまり、無償行為）をいう（法人37条6項）。

　事業目的との関連性の薄い寄付金の損金算入をルーズに認めると、国の関知しない相手方に補助金を交付するのと等しいことになるということで、寄付金について損金算入の制限が設けられている。制限の方法としては、事業目的との関連性から制限する方法（質的規制）と、金額により損金算入できる範囲を制限する方法（量的規制）がある。法人税法は、無償行為について事業との関連性を判定することは非常に困難であるということで、質的規制でなく、量的規制を採り入れていると解される。画一的に損金算入限度額を設け、寄付金のうちその範囲内の金額は費用とみなして損金算入を認め、それを超える金額は損金算入を認めていない（法人37条2項。損金算入限度額は法人令73条に定められており、別表（寄付金に関する税制）に示すとおり計算する）。

　もっとも、公益に役立つような寄付金を奨励するために、一定の寄付金は、その金額あるいは別枠で高い金額を損金に算入することを認めている（法人37条3項）。その第1は、国又は地方自治体に対する寄付金である（同項1号）。第2は、公益法人その他公益を目的とする事業を行う法人又は団体に対する寄付金で、①広く一般に募集していること、②教育又は科学の振興その他公益の増進に寄与するための支出で緊急を要するものに充てられることが確実であるとして、大蔵大臣が指定したものである（同項2号）。これは指定寄付金と呼ばれ、学校の記念事業などへの寄付金がこれに当たる。第3は、特定公益増進法人（法人令77条）に対する寄付金である（同項3号）。

　法人税法上の寄付金は、前述のとおり無償行為をいうものであり、親会社が子会社に無利息融資をした場合の子会社に対する利息相当分の経済的利益の供与も、寄付金と扱われている（大阪高判昭和53.3.30判時925・51[注2]）。無償行為であっても、広告宣伝費、交際費、福利厚生費に当たるときは、寄付金と区分され（法人37条6項）、広告宣伝費、福利厚生費の場合はそれぞれ費用としてその全額を損金に

第6章 個別税法

寄付金に関する税制

区　　　分	概　　　要	損　金　算　入　額
公益性の高い寄付金 / 国又は地方自治体に対する寄付金		支出額の全額を損金に算入する。
公益性の高い寄付金 / 指定寄付金	公益法人等に対する寄付金のうち、次に掲げる要件を満たすものとして大蔵大臣が指定したもの。 ○広く一般に募集されること ○教育又は科学の振興、文化の向上、社会福祉への貢献その他公益の増進に寄与するための支出で緊急を要するものに充てられることが確実であること	支出額の全額を損金に算入する。
公益性の高い寄付金 / 公益増進法人に対する寄付金	公共法人、公益法人等のうち、教育又は科学の振興、文化の向上、社会福祉への貢献その他公益の増進に著しく寄与するものとして政令で定めるものに対する寄付金（その法人の主たる目的である業務に関連するもの）。（注）	次の額を限度として損金に算入する。ただし、この限度額を超える金額は、一般の寄付金に組み入れることができる。 $\text{損金算入限度額} = \left\{ \text{資本等の金額} \times \dfrac{2.5}{1,000} + \text{所得金額} \times \dfrac{2.5}{100} \right\} \times \dfrac{1}{2}$
一般の寄付金	種類について特定されない寄付金一般についての取扱い	次の額を限度として損金に算入する。 $\text{損金算入限度額} = \left\{ \text{資本等の金額} \times \dfrac{2.5}{1,000} + \text{所得金額} \times \dfrac{2.5}{100} \right\} \times \dfrac{1}{2}$

（注）　教育又は科学の振興、文化の向上、社会福祉への貢献その他公益の増進に著しく寄与するものと認定された特定公益信託に信託財産とするために支出した金銭の額についても、特定公益増進法人に対する寄付金と同様の取扱がされている。

第2節 法人税

算入することができる。

4―3 交際費等と別段の定め

　法人税の計算では、交際費・接待費・機密費等の費用で、法人がその得意先・仕入先その他事業に関係のある者に対する接待・供応・慰安・贈答等のために支出するものを広く交際費等と呼び、特別の厳しい取扱いを定めている（措置61条の4）。交際費等は、本来事業と関連性を持っているので、企業会計の実務では費用として処理しているが、交際費等の損金算入を無制限に認めると法人の冗費(交際費天国といわれていた。)を増大させることになるので、冗費を節約して法人の自己資本を充実させて企業体質の強化を図るという政策的見地から、租税特別措置法により昭和29年以降5年ごとの限時法の法形式で交際費等の損金算入を制限する措置が採られ、この措置が強化され、これを恒久法化して今日に至っている。現在の租税特別措置法は、資本金が5,000万円を超える法人については、交際費等の損金算入を一切認めず、資本金がそれ以下の法人については、中小企業対策から、1,000万円を超え5,000万円以下の法人は270万円まで、1,000万円以下の法人については360万円までを限定として損金算入を認めている（平成6年の改正で、限度額が縮小された）。

　費用の区分をめぐって解釈の分れることが多いが、交際費等の損金算入が厳しく制限されているので、費用かそれとも交際費等かは法人にとって大きな利害関係のある問題である。交際費等の範囲は、支出の相手方（得意先、仕入先その他事業に関係のある特定のもの）と、支出の内容（接待、供応、慰安、贈答その他これらに類する行為のための支出）をもとにして客観的にその範囲が決められている。ドライブ・インの経営者が自分のドライブ・インに駐車した観光バスの運転手に交付したチップは、費用（広告宣伝費、販売奨励金）ではなく、交際費等に当たると解している事例（東京地判昭和50.6.24行集26・6・831、東京高判昭和51.11.30行集28・11・1257）、福利厚生費という名目で支出しても、特定の従業員の飲食の費用は、交際費等に当たると解している事例（東京高判昭和57.7.28訟月29・2・300）がある。また、法人が開催した記念祝賀パーティーにかかる交際費等の金額の計算上、招待客から受領した祝金収入分は交際費等から控除して計算すべきではなく、交際費等と収入とを両建で処理すべきものと解している事例（東京地判平成1.12.18行集40・11～12・1827）がある[注3]。

103

第6章　個別税法

4—4　使途秘匿金（使途不明金）

　使途秘匿金とは支出の内容が明らかでないものをいうが、特に問題となるのは、支出した法人は、その内容及び相手方を知っているが税務官庁にこれを秘匿する場合である。使途秘匿金は、違法支出の温床であり、かつ政治腐敗の一因であるということで、平成6年度の税制改革で課税が強化されることになった（法人の使途秘匿金について通常の法人税課税に追加して、40％の法人税の追加課税が行われる（措置62条）。）。

4—5　資産の評価益・評価損と別段の定め

　企業会計においても、期間利益は対外的な取引によって生じた損益によって計算すべきであり、資産の評価換えによる評価益は収益に含めないことになっているが（企業会計原則第2損益計算書原則—A、商法285条ノ2以下。評価損益は保有期間中の価値の増減であるので、未実現の利益すなわち評価益は計上すべきでないといわれている。）、法人税法も、資産の評価益を原則として益金に算入することを認めていない（法人25条1項。例外、会社更生法による更生手続開始の決定に伴って行われる評価換えなど、法人25条1項かっこ書、法人令24条）。

　他方、資産の評価換えによる評価損についても、企業会計や法人税法は、原則として損金算入を認めていない（法人33条1項、企業会計原則第3（資産の貸借対照表価額））。しかし、例外として、商法や企業会計では、流動資産や株式について時価が取得価額より著しく低くなったときには評価換えを強制している（商法285条ノ2、285条ノ6。企業会計原則第3五A、B）。法人税法でも、法人の有する資産（預貯金、売掛金等の金銭債権を除く）が、災害による著しい損傷等のため帳簿価額を下廻ることとなった場合は、法人がその資産の評価換えをして損金経理によりその帳簿価額を減額したときは、その評価損の生じた金額を損金に算入することを認めている（法人33条2項。評価損を計上できる具体的な要件について、法人令68条[注4]。詳細は、次頁の「株式の評価に関する対照表」を参照）。

　最近、企業会計では時価会計の考え方が強くなってきており、平成9年の税法改正で企融機関等の特定取引勘定で経理した一定の資産について時価主義が適用されることになり（措置67条の9）、平成12年の税法改正で売買目的の有価証券や未決済のデリバティブ取引について事業年度末に時価で評価されることになり（法人61条の3以下）、時価会計の考え方が拡大されてきている。

第2節　法人税

株式の評価に関する対照表

	企業会計原則	商　　法	法　人　税　法
流動資産	市場性があり一時所有の株式 イ　原則として原価法 　　（平均原価法等） 　　原則として購入代価に手数料等の付随費用を加算し、これに平均原価等の方法を適用して算定した取得原価をもって貸借対照表価額とする ロ　時価が著しく下落したときは、回復する見込みがあると認められる場合を除き、時価をもって貸借対照表価額としなければならない（強制適用）	取引所ノ相場アル株式 イ　原則として原価法 　　株式ニツイテハ取得価額ヲ附スルコトヲ要ス ロ　時価ガ取得価額ヨリ著シク低キトキハ其ノ価格ガ取得価額迄回復スルト認メラルル場合ヲ除クノ外時価ヲ附スルコトヲ要ス（強制適用）	証券取引所に上場されている株式 イ　原価法 　　(1)総平均法 　　(2)移動平均法 ロ　株式の価額がおおむね50％以下となり、かつ将来回復が見込まれない場合に評価減することができる（任意適用）
固定資産	1．取引所の相場のある株式 　（上記流動資産に対する 　　取扱いに準ずる） 2．取引所の相場のない株式 イ　原価法（平均原価法等） ロ　当該会社の財政状態を反映する株式の実質価額が著しく低下したときは、相当の減額をしなければならない（強制適用） 3．子会社株式 イ　原価法 ロ　取引所の相場のある場合 　　時価が著しく下落したときは、回復する見込みがあると認められる場合を除き、時価をもって貸借対照表価額としなければならない（強制適用） 　　取引所の相場のない場合 　　当該会社の財政状態を反映する株式の実質価額が著しく低下したときは相当の減額をしなければならない（強制適用）	1．取引所ノ相場アル株式 　（上記流動資産に対する 　　取扱いに準ずる） 2．取引所ノ相場ナキ株式 イ　原価法 ロ　其ノ発行会社ノ資産状態ガ著シク悪化シタルトキハ相当ノ減額ヲ為スコトヲ要ス（強制適用） 3．子会社株式 イ　原価法 ロ　取引所ノ相場アル場合 　　時価ガ取得価額ヨリ著シク低キトキハ其ノ価格ガ取得価額迄回復スルト認メラルル場合ヲ除クノ外時価ヲ附スルコトヲ要ス（強制適用） 　　取引所ノ相場ナキ株式 　　其ノ発行会社ノ資産状態ガ著シク悪化シタルトキハ相当ノ減額ヲ為スコトヲ要ス（強制適用）	1．証券取引所に上場されている株式 　（上記流動資産に対する 　　取扱いに準ずる） 2．証券取引所に上場されていない株式及び上場されている企業支配株式 イ　原価法 　　(1)総平均法 　　(2)移動平均法 ロ　その株式を発行する法人の資産状態が著しく悪化したため、その価額がおおむね50％以下となった場合に評価減することができる（任意適用）

105

第6章　個別税法

引当金及び主な準備金の種類と内容

〔引当金〕

種類	内容
貸倒引当金 （法人52条）	法人がその有する売掛金・貸付金その他これらに準ずる債権の貸倒れにより見込まれる損失のための引当金
返品調整引当金 （法人53条）	出版業、医薬品製造業等を営む法人で買戻しの特約を結んでいるもので、買戻しにより見込まれる損失のための引当金
賞与引当金 （法人54条） （平成10年度改正で廃止）	法人がその使用人等（使用人及び使用人兼務役員をいう）に対して支給する賞与に充てるための引当金　　　　　（平成14年度まで経過措置）
退職給与引当金 （法人55条）	退職給与規程を定めている法人が、使用人の退職給与に充てるための引当金
製品保証等引当金 （法人56条の2） （平成10年度改正で廃止）	建設業又は一定の製造業を営む法人が、目的物の欠陥につき引渡後に行う補修の費用に充てるための引当金　　　（平成14年度まで経過措置）

〔主な準備金〕

種類	内容
特別修繕準備金 （措置58条の8）	法人の有する資産で周期的に修繕を要し、かつ、その周期が相当の期間にわたると認められるものの特別な修繕に充てるための準備金
海外投資等損失準備金 （措置55条、55条の2）	特定海外事業法人など一定の法人の株式等を取得した場合において、その株式等の価格の低落又は貸倒れによる損失に備えるための準備金
金属鉱業等鉱害防止準備金 （措置55条の5）	金属鉱山の採掘権者などが金属鉱山の使用終了後における鉱害の防止に要する支出に備えるための準備金

（注）　平成10年度の税法改正で課税ベースの見直しが行われ、貸倒引当金等の廃止、特別修繕引当金の準備金への改組が行われている。

4―6　引当金・準備金と別段の定め

(1) 引当金、準備金の種類

　引当金は企業会計上（企業会計原則注解〔注18〕）は種々のものがあるが、法人税では、引当金については法人税法で、準備金については租税特別措置法でそれぞれ規定しており、一定の要件の下に定められた限度額の範囲内で損金算入が認められている。

(2) 引 当 金

　引当金(reserve)とは、将来における特定の支出又は損失に備えるために貸借対照表の負債の部の引当金勘定に繰り入れられる金額をいう（商法287条ノ2）。

　引当金は、評価性引当金と負債性引当金に区分される。前者は、将来において資産について生ずる費用ないし損失が当期の収益に対応する場合に計上するもので、貸倒引当金（法人52条）、返品調整引当金（法人53条）等がこれに属する。後者は、将来において生ずる債務が当期の収益に対応するため計上するもので、賞与引当金（法人54条）、退職給与引当金（法人55条）等がこれに属する。

　所得税法は5種類、法人税法は6種類の引当金の計上を認めているが、所得税法は青色申告及び確定申告書中の繰入明細書の記載を必要条件としており、法人税法は損金経理及び確定申告書中の繰入明細書の記載を必要条件としている。

　法人税法が規定している引当金以外の引当金を計上することが許されるかについて、所得税法及び法人税法が償却費以外の費用でその年度において債務の確定しないものを必要経費ないし損金の範囲から除いていることからいって、これを否定すべきものと考える（下取り損の見越費用について、大阪地判昭和48．8．27シュト143・19。）。もっとも通達（所通51―18以下、法人通9―6―4以下）は、貸倒れに類する種々の場合について、損金経理を条件として、一定の金額を債権償却特別勘定に繰り入れ、これを損金に算入することを認めている。

(3) 準 備 金

　準備金（special reserve）とは、将来における多額の支出又は損失の準備として準備金勘定に積み立てる金額をいう。

　引当金との相違は、引当金が当期の収益に対応しているのに対し、準備金は当期の収益とは対応せず、将来の年度の収益に対応していることである。準備金は、

企業会計や租税理論のうえでは、当期の必要経費ないし損金の額に算入できるものではなく、利益処分として積み立てるべきものであるが、租税特別措置法は、経済政策の観点から利益の平準化・内部蓄積の増加を狙いとして、所得税でも法人税でも多数の準備金の設定を認め、一定の限度額の範囲内で準備金勘定に積み立てた金額を必要経費ないし損金の額に算入することを認めている（措置20条以下、54条以下）。

準備金の適用を受けるには、青色申告書を提出できる納税者であることが要件であり、それに確定申告書添付の繰入明細書に記載すること、法人税の場合は、損金経理をしていることが要求されている。

4―7　同族会社の行為・計算の否認規定と否認の効果

法人税法は、同族会社（法人2条10号）を対象として、その行為又は計算で法人税の負担を不当に減少させる結果となると認められるときは、税務署長は当該法人の行為又は計算にかかわらず、その認めるところにより法人税を計算できることを定めている（法人132条1項）。つまり、同族会社の行為・計算が法人税の負担を不当に減少させるような異常なものであるときは、課税所得の計算の面ではこれを通常の行為・計算におきかえて課税できることを定めているもので、税務署長に強力な否認の権限を認めているものである。このように税務署長に強力な否認の権限を認めている規定を、「行為・計算の否認規定」と呼んでいる。この規定は大正12年の所得税法の改正においてはじめて設けられ、昭和25年の改正で現在のような規定に改められたのであるが、所得税法157条、相続税法64条、地方税法72条の43（事業税）にも同趣旨の規定がおかれている[注5]。

わが国の行為・計算の否認規定は、同族会社又はその関係者が税負担を不当に減少させる計算を行いやすいということで、税負担の公平を図るために、税務署長に強力な否認の権限を認めたものであり、対象は同族会社に限定されている。これを非同族会社に拡大適用することは許されない（反対、東京地判昭和40.12.15行集16・12・1916）。同族会社に対してのみこの否認規定を設けていることについて、客観的・合理的基準が示されているので、憲法14条に違反しないと解されている（最判昭和53.4.21訟月24・8・1694）。もっとも、移転価格税制では、わが国の法人が特殊な関係にある外国法人（国外関連者）と正常な対価と異なる対価で取引をした場合には、税務署長が正常な対価に引き直して課税する否認の権限を認めてい

るが(措置66条の4)、これは国際取引における取引価格に限って認められているものである。否認規定が適用されても、それは課税面でのみ通常の計算におきかえるのであり(課税面で一種のフィクションが行われること)、現実に行われた行為・計算の私法上の効力を失わせるものではない[注6]。

従来の適用例を挙げると、役員への無利息融資について通常の利息を認定した事例(東京高判昭和36.2.27税資35・107)、資産の低額譲渡について時価との差額を益金に加算した事例(東京高判昭和46.10.29行集22・10・1692)、資産の高価買入について時価を超える部分の金額の贈与があったと認定した事例(東京地判昭和45.2.20行集21・2・258)がある。また、欠損金のある法人が黒字法人を合併(いわゆる逆さ合併)した場合に、否認規定を適用して通常の合併に転換し、合併法人の欠損金の繰越控除を否認した事例(広島地判平成2.12.25行集41・1・42)があるが、対外的な取引でない会社の合併にまで否認規定を適用できるのか疑問である。

旧法人税基本通達355に高価買入、低額譲渡、過大給与など11の否認類型を例示していたが、昭和40年の法人税法の全文改正にあたって過大給与、過大退職金、低額譲渡などが個別に規定されることになったので、現在では、否認規定が適用される事例は少なくなっている。

5　税　率
5―1　内国法人の通常の税率

内国法人の各事業年度の所得に対する税率は、法人の種類、所得の大きさ等により区分される。

内国法人である普通法人(法人2条9号)及び人格のない社団等(法人2条8号)の税率は34.5%である(法人66条1項)。ただし、内国法人で資本の金額等が1億円以下の普通法人(いわゆる中小法人)及び人格のない社団等の場合、所得の金額のうち800万円以下の部分に対しては25%とされている(法人66条2項)。

内国法人である公益法人等(法人2条6号)及び協同組合等(法人2条7号)の税率は25%である(法人66条3項)[注7,注8]。

法人税の国際比較[注7]で明らかとなり、わが国の法人税率は高い水準にある。企業の国際競争力を高め、産業空洞化を避けるために、法人課税の負担を軽減する視点からいうと、法人税率を国際的な平均水準以下とすることと、これ以上に地方税の法人関連税(法人住民税、事業税)の負担を軽減することが必要であるとい

第6章　個別税法

われている。

5－2　同族会社の特別税率、土地重課

同族会社が内部留保する所得に対して特別税率が適用される（法人67条1項）。同族会社に対する特別税率は、同族会社が所得を配当せずに不当に留保して出資者の所得税の負担を回避することに対処するために設けられたものである。

また土地税制の一環として、一定の土地等の譲渡利益に対して特別税率(所有期間が5年を超えるものは10％、5年以下は20％、所有期間が2年以下は30％）が適用された（土地重課と呼んでいる。措置62条の3、63条、63条の2）。これらの特別税率は、通常の税率にプラスして課されたものである。バブルが崩壊して地価の下落が続き景気が沈滞したので、平成10年度の税制改正で土地重課は適用停止となっている。

5－3　退職年金等積立金等に対する税率

退職年金等積立金に対する税率は1％である（法人87条）。

清算所得に対する税率は30.7％である(法人99条1項、115条1項)。ただし、協同組合等の場合は23.1％である（法人99条2項、115条2項）。

5－4　税額控除

税額控除として、所得税額控除（法人68条）、外国税額控除（法人69条）[注9]、試験研究費に係る税額控除（措置42条の4）及び投資税額控除（措置42条の5）などがある。

注(1)　武田隆二「税務と会計」（1994年）。なお、ドイツでは、法人税の課税所得を商事貸借対照表を基準に算定する原則(正規の簿記の原則GOBを基準とする原則)が樹立されていたが、1985年4月25日の連邦財政裁判所（BFH）の2つの判決を契機として、租税特別措置が正規の簿記の原則を変更することが許されるか否かが大きな検討課題となっている。詳しい紹介について、浦野晴夫「確定決算基準会計」（1994年）、渡辺徹也「確定決算主義再考」蓮井良憲先生・今井宏先生古稀記念論集（1995年）591頁。

(2)　法人通9-4-2では、親会社の貸付けが業務不振の子会社等の倒産を防止する

110

第2節　法　人　税

ために緊急に行う資金の貸付けで合理的な再建計画に基づくものである等無利息貸付けについて相当な理由があるときは、寄付金課税は行わないとしている。

(3)　交際費課税について、山田二郎「交際費課税をめぐる問題」『田中二郎先生古稀記念論集下Ⅱ』(1977年) 1909頁。

(4)　山田二郎「非上場株式の評価減と損金計上の可否について」『日本税法学会創立40周年記念論集』(1991年) 181頁、成道秀雄「株式の評価減——子会社株式を中心として」税務事例研究9・6。

(5)　立法の経緯及び判例の動向について、清永敬次「税法における同族会社の行為・計算の否認規定」租税回避の研究所収 (1995年) 307頁、同「税法における同族会社の行為・計算の否認と或判例」同374頁、渡辺徹也「租税回避否認原則に関する一考察——最近のイギリスの判例を題材として(1)、(2)。」民商法雑誌111・1・65、111・2・258、岡村忠生「税負担回避の意図と二分肢テスト」税法学543・3、中里実「課税逃れ商品に対する租税法の対応」ジュリスト1169・116、1171・86

同族会社の否認規定は、所157条、相64条、地72条の43にもみられる。法人税の否認規定以外は適用されることが多くないが、最近次のような所157条の適用事例が注目をひいている。所157条は、同族会社を相方とする同族会社との異常な取引行為を否認の対象とするものであり、それには①同族会社から個人へと所得を流し込むタイプと、②個人から会社へ所得を流し込むタイプと、2つのタイプがあると分類されている。東京地判平成1．4．17訟月35・10・2004は、代表取締役が同族会社に支払った管理料が高額であるとして否認した更正処分を適法とした事例であり、最判平成6．6．21訟月41・6・1539は、株主が同族会社から支払いを受けた賃料が低額であるとして否認した更正処分を適法とした事例 (いずれも②のタイプ) である。フィルムリースの節税商品の取引について、大阪地判平成10.10.16は仮装行為と事実認定し契約の効力を否定している (判例評釈、渕圭吾ジュリスト1165・130、品川芳宣「重要租税判決の実務研究」271頁 (1999年))。

(6)　山田二郎「行為・計算の否認規定をめぐる諸問題」『杉村章三郎先生古稀祝賀論集』(1970年) 351頁、42頁注(1)、(2)。

(7)　主要国の法人税の国際比較は別表 (「法人課税の税率水準の国際比較」) のとおり。

(8)　湾岸戦争の拠出金の財源に充てるために、平成3年4月1日から平成4年3月31日迄の期間に限って、各課税事業年度の法人税額に2.5%の税負担を上乗せする法人臨時特別税が課されていた。しかし、平成4年以降大幅な税収減が見込まれるため、この歳入不足に対応する時限措置として、2年間 (平成4年4月1日か

第6章 個別税法

法人課税の税率水準の国際比較

(単位：%)

区分	日本	アメリカ	イギリス	ドイツ	フランス
表面税率	30 (道府県民税 1.5 市町村民税 3.69 事業税 9.6)	35 (州法人税 8.84 カリフォ ルニア州)	30	留保分　40 配当分　30 (営業税18.5)	33⅓
実効税率	40.87	40.75	30.00	48.55 (注)	36⅔ (注)

（備考）　日本の地方税の標準税率は、道府県民税は法人税額の5％、市町村民税は法人税額の12.3％である。
（注）　ドイツとフランスの実効税率の計算においては、付加税を加算している。
　　　ドイツでは2001年から法人税の基本税率（保留分）を40％から25％に引き下げている。

ら平成6年3月31日まで）の臨時の措置として法人税額のうち400万円を超える部分に対し2.5％の税負担を上乗せする法人特別税が課されていた。

(9) 間接外国税額控除

内国法人が外国子会社から配当を受けた場合、当該外国子会社の所得に対して課される外国法人税額のうち当該配当等の額に対応する金額（間接納付法人税額）は、当該内国法人の納付する外国法人税額とみなして、外国税額控除の対象としている（法人69条4項、法人令147条、148条）。

第3節　消　費　税

1　消費税の導入と直間比率の是正

　平成元年4月1日から消費に広く薄く負担を求めるということで一般消費税という類型の消費税がわが国でも実施されることになった(注1)。わが国の税体系は、シャウプ勧告以後、直接税にウエイトをおいてきたが、担税力を示す所得、消費及び資産の間に均衡のとれた課税を実現すること、就中、直接税と間接税の比率が直接税に片寄ることを是正するため(いわゆる直間比率の見直し)、消費税が導入されることになった。このため、従来主として特定のぜいたく品を選んで課税していた個別消費税のうちの物品税、砂糖消費税、トランプ類税、入場税、通行税(以上、国税)、電気税、ガス税及び木材取引税(以上、地方税)は廃止され、その他の個別消費税の酒税、たばこ消費税、料理飲食等消費税、娯楽施設利用税、石油税、揮発油税などは残されたが、名称、課税対象、税率その他について改正がされた(料理飲食等消費税は都府県税の中に特別地方消費税として存続していたが、平成12年3月末日で廃止されている。)。

　一般消費税には、単段階税である製造者売上税、小売売上税(アメリカ)、卸売売上税(オーストリア、スイス)や、多段階税としての取引高税、付加価値税(value atted tax．VATと省略されている。ニュージーランドではGST(Goods & Services TAX)と呼ばれている。)がある。付加価値税には仕入高控除方式と前段階税額控除方式(ヨーロッパ型付加価値税)とがある。わが国に採用された消費税はこのヨーロッパ型の付加価値税で、前段階税額控除方式である。このヨーロッパ型付加価値税はEU諸国をはじめ現在では世界の100ヵ国以上の国(最近導入した国、アイスランド、カナダ、ロシア、中国、シンガポール、スイス等)で採用されているもので、フランスの大蔵官僚モーリス・ローレが考案したものといわれている(注2)(注3)。

　税負担の実質的平等に焦点をおく場合は、消費税は適切なものではない。一方、水平的平等、効率性、簡素、プライバシーの保護に焦点をおくと、消費税は望ましい税目ということになる。もっとも正確な所得課税をしようとするときには、各人の所得や資産に正確な情報を入手すること(税務官庁が納税者のポケットに手を突っ込んで調べること)が不可避であり、ここに所得課税の限界がある。上記の

第 6 章　個 別 税 法

消費税の基本的な仕組み（単位：円）

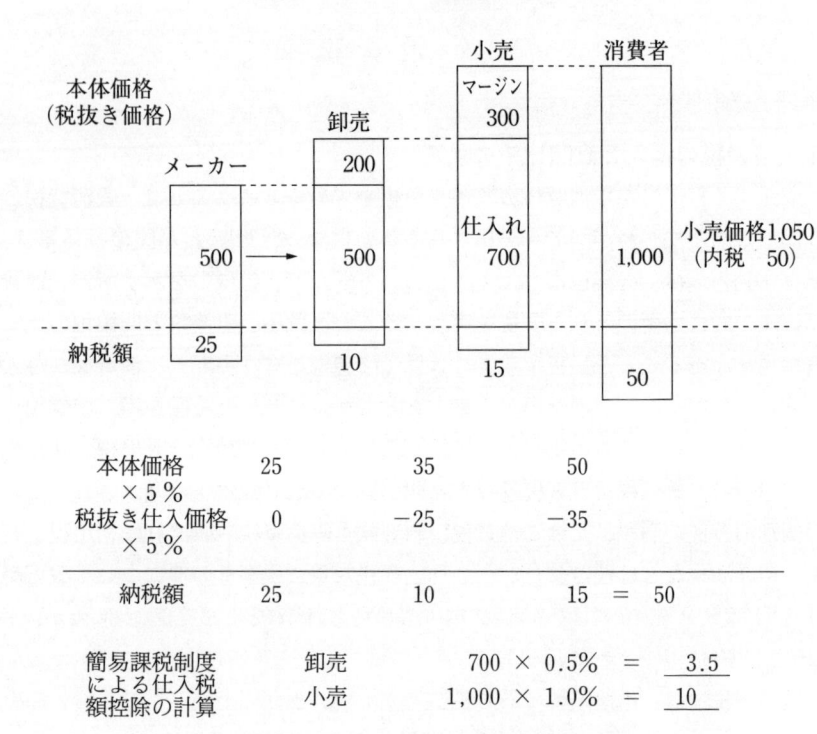

```
本体価格
(税抜き価格)                         小売              消費者
                                    マージン
                        卸売         300
              メーカー    200
                                    仕入れ                         小売価格1,050
              500       500         700            1,000          (内税  50)

納税額        25
                        10          15
                                                    50
```

本体価格×5％	25	35	50
税抜き仕入価格×5％	0	−25	−35
納税額	25	10	15　＝　50

簡易課税制度　　　卸売　　　　700 × 0.5%　＝　3.5
による仕入税
額控除の計算　　　小売　　　1,000 × 1.0%　＝　10

※　卸売（A）の簡易課税制度による仕入税額控除額の計算

$A \times 0.05 - (A \times 0.9 \times 0.05)$
$= 0.05 (A - A \times 0.9)$
$= 0.03 \times A (1 - 0.9)$
$= A \times 0.005$
$= A \times 0.5\%$

ような要因の比較検討が、日本に消費税を導入するにあたって検討されたものと考えられる。

2　納税義務者
2−1　納税義務者と消費税の転嫁

消費税の納税義務者は、国内取引については、事業者である（消5条1項）。輸入

取引については保税地域から外国貨物を引き取る者が納税義務者である（消5条2項）。

　ところで、国内取引について消費税の納税義務者は事業者であるが、事業者が消費税を最終的に負担する建前ではなく、消費税相当額は代金と共に（外税、内税）消費者に転嫁することが予定されている（税制改革法11条1項）。外税とは、消費者に代金（本体価額）と別に消費税相当額を明示する方式であり、内税とは代金の中に消費税相当額を含める方式（代金の105分の5が消費税相当額ということになる。）である[注4]。

2−2　事業者の範囲

　事業者とは、個人事業者及び法人をいう（消2条1項4号）。個人事業者は事業を行う個人であるが（消2条1項3号）、事業の意義については特に規定はない（個人事業者と給与所得者の区分について、消通1-1-1）。人格のない社団等は法人とみなされる（消3条）。

　事業者のうち、基準期間中の課税売上高が3,000万円以下である者は、消費税の納税義務が免除される（消9条1項）。このような小規模の事業者を免税事業者と呼ぶ。小規模事業者に対して納税に伴う負担を負わせないということから定められているが、立法論として、免税点を1,000万円に下げるべきであるとする意見が強い。

　消費税の課税期間は、個人事業者の場合は暦年、法人の場合は事業年度である（消19条1項1号、2号）。また基準期間は、個人事業者の場合は当該年の前々年をいい、法人の場合は当該事業年度の前々事業年度をいう（消2条1項14号）。

　免税事業者の要件を満たす者であっても、その選択（還付との関連）により、課税事業者となることができる（消9条4項）。

3　課税物件

　消費税の課税物件は、国内取引についていうと、国内において事業者の行う有償の資産の譲渡、資産の貸付け並びに役務の提供（以下「資産の譲渡等」という。）であり、輸入取引についていうと、保税地域からの外国貨物の引取りである（消4条1項、2項）。

3－1　国内取引

資産の譲渡等には、たな卸資産の販売に限らず、事業用固定資産の譲渡も含まれる。消費税の課税物件を、課税資産（後述の引き取り外国貨物については、課税貨物）と呼ぶ。資産の譲渡等が国内で行われたか否かの判定は、その譲渡又は貸付けのときにおける資産の所在場所及び役務提供の場所による（消4条3項）。

国内における資産の譲渡等のうち、次のものが非課税とされる（消6条1項、別表第1）[注5]。

① 土地の譲渡・貸付け（一時使用等を除く）、住宅の貸付け
② 有価証券等の譲渡及び銀行券・小切手・為替手形等の支払手段等の譲渡
③ 利子を対価とする貸付金等の貸付け、保険料を対価とする役務の提供その他
④ 郵便切手類・印紙・証紙・物品切手等の譲渡
⑤ 国等が徴収する手数料等に係る役務の提供
⑥ 健康保険等に基づく療養、医療等
⑦ 社会福祉事業として行われる資産の譲渡等
⑧ 授業料・入学金等を対価として行われる教育に関する役務の提供
⑨ 助産に係る役務の提供、身障者用器具の譲渡、埋葬料等を対価とする役務の提供、児童厚生施設経営事業・老人福祉センター経営事業・ホームヘルパーなど在宅サービスに関する役務の提供

上記のうち①ないし⑤は、主として消費税の性格から非課税としているものであり、⑥ないし⑨は、特別の政策的配慮から非課税としているものである。

国内での資産の譲渡等のうち、輸出等取引は消費税が免除されている。輸出免税と呼ばれている。輸出等取引とは、輸出として行われる資産の譲渡・貸付け、外国貨物の譲渡・貸付け、国際運送、国際通信、国際運送用の船舶・航空機の譲渡・貸付けその他、輸出物品販売場における輸出物品の譲渡及び外航船に積み込む物品の譲渡等をいう（消7条、8条、措置85条以下）。消費税は国内における消費に課税しようとするものであるので、輸出等取引は消費税が免除されている。

3－2　外国貨物の引取り

保税地域から引き取られる外国貨物も、消費税の課税物件である。外国貨物とは、輸出の許可を受けた貨物及び外国から本邦に到着した貨物で輸入が許可され

第3節 消費税

る前のものをいう(消2条1項10号)。保税地域とは、関税未納のまま外国貨物を置き、加工・製造等をすることができる場所をいう(消2条1項2号)。

　保税地域から引き取られる外国貨物のうち、有価証券等、郵便切手類、印紙、証紙、物品切手等、身体障害者用物品及び教科用図書は非課税である(消6条2項、別表第2)。

4　課税標準

　国内において事業者が行った資産の譲渡等に対する消費税の課税標準は、課税資産の譲渡等の対価の額(消費税額を含まない金額)である(消28条1項本文)。

　保税地域から引き取られる外国貨物に対する消費税の課税標準は、課税貨物について関税定率法4条ないし4条の8により算出した価額に、保税地域からの引き取りに係る消費税以外の消費税等(通2条3号)及び関税の額に相当する金額を加算した金額である(消28条3項)。

　国内において事業者が行った資産の譲渡等に対する消費税について、課税資産の譲渡等が「いつ」あったとされるのか、つまり個人事業者の課税期間は原則として暦年であり(消19条1項1号)、法人の課税期間は原則として各法人の事業年度であるので(消19条1項2号)、課税期間が問題となる(外国貨物の引き取りに係る消費税は随時税であるが、国内取引に係る消費税は期間税である。)。課税資産の譲渡等の時期は、原則として資産の相手方への引渡しの時又は役務の提供の時と解されている(消通9-1-1以下)。

　国内において事業者が行った資産の譲渡等に対する消費税は、前述のとおり期間税であるので、ある課税期間において納付すべき消費税額は、課税期間中の課税標準(課税資産の譲渡等の対価の額)の合計額に対する5％の消費税から、同課税期間中の課税仕入れに係る消費税額(課税仕入れに係る税抜き支払対価の額の5％)を控除したものである(消30条)。換言すると、ある課税期間において納付すべき消費税額は、課税期間中の課税資産の譲渡等の対価の額から課税仕入れに係る対価の額を差し引いたもの(課税期間中における付加価値)に対して、5％の税率を乗じた金額である。ところが、消費税の納税義務は、個々の譲渡等の対価の額が課税標準とされており、また消費税の納税義務は、個々の課税資産の譲渡等の時に成立すると定められている(通15条2項7号)ので、課税期間中の個々の課税取引に係る消費税の合計額と課税期間中の課税標準の合計額に係る消費税とは一致し

117

ない。制度上一致しないことが容認されているものである。

　また、消費税の会計処理としては、税込経理(消費税額を売上高及び仕入高に含めて経理する方法)と税抜経理(消費税額を売上高及び仕入高に含めないで経理する方法)が認められており、両者の計算は端数処理で一致しないが、いずれの経理方法も認められている(一般には、過大な利益が計上されることを回避するためと税抜経理の方が有利であるということで、内税で消費税を領収している事業者等も少なくとも月毎に集計して税抜経理が行われているようである。)。

5　税　率

　消費税の税率は、消費税の導入の当初は3％であったが、平成9年4月1日から5％(国の消費税4％、地方消費税1％(国の消費税の25％))に引き上げられた。(消29条)。国内取引に対する消費税は課税期間を単位として課税されるので、課税期間中の課税標準の合計額(「課税標準額」という。消45条1項1号)に対して5％の税率を適用して消費税額(output tax)を算出し、この消費税額から各種の税額控除の控除額を差し引いたものが、納付すべき消費税額である。

　旅行者が外国で購入した物品を携帯又は別送して輸入する場合には、原則として関税と消費税等が課されるが、一定の範囲内のものは、関税、消費税等が免税されている(免税の範囲、関税定率法基本通達14—11)。

6　仕入税額控除
6—1　仕入税額控除の計算

　各種の税額控除のうちもっとも重要なものが仕入税額控除(input tax)である。わが国の消費税は、ヨーロッパ型付加価値税にならい前段階税額控除方式(累積排除方式)を採り入れているので、仕入税額控除が重要な意味をもっている。しかし、ヨーロッパ型付加価値税のようにインボイス方式(注文伝票による仕入価格の確認方式)は採用せず、帳簿に基づき仕入税額控除を行うという不徹底な制度となっている。

　事業者(免税事業者を除く)が国内で資産の譲渡等を行ったときは、課税期間の課税標準額に対する消費税額から、当該課税期間中に国内で行った課税仕入に係る消費税額及び保税地域から引き取った課税貨物に係る消費税額の合計額を控除する(消30条1項)。この控除を、仕入税額控除と呼ぶ。

課税仕入れとは、事業者が事業として他の者から資産を譲り受け、借り受け、又は役務の提供（給与等を対価とする役務の提供を除く。）を受けることをいい（消2条1項12号）、この場合、他の者（仕入先）は事業者であることを必要とせず、また課税事業者であるか免税事業者であるかを問わない。

控除される課税仕入れに係る消費税額は、課税仕入れに係る支払対価の額（消費税額を含む。）に105分の5を乗じて算出した金額である（消30条1項、6項）。課税仕入れに係る消費税額は、原則として仕入先に対する支払対価の額の105分の5とされているから、非事業者、免税事業者又は限界控除（消40条）を受ける事業者などからの仕入れの場合、前段階でこれらの者が実際に負担した消費税額を超えて、税額控除が認められることになる。

課税仕入れには、たな卸資産の仕入れだけでなく、固定資産の購入、事業用建物の賃借、運送給付の受領など、事業遂行のために必要な資産の譲受け、役務の提供の受領（ただし、給与等を対価とする労務の提供は除く。）などを含む。

6－2　仕入税額控除と区分計算（課税売上割合）

課税期間中の資産の譲渡等の対価の合計額のうちに課税資産の譲渡等の対価の合計額の占める割合（課税売上割合）が95％以上のときは、課税仕入れ等の全部を課税資産の譲渡等に要するものとみなして、課税仕入れ等に係る消費税額の全部を仕入税額控除として控除することが認められている（消30条2項）。

課税売上割合が95％未満のときは、課税資産の譲渡等に要する課税仕入れ等に係る税額を区分することが必要とされている（消30条2項以下）。区分の方法には、課税資産の譲渡等に要した課税仕入れであったか否かを個別に区分する方法（個別対応方式）と、課税仕入れの税額の全部に課税売上割合を乗じて計算した金額を控除する方法（一括比例配分方式）が認められている。

6－3　仕入税額控除と推計計算

仕入税額控除は、課税期間の課税仕入れ等の税額の控除に係る帳簿及び請求書等を保存していない場合は、適用を受けられないことになっている（消30条7項ないし10項）。しかし、帳簿・請求書等が備わっていない等のため、課税標準である課税資産の譲渡等の対価の額が推計により計算されるときや仕入れに係る帳簿・請求書類を保存しないときは、課税仕入れに係る支払対価の額について、推

第6章　個別税法

計に基づく仕入税額控除が許されるべきである。所得税や法人税のように推計に関する実定規定はないが、推計を認めないと不合理なことになる。

6－4　簡易課税制度

　基準期間の課税売上高が2億円以下である課税期間については、控除できる課税仕入れ等に係る消費税額の計算を簡単にするため当該課税期間の課税標準額に対する消費税額の90％（第1種事業・卸売り）、80％（第2種事業・小売り）、70％（製造第3種事業）、60％（その他の事業・第4種事業）、50％（不動産業、運輸・通信業・サービス業・第5種事業）に相当する金額など（みなし仕入れ率による金額）を、課税仕入れ等に係る消費税額として控除することが認められている（消37条、消令57条）。これを簡易課税制度と呼ぶ。これによると、課税期間中の課税資産の譲渡等の対価の額の合計額である課税標準額の0.5％、1.0％、1.5％、2％、2.5％相当額が納付すべき税額ということになる。この制度は、課税仕入れ等の税額の控除について帳簿・請求書類の保存・備付けを必要とせず、課税標準額に対する消費税額から直ちに仕入税額控除ができるという便利な制度であるが、簡易課税制度による控除額が、課税仕入れ等に関する前段階での実際の負担税額を超える場合に利用されると、益税（事業者が消費者から受け取っていながら納税しなくてもよい消費税）を生むことになり不公正であり、またインボイス方式が採用されていないことと併せて、消費税の納税を通じて直接税（事業所得、法人税）の納税を担保させようとする機能を生かせないことになるといえる。当初の消費税法の簡易課税制度は、基準期間の課税売上高を5億円、みなし仕入率を卸売90％、その他80％の2段階としていたが、課税売上高の引下げ（4億円。平成7年の改正により2億円となった。）と共に、仕入率の業種別区分を5段階に改めたことにより、益税の解消について一部ではあるが改善がはかられた。

注(1)　消費税に関する主な文献、水野忠恒「消費税の制度と理論」（1988年）、山田二郎「消費税をめぐる若干の問題」雄川一郎先生献呈論集（上）649頁（1990年）。
　　　消費税基本通達が平成7年12月25日全文改正となり、新通達が平成8年4月1日以降施行されている。
　　　消費税の導入にあたって、野党（社会党など）が強く反発し、参議院で野党が多数を占めることになり、いわゆる国会のねじれ現象を生むことになった。消費

第 3 節　消　費　税

税の導入は、このように自民党（日本の政治）が大きな試練を受けて導入されたもので、それは、政治地図を塗り変えたほど日本の 90 年代の政治に大きなインパクトを与えたものであった。
(2)　主要国の消費税の税率、非課税品目等は**別表**のとおりである。
(3)　消費税の実施にあたって、消費税の逆進性は応能負担、公平負担等の課税原則に違反しているのではないか、また消費税が消費者に過剰転稼の危険性があるのではないかという損害賠償請求訴訟など数件の訴訟が国等を被告として提起されたが、東京地判平成 2 . 3 . 26 判時 1344・115 などは、いずれも請求を棄却している。
(4)　消費税の導入にあたって、公正取引委員会が「消費税導入に伴う再販売価格維持制度の運用について」と題する文書を公表し、再販売価格は内税をいうとの見解を示したことに対し、中小の出版業者 35 名から公表文の取消しを求めるとともに、国に対し損害賠償を求める請求が提起されたが、東京地判平成 4 . 3 . 24 判時 1430・74 は、公正取引委員会の担当者が書籍の再販売価格を内税（消費税込みの価格）であるとの見解を示したこと等が違法ではないという判断をしている（控訴審・東京高判平成 6 . 4 . 18 判時 1536・33 も、原判決とほぼ同じ理由で公取委の見解を違法でないとしている）。イギリス、ドイツ、フランスなどヨーロッパ諸国では、消費者保護法などの法律で付加価値税を含めた支払総額を表示することが義務づけられているが、消費者に消費税額を示すことが好ましい。
(5)　平成 3 年 10 月 1 日から施行された消費税の見直しで、(1)非課税品目の拡大、(2)益税問題の改善（簡易課税制度のみなし仕入率の区分を 2 区分から 4 区分に増やし、簡易課税制度の適用の上限を 5 億円から 4 億円に引き下げた。また、限界控除の適用対象を 6,000 万円から 5,000 万円に引き下げた。）、(3)運用益の改善（申告・納付を年 2 回から年 4 回に増やし、運用できる期間の短縮）がされた。

　　非課税品目の拡大となったものは、住宅家賃、入学金、助産、火葬、埋葬、身障者用器具、児童厚生施設経営事業等の役務の提供であり、食糧品の非課税は、消費税の見直しにあたっての検討項目の焦点であったが持ち越しとなった。食糧品の非課税については、将来、消費税の税率の引き上げとセットになるという見方が有力である。

　　平成 9 年 4 月 1 日以降、消費税率を 5 ％（国の消費税 4 ％、地方消費税 1 ％）へ引上げること、限界控除制度を廃止すること、仕入税額控除の要件として、課税仕入れ等の内容を記載した帳簿の保存のほかに、課税仕入れに係る請求書の保存も必要とするように改正された（帳簿方式から日本型インボイス方式への変更といわれている）。

第6章　個別税法

ＥＣ型付加価値税（フランス、西ドイツ、イギリス）及びＥＣ第6次指令の概要

国　名	フランス	ドイツ	イギリス	(参考)ＥＣ第6次指令
施　行	1968年	1968年	1973年	1977年
納税義務者	有償により財貨の引渡又はサービスの提供を独立して行う者及び輸入者	営業又は職業活動を独立して行う者及び輸入者	事業活動として財貨又はサービスの供給を行う者で登録を義務づけられている者及び輸入者	経剤活動をいかなる場所であれ独立して行う者及び輸入者
非　課　税	医療、教育、金融・保険、不動産取引・賃貸、郵便等	医療、教育、金融・保険、不動産取引・賃貸、郵便、電信・電話等	医療、教育、金融・保険、不動産取引・賃貸、郵便等	土地（建築用地を除く）、建物（新築建物を除く）、有価証券等の取引、医療、教育、金融・保険、不動産賃貸、郵便等
税率　標準税率	19.6%	16%	17.5%	15%以上
税率　ゼロ税率	な　し	な　し	国内旅客輸送、食料品、水道水、新聞、雑誌、書籍、電力、燃料（ガソリン等を除く）、医薬品、居住用建物の建築等	ゼロ税率及び5％未満の超軽減税率は、1993年1月以降少なくとも1996年末までの維持が認められている。
税率　輸出還付	輸出及び輸出類似取引	輸出及び輸出類似取引	輸出及び輸出類似取引	輸出及び輸出類似取引
税率　軽減税率	雑誌、書籍、国内旅客輸送、肥料、食料品、水等 5.5％　新聞、医薬品等 2.1％	食料品、水、新聞、雑誌、書籍、国内近距離旅客輸送等 7％	家庭用燃料及び電力 5％　食料品、書籍、子供用衣料、国内旅客輸送等 0％	食料品、水、医薬品、旅客輸送、新聞、雑誌、書籍等 5％以上
税率　割増税率	な　し	な　し	な　し	な　し
累積課税の排除	前段階税額控除方式（インボイスによる）	前段階税額控除方式（インボイスによる）	前段階税額控除方式（インボイスによる）	前段階税額控除方式（インボイスによる）

　なお、消費税が導入されるまで、わが国には物品税をはじめとして多数の個別消費税があったが、その大部分は消費税に吸収され、現在も残っているのは、酒税・たばこ税・石油関係税の3種だけである。これらの3種の個別消費税が残されたのは、担税力を特に負担させてもよいということによる。これらの3種の物品については、これらの3種の個別消費税の税額込みの価格を課税標準として消費税も課税されることになっている。

第4節　相続税及び贈与税

1　相続税及び贈与税と租税体系

わが国の相続税は、明治38年に日露戦争の戦費調達のためにはじめて設けられたものであり、その後幾多の改正を経て今日に至っている。

相続税の意義として、税収の確保を図るという目的のほかに、富の集中の抑制を図るということが挙げられている。少数の特定の者に多額の財産が集中することは好ましいことではないので、死亡したときに相続税を課税し、その富の一部を社会に還元させ富の集中の抑制を行うものとされている。最近のミード委員会の報告（1978年。ジェイムズ E．ミード）では、相続税を資産移転税として新しい位置づけをしていることが注目される。

相続税は人の死亡により死亡した者の財産を対象として課税されるが、生前に財産を贈与することにより相続税を容易に回避できることに対処するために、生前の贈与に対しては贈与税が課税され、相続税を補完している。わが国の贈与税は相続税の補完税であるので、相続税法の中に、相続税と贈与税が一緒に規定されている。

相続税は、殆どの国で課税されていて、人の死亡に伴いその者の財産を対象として課税されるものであるが[注1]、課税方式は2つに分れている。1つは、財産(遺産)全体を課税物件として課税する方式（例えば遺言執行者を納税義務者として課税する方式）で、遺産税方式と呼んでいる。もう1つは、遺産を相続等により取得するものを納税義務者としてその取得した分を課税物件として課税する方式で、遺産取得税方式と呼んでいる。わが国の相続税は基本的には遺産取得税方式により、遺産を相続等により取得した者を納税義務者としているが、後述のとおり単純な遺産取得税方式ではなく、納税額の総額を法定相続分により算出し、これを実際の各取得額に応じて按分することにしている（折衷方式と呼んでいる。）。

アメリカの相続税は、遺産税方式を採用していて、遺言執行者を納税義務者とし、相続税が最終的に決定・納付されるまで相続人又は受遺者に遺産を分配することを許さないことにしている。また、アメリカの贈与税は相続税と切り離されており、キャピタルゲイン課税の一種として贈与を行った者に贈与税の納税義務

を課している。

2 相続税
2－1 納税義務者

相続税の納税義務者は相続又は遺贈（死因贈与を含む）によって財産を取得した個人である（相1条）。相続税の対象となる財産を取得した時に国内に住所を有する個人は、取得した財産の所在地がどこであるかを問わず、納税義務を負う（相1条1号、2条1項）。当該財産を取得した時に国内に住所を有しない個人は、国内で取得した財産についてのみ納税義務を負う（相1条2号、2条2項）。それで、前者を無制限納税義務者、後者を制限納税義務者と呼ぶ。

相続がおこるのは個人であるので、相続税法は納税義務者を個人と定めているが、一定の場合は、個人以外の者を個人とみなして、相続税の納税義務者の中に含めている（相66条）。人格のない社団等及び一定の場合の公益法人等は個人とみなされて、相続税の納税義務者に含められている（相66条）。これは、これらの団体又は法人に対する遺贈又は死因贈与によって、相続税の回避が図られるのを封じるためである。

納税義務者の区分と課税物件の範囲

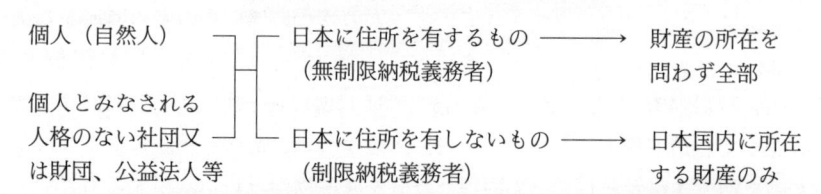

個人（自然人）　　　　日本に住所を有するもの　　　　財産の所在を
　　　　　　　　　　　（無制限納税義務者）　　　　　　問わず全部
個人とみなされる
人格のない社団又　　　日本に住所を有しないもの　　　日本国内に所在
は財団、公益法人等　　（制限納税義務者）　　　　　　する財産のみ

2－2 課税物件と非課税物件

相続税の課税物件は、相続又は遺贈により取得した財産である（相2条）。相続税法は、一定の場合には、相続又は遺贈以外により取得した財産又は経済的利益も、みなし相続財産ということで、課税の対象としている。すなわち、被相続人の死亡により相続人等が受け取る保険金[注2]及び退職手当金等、遺言による信託により受益者が受ける利益、遺言による低額譲渡により譲受人が受ける利益、遺言

による債務免除等により債務者が受ける利益などである（相3条ないし4条、7条ないし9条）。みなし相続財産は、ある者の死亡に伴い移転する財産又は経済的利益を、相続又は遺贈によって取得した財産と同じように相続税の課税対象とするものである。

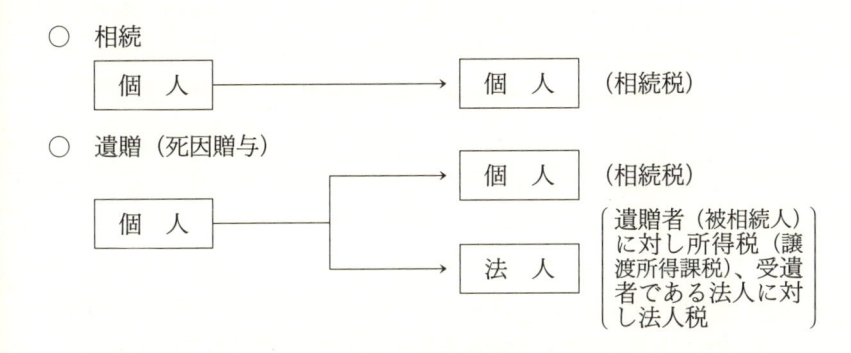

○ 相続
　個人　→　個人　（相続税）

○ 遺贈（死因贈与）
　個人　→　個人　（相続税）
　　　　→　法人　（遺贈者（被相続人）に対し所得税（譲渡所得課税）、受遺者である法人に対し法人税）

　皇位承継物、墓所、公益目的財産、一定の共済給付受給権、一定額以下の保険金等、国等への贈与財産などは、相続税の課税物件から除外され、非課税物件とされている（相12条、措置70条）。

2－3　課税標準と税率
(1) 課税標準の計算（4つのステップ）
イ．第1のステップ
　まず、相続又は遺贈により財産を取得した者（以下「財産取得者」という。）の取得財産の価額（課税価格。相11条の2第1項）を確定し、この課税価格から被相続人の債務等（租税債務、葬式費用を含む。）のうち財産取得者の負担に属する部分の金額を控除する（相13条）。これを債務控除という。また、相続又は遺贈前3年以内に同一の被相続人から贈与を受けているときは、これを課税価格の中に含める（相19条）。相続等の接近した時期にされた贈与財産を合わせて相続税の課税対象とするものである（課税価格は、債務控除等の減加算をしたものである。）。この場合、贈与財産について贈与税が課税されているときは、相続税の最終の納税税額が確定した段階で、贈与税額は相続税額から控除される（相19条）。
ロ．第2のステップ
　次に各財産取得者の取得財産の各課税価格を合計して、課税価格の合計額を算

出する。この合計額から遺産による基礎控除額を控除する(相15条)。基礎控除額は、5,000万円と、1,000万円に法定相続人（受遺者は含まれない。）の数を乗じた金額との合計額である(相15条1項)。相続人の数は、相続税の負担軽減のために養子縁組が濫用されたので、相続人の数に含めることができる養子の数に一定の制限が置かれている。実子があるときは養子は1人だけ、実子のないときは養子は2人までと定められている（相15条2項、3項。昭和63年12月改正）。基礎控除は、少額財産に相続税を課税しないために設けられているものである。

ハ．第3のステップ

次に遺産に係る基礎控除額を控除した残りの課税価格の合計額について法定相続人が民法の規定による相続分に応じて取得したものと仮定した場合の、その各取得金額に対して税率（超過累進税率）を適用（相16条。税率は、10％から70％までの9段階。最低税率10％が適用になるのは800万円以下、最高税率70％が適用になるのは20億円超）して算出した各税額を合計する。これを相続税の総額という。このように仮定の各取得金額に税率を適用して税額を算定するので、相続税の課税標準は法定相続分による仮定の各取得金額である。

ニ．第4のステップ

最後に、相続税の総額を、各財産取得者に係る課税価格が課税価格の合計額のうちに占める割合により按分し、各財産取得者の相続税の税額を算出する（相17条）。そして、特に加算、軽減及び控除する事項（相18条ないし21条）があればこれを行い、最終的に納付すべき税額を計算する。

第4節 相続税及び贈与税

相続税の基本的仕組み

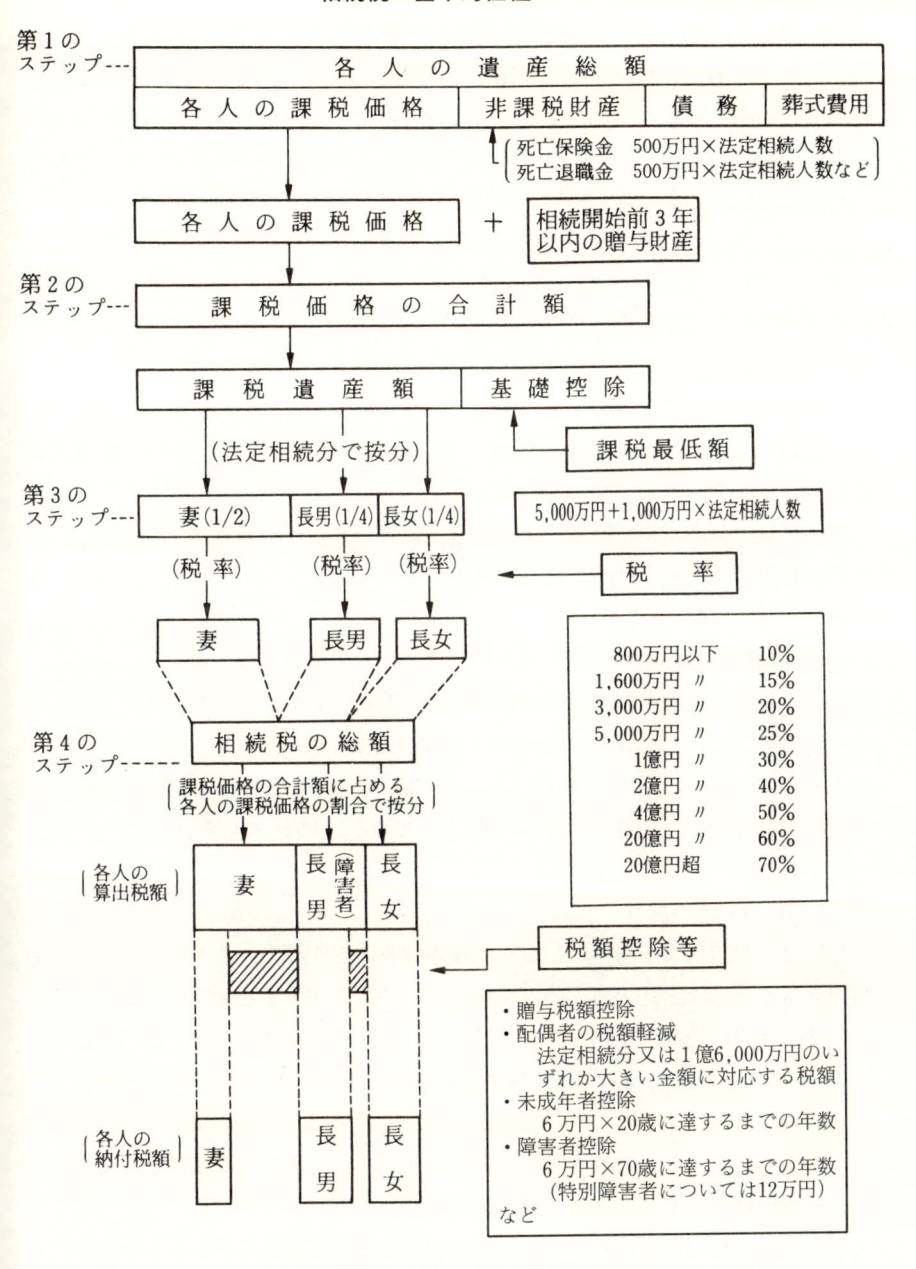

第1のステップ

各人の遺産総額			
各人の課税価格	非課税財産	債務	葬式費用

　　　　　　　　　　　　　死亡保険金　500万円×法定相続人数
　　　　　　　　　　　　　死亡退職金　500万円×法定相続人数など

各人の課税価格　＋　相続開始前3年以内の贈与財産

第2のステップ

課税価格の合計額

課税遺産額　｜　基礎控除 ← 課税最低額

5,000万円＋1,000万円×法定相続人数

（法定相続分で按分）

第3のステップ

妻(1/2)　長男(1/4)　長女(1/4)
（税率）（税率）（税率） ← 税率

妻　長男　長女

800万円以下	10%
1,600万円 〃	15%
3,000万円 〃	20%
5,000万円 〃	25%
1億円 〃	30%
2億円 〃	40%
4億円 〃	50%
20億円 〃	60%
20億円超	70%

第4のステップ

相続税の総額

（課税価格の合計額に占める各人の課税価格の割合で按分）

〔各人の算出税額〕　妻　長男(障害者)　長女

← 税額控除等

・贈与税額控除
・配偶者の税額軽減
　　法定相続分又は1億6,000万円のいずれか大きい金額に対応する税額
・未成年者控除
　　6万円×20歳に達するまでの年数
・障害者控除
　　6万円×70歳に達するまでの年数
　　（特別障害者については12万円）
など

〔各人の納付税額〕　妻　長男　長女

相続税の課税は、このように各取得財産額に直接に税率を適用して各財産取得者の税額を算出するものではなく、遺産全体を民法の法定相続分に応じて取得したと仮定した場合の取得財産額に税率を適用して算出し、その税額の総額を各財産取得者の取得財産の割合に応じて按分して算出するものである。このため、遺産をどのように分割するかによって、相続税の総額に違いが生じないように考えられている。このような意味で、わが国の相続税の課税方式は、遺産取得税方式を基調としながら、遺産税方式を加味した折衷方式といわれている。

(2) 相続財産の分割方法と代償分割に対する課税

共同相続人による遺産分割の態様は、① 現物分割、② 換価分割、③ 代償分割(家事審判規則109条) などの方法があり、これらの併用も行なわれている。

相続税の面では、前述のとおり遺産分割がどのように行なわれても、国が徴収する相続税の総額は変わらず、相続人の間の相続税の分担額が変わるだけである(注4)。

個人企業や農地が相続財産である場合、代償分割が行なわれることが多い。例えば、長男が土地を単独で相続し、他の2人の兄弟に代償金としてその時価の3分の1ずつを支払った場合、その土地にかかる相続税の納税義務は兄弟3人が相続により利益を得た額に従い、この場合は3人で平等で負担することになるが、長男が後日その土地を譲渡した場合の取得価額について、実務及び千葉地判昭和55・1・30訟月26・4・700は、被相続人の取得価額を引継ぐものと解している（反対、金子「租税法」第7版補正版371頁は、被相続人の取得価額に他の二人の相続人に支払った代償金を加算した金額であると解すべきであると説明している。）。

2－4　税額の加算、減算等

相続又は遺贈による財産取得者が、被相続人の1親等の血族及び配偶者以外の者であるときは、上述の原則的な税額にその20％に相当する金額を加算した金額を、その者の相続税の税額とする(相18条)。孫などに対する遺贈による相続税の回避（generation skipping）に対処するものである。

財産取得者が被相続人の配偶者であるときは、民法900条による法定相続分又は1億6,000万円のいずれか大きい金額に対応する税額まで納税額が生じないように一定の軽減が図られている(相19条の2)。これは、遺産には配偶者の協力によって取得した分も含まれていることを考慮したものであるといわれている。し

かし、最近のように宅地の価額が高騰すると、相続税を納付するために被相続人の配偶者が居住宅地を売却し転居せざるをえないような事例が発生しており、同世代非課税（配偶者は全部非課税）にすべきであるという要望がでている。

財産取得者が相続人であって、未成年者又は障害者であるときは、税額控除として未成年者控除（相19条の3。20才まで1年につき6万円）又は障害者控除（相19条の4。70才まで1年につき6万円、特別障害者12万円）が適用される。

また、10年以内に2回以上の相続があった場合には前回の相続に係る相続税額の一部を控除することができる（相次相続控除。相20条）。同じ相続について外国で相続税を納付しているときは、この相続税額を控除することができる（外国税額控除。相21条）。

2－5 相続財産の評価

相続税及び贈与税において、もっとも重要で困難な問題は、財産の価額の評価である。評価の原則は、財産取得時の時価によることになっているが（相22条）、現金・預金や市場価額が明らかな財産以外は、時価の算定は簡単にできることではない。

時価の算定について、地上権・永小作権、定期金に関する権利、生命保険契約に関する権利、立木については、時価算定のための一定の算式が法定されているが（相23条ないし26条の2）、これ以外の財産の評価については、その基準が「相続税財産評価に関する基本通達」（以下「相続財産評価通達」という。）で示されていた。しかし、平成4年1月1日から地価税法が施行されたことに伴って、相続財産評価通達の一部が改正されて、通達名も「財産評価基本通達」に変更された。現在、実務ではこの「財産評価基本通達」によって時価を算定している。

相続財産評価通達では土地の評価額が大体公示価額の7割となっていて、現実の売買価額（実勢価額）に較べて低いため、相続開始前に被相続人が借入金によって土地を取得することにより（被相続人の債務である以上債務控除が認められる。）、相続税の納付額を低くすることがかなり行われていた。この対策として昭和63年12月の改正で、相続開始前3年以内に取得した土地等については、取得価額をもって財産の評価額とすることにしていたが（措置69条の4）、この特例は、平成8年1月1日から廃止となっている[注3]。また、平成4年から、土地に対する公的評価の一元化の名のもとに、財産評価基本通達で土地の評価額（路線価）を公示価額の

7割から8割に引き上げ、実勢価額と土地の評価額の差が縮められた。その一方で、バブルが崩壊し平成3年夏頃をピークとして地価の値下りが続いているので、土地の評価額が実勢価額を上廻る逆転現象が生じている地域も出ている。

昭和58年に中小企業の事業承継税制の一環として小規模宅地の負担軽減措置が創設された。その内容は、被相続人又は被相続人と生計を一にしていた親族が事業用又は居住用に使用していた宅地については、一定面積（特定事業用宅地は400㎡、特定居住用宅地は240㎡）まではその評価額の一定割合（平成6年の改正で、事業用宅地（不動産貸付、駐車場を除く。）、居住用宅地の区別なく一律に20％。但し引き続き居住・事業に供することが条件で、上記の条件に該当しない場合は、50％）のみを課税価額に算入することにしている（措置69条の4）。

なお、平成2年8月の相続財産評価通達の改正で、負担付贈与（負担付遺贈を含む。）については、贈与財産を相続税評価額によらず通常の取引価額によることに改められた（土地について、平成元年直資通達2-204、株式について財評通169(2)）。また資産を直接に自己の所有としないで、資産を自己の経営する会社所有とし、その会社の株式を所有することにより間接的に資産を所有している場合（「株式保有特定会社」という。）については、株式を純資産価額方式により評価することに改められた（財評通189-2）。このような重要な取扱いの改正が通達で行われたことについて、租税法律主義から疑問が投げかけられている。

相続財産の価額から控除される債務の金額も、相続開始時の債務の時価による。債務の時価は、通常の場合は債務額によることになるが、無利息又は通常の利率より低い利率による弁済期未到来の債務については、弁済期までの中間利息を控除した債務額をもって債務の時価（現在価額）として取り扱われている（最判昭和49.9.20民集28・6・1178）。

相続財産の評価方法は、相続税だけでなく、贈与税、それに新しく創設された地価税（平成10年以降は課税が停止）にもそのまま適用される。

2—6　相続税の納付と物納制度

(1) 申告と納付

相続税にも、申告納税制度が採り入れられている。相続税の納税義務者は、相続の開始を知った日の翌日から10ヵ月以内に相続税の申告書を提出し、申告期限（納期限）までに相続税を納付しなければならない（相27条）。

第4節　相続税及び贈与税

(2) 物　納

租税の納付は金銭で納付するのが原則である（通34条1項本文）。

ところが、相続税についてだけは、物納が認められている（相41条以下）。

相続財産の評価は、相続による財産取得時の時価によることになっているので、その財産取得後に時価が下がったりあるいは売却するのが難しくなると、物納が増えることになる。

物納できる財産は、相続税の課税標準の計算の基礎となった財産で、国内に所在する次の財産に限定されている。

① 　国債、地方債
② 　不動産、船舶
③ 　社債、株式、証券投資信託の受益証券、貸付信託の受益証券
④ 　動産

①と②、③、④の順序で物納が認められる（相41条2項、3項）。特に優れた美術品（登録美術品）について物納が認められる場合は、優先順位を第1位とする特例措置がある（「美術品の美術館における公開の促進に関する法律」）。物納は、延納によっても金銭で納付することが困難である場合に限って認められる。平成5年の通達の改正で、底地の物納が可能となった。しかし、借地権の方は物納できる財産に含まれていない。物納は、納税義務者の申請に基づいて税務署長の許可（物納の許可）により認められる。物納の許可を受けた税額に相当する相続税は、物納財産の引渡、所有権移転の登記その他法令により第三者に対抗できる要件を備えたときに納付があったものとされる（相43条2項）。

物納は租税債務の代物弁済であるが、物納した財産に対する譲渡所得等は非課税とされている（措置40条の3）。

(3) 相続財産の譲渡と譲渡所得の取得費の特例

相続財産を相続税の申告期限の翌日から3年以内に譲渡した場合には、その譲渡した資産の取得費の中に譲渡資産の相続税相当額を加算できる特例が認められている（措置39条、措置令25条の15）。

(4) 相続税の重い負担と大都会への偏在

相続税の納税額は、昭和50年度には3,100億円余（税収総額に占める割合 2.1%）であったものが、昭和60年度には1兆613億円（同2.7%）と約3倍強に増加し、平成5年には2兆9,377億円（同5.1%）と増加した（資料「国税収入の構成の累年

第6章 個別税法

比較」参照）。また、昭和50年では100人死亡すると2人の遺族しか相続税を払わずに済んでいたが、平成2年度では6人の遺族が相続税を払わなくてはならないようになっている。

　国際的に見ても日本では相続税の国税収入に対する割合が3.7%（1998年）であるのに対して、アメリカは2.2%、イギリスは0.7%、ドイツは0.7%、フランスは2.1%と、日本の相続税は最も高い部類に属している。また、相続税の税率を国際比較しても、下表のとおり日本の相続税はかなり高いものである。

主要外国の相続税の負担率

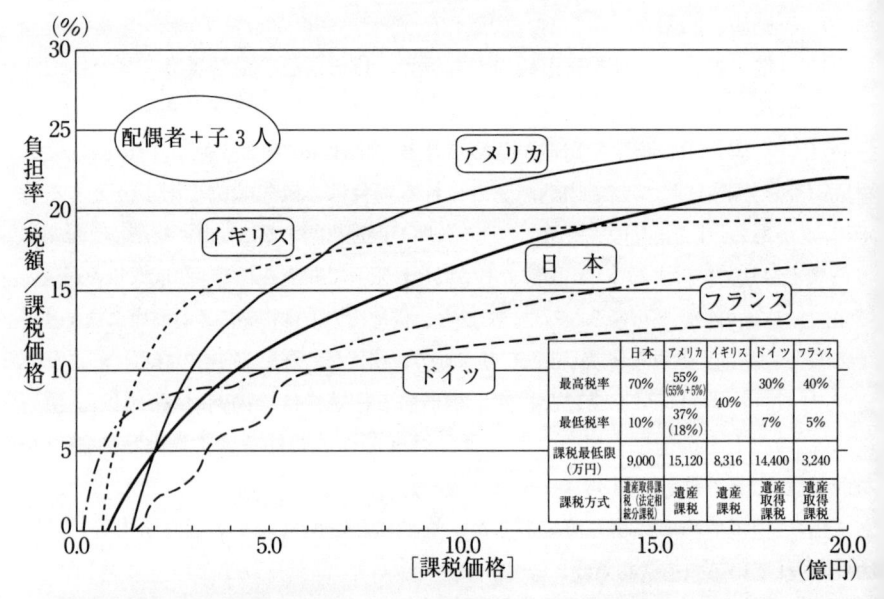

	日本	アメリカ	イギリス	ドイツ	フランス
最高税率	70%	55% (50%+5%)	40%	30%	40%
最低税率	10%	37% (18%)	40%	7%	5%
課税最低限（万円）	9,000	15,120	8,316	14,400	3,240
課税方式	遺産取得課税（法定相続分課税）	遺産課税	遺産課税	遺産取得課税	遺産取得課税

（備考）　基準外国為替相場及び設定外国為替相場による（平成12年上半期レート　1ドル＝112円、1ポンド＝180円、1マルク＝60円、1フラン＝18円）
（注1）　課税最低限は、配偶者が遺産1/2、子が残りの遺産を均等に取得した場合の額である。
（注2）　アメリカは税額控除方式を採用しているため、注1のようなケースでは、算出される税額が総合税額控除（22,055万ドル）相当額（2,470万円）以下となる遺産額（135万ドル（15,120万円））以下に適用される税率（18%〜34%）は、結果として最終的な税率に反映されない。また、遺産のうち2,000万ドル（22.4億円）超、3,436.8万ドル（38.5億円）以下の部分については、55%の超過累進課税率に5%の税率が加わり、その部分の税率は合計60%になる。

第4節 相続税及び贈与税

そして、相続財産の構成比は土地が全体の約67％（平成10年度）を占めており、相続税の負担が地価の高い大都会に片寄っているという異常な状況となっており、相続税額からいうと10億円以下の者が45.8％を占めているということになっている。

また、相続税を支払うのに物納をしなければならないというのはノーマルな状態ではないが、平成3年までに物納申請が年間1,000件を超したのは、昭和26年の1,892件、昭和40年度の1,286件であり、年間400件ないし500件程度であったものが、平成3年度は3,871件（金額5,876億円）、平成4年度は1万件（金額1兆円）に達したといわれている。

このような現在のわが国の相続税の負担状況は、地価の異常な高騰（資産インフレ）によって、都会の中小企業や都会に住むサラリーマンにとってかなり深刻な重い負担となり、相続税を支払うのに転居を余儀なくされるという社会不安を起こしている。この際、相続税がわが国にとって有意義な税目であるのか、その功罪を根本的に問い直すことが必要となっている。

3 贈 与 税

3－1 納税義務者

贈与税の納税義務者は個人である（相1条の2）。贈与により財産を取得した時に国内に住所を有する個人は、無制限納税義務者であって、取得した財産がどこにあるかを問わずすべての財産について納税義務を負う（相2条の2第1項）。財産を取得した時に国内に住所を有しない個人は、制限納税義務者であって、国内にある財産についてのみ納税義務を負う（相2条の2第2項）。贈与税の場合も、人格のない社団等及び一定の場合の公益法人等は個人とみなされて、贈与税の納税義務者に含められている（相66条）。

3－2 課税物件

贈与税の課税物件は、贈与により取得した財産である（相2条の2）。信託財産、生命保険金、低額譲渡、債務免除等により取得した財産又は経済的利益も、無償で受ける財産的利益として、贈与により取得した財産とみなされ（みなし贈与財産）、贈与税の課税物件とされている（相4条ないし9条）。

法人からの贈与財産（所得税の課税対象となる。）、扶養義務者相互間でなされる生

133

活費、教育費に充てるための贈与財産、公職選挙法による報告のあった政治献金、公益目的のための財産は、贈与税の課税物件から除外されている（相21条の3）。また、離婚に伴う財産分与として取得する財産は、贈与ではないということで原則として贈与税の対象から除外されている（相通62）。

3－3 課税標準と税率

贈与税の課税価額は、一暦年中に贈与により取得した財産の価額である(相21条の2第1項)。相続又は遺贈、死因贈与により財産を取得した者が相続開始前3年以内に被相続人から贈与により取得した財産は、相続税の課税対象となるので(相19条)、贈与税の課税価額には入らない。

贈与税の基礎控除は、110万円である（相21条の5）。また、配偶者が居住用不動産等の贈与を受けたときは、一定の要件の下に（婚姻期間が20年以上など）、2,000万円が課税価額から控除される（配偶者控除。相21条の6）。

以上のような控除をした後の課税価額が、贈与税の課税標準である。これに超過累進税率を適用して税額を算定する（相21条の7）。

税額控除として、在外財産に対する外国税額控除が定められている(相21条の8)。父等から住宅取得資金の贈与を受けた場合は、贈与税の特例が定められている（措置70条の3）。

贈与税について、納税義務者は、贈与を受けた年の翌年2月1日から3月15日までに、贈与税の申告をし、その申告期限（納期限）までに納付すべき義務を負う。

3－4 財産の評価

贈与税における財産の評価は、相続税における財産の評価の原則が適用になり原則として財産取得時の時価により評価をする（相22条以下）。

負担付贈与を受けた場合の贈与税の課税価額は、贈与を受けた財産の時価から負担である債務額を控除した残額である（最判昭和56.6.26 判時1014・53。平成元年直資通達2-204）。親を扶養するという負担付で贈与(相続税の対象となる遺贈についても同じ問題が生じる。)を受けた場合、この扶養義務をどう評価するかは難しい問題である。金銭的に評価することが難しいということでこれを無視するのは、この負担が大きいだけに実情に合わない。

第4節　相続税及び贈与税

注(1)　カナダ(1972年廃止)、オーストラリア(1997年廃止)、スイス(国税)、インドネシア、タイでは相続税は課税されていない。また、香港、カナダでは贈与税は課税されていない。スイスでは、相続税・贈与税は課税されていないが、シュウッツ県を除くすべての県では相続税が課税されている。アメリカのブッシュ減税案では、相続税を2001年から8年間で廃止することが提案されている。

(2)　保険金受取人の指定がなく複数の法定相続人が存在する場合、保険金請求権の取得割合は、法定相続分となるのではなく、民法427条(多数債権者の分割債権)により平等であると解されている(東京高判平成3.9.19金融法務事情1332・42、東京地判昭和62.3.31判タ654・236。法定相続分とするもの、東京地判昭和60.10.25判時1182・155)。

(3)　東京地判平成4.3.11判時1416・73は、昭和63年の法改正により新設された租税特別措置法69条の4(相続開始前3年以内の取得を取得価格で評価するという規定)を昭和62年12月13日に発生した相続に遡って適用した事案について、同条は創設規定ではなく確認規定と解し、相続財産を財産評価基準通達による低い評価額ではなくその取得価格で高く評価した更正処分を適法なものとしている。しかし、地価の下落が続き逆転現象が生じている現状のもとで租税特別措置法69条の4を適用することが問題となり、大阪地判平成7.10.17週刊税務通信2401、2402は、適用違憲(憲法29条違反)の判決を出したので、これを契機として、租税特別措置法69条の4は平成8年1月1日以降廃止されることになった。

(4)　相続税法34条は、相続税の徴収を確保するために、連帯納付義務を定めている。その内容は、同一の被相続人から相続または遺贈により財産を取得した者は、その相続・遺贈にかかる相続税について、相続・遺贈により受けた利益を限度として、互いに連帯納付の責任を負担させるものである。最判昭和55.7.1民集34・4・535は、この連帯納付義務は受益を限度とする特殊な人的責任であり、各相続人、受遺者の相続税・贈与税の納税義務の確定によって自動的に確定するものであるから、それを確定するための特別の決定は必要でないと解している。しかし、学説では、規定はないが不意打ちを避けるために納付通知書による告知を必要とする見解が有力である(山田二郎「相続税の連帯納付義務について」税法学345・6)。

第6章 個別税法

第5節　固定資産税

1　地方税の体系と固定資産税の沿革
1－1　地方税の体系

　地方税は、都道府県税と市町村税に分けられる（地方税制と地方税の種類について、別表「地方税の種類と概要」）。いずれも、法源は、各地方自治体の制定した税条例である（例えば、東京都税条例）。平成7年に地方分権推進法が施行され、平成12年に地方分権一括法が施行されて、地方自治体の分権化とその財源の充実が大きな波となっている。特に地方分権一括法の施行に伴う地方税法の改正により、法定外普通税が国の許可制から同意制に、法定外目的税が一律禁止から国の同意制に変ったことを契機として、地方自治体の新税の創設の動きが活発となっている（例えば、勝馬投票券発売税。国の同意がえられない場合の国と地方自治体との間の係争処理の機関として国地方係争処理委員会が設置されている。）東京都では、法人事業税に平成12年度から従来の所得基準に代えて外形標準課税を導入し、地方税法72条の19の特例規定により大手金融機関だけに外形標準課税を行うことにし、大阪府もこれに追随して平成13年度から実施することにしている。しかし、この特例規定を使い大手金融機関だけを対象とした外形標準課税について、その平等原則や地方税法の特例としての合法性に疑義が操起され、裁判所で係争中である。

1－2

　固定資産税は、地方税の中の市町村税の1つで、市町村税の中では住民税と共に2本柱の1つである。現在の形態をとったのは、シャウプ勧告に基づく昭和25年の地方税制の根本的改正によるものである。昭和30年までは固定資産税のウエイトが45～47％で、住民税の30～32％よりも大きかったが、平成3年には市町村税全体の中で住民税のウエイトが50.6％、固定資産税が37％と変化している。

　固定資産税の前身は、明治初期に創設された地租（国税）、家屋税（地方税）に遡る（明治6年地租改正条例を制定）。その後若干の改正がされたが、昭和24年に出たシャウプ勧告に基づく昭和25年の地方税の根本的改革にあたって、従来の地租、家屋税、船舶税、電柱税、軌道税及びこれらの税の付加税は廃止され、これらを

統合して新たに固定資産税が創設されることになった。シャウプ勧告では、地方自治体の自主権の拡大をはかり、これを裏づける安定した財源として固定資産税にかなりの比重をおいたものといえる。固定資産税は従来の地租及び家屋税の課税客体であった土地及び家屋のほかに、事業用の償却資産を課税客体の中に加えることになった。また、地租及び家屋税は、賃貸価額（貸主が取得できる1年分の収益。1年分のあるべき賃貸料）を課税標準とする収益税の性格をもつものであったが、固定資産税は、資産の価額を課税標準とするもので財産税の性格をもつものに変えられた。

固定資産税は地方税の中の1つであるので、法源はもとより税条例であり、課税要件などについては各市町村の制定する税条例によることになるのであるが（地3条1項）、他の地方税と同様に、税条例の規定はごく簡単なものであり、枠法である地方税法の中の固定資産税の規定を準用するような条例形式となっている[注1]。

2 納税義務者と課税物件

2-1 課税物件

固定資産税は、固定資産の所有者に対して課税される（地343条1項）。

固定資産とは、土地、家屋及び償却資産をいう（地341条1号）。償却資産とは、土地及び家屋以外の事業の用に供することができる資産で、その減価償却費が所得税や法人税の課税のうえで必要経費又は損金に算入されるものをいう（地341条4号）。

2-2 納税義務者

固定資産税の納税義務者は、固定資産の所有者である。固定資産の所有者の認定について、課税の便宜から、台帳課税主義が導入されている。土地又は家屋については、土地登記簿若しくは土地補充課税台帳（地341条11号）又は建物登記簿若しくは家屋補充課税台帳（地341条13号）に所有者として登記又は登録されている者を、固定資産税の課税にあたって納税義務者となる所有者として取り扱うことにしている（地343条2項）。したがって、登記簿上の単なる所有名義人にすぎない者であっても、固定資産の所有者として納税義務を負わされることになる。ただし、登記又は登録されている個人が死亡し、あるいは法人が消滅し、また登記

第6章 個別税法

されている国等が所有者でなくなったときは、土地又は家屋を現に所有している者を固定資産の所有者とする(地343条2項)。なお、質権又は100年より永い存続期間の定めがある地上権の目的となっている土地については、質権者又は地上権者を固定資産の所有者とする (地343条1項)。

台帳課税主義は、真実の所有者でない者に納税義務を負担させることになるので、憲法29条等に違反しないかという疑問が投げかけられたが、最高裁は、所有者の変動が頻繁でない固定資産の性格を考慮し、主として徴税の便宜に着眼して台帳課税主義を採用していることは立法裁量の範囲内の問題であり、直ちに違憲とはいえないとしている (最判昭和30.3.23民集9・3・336)。

台帳課税主義は主として徴税上の便宜から採用されているものであり、固定資産税を本来負担すべき者は固定資産の真実の所有者であるので、真実の所有者でないものがたまたま所有名義人となっていたために固定資産税の納税義務者として課税されこれを納付した場合には、真実の所有者は固定資産税の課税を免れることになる。この場合、所有名義人に対する課税自体は違法ではないが、固定資産税を負担した所有名義人と税金の負担を免れた真実の所有者の間では、公平の理念によりその負担の調整を行う必要が生じる。所有名義人が固定資産税の納税義務者として課税されて納税し、真実の所有者が税金の負担を免れた場合には、所有名義人は真実の所有者に対し、民法703条により不当利得として納付済みの固定資産税相当額の返還を請求できると解されている (最判昭和47.1.25民集26・1・1、山田二郎「判評」租税判例百選 (第2版) 120頁、ジュリ512・141)[注2]。

償却資産については、償却資産課税台帳 (地341条14号) に所有者として登録されている者が、固定資産の所有者とされる (地343条3項)。償却資産 (例えば、工作機械) について所有権留保付で割賦販売がされ、売主が償却資産の所有権を留保している場合には、かつて納税義務者は売主か買主かが実務でも裁判例でも分れていたが、立法によって解決がはかられ、当該償却資産については売主と買主の共有物とみなされ(地342条3項)、両者は連帯納税義務者となるものとされた(地10条の2第1項)。

2—3　固定資産税の非課税

国、都道府県、市町村等は、固定資産税の納税義務を負わない (人的非課税。地348条1項[注3])。

138

第5節　固定資産税

地方税の種類と概要

① 道府県税の概要

税目	納税義務者	課税客体	課税標準	税率	収入見込額
道府県民税(直)	道府県内に住所を有する個人、道府県内に事務所等を有する法人等	左に同じ	均等割(個人、法人)－一定額課税	個人－700円、法人－1万円～75万円	億円(構成比) 47,971 (32.3)
			所得割(個人)－前年の所得	2/100、4/100	
			法人税割(法人)－法人税額	5/100	
			利子割(個人・法人)－支払を受けるべき利子等の額	5/100	
事業税(直)	事業を行う個人、法人	個人、法人の行う事業	個人－前年の所得	3/100～5/100	57,704 (38.8)
			法人－所得又は収入金額	所得の場合－6/100～12/100 収入金額の場合－1.5/100	
不動産取得税(間)	不動産の取得者	不動産(土地又は家屋)の取得	取得した不動産の価格	4/100 ただし、住宅用に限り 3/100	6,031 (4.1)
道府県たばこ税(間)	卸売販売業者等	売渡し等に係る製造たばこ	製造たばこの本数	1,000本につき1,129円	3,677 (2.5)
ゴルフ場利用税(間)	ゴルフ場の利用者	ゴルフ場の利用	一定額課税	1人1日800円	1,074 (0.7)
自動車税(直)	自動車の所有者	自動車	一定額課税	例　自家用乗用車(1,000cc～1,500cc)－年額34,500円	14,012 (9.4)
鉱区税(直)	鉱業権者	鉱区	鉱区の面積	例　砂鉱以外の採掘鉱区100アールごとに年額400円	6 (0.0)
狩猟者登録税(直)	狩猟者の登録を受ける者	狩猟者の登録	一定額課税	3,300円～10,000円	21 (0.0)
固定資産税(特例分)(直)	大規模の償却資産の所有者	大規模の償却資産	市町村が課することができる固定資産税の課税標準となるべき額を超える部分の金額	1.4/100	186 (0.1)
自動車取得税(間)	自動車の取得者	自動車の取得	自動車の取得価額	自家用－5/100 営業用及び軽自動車－3/100	6,385 (4.3)
軽油引取税(間)	現実の納入を伴う軽油の引取りを行う者	現実の納入を伴う軽油の引取り	軽油の数量	1klにつき24,300円(平成5年11月30日まで) 1klにつき32,100円(平成5年12月1日から)	10,243 (6.9)
入猟税(直)	狩猟者の登録を受ける者	狩猟者の登録	一定額課税	2,200円、6,500円	15 (0.0)
道府県税計					148,735 (100.0)

139

第6章　個別税法

② 市町村税の概要

税　目	納税義務者	課税客体	課税標準		税　率	収入見込額
市町村民税(直)	市町村に住所を有する個人、市町村内に事務所等を有する法人等	左に同じ	均等割(個人、法人)一定額課税		個人—1,500円〜2,500円 法人— 4万円〜300万円	億円 (構成比)
			所得割（個人）—前年の所得		3/100〜11/100	100,048 (50.8)
			法人税割（法人）—法人税額		12.3/100	
固定資産税(直)	固定資産の所有者	固定資産（土地、家屋、償却資産）	価格（適正な時価）		1.4/100	73,914 (37.6)
軽自動車税(直)	軽自動車等の所有者	軽自動車等	一定額課税		例　4輪以上の自家用軽乗用車 　　—年額7,200円	950 (0.5)
市町村たばこ税(間)	卸売販売業者等	売渡し等に係る製造たばこ	製造たばこの本数		1,000本につき1,997円	6,504 (3.3)
鉱産税(直)	鉱業者	鉱物の掘採の事業	鉱物の価格		1/100	23 (0.0)
特別土地保有税(直)	土地の所有者	土地	土地の取得価額		1.4/100	
	土地の取得者	土地の取得	同上		3/100	949 (0.5)
	遊休土地の所有者	遊休土地の保有	土地の時価又は取得価額のいずれか高い方		1.4/100	
入湯税(間)	入湯客	鉱泉浴場における入湯	一定額課税		1人1日150円	211 (0.1)
事業所税(直)	事業所等において事業を行う者又は事業所用家屋の建築主	事業又は事業所用家屋の新築、増築	事業	資産割—事業所床面積	1m²につき600円	
				従業者割—従業者給与総額	0.25/100	3,246 (1.6)
			新増設—新増設事業所床面積		1m²につき6,000円	
都市計画税(直)	市街化区域内等に所在する土地、家屋の所有者	土地、家屋	価格（適正な時価）		0.3/100以内	10,970 (5.6)
市町村税計						196,817 (100.0)

(注)　1　(直)は直接税、(間)は間接税等である。
　　　2　標準税率を定めている税目については、標準税率を掲げた。
　　　3　収入見込額は、平成5年度地方財政計画計上額である。
　　　4　このほか、道府県税として水利地益税があり、市町村税として水利地益税、共同施設税、宅地開発税、国民健康保険税がある。
　　　5　市町村税計には、水利地益税等2億円を含む。

また、一定の公共用に供されている固定資産に対して固定資産税は課されない（物的非課税。地348条2項）。国等が公用又は公共の用に供している固定資産、公団等の事業用固定資産、宗教法人の宗教用建物等、公共用の道路・ため池、国宝・重要文化財、学校法人の教育用固定資産等は物的非課税とされている。民法34条の法人（公益法人）で学術の研究を目的とするものがその目的のために直接研究の用に供している固定資産は非課税と定められているが（地348条2項12号）、財団法人電力中央研究所所有の技術研究所用の固定資産は、特定の企業の利益に奉仕するものでなく電気事業一般のための研究所であるから、同号該当の非課税物件であると解されている（最判昭和49．9．2民集28・6・1033）。非課税となる「墓地」について、行政実務や裁判例は、「墓地、埋葬等に関する法律」で許可を受けた区域と限定して解釈しているが（名古屋地判平成3．2．27判タ768・114、名古屋地判平成3．9．18判タ774・167）、地目や評価等について現況主義を採っているのと一致していない。

3 課税標準と税率
3—1 課税標準と基準年度

土地又は家屋に対する固定資産税には基準年度が決められていて、基準年度の土地又は家屋の固定資産税の課税標準は、基準年度の賦課期日（1月1日）における価額（適正な時価）で、土地課税台帳（地341条10号）若しくは土地補充課税台帳又は家屋課税台帳（同12号）若しくは家屋補充課税台帳に登録された価額である（地349条1項）。基準年度は昭和33年度から起算して3の倍数の年度である（最近の基準年度は平成6年で、次の基準年度は平成9年である。）。

基準年度の翌年度（第2年度）の土地又は家屋の課税標準は、原則として基準年度の価額による（地349条2項）。基準年度の翌々年度（第3年度）の土地又は家屋の課税標準も、原則として基準年度の価額による（地349条3項）。第2年度、第3年度においては価額の評価替は原則として行われず、また基準年度外は基準年度にきまった評価額を争うことができない（地432条1項但書）。

基準年度以外の年度（第2年度、第3年度）に新たに固定資産税の対象となった土地又は家屋の課税標準は、当該土地等に類似する土地等の基準年度の価額に比準する価額で、土地課税台帳等又は家屋課税台帳等に登録される（地349条4項、6項）。

第6章 個別税法

償却資産に対する固定資産税の課税標準は、賦課期日における償却資産の価額で、償却資産課税台帳に登録された価額である（地349条の2）。土地及び家屋については、原則として基準年度の価額が3年間据え置かれるが、償却資産については毎年評価替が行われる。

3－2　固定資産の評価と固定資産評価基準

固定資産税の課税標準は、前述のとおり賦課期日における価額、すなわち適正な時価をいうのであるが（地349条1項、341条5号）、適正な時価の認定を適正・公平に行うことは困難であるので、昭和38年までは自治大臣が定めた通達により、昭和38年以降は形式を改めて自治大臣が告示で定めた固定資産評価基準（昭和38年自治省告示158号）により評価が行われている（地388条1項、403条1項[注4]）。

しかし、この評価基準の法的効力（法的拘束力）については見解が分れている。裁判例は、評価基準は一種の委任立法（補充立法）であり、その内容が多分に専門技術的な性質をもっているので、その作成を自治大臣に委任していることは租税法律主義に違反しないと解しているが（千葉地判昭和57.6.4判時1050・37、東京地判平成2.12.20判時1375・59）、反対説は、評価基準の沿革・文理からいって、市町村長が行う評価の基準を示したものにすぎず、直接に住民に対して法的拘束力を持つものではなく、財産評価通達（昭和39年直資通達56ほか）と同じものと解している（山田二郎「判評」判時1388・175）。評価基準を通達と同じ性質のものと解しても、評価基準と違った評価が行われると、不平等な取扱いがされたということで、租税平等主義に反する違法な評価ということになる。

固定資産税の評価額は、相続税（家屋）、不動産取得税、都市計画税、登録免許税などの他の租税でも財産評価の基礎となるものとして広く用いられている（財評通11 (2)、21、37以下、47以下及び89、登録免許附則7条、地702条2項、地73条の21）。

3－3　課税標準の特例と負担調整措置

住宅用地、事業用地等について課税標準の特例が定められている。

住宅用地のうちその面積が200㎡以下であるもの（小規模住宅用地）については、本来の課税標準の価額の6分の1の額とされている。その面積が200㎡をこえるものは200㎡の部分だけが6分の1となり、超過する部分は本来の課税標準の3

第5節　固定資産税

分の1の額とされる（地349条の3の2）。

　また一定の事業用固定資産（変電、送電施設等）については、本来の課税標準の2分の1、3分の1又は3分の2などの額とされている（地349条の3）。

　大規模償却資産については、一定の基準により定まる金額を課税標準としている（地349条の4、349条の5）。この大規模償却資産に関する特例は、一部の市町村にだけ税源が偏ることを是正するために措られた措置であり、当該償却資産の価額が上記の金額を超える部分については、道府県がこれを課税標準として固定資産税を課税する（地740条）。

　最近、土地、特に宅地の評価額が評価替の年に大幅に上昇することになるので、土地の所有者の負担の激増を緩和するために、昭和39年以降当面の措置として、いわゆる負担調整措置が講ぜられている。負担調整措置とは、評価額の上昇率に応じて税負担の増加を一定の範囲内（負担調整率）にとどめようとする措置である（地附則18条、19条）。

　従来、農地については特に低く評価されていたので、宅地と農地の間で税負担の不公平が生じており、この傾向は地価の上昇の著しい市街化区域では顕著となっていた（いわゆる偽装農地の出現）。この不公平を是正し、市街化区域の農地の宅地への転用を促進するために、昭和47年以降3大都市圏（首都圏、近畿圏、中部圏）の特定の市街化区域内の農地については、その課税標準を、状況の類似する宅地の課税標準に準ずる価額によることに改められた。これを農地の宅地並み課税と呼んでいる（地附則19条の2以下。この規定は、3大都市圏に限り適用され、その他の市町村には当分の間は適用されない。地附則29条の7[注5]）。しかし、宅地並み課税の実施にあたり、都市施設の整備や土地区画整理事業等が順調に進捗していないことや都市緑地・生鮮野菜の供給基地として市街化区域農地を保全すべきであるという理由から、農地並み課税との差額を補助金の方法で納税者に交付する地方自治体が多くみられたことから、その運用は、あまり効果的ではなかった（堤新二郎「市街化区域農地の宅地並み課税について」ジュリ1004・32）。その後、平成2年10月に政府税制調査会土地税制小委員会が土地税制の抜本的見直しを求める内容の答申（「土地税制のあり方についての基本答申」）を出し、これを受けて平成3年度の税制改正で、従来の長期営農制度を改め、3大都市圏の農地を「宅地化すべき農地」と「保全すべき農地」（「生産緑地」）に区分することにより、宅地並み課税を実施することにした。

143

第6章 個別税法

4 税 率

　地方税法は固定資産税の税率について、標準税率(地1条1項5号)を1.4％、制限税率を2.1％と定めている(地350条1項)。全国の殆どの市町村では、税率を1.4％としている。これは、余裕のある市町村でも、標準税率を下回る税率を定めると、地方交付税や地方債の枠に影響を受けるためといわれている（地方財政法5条1項5号）。

　固定資産税には免税点が定められている(地351条)。また、一定の新築住宅等については、税額の軽減が定められている（地附則16条)。

注(1)　税条例について、碓井光明「地方税条例」（条例研究叢書9、1979年)。現実の税条例の多くは、課税要件について、枠法である地方税法の規定を殆ど準用する形式（セービングクロス）を採っているが、このような形式が課税要件明確主義の観点からいって適法なものかどうか検討の余地がある。

(2)　新所有者が非課税団体（国など）である場合、所有名義人（旧所有者）は新所有者に対して不当利得の返還請求ができるかについて、大阪高判昭和27．1．16行集3・1・148、東京地判昭和62.12.20判時1302・90は、非課税団体は何ら不当利得をしていないとして返還請求を否定しているが、私はこの場合は、例外として課税団体(市町村)に対して不当利得の返還請求ができると考えている(山田二郎「判評」ジュリ945・134)。

(3)　国や地方団体の所有している固定資産が他の一般の課税対象となっている固定資産と同様な状態で使用収益されているときは（例えば、貸付資産、国有林野、発変電用の固定資産)、別途「固定資産等所在市町村交付金及び納付金に関する法律」によって、固定資産税に準じて、その固定資産を所有する国又は地方自治体からその固定資産所在の市町村等へ、国有資産等所在市町村交付金等を交付するものとしている。

(4)　固定資産評価基準によると、宅地については路線価を決めて、これにより個々の土地の評価をする手法が取り入れられている。路線価については、一物四価といわれており、相続税評価額は国土庁発表の公示価額の80％、固定資産税の路線価は平成6年から公示価額の70％（平成5年以前は、公示価額の20〜30％に押えられていた。）である。

　　課税台帳に登録価格については早く確定させるためとその内容の公正さを確保するために各市町村に固定資産評価審査委員会という特別の審査機関がおかれている(地423条)。平成6年度の評価替えは、地価の下落にかかわらず評価額

第 5 節　固定資産税

保するために各市町村に固定資産評価審査委員会という特別の審査機関がおかれている(地 423 条)。平成 6 年度の評価替えは、地価の下落にかかわらず評価額を大幅に引上げたものであったので、全国で約 2 万件という多数の固定資産評価審査委員会に対する審査申出が出ている。

　固定資産税の評価替に関する主な文献として、山田二郎ほか、「固定資産税の現状と納税者の視点」(1988年)、同「固定資産税と平成 6 年度の評価替えの問題点」法の支配97．3、同「固定資産税を改善するための議題」税務通信51．2．17、同「固定資産評価審査委員会の機能とその審査手続き」貞家最高裁判事退官記念論文集下巻（1995年）248頁。

(5)　昭和 48 年度の改正で、農地価額の高低によりA農地とB農地に分け段階的に税額を高める一方で、宅地化を促進するために農地転用者には融資や課税減免を図ることにしている。昭和 49 年度には「生産緑地法」が制定され、都市計画法に基づく生産緑地内の農地については従来どおり農地並み課税となった。また昭和 57年度の改正では、長期営農継続意思をもつ者は宅地並み課税の徴収猶予をうけることになり、種々の特例が設けられた。

第6節　国際課税

1　国際的な2重課税と国際課税制度

各国では、所得税や法人税の課税について、対人主権と領土主権を主張し、それぞれの方法で課税を行っている。対人主権に基づく課税とは、自国の居住者(居住者である個人及び内国法人)の稼得する所得については、その所得の源泉地を問わず課税しようとするものである。領土主権に基づく課税とは、自国内で生じた所得に対してはその稼得者、所有者の居住地等を問わず課税するものである。そのため国際的には、居住地国と源泉地国との課税権の競合(国際的な2重課税)が生じることになる。

このような各国の課税権の競合による国際的な2重課税や逆に課税を妨げるような異常な国際的な経済活動について、国際間の課税所得の配分を適正なものにするために、各国の国内法又は租税条約等に基づく国際的なルールを作り、国際租税制度を確立することによって、各国の課税権の調整が図られている。

国税租税制度の内容は、主として所得を課税対象としている所得税・法人税・相続税・贈与税に関するもので、国際的な経済活動に対する各国家の課税権の行使及び複数の課税権の調整が取り上げられている。

消費税は、通常国内で行われた消費に対してのみ課税する建前(仕向地主義)を採っており、また固定資産税等の保有税は財産の所在地で課税するため、いずれも領土主権のみに基づいた課税が行われているので、一般的には国際的な課税権の競合は生じていない。

2　外国税額控除 (credit for foreign taxes)
2－1　国際的な2重課税の排除

物の所在地を基準として所在地国だけが課税を行うことを通例としている物税(例、固定資産税)では、国際的な2重課税(国際的な課税権の競合)は生じない。しかし、所得税、法人税、相続税などの人税については、通常、国際的な2重課税が生ずる。典型的な例は、わが国の内国法人が、外国に支店を設けて商取引を行ったことにより得た所得について当該外国の法人税が課せられる場合である。当該

第6節 国際課税

外国で得た所得については、住所地国（本店所在地国）であるわが国の法人税と、源泉地国の当該外国の法人税が課税され、国際的な2重課税が生じる。

国際的な2重課税は、国内だけで事業活動を行う者と国外でも事業活動を行う者との間の負担の公平を図る観点、国内投資と海外投資とに対する租税の中立性を図る観点から、これを排除すべきものと考えられている。

国際的な2重課税を排除する主たる方式に、免除方式（非課税方式）と外国税額控除方式とがある。免除方式は、関係国の一方が当該所得に対する課税権を放棄することにより、2重課税を排除する方式である。外国税額控除方式は、所得の源泉地国の課税額を、源泉地がどこであるかを問わず住所地国の課税額から控除することを認めることにより、2重課税を排除する方式（結果として、源泉地国の課税を優先させることになる。）である。国際的な2重課税を排除するためにどちらの方式を採用するかは、条約又は国内法で定められている。

免除方式を国内法で定めているとした例は、外国に住所等を有する個人又は外国法人で国際運輸事業を営むものの所得で日本国内に源泉があるものについて、相互主義を条件に、わが国の所得税又は法人税を課さないことを定めているものがある（「外国人等の国際運輸業に係る所得に対する相互主義による所得税等の非課税に関する法律」）。

免除方式を条約で定めている例としては、日米租税条約13条2項及び3項（中央銀行等の受け取る利子等の免除）、19条（交換教授の報酬に対する免除）などがある。これらは、いずれも所得の源泉地国が課税権を放棄している例である。

外国税額控除方式を国内法で定めている例としては、所得税法95条、法人税法69条などがあり、条約で定めている例としては、日米租税条約5条などがある。

外国税額控除方式の適用に関して、「みなし外国税額控除方式」(tax-sparing credit) という租税優遇措置が定められていることがある。「みなし外国税額控除方式」とは、源泉地国の租税の優遇の結果免除された税額を、その国に納付したものとみなして外国税額控除を行うことが条約で定められている措置をいう。マレーシアとの租税条約11条3項、タイとの租税条約11条3項、シンガポールとの租税条約11条3項、インドとの租税条約11条3項などに定められている。このような措置がないと、源泉地国で免除された税額だけ外国税額として控除できる金額が減少し、その分だけ住所地国で納付すべき税額が増加し、結局、納税義務者が開発途上国で受けた租税の優遇を受けなかったのと同じことになる。もっと

も、この措置は、2重課税の排除の問題自身というよりも、発展途上国への投資、企業進出の誘致をはかる租税の優遇措置といえる。

2－2　外国税額控除の対象となる外国法人税

外国税額控除の対象となる外国法人税は、外国又は外国の地方自治体により法人所得を課税標準として課税された租税(法人令141条1項)、超過利潤税、法人所得を課税標準として課税される租税の付加税、法人所得に代えて収入金額を課税標準として課税される租税を含む（法人令141条2項)。

外国税額控除は、次のように、一定の制限のもとで認められている。

(1)　外国税額控除は、内国法人の当該事業年度の所得の金額に対する法人税額のうち国外所得金額に対応するものを限度として、法人税の額から控除することが認められる(法人69条1項)。控除限度額は、内国法人の法人税額に、当該事業年度の全所得金額のうちに国外所得金額の占める割合を乗じて計算した金額である(法人令142条1項)。外国法人税を課す国別に控除限度額を定める方式(国別限度方式) 又は課税される所得項目ごとに控除限度額を定める方式（所得項目別限度方式)もあるが、わが国では原則として外国税額を一括して控除限度額を定める方式（一括限度方式）を採用している。

(2)　控除対象外国法人税の額のうち、(1)により控除を認められなかったものがあるときは、道府県民税及び市町村民税の法人税割額から控除することができる(地53条9項、321条の8第9項)。この場合、法人税割の標準税率に合わせて、原則として、法人税控除限度額の5％及び12.3％相当額が、道府県民税及び市町村民税の控除限度額とされる（地令9条の7第4項、48条の13第5項)。

(3)　控除対象外国法人税の額のうち、(1)及び(2)によっても控除を認められなかったものがあるときは、当該事業年度開始の日前3年以内に開始した事業年度において控除余裕額があるときは、その控除余裕額の範囲内で、法人税、道府県民税及び市町村民税の額から控除することが認められる(法人69条2項、地令9条の7第5項、48条の13第6項)。過去の年度の控除余裕額を使ってもなお控除対象外国法人税の額について控除しきれないものがあるときは、翌事業年度以降3年以内に控除余裕額が生じた年度において、法人税、道府県民税及び市町村民税から控除することができる（法人69条3項、地令9条の7第2項、48条の13第2項)。他の事業年度の控除余裕額を利用できるようにされているのは、外国法人税

を納付する事業年度と当該外国法人税の基礎となる国外所得の生ずる事業年度にズレがあることを考慮したものである。

このほか、内国法人が自ら支払った外国法人税ではないが、一定の外国子会社から受ける利益の配当等に対応する当該外国子会社の外国法人税について、これを内国法人が納付する外国法人税となみして、外国税額控除の適用が認められている(法人69条4項、地令9条の7第3項、48条の13第3項)。間接外国税額控除と呼んでいる[注1]。

3　タックス・ヘイブン対策税制（tax haven）

(1) 一定の内国法人に係る外国関係会社で軽課税国（タックス・ヘイブン）に本店又は主たる事務所を有するもの（「特定外国子会社等」という。）が留保所得を有するときは、当該留保所得のうちその内国法人の出資割合に対応するもの（「課税対象留保金額」という。）が、その内国法人の益金の額に算入される（措置66条の6第1項）。軽課税国にある子会社の留保所得をわが国の親会社等の所得に加算して、親会社等に対してわが国の法人税の課税をするものである。諸外国にならい、昭和53年にわが国でもタックス・ヘイブン対策税制を導入した。

(2) 一定の内国法人とは、内国法人又は内国法人の属する同族株主グループが外国関係会社の株式等の5％以上を直接及び間接に保有する場合の当該内国法人をいう（措置66条の6第1項1号、2号）。

(3) 外国関係会社とは、わが国の居住者及び内国法人が直接及び間接に保有する株式等の総数がその発行済株式等の50％を超える外国法人をいう（措置66条の6第2項1号）。

タックス・ヘイブン対策税制は、このような外国関係会社が軽課税国に本店等を有する場合に適用されるが、軽課税国の範囲は平成4年まで大蔵省告示（昭53.3.31告示38号）で示されていた。バハマ、バミューダ、英領バージン諸島、香港、リヒテンシュタイン、マカオ、パナマ、ウルグァイ、ジャマイカ、リベリア、スイスなどの国又は地域が対象となっていたが、平成4年の改正で、軽課税国に当たるかどうかは親会社の申告にあたって個別に判断されることに改められた。しかし、さきの告示が参考になるといえる。

外国関係会社が管理支配地主義を採る国に本店等を有する場合でも、管理支配の場所が軽課税国にあるときは、当該会社は軽課税国の法人として取り扱われる

(措置66条の6第3項)。

(4) タックス・ヘイブン対策税制にいう特定外国子会社等の留保所得は、当該子会社等の所得から当該年度に納付することになる法人所得税額及び当該年度に係る利益の配当等を控除した金額をいう(措置令39条の15第1項)。外国子会社の行う利益の配当等のうち内国法人が受け取るものは、当然に内国法人の益金を構成する（法人23条1項の例外）。

(5) 特定外国子会社等が株式・債権の保有、工業所有権等の提供又は船舶・航空機の貸付けを主たる事業とする場合は、これらの事業のために軽課税国に子会社を設立するだけの経済的合理性に乏しく、当該子会社は租税節減のためだけのものであると考えられることから、本税制がストレートに適用される(措置66条の6第3項かっこ書)。これに対し、上記事業以外の事業を主として行う場合で、軽課税国の子会社が固有の事業活動を行っていると認められるとき（管理支配基準）は、租税節減のためだけのものとは考えられないので、本税制は適用されない。すなわち、上記事業以外の事業を主として行う場合で、特定外国子会社等が軽課税国に事務所等の恒久的施設を有しかつその事業の管理・運営を自ら行い、卸売業・銀行業等の場合は本税制の適用される内国法人等以外の者との間で主として事業を行っているとき、卸売業・銀行業以外の事業の場合は軽課税国で主として事業を行っているときは、本税制の適用はない（措置66条の6第3項)[注2]。

(6) タックス・ヘイブン対策税制が適用されると、特定外国子会社等の所得は内国法人の所得に加算され、特定外国子会社等は課税上は内国法人のいわば一事業部門として取り扱われることになる。したがって、特定外国子会社等に課税される外国法人税のうち内国法人に加算される所得（課税対象留保金額）に対応するものは、これを内国法人が自ら納付する外国法人税とみなして、外国税額控除の対象とされる（措置66条の7)。

4　移転価格税制 (transfer pricing)

(1) 移転価格税制の仕組み

タックス・ヘイブン対策税制は、軽課税国にある子会社の所得を親会社の所得に加算する方法によって、国際間における課税所得の適正な配分を実現しようとするものである。これに対し、移転価格税制は、外国法人と国内納税者間の正常でない取引価格を修正することによって、国際間における課税所得の適正な配分

第6節　国際課税

を実現しようとするものである。先進各国はアメリカの制度（現在のアメリカ内国歳入法典482条）にならって次々と移転価格税制を導入している（OECDモデル条約9条）。わが国も、昭和61年（1986年）の税制改正で、国際取引にかぎり、しかも法人間の取引に限って、移転価格税制を導入した[注3]。

移転価格税制により、国内納税者である法人（外国法人を含む。）が、当該法人と特殊関係にある外国法人（「国外関連者」という。）との間で、資産の販売、資産の購入、役務の提供等の取引（「国外関連取引」という。）を行った場合、外国法人から支払いを受ける対価の額が独立企業間価格（arm's length price）より低いとき、又は外国法人に支払う対価の額が独立企業間価格より高いときは、国内納税者である法人の所得の計算上、当該取引は独立企業間価格で行われたものとみなされる（措置66条の4第1項）。この場合、当該取引の対価の額と独立企業間価格との差額は、国内納税者である法人の損金の額に算入されない（措置66条の4第3項）。

(2)　対象法人

移転価格税制により課税上取引価格の修正を受けるものは、法人に限られている（措置66条の4第1項）。内国法人のほか、外国法人も含まれる（措置66条の4第1項）。

(3)　対象取引（国外関連取引）

移転価格税制の適用を受ける取引は、国内納税者である法人と特殊な関係にある外国法人との間の取引である（措置66条の4第1項）。特殊な関係の存在は、出資及びその他の関係に基づき認められる。出資関係に基づくときは、国内納税者である法人と外国法人のいずれか一方が他方の発行済株式等の50％以上の株式等を直接又は間接に保有している場合（親子会社関係）、又はある者（共通出資者）が国内納税者である法人と外国法人のそれぞれの発行済株式等の50％以上の株式等を直接又は間接に保有している場合（姉妹会社関係）に、特殊関係にあるとされる（措置令39条の12第1項1号、2号）。また出資以外の関係に基づくときは、国内納税者たる法人と外国法人との間に役員の兼任、事業取引の依存、事業資金の供給等が存在することにより、一方が他方の事業方針を実質的に決定できるような場合に、特殊の関係にあるとされる（措置令39条の12第1項3号）。

なお、特殊な関係にある外国法人との間に第三者（特殊な関係にない外国法人）を介在させて取引が行われた場合は、当該第三者との間の取引について本税制の適

用がある（措置66条の4第6項）。また、特殊な関係にある外国法人との間の取引であっても、当該取引が外国法人のわが国での国内源泉所得に係る取引であるときは、当該外国法人に対してわが国の法人税が課税されるので、当該取引には本税制は適用されない（措置66条の4第1項）。

(4) 独立企業間価格の算定方法

移転価格税制の適用される取引は、支払いを受ける対価の額が独立企業間価格より低い取引（たな卸資産の低価譲渡等）又は支払う対価の額が独立企業間価格より高い取引（たな卸資産の高価買入等）である。通常の価格によらない取引であっても、資産の高価譲渡や資産の低価買入等のような取引の場合は、わが国の課税所得の増加をもたらすものであるので、本税制による価格の修正の対象から除外されている。

修正の基準となる独立企業間価格は通常の取引における対価の額であるが、その算定方法として、4つの方法が定められている。実際には、㈡の方法によらざるをえない場合が多く、その類型化が求められている。

(イ) 独立価格比準法（特殊な関係のない取引の対価に比準する方法）

(ロ) 再販売価格基準法（再販売した対価から通常の利潤を控除して対価の額とする方法）

(ハ) 原価基準法（原価に通常の利潤を加算して対価の額とする方法）

(ニ) その他（特許権などは、主にその他の方法で計算される。）[注4]

(5) 移転価格税制と差額の損金不算入

ある取引が移転価格税制の適用を受け独立企業間価格で行われたものとみなされると、現実の対価と独立企業間価格との差額は相手方に対する寄付金ということになるが、その寄付金は常に全額について損金算入が認められない（措置66条の4第3項）。

(6) 移転価格税制と対応調整

特殊な関係にある外国法人が軽課税国にある特定外国子会社等に該当し、内国法人に対してタックス・ヘイブン対策税制の適用があるときは、特定外国子会社等の所得を計算するに当っても、独立企業間価格に基づいて計算が行われる（措置令39条の14第1項1号、2号）。

移転価格税制によりある法人の所得を増額した場合、相手方法人の所得をこれに対応して減額することを、対応調整(correlative adjustment)と呼ぶ。タックス・

ヘイブン対策税制を適用するに当って、子会社の所得計算を独立企業間価格に基づいて行うのも、対応調整ということになる。

　移転価格税制が適用された場合、取引の相手方に対する外国の法人税の課税について対応調整（通常の場合は減額更正）が行われるという保証はないが、対応調整が適切に行われないと、関係国の税金の取り合いの結果により納税者が泣かされてしまうということになりかねないので、対応調整の保証が整備されることが必要である。なお、取引の相手方国において移転価格税制を適用した場合のわが国における処理について、「租税条約の実施に伴う所得税法、法人税法及び地方税法の特例等に関する法律」7条に規定がおかれている[注5]。

5　過少資本税制 (thin capitalization)

　過少資本税制とは、過少資本を利用した租税回避行為を防止する制度であり、わが国でも平成4年（1992年）4月に導入した（措置66条の5）。過少資本税制は、アメリカ、イギリス、ドイツ、フランスなどの主要国ではこの制度を何らかの形で採り入れている。

　外資系の内国法人が資金を調達する場合に、出資の形式をとると配当は損金に算入できないが、借入金の形式をとるとその利子は損金に算入することができるので、親会社である外国法人からの出資を少くし、その分借入金を多くすることによって、子会社所在国であるわが国における租税負担を減らすことができる。過少資本税制は、このような関連企業グループによる過少資本の形式を利用した租税回避行為に対処する制度である。

　内国法人の海外関係会社からの借入れが、原則としてこれら海外関係会社の保有する当該内国法人の自己資本持分の3倍を超える場合（ただし、法人全体の借入金総額が法人の自己資本の額の3倍以下となる場合は、適用除外とする。）には、その超過額に対応する支払利子は法人税の課税所得の計算上損金算入することができない。ただし、内国法人が、類似内国法人の借入・自己資本比率に照らし妥当な比率を示した場合には、3倍に代えてその比率を用いることができる（措置66条の5第2項）[注6]。

6　外国法人に対する課税

(1)　外国法人に対する法人税と国内源泉所得

第6章 個別税法

外国法人に対して課される法人税は、国内源泉所得に係る各事業年度の所得に対する法人税である（法人9条）。

所得の源泉の所在地に関する法原則をソース・ルール（source rule）と呼ぶが、国内源泉所得の対象となるものは、次のものである（法人138条）[注7]。

① 国内事業、国内資産の運用・保有・譲渡による所得（②以下に該当するものを除く。）、その他源泉が国内にある一定の所得
② 国内での人的役務の提供による対価
③ 国内不動産等の貸付け等による対価
④ 国債・地方債・内国法人の債券の利子、国内営業所への預貯金の利子等
⑤ 内国法人からの配当等
⑥ 国内業務者への貸付金の利子
⑦ 国内業務者から受ける工業所有権等の使用料等
⑧ 国内事業の広告宣伝のための賞金
⑨ 国内営業所等を通じて締結した生命保険契約等に基づく年金
⑩ 国内営業所に係る定期積金の給付補てん金等
⑪ 国内事業に係る匿名組合契約等に基づく利益の分配

国内に「恒久的施設」（permanent establishment. 略してPEという。）を有する外国法人のうち、国内に支店等を有する外国法人の場合はすべての国内源泉所得に係る所得の金額がその法人税の課税標準となり（法人141条1号）、国内で1年を超える建設作業等を行い又は国内に契約締結代理人等をおく外国法人の場合は、上記の①ないし③の所得に係る金額、及び④ないし⑪の所得のうち当該事業に帰属する金額が法人税の課税標準となる（同2号、3号）。国内に恒久的施設を有しない外国法人は、国内事業による所得を除く①の所得、②及び③の所得に係る金額だけが、法人税の課税標準となる（同4号）。

恒久的施設とは、支店・工場その他事業を行う一定の場所のことであるが、最近の租税条約では、OECDモデル租税条約を参考にして、一定の期間を超えて存続する建設工事現場又は代理人を恒久的施設に含めている例が多くなっている。単なる商品の保管施設、情報収集の場所などは、恒久的施設に含まれない。上述のとおり、事業所得（①の所得）については、「恒久的施設がなければ課税なし」という原則が、国内法上採用されている[注8]。

7 租税条約

経済取引の国際化、個人の国際交流に伴って、国際的な租税問題、特に国際的な2重課税の排除など国際的な調整の必要が生じている。平成5年3月31日現在、わが国の租税条約の締結相手国はアメリカ(発効日、昭和30年4月1日)、イギリス(発効日、昭和38年4月23日)など41ヵ国に及んでいる(旧ソ連との租税条約はロシア連邦との間で引き続き適用されている)。

租税条約は、他の条約と同様に国内法より優先適用され、それ自体、法的な拘束力をもつと解されている。

租税条約の具体的な内容は、通常主として所得課税に関して締結されている。所得の種類ごとに居住地国による課税権を前提とし、源泉地国の課税権がどこまで認められるかを規定し、課税権の競合を最少限に抑えるとともに、両締結国に対して外国税額控除などによる2重課税の排除を義務づけている。

事業所得については、恒久的施設(PE)を有しないかぎりその国で課税を受けないという原則や、恒久的施設を定義している(注9)。

恒久的施設を有しない非居住者の稼得する利子、配当、使用料などのいわゆる投資所得については、各国は通常源泉分離課税を行っているが、租税条約では、条約上の相手国の居住者について相互に一定税率(限界税率)を超えて課税してはならないことを規定している。わが国の締結した租税条約では、一般的に、利子については10％、配当については親子間10％、一般15％、使用料については10％の限界税率を規定している(注10)。

注(1) 1995年9月8日付日本経済新聞によると、第一勧業銀行、富士銀行、三和銀行など都市銀行六行が、1990年3月以降の5年間の海外取引に関し、外国税額控除の乱用があったということで、1行当たり数千万～40億円追徴課税される更正処分を受けたということである。その内容は、香港やシンガポールなどにある都市銀行各行の海外支店がオーストラリア、ニュージーランド地域の外国企業に対して実施した融資に関するもので、海外支店が外国企業の親会社から預金を預かり、その預金とほぼ同額を外国企業の子会社に融資し、融資で得た利息所得にかかる法人税を海外で支払い、日本の国税当局に外国税額控除を申請したというものである。こうした形にすると、外国企業の親会社は子会社への貸し出しに伴って発生する利息所得への課税を免れることになるが、実際に都市銀行の海外支店に預金がされているのであれば(都市銀行が外国税額控除を受けるために預金を担保

第6章 個別税法

に融資をしているとしても)、外国税額控除の乱用というのは無理があるのではないかと考える。

(2) 東京地判平成2.9.19判時1368・53(安宅木材事件)は、タックス・ヘイブン対策税制の適用の可否が判断された初めての事例である。判決は、措置66条の6第3項に規定する管理支配基準を充足していないとして、タックス・ヘイブンの適用を肯定している(関連通達として、措置通66の6-10)。

(3) 移転価格税制を巡る最近の動き

90年5月　IRS、日立製作所、東芝、松下電器産業の米国子会社に総額約500億円を追徴

91年2月　国税当局、AIU保険の日本支社に追徴

92年1月　米財務省・IRS、移転価格税制の新規則案を発表(みなし課税を提案)

　　3月　住友銀行の米国子会社、IRSと事前確認制度採用で合意(日本企業で初)

　　5月　政府、米政府の移転価格税制の強化案の見直しを要請

　　11月　松下電器産業、IRSと事前確認制度採用で合意(移転価格税制のトラブル防ぐ)

　　12月　川崎重工業の米国子会社、IRSの追徴に対し約12億円を支払い

　　12月　OECD、米政府の外国企業課税強化案の修正を勧告(二重課税を懸念)

93年1月　米財務省・IRS、外国企業に対する移転価格税制規則を発表(みなし課税を採用)

　　3月　米議会、外国企業に対するみなし課税強化を検討(徴税漏れ年間150億ドルと指摘)

　　3月　国税当局、日本ロッシュに追徴

　　5月　政府、米政府の移転価格税制強化に対し見直しを要求

　　5月　経団連、外国企業課税をめぐり米政府に意見書提出

　　8月　IRS、税務調査官を250人増員

　　11月　日産自動車、IRSに対し約150億円を支払い

94年　　　国税当局、日本チバガイギーに約57億円の追徴

(4) 独立企業間価格の算定にあたって適切な方法がない場合に第4の方法をめぐって争われている。

　第4の方法について、アメリカ内国歳入法482条で採用された財務省規則では、利益比準法(482-5)、利益分割法(482-6)についても詳細な規定をおいており、これをめぐって議論がなされている(㈳日本租税研究協会「米国内国歳入法482条(移転価格)に関する財務省規則」1993年)、国税庁国際業務室長青山慶二監訳「米国内国歳入法482条(移転価格)に関する財務省規則」(1995年)。OECDは、1995年7月

第6節　国際課税

27日税金摩擦を抑制するのに役立てるため移転価格税制について各国制度の共通のベースとなる新指針を公表している。これによると、利益比準法を適用できるケースは、取引価格を基準とした従来の利益算定方式ではどうしても不都合が生ずる特別の場合だけに限定している。

(5) 移転価格税制の日本企業への適用とその対応調整（国税・地方税の還付、日産自動車とトヨタ自動車の事例）を取り上げているものとして、藤江昌嗣「移転価格税制と地方税還付」(1993年)。

(6) アメリカのユニタリー・タックス (unitary tax．合算課税) が日本の企業にも課税問題を提起したことがあった。

　ユニタリー・タックスとは、法律的には別個の法人であってもグループとして統合事業 (unitary business) を行っている場合、そのグループ全体の所得を課税標準としている租税をいう。カリフォルニア州のユニタリー・タックスは、同州内で営業活動をしている法人に対して、グループ全体（他州の法人のみだけでなく、外国の法人も含めて）の全所得のうち、ユニタリー・ビジネスの分を算出し、全資本、全売上、全給与のうちに占めるカリフォルニア州の分の比率を算出して、ユニタリー・ビジネス全体の所得に比率を乗じてカリフォルニア州の所得とみなして課税 (franchise tax．事業免許税) がされる。外国の法人を含めて合算する場合をワールド・ワイド・ユニタリー・タックスと呼んでいる。

　1994年10月20日アメリカ最高裁判所は、カリフォルニア州のユニタリー・タックスを合憲と認める判決を下している。この判決は、英国の大手銀行バークレイズと米家庭用品大手コルゲート・パルモリーブが合算課税により納税した約40億ドルの還付を求めていた裁判で下されたものであるが、企業側は2重課税であると反発し、イギリスの蔵相は立法措置がとられるようなことがあれば報復措置をとると警告をしている。

(7) 非居住者個人に対しても、外国法人と同様に、下記の概要表のとおり、いわゆるソース・ルールと非居住者のタイプごとに課税の範囲と課税方法が定められている。

第6章　個別税法

非居住者・外国法人に対する課税

非居住者等 国内源泉所得	国内に支店、工場等を有する非居住者及び外国法人	国内に恒久的施設を有しない非居住者及び外国法人
事業所得 （下記の所得以外）	総合課税	非課税
資産の譲渡所得	総合課税　　　　　　　（注）	不動産譲渡等限定列挙されたもののみ総合課税（その他は非課税）　　　　　（注）
人的役務提供事業の対価、不動産賃貸料等	20％源泉徴収のうえ総合課税	20％源泉徴収のうえ総合課税
貸付金利子、配当、使用料	20％源泉徴収のうえ総合課税	20％源泉分離課税
債券・預金利子、金融類似商品の収益等	15％源泉徴収のうえ総合課税	15％源泉分離課税
給与・報酬 （個人のみ）	20％源泉徴収のうえ総合課税	20％源泉分離課税

（注）　不動産の譲渡に限り、原則として、源泉徴収もあわせて行われる（税率10％）。

(8)　外国法人の国内源泉所得の対象となるかどうかは、地方で源泉徴収の対象となるかどうかでも問題となる。この中で特に、所161条7号の工業所有権等の使用料等に当たるかどうかをめぐって争われているケースが多い。東京地判平成6.3.30行集45・3・931は、内国法人が外国法人との間で米国法人等主催のスポーツ競技のテレビ放映権の取得に係る契約に基づき米国法人に支払われた金員が所161条7号ロの「著作権の使用料」であり国内源泉所得に当たるとしている。また、平成6.6.21裁決は、外国法人の標章及びシンボル・マークをサングラス・眼鏡枠に不正に使用したことを理由とする和解金は、所161条7号イに定める工業所有権等の使用料に当たり国内源泉所得に当たり源泉徴収の対象となるとしている。

(9)　大正火災海上保険など損害保険会社4社が、日米租税条約を根拠としてアメリカ内国歳入庁（IRS）の追徴課税処分を争っていた裁判で、アメリカ租税裁判所は、1995年5月4社の主張を全面的に認める判決を出している。4社は米保険代理店を経由する再保険の引受業務で利益を得ており、代理店が4社に従属する恒久的施設（PE）に当たるかどうかが争点であったが、判決は、代理店を実態的に

第6節　国際課税

も法的にも独立した存在であり、PEではないと判断し、日本本社がアメリカで納税業務を負うことを否定している。

(10)　国際的な資本移動の自由化を背景として、有害な租税競争（税のダンピング）への対応が国際的な課題となっている。1996年6月OECD租税委員会は「有害な税の競争」と題する報告書を公表し、今後の作業としてタックス・ヘイブン及び有害税制のリストの作成を予定している。

　また情報通信技術の発達に伴い、電子商取引に対する課税のあり方について、OECDを中心に活発な議論が行われている。

第7章　租税手続法

第1節　税務行政組織

1　国税の税務行政組織

　平成13年1月6日に中央省庁等の改革が行われ、従来の大蔵省は財務省に改められた。国税に関する事務は財務省が所管している。主税局は、租税制度の調査、企画、立案を担当している。財務省の外局である国税庁が国税のうち内国税（国税、とん税及び特別とん税以外の国税）の賦課徴収に関する行政（税務行政）を行う。国税庁の組織については、改正国家行政組織法等で定められている。国税庁は、財務省の外局として設けられていて、長官官房、課税部、徴収部、調査査察部が置かれ、税務行政を執行するための企画・立案を行い、国内での税務行政のための通達を出したり、下部職員を指導監督している。また、国税庁は、酒類製造業及び酒類販売業の監督官庁としての役割をもっている。国税庁の附属機関として、国税不服審判所、醸造試験所（酒類の分析や醸造の指導）、税務大学校（税務職員の教育機関）がある。

　国税庁の地方支部部局としては、東京、関東信越、大阪、札幌、仙台、名古屋、金沢、広島、高松、福岡、熊本の11国税局と沖縄国税事務所が置かれている。これらの地方支部部局は国税庁とほぼ同様の機構を持ち、管轄区域内の税務署の事務を指導するとともに、大口の案件（大法人の所得調査や多額の滞納の事務処理）などについて直接処理することにしている。

　税務行政の第一線の仕事を扱い、納税者と直接接触するのは税務署である。税務署は、平成10年現在、全国に524の税務署が置かれている。税務署は、その管轄区域内で内国税の賦課徴収を行う。税務署の職制は、平成4年の機構改革まで、課税関係に関して、所得税部門、資産税部門、法人税・源泉所得税部門、間税部門というように税目別の縦割りで仕事をしていたが、平成4年7月以降は、個人

第7章　租税手続法

課税部門、法人課税部門、酒類指導官と納税者別に機能的に処理するように改められている。

国税のうち関税、とん税、特別とん税に関する税務行政は、財務省の中の関税局とその地方支分部局である税関、税関の支署、税関の出張所等で処理する(財務省組織令7条1号、2号)。

2　地方税の税務行政組織

地方税については、各地方自治体が行政部局(例えば、主税局、税務課、課税課、財務事務所、都道府県税事務所など)を設けて地方税の賦課徴収の税務行政を行っている。

個人の道府県住民税については、市町村においてその市町村住民税と一緒に賦課徴収を行い(地41条1項、319条2項)、また、他の道府県税についてその賦課徴収に関する事務を市町村に委任することが認められている(地20条の3)。地方自治体の相互においても徴収の便宜を有するものに徴収の嘱託をすることが認められている(地20条の4)。

地方税に関する国の組織として、総務省に自治税務局が置かれ、そこで地方税に関する制度の調査、企画及び立案をするほか、地方自治体の課税権の帰属その他地方税法の適用について関係地方自治体の長の意見が異なった場合の決定・裁決や照会回答の事務や、固定資産税の資産評価について固定資産評価基準(地388条)を定めたり、技術的援助を与えるなどの事務を行う(総務省組織令31条以下)。また、自治省には、固定資産の評価に関する事項で総務大臣がその意見を求めたものについて調査審議する中央固定資産評価審議会が置かれている(総務省組織令36条、地388条の2)。

地方税の賦課徴収について不服があるときは、その処分をした地方自治体の長に異議申立てを行い、なお不服があるときは取消訴訟を提起するということになるが(行政不服申立て前置主義)、固定資産税に関しては例外として固定資産課税台帳に登録した事項に不服のあるときは、各市町村に設置された固定資産評価審査委員会(地423条)に審査の申出を行い、なお不服があるときは固定資産評価審査委員会の決定(決定の取消しだけではなく、同委員会の決定した評価額)の取消しを求めることができることになっている(裁決主義)。各市町村には、固定資産課税台帳に関する不服審査機関として固定資産評価審査委員会が置かれている。

第1節　税務行政組織

国税庁の機構

（平成13年5月末現在：職員数は定員）

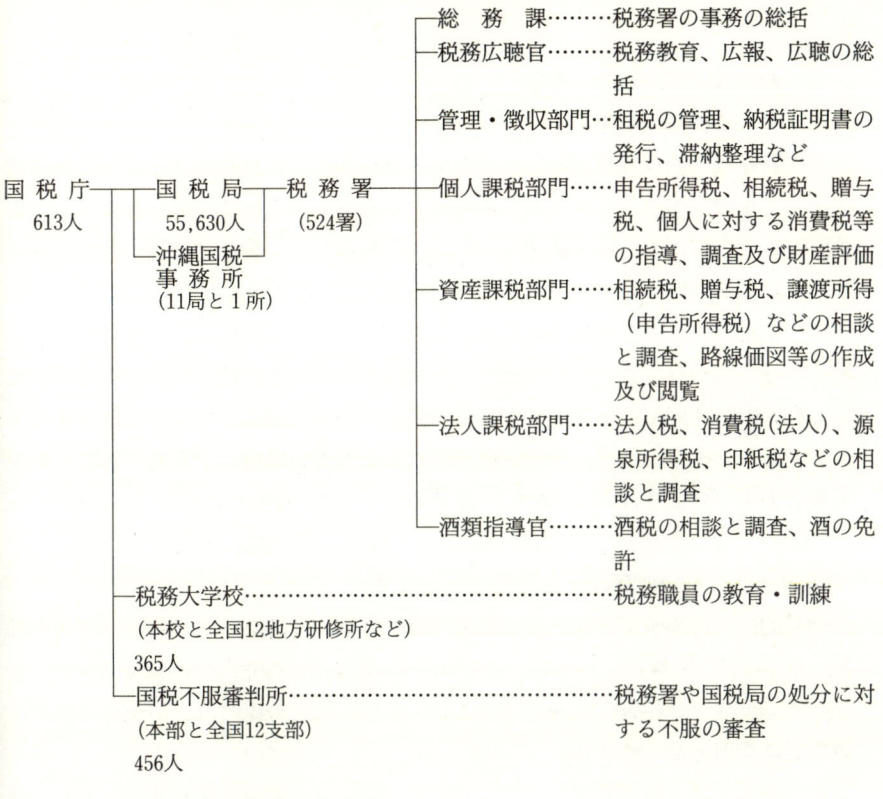

- 国税庁 613人
  - 国税局 55,630人／沖縄国税事務所（11局と1所）
    - 税務署（524署）
      - 総務課……税務署の事務の総括
      - 税務広聴官……税務教育、広報、広聴の総括
      - 管理・徴収部門…租税の管理、納税証明書の発行、滞納整理など
      - 個人課税部門……申告所得税、相続税、贈与税、個人に対する消費税等の指導、調査及び財産評価
      - 資産課税部門……相続税、贈与税、譲渡所得（申告所得税）などの相談と調査、路線価図等の作成及び閲覧
      - 法人課税部門……法人税、消費税（法人）、源泉所得税、印紙税などの相談と調査
      - 酒類指導官……酒税の相談と調査、酒の免許
  - 税務大学校（本校と全国12地方研修所など）365人……税務職員の教育・訓練
  - 国税不服審判所（本部と全国12支部）456人……税務署や国税局の処分に対する不服の審査

平成11年末定員総数57,100人

（広報課）

第2節　納税義務の成立・確定・消滅

1　納税義務の成立と確定
1－1　納税義務の成立

納税義務は、納税義務が成立するための課税要件を充足したときにその法律効果として法律上当然に成立する。納税義務が成立するために、納税義務者又は税務官庁による特別の行為を必要としない。所得税や法人税などは継続的な行為について期間的に区分して納税義務の成立を定めている。

申告納税方式による所得税の場合は、暦年終了の時に、何らの特別の行為を必要としないで成立する。そして成立した納税義務は一定の確定行為（申告納税方式による所得税の場合は「申告」）により納税義務が確定することによって納付すべきことになる。確定行為は、申告納税方式による租税の場合は、原則として、納税義務者の申告により（申告が適正に行われないときは、補充的に税務官庁の課税処分（更正処分、決定処分））、賦課課税方式による租税の場合は、税務官庁の課税処分（納税通知書による賦課処分）によることになる。

例外的に、自動確定方式による租税（登録免許税、印紙税など。源泉所得税も自動確定方式の中に挙げられているが、源泉所得税は租税を支払段階で天引される納付方法（源泉徴収制度）であるので、納税義務とは区別される。）の場合は、納税義務の成立時期と納期限とが一致する。

申告納税方式、賦課課税方式による租税の場合は、納税義務が成立しても、確定行為がないと納期限が到来しないので、その消滅時効が直ちに進行するものではなく、また、逋脱犯も成立しない。要するに、納税義務の成立時期は、観念的なものにすぎず、納税義務の申告時期、納税義務の納付期限、納付義務の消滅時効、逋脱犯の成立等とは直接関係がない。例外として、繰上請求の場合の繰上保全差押金額の決定は、納税義務がまだ確定していなくても、納税義務が既に成立しているものについてすることが認められている（通38条3項）。

1－2　納税義務の成立時期

納税義務の成立時期について、国税通則法は、個々の租税ごとにその成立時期

を定めている。国税通則法の定めがない国税又は地方税については、納税義務の成立時期に関する規定はないが、課税要件を充足したときに法律上当然に成立することになる。主なものは、次のとおりである。

(1) 本税の成立時期

所　　得　　税	暦年の終了の時
法　　人　　税	事業年度の終了の時
相　　続　　税	相続又は遺贈による財産の取得の時
贈　　与　　税	贈与による財産の取得の時
消　　費　　税	課税資産の譲渡等をした時又は課税物件の保税地域からの引取りの時
自 動 車 重 量 税	自動車検査証の交付もしくは返付の時又は軽自動車についての車両番号の指定の時
印　　紙　　税	課税文書の作成の時
登 録 免 許 税	登記、登録、許可等の時

(2) 附帯税の成立時期

不納付加算税及び不納付重加算税を除く加算税	法定申告期限の経過の時
不納付加算税及び不納付重加算税	法定納期限の経過の時

附帯税のうち加算税以外のものについて国税通則法は定めていないが、延滞税の納税義務は納期限までに納税義務を履行しないときに成立・確定し、また、利子税の納税義務は、本来の納期限又は本来の申告期限が経過したときに成立・確定し、その後、納付が完了するまで日々の経過と共に成立・確定を繰り返し増加してゆく。

1－3　納税義務の成立時期と課税期間等との関係

国税通則法に定めている納税義務の成立ないし成立時期は課税要件を充足したときに法律上当然に成立するが、課税要件である課税標準について一定の課税期

間が定められている租税の場合は、課税期間内において生じた全ての課税物件が対象となるのであり、納税義務の成立は、課税期間の終了の時になって漸く算定できる状況となり成立することになる。一暦年を課税期間とする贈与税についていうと(相21条の2)、国税通則法は前述のとおり贈与による財産の取得の時に贈与税の納税義務が成立すると定めているが、贈与税の課税標準は一暦年中において贈与により取得した財産の価格の合計額であるから、暦年が終了しなければ全体の課税標準が決まらず、従って全体の納税義務の内容とその成立が決まらないことになる。このように課税標準について課税期間が定められている租税の場合は、国税通則法が納税義務の成立時期を課税要件の充足の時であると定めていても、成立時期を課税要件の充足の時と考えるのは無理であり、課税期間の終了の時と考えざるを得ないことになる。また同様に、課税資産の譲渡等による消費税の場合も、国税通則法では個々の資産の譲渡等をした時に消費税の納税義務が成立すると定めているが、課税期間ごとに税額の申告・納付が行われるので(消45条、49条)、課税期間の終了のときに消費税の納税義務の内容が決まり成立するものと考えられる。法人税や所得税では、課税標準の決定について納税義務者の選択に任されている事項が少なくないが(例えば、内部取引や減価償却、必要経費の概算控除など)、このような場合は、国税通則法の定める暦年や事業年度が終了しても課税標準が決まらないので納税義務が成立したとはいえず、納税義務者が選択権を行使してはじめて課税標準が決まり、納税義務が成立することになる。

国税通則法の定める納税義務の成立ないし成立時期は、具体的に検討すると国税通則法の規定に従い画一的に処理できるものではなく、納税義務の確定の前提としての観念的なものということになる。

2 納税義務の確定
2−1 納税義務の確定と確定手続の態様

納税義務は、課税要件を充足したときに法律上当然に成立するが、成立した納税義務が納付すべき状態となるには、その納税義務が確定することが必要とされる。確定とは、成立した納税義務を納付すべき状態におくための必要なプロセスとされている。

確定については、納税義務者又は税務官庁による一定の行為によって確定する場合と、納税義務者又は税務官庁の何らかの行為を必要とせず法律上当然に確定

第2節　納税義務の成立・確定・消滅

する場合とがある。前者の場合の確定の手続には、申告納税方式と賦課課税方式とがあり、後者の場合のそれには、自動確定方式がある。

　国税については、殆どのものについて申告納税方式が採用されており、地方税については、多くのものに賦課課税方式が採用されている。自動確定方式は、印紙納付による印紙税、登録免許税、有価証券取引税、自動車重量税などに採用されている。

2－2　申告納税方式

　申告納税方式とは、納税義務が納税義務者の申告によって確定することを原則とする方式をいう（通16条1項1号）。申告がない場合（無申告）又は申告が正しくない場合は、税務官庁による申告の補正をする行為（前者の場合は、更正（更正処分）、後者の場合は、決定（決定処分））により確定することになる（通16条1項1号）。更正・決定後に、増差額が認定された場合には、増額再更正（再々更正。通常単に再更正、再々更正という。）を行い、過大であることが認定された場合には、減額再更正（再々更正）を行う。更正と再更正の相互関係は後で説明する。

　申告納税方式が採用されている租税については、原則として納税義務が申告により自分の納税義務を確定することになるので、自己賦課方式とも呼ばれている。

2－3　賦課課税方式

　賦課課税方式とは、納税義務が税務官庁の行為によって確定する方式をいう（通16条1項2号）。この税務官庁の行為を賦課決定と呼ぶ。賦課決定は、納税義務者に賦課決定通知書（「納税告知書」と呼ぶ場合が多い。）を送達して行なう。賦課決定通知書が納税義務者に到達したときに、賦課決定の効力が生じ、納税義務の確定の効力が生じる。

　賦課課税方式は、第2次世界大戦前は殆どの租税に採用されていたが、戦後は国税について申告納税方式が採用されることになったので、地方税に残されているにすぎない。国税についても、加算税及び過怠税については、賦課決定によって納税義務が確定することになっている。

　賦課課税方式が採用されている租税では、納税義務の確定は税務官庁の賦課決定により行われるが、賦課決定は、課税標準申告書を提出すべき場合にはその提出期限後に、課税標準申告書の提出を必要としない場合（酒54条5項、6項）には

167

その納税義務の成立後に行われる（通32条1項）。賦課決定（第一次賦課決定）をした後に、その内容を変更する賦課決定（第2次、第3次の賦課決定）を再賦課決定という。賦課決定と再賦課決定との相互関係は、後で説明する申告納税方式における更正と再更正の関係と同じである。

2—4　自動確定方式

　自動確定方式とは、申告納税方式や賦課課税方式の場合と異なり、納税義務者又は税務官庁の特別の行為を必要としないで、納税義務の成立と同時に自動的に納税義務が確定する方式である。自動確定方式は、実定法上にこのような定義規定はないが、予定納税の規定により予納すべき所得税(所104条以下)、印紙納付により納付すべき印紙税、登録免許税、有価証券取引税、自動車重量税及び日本銀行券発行税などに採り入れられている。印紙納付による登録免許税では、登記を受けるときに特別の行為を要しないで直ちに登録免許税の納税義務が成立し同時に確定することになる。予定納税の規定により予納すべき所得税は、通常の場合、前年の所得税の額を基準として成立・確定し、予定納税額の通知（所106条）は自動的に既に確定している納税義務を納税義務者の通知するものと解されている。

　本来の納税義務ではないが、源泉徴収義務者の源泉徴収義務も、例えば給与等の支払時に成立すると同時に確定するもので（通15条3項2号）、自動確定方式が採用されていると解されている。源泉徴収義務者がその納税義務を履行しない場合にされる納税の告知（通36条1項2号）は、納税義務を確定させる課税処分ではなく、既に確定している納税義務の履行を請求する徴収手続の一環である（最判昭和45.12.24民集24・13・2243）。自動確定方式が採用されている租税についてはその争訟手続が整備されているとはいえないが、源泉徴収については、納税告知によって初めて税務官庁の意向が納税義務者に知らされたということで、源泉徴収義務者が徴収手続の一環にすぎない納税告知を捉えてその取消争訟を提起し、納税義務の存否・範囲を争うことができると解されている（前掲昭和45年最判）。

　延滞税及び利子税の納税義務は、日時の経過と共に日々成立し、成立と同時に確定するものである（通15条3項8号）。

3 納税申告と補正手続

3−1 納税申告の性質と提出先

　納税申告とは、申告納税方式が採用されている租税について、納税義務の存否及び範囲を確定させるために納税義務者が税務官庁に対して行う申告である。申告納税方式のもとでは、納税義務者が提出する納税申告書により、納税義務の存否及び範囲を確定する。

　納税申告には、納付すべき税額があることを確定する申告書のほかに、納付義務のないことを確定する所得税の確定損失申告書（所123条）、欠損金額を記載する法人税の申告書（法人74条1項）、また還付金を確定する還付請求申告書（所138条1項、139条1項、法人79条1項、80条1項など）がある。

　納税申告書は、税法に定める権限のある税務官庁に提出しなければならない。内国税の場合は、原則として、申告書で確定させる当該租税の納税地を所轄する税務署長である（通21条1項。例外、21条2項ないし4項）。納税地とは、納税義務者が税法上の行為をなし又は税務官庁による処分を受ける際の根拠となる場所で、個人の住所地、法人の本店所在地、課税物件の所在地などをいう。

　納税申告書は、権限のある税務官庁に受理されたときに申告があったものとされるが、申告書が郵送により提出される場合は、例外として発信主義が採られており、その郵便物の通信日付により表示された日、又はその表示がないときは若しくは表示が明瞭でないときは、到達日から通常要する郵送日数を控除した日に、申告書の提出があったものとみなされる（通22条、地20条の5の3）。

3−2 納税申告の種類

(1) 期限内申告

　期限内申告とは、納税者に対し、個別税法で定めている法定申告期限までに納税申告書の提出を義務づけている場合に、その法定申告期限までに提出される納税申告のことをいう（通17条2項）。

　法定申告期限は、国税通則法が定めている納税義務の成立時期（通15条）よりしばらく期間をおいて定められている。災害等により法定申告期限の延長が認められたときは（通11条、法人75条、地20条の5の2）、延長した期限が法定申告期限となる[注2]。

　申告書に記載すべき事項は各税法に定められている（所120条1項、法人71条1

項、74条1項、相27条1項、28条1項など)。申告納税制度のもとで法定申告期限内に申告すべき義務がある場合に、期限内に適正な申告をしなかったときは加算税(過少申告加算税、無申告加算税)が課されることになる。

主な租税の法定申告期限は、次のとおり。

所　　得　　税	翌年3月15日（所120条）
法　　人　　税	事業年度の終了の日から2月を経過する日(法人74条)。中間申告については、事業年度開始後8月を経過する日（法人71条)。
相　　続　　税	相続の開始のあったことを知った日の翌日から10月を経過する日（相27条1項）
贈　　与　　税	翌年3月15日（相28条1項）
消　　費　　税	課税期間（個人は暦年、法人は事業年度）の末日から2月を経過する日（消45条）。但し、中間申告については、課税期間の開始後5月を経過する日（消42条）。
法人の道府県民税	法人税の場合と同じ（地53条1項）
法 人 の 事 業 税	法人税の場合と同じ（地72条の25第1項、72条の26第1項）

(2) 期限後申告

期限後申告とは、法定申告期限までに納税申告を提出しなければならない場合に、法定申告期限の経過後になって課税処分を受けるまでに初めて提出される納税申告をいう（通18条2項）。もっとも、所得税の確定損失申告書(所123条)のように法定申告期限内にすることが義務づけられていないもので法定申告期限後に提出されるものも含めている（通18条1項）。

期限後申告書に記載すべき事項及び添付すべき書類は、通常は期限内申告書に記載すべき事項及び添付すべき書類である（通18条3項）。

(3) 修 正 申 告

修正申告とは、すでに納税申告書（期限内申告書、期限後申告書又は修正申告書)を提出している場合、又はすでに課税処分（更正又は決定）を受けている場合に、その後において提出する納税申告をいう(通19条3項）。但し、修正申告は、さき

の納税申告書又は課税処分により納付すべき税額に不足額があるときなど、納付すべき税額に不足額があるときにのみすることができる（通19条1項、2項）。修正申告は、納税者自身がさきの納税申告書又は課税処分を自分に不利に変更するための手続である。納税者がさきの納税申告を自分に有利に変更したいという場合は、更正の請求の手続（通23条）によることになる。また、納税者がさきの課税処分を自分に有利に変更することを求める場合は、更正の請求によることができる場合を除き、課税処分の取消しを求める不服申立て（異議申立て、審査請求）あるいは取消訴訟を提起することになる。

　修正申告は、一定の事項を記載しかつ期限内申告書に添付すべきものとされている書類があるときは必要な書類を添付することが必要とされている（通19条4項）。

　修正申告は一般に納税者が任意に行うものであるが、例外的に修正申告をすることが義務づけられている場合がある（措置33条の5、37条の2第1項など）。それで一般の修正申告を任意的修正申告、例外の場合を義務的修正申告と呼んで区別している[注2]。

　任意的修正申告をいつ迄できるかについて規定はないが、納税義務が消滅時効により消滅するとき（通72条）迄ということになると解される。修正申告が、その申告に係る国税についての調査があったことにより更正があることを予知してされたものでないときは、過少申告加算税は課されない（通65条5項）。

3－3　納税申告の効力

　納税申告は、申告書が税法に定める権限のある税務官庁（原則として、納税地を所轄する税務署長）に提出されたときに、効力が生じる。

　納税申告のうち、期限内申告又は期限後申告については、申告書に記載されている税額の範囲で納税義務が確定する。

　納税申告のうち、修正申告については、さきの申告又は課税処分による税額が変更され、改めて増加された税額について納税義務を確定させることになる。納税申告又は課税処分と修正申告との相互関係は、後述の更正と増額再更正の相互関係（吸収一体説）と同じように解される。

　納税申告は私人である納税者の行為であるが、納付すべき税額があることあるいは納付すべき税額がないことなど、公法上の効果を発生させるものであるので、

私人の公法行為と呼ばれている。私人の公法行為についても、民法の意思表示の瑕疵に関する規定（錯誤、詐欺、通謀虚偽表示など）が原則として適用になるが、更正の請求の制度が設けられているので、申告に要素の錯誤があっても、更正の請求の制度を利用できなかったような特別の事情がない限り、申告の無効を主張して誤納金の還付を請求することはできないと解されている（最判昭和39.10.22民集18・8・1762）。また、取引の相手方保護のために設けられている民法の表見代理の規定は、納税申告には適用されない[注3]。

3－4　更正の請求

(1) 更正の請求

　納税申告書を提出した納税義務者が、その申告書に記載した課税標準もしくは税額が過大であるときに、申告書の内容を是正するための手続を更正の請求という。

　更正の請求には、国税通則法23条や地方税法の総則に定められている通常の更正の請求と個別税法に規定している特別の更正の請求の2種類がある。

　更正の請求があったときは、税務官庁は必ず応答しなければならない義務がある。更正の請求に理由があるときは、全部又は一部の減額更正を行い、更正の請求に理由がないときは、更正の請求に理由がない旨の決定（棄却決定）がなされる。この決定に不服がある納税者は、この決定の取消しを求めて行政争訟を提起することになる。更正の請求があっても、租税の徴収は猶予されない。ただし、相当の理由があると認められるときは、その全部又は一部の徴収が猶予される（通23条5項、地20条の9の3第4項）。

(2) 通常の更正の請求

　通常の更正の請求には、申告自体に更正の理由がある場合（原始的理由に基づく更正の請求）と申告後に更正の理由が発生した場合（後発的理由に基づく更正の請求）がある。

　イ　原始的理由に基づく更正の請求

　納税申告書を提出した納税義務者は、その申告書に記載した課税標準もしくは税額等が過大であるときは、法定申告期限から1年以内に限り、税務署長に対し、申告内容を有利に是正することを求める更正の請求をすることができる（通23条

第2節　納税義務の成立・確定・消滅

1項、地20条の9の3第1項)。

　更正の請求は、更正の請求をする理由等を記載した更正請求書等を提出して行う (通23条3項、地規1条の8)。

　原始的理由に基づく更正の請求の理由には特に制約はなく、申告書に記載した課税標準もしくは税額等の計算が誤っていたときは、更正の請求をすることができることになっている。

　　ロ　後発的理由に基づく更正の請求

　法定申告期限から1年を経過した後においても、当該申告又は課税処分による課税標準もしくは税額等に影響を及ぼす新たな事由が発生し、そのため申告又は課税処分による課税標準もしくは税額等を納税義務者の有利に変更する必要が発生したときは、所定の期限内に更正の請求をすることができる (通23条2項、地20条の9の3第2項)。一定の後発的理由に基づく更正の請求があっても、法定申告期限により1年以内にされるものは、通常の更正の請求として取り扱われる (通23条2項本文かっこ書)。この場合も、更正の請求理由が限定(通23条2項所定の更正理由に限定) されているという見解があるが (東京高判昭和61.7.3訟月33・4・1023)、通常の更正の請求として取り扱われる以上、更正理由に制約はないと解すべきである。

　後発的更正の請求の更正理由と請求期間は限定されている。

　(イ)　申告、更正又は決定に係る課税標準等又は税額等の計算の基礎となった事実に関する訴えについての判決 (判決と同一の効力を有する和解その他の行為を含む。)により、その事実が当該計算の基礎となったところと異なることが確定したときは、その確定した日の翌日から起算して2月以内 (通23条2項1号)。

　判決と同じ効力を有する和解・調停であっても、租税回避を目的として馴れ合いで行われたものは、ここにいう判決・和解等には含まれないと解されている (名古屋地判平成2.2.28訟月36・8・1554など)。判決には刑事事件判決は含まれないと解する見解が有力であるが (最判昭和60.5.17税資145・463、大阪地判昭和58.12.2訟月30・6・1061)、逋脱事件で課税標準等の認定に関する判決は含ませるのが合理的である。青色申告の承認の取消処分の取消し(判決又は職権による取消し)が行われた場合も、ここでいう「課税標準又は税額等の計算の基礎となった事実に関する訴えについての判決」に含めることができるかについて見解が分かれている。

173

最判昭和57．2．23民集36・2・21は、更正の請求ができることを肯定しながらも、どの条文によって請求できるかについて明らかにしていないが、通23条2項1号による更正の請求ができると解すべきである。土地の二重譲渡について売主に損害賠償を命ずる判決があった場合や土地の買主に違約金の支払いを命ずる判決があった場合も、通23条1項1号にいう判決の中に含めてよいと考える（前者について、所通33-7(2)。後者について反対の裁決、裁決平成6・5・31裁決事例集47・8）。

(ロ) 申告、更正又は決定に係る課税標準等又は税額の計算にあたって、申告をし又は決定を受けた者に帰属されていたとされていた所得その他課税物件が他の者に帰属するとする他の者に係る国税の更正又は決定があったときは、その更正又は決定があった日の翌日から起算して2月以内（通23条2項2号）。

(ハ) その他その国税の法定申告期限後に生じた(イ)又は(ロ)に類する政令（通令6条）所定のやむを得ない理由があるときは、その理由が生じた日の翌日から起算して2月以内（通23条2項3号）。

政令（通令6条）では「やむを得ない理由」を定めているが、しばしば、「課税標準又は税額等の計算の基礎となった事実に係る契約が、解除権の行使によって解除され、若しくは当該契約の成立後生じたやむを得ない事情によって解除され、又は取り消されたこと」という条項の運用をめぐって問題となる。契約の解除には、債務不履行に基づく法定解除（民541条以下）のほか、約定解除権に基づく解除、合意解除など各種の態様があるが、実務では、法定解除に限っているように見られるが、解除の態様による画一的な取扱いではなく、具体的に「やむを得ない理由」の存否によって、後発的理由に基づく更正の請求の許否を判断すべきである。特に、当期修正が制限されている場合（当期修正の余地がない場合）[注4]は、柔軟な解釈が必要であるといえる。

(3) 特別の更正の請求

個別税法において、後発的理由による更正の請求の特例が定められている。

所得税の関係では、事業廃止後にその事実に係る費用又は損失が生じた場合（所63条）、いったん収入金額又は総収入金額に算入した債権が回収不能となった場合（所64条）、各種所得の計算の基礎となった事実のうちに含まれていた無効な行為又は取り消すことのできる行為により生じた経済的成果がその行為の無効又は

第2節　納税義務の成立・確定・消滅

取消しに基因して失われた場合（所152条、所令274条）などの特例が定められている。

　法人税の関係では、修正申告書を提出し、又は更正もしくは決定を受けたことに伴い、その事業年度後の事業年度の法人税額が過大となる場合（法人82条）などの特例が定められている。

　相続税の関係では、遺産分割協議による未分割遺産の分割が民法の相続分と異なることになった場合、遺留分による減殺の請求があった場合（相32条）などの特例が定められている。

　その他、贈与税（相32条）、消費税（消56条）、地価税（地価税法30条）及び地方税（地53条の2など）についても、特例が定められている(注5)。

3−5　課税処分

(1)　申告と課税処分（更正・決定、賦課決定）

　申告納税方式のもとでは、納税義務は納税義務者の申告により確定するが、納税義務者が法定申告期限内に納税申告をしない場合や、納税申告をしても納税申告が正しくない場合（過少な場合）には、このことを放置すると課税の不公平を生じることになるので、税務官庁（通常は税務署長）に補足的に納税義務を正しく確定させる権限が認められている。申告納税方式のもとで、税務官庁が行う補足的に行うこのような納税義務の確定する処分には、決定（納税申告のない場合）と更正（申告が正しくない場合）があり、この両者を合わせて課税処分と呼んでいる。更正・決定には、納税義務の確定とは直接関係のない単に純損失の金額等を増減させるにとどまるもの、また還付金の額があるとする更正・決定又は還付金の額の増減させるような更正も含まれる。

　賦課課税方式のもとでは、税務官庁の行う賦課処分（決定）により、納税義務が確定するが、この賦課処分も課税処分の一種である。

(2)　課税処分の種類

　イ　更　正

　更正とは、申告納税方式による租税の場合に、税務官庁が納税申告書に記載された課税標準等もしくは税額等が正しくないときに、これを是正する処分である（通24条）。更正には、税額を増加させるもの（増額更正）と、税額を減少させるも

の（減額更正）がある。更正は、更正処分又は更正決定とも呼ばれ、追加の更正は再更正、再々更正と呼ばれている。

更正・再更正は一般に職権でなされるが、更正の請求の場合の減額更正は納税義務者の申請に基づいてなされる。

ロ　決定（無申告決定）

決定（無申告決定）とは、申告納税方式による租税の場合に、税務官庁が納税申告書を提出しない場合に、納税義務者の課税標準等もしくは税額等を確定する処分である（通25条本文）。

決定は、決定処分とも呼ばれている。決定は、職権に基づいてのみ行なわれる。

ハ　賦課処分

賦課処分とは、賦課課税方式による租税の場合、税務官庁が納税義務者の課税標準等もしくは税額等を確定する処分である。申告納税方式のもとでも、加算税（無申告加算税、過少申告加算税、重加算税）は賦課処分によって納税義務が確定することになる。賦課処分は単に課税処分と呼ばれることが多い。

(3)　課税処分の手続と効力

イ　課税処分の効力の発生

更正・再更正、決定又は賦課処分は、原則として税法で権限が与えられている納税地を所轄する税務署長が行う（通30条1項）。更正又は再更正の手続は、更正（再更正）通知書を送達して行い、決定の手続は、決定通知書を送達して行う（通28条1項）。賦課決定の手続は、賦課決定通知書を送達して行う（通32条2項、3項）。更正等の効力は、当該通知書が納税義務者に送達されたときにその効力が生じる（到達主義）。

ロ　更正と再更正との相互関係

更正がされた後、さらに再更正がなされた場合には、更正と再更正の相互関係がどうなるかについて、①積み重ね説(併存説)、②やり直し説、③吸収一体説の3つの考え方がある。①説は、再更正の効力や、その処分によって変更を生じた増差額に関する部分についてのみ生じ、再更正は当初更正とは別個の処分として併存すると説明する。②説は、再更正の効力は、当初更正を遡ってなかったものとし、改めて全額について生ずるとする。この説をとると、当初更正に基づいてされた納付及び滞納処分に影響を及ぼすことになるので、この見解は通29条の規

定と矛盾し、支持できない。③説は、①説及び②説の矛盾を解消するために考案された見解で、再更正の効力は、増差額についてのみ生ずるが、その処分が行われた結果として、前にされた当初更正は、再更正に吸収され、併せて一体のものとなると考えるものである。この③説は技巧的な見解であるが、税制調査会の答申説明で示されているものである（昭和36年7月5日「国税通則法の制定に関する答申の説明」第4章第4節の4・2の1）。

このように見解の対立はあったが、最高裁判決は、この問題を更正と増額再更正、更正と減額再更正に分けて解決を示している。この問題は理論的な問題というより、交通整理というべき問題であるので、これからはこの最高裁判決に従って見解を統一すべきものと考える。

まず、更正と増額再更正について、最判昭和55.11.20判時1001・31は、③の吸収一体説を採っている。この説によると、増額再更正があると、当初更正は増額再更正に吸収され併せて一体のものとなり、独立して存在しなくなるので、当初更正の取消しを求める争訟はそのままでは訴え（申立て）の利益がなくなり、取消しの対象を再更正に変更する必要が生ずることになる（この考え方に対し、取消訴訟の救済制度としての趣旨・目的に沿わないとして批判する見解として、最判昭和42年9月19日民集21・7・1828の田中二郎裁判官の少数意見）。

次に、更正と減額再更正について、最判昭和56年4月24日民集35・3・672は、①の併存説（全部又は一部の取消説）を採っている。すなわち、減額再更正は納税義務者にとって有利な全部又は一部の取消処分であり、減額再更正があると、その範囲で当初更正は消滅するので、減額再更正の取消しを求める訴えの利益はないと解している。減額再更正があってもなお不服であるというのであれば、減額再更正それ自体ではなく、残存している当初更正の取消しを求めるべきであるとしている[注2、6]。

更正と再更正の相互関係は、申告と更正、申告と任意的修正申告（再修正申告）の場合も、同じように考えてよい。

(4) 課税処分の期間制限

課税処分の期間制限とは、いつまでも更正及び決定を受けるということでは納税義務者をいつ迄も不安定な状態におくことになるので、税法上、税務官庁が課税処分ができる期間を一定の期間内に制限することで、いわゆる除斥期間である。

第7章　租税手続法

租税債務の消滅時効のことではないので、中断もしくは停止の問題は起こらない。課税処分の期間制限には、(イ)通常の期間制限と、(ロ)特別の期間制限がある。

　イ　通常の期間制限

　税法は、課税処分ができる期限として、3年、5年又は7年を定めている。

　課税処分のうち更正又は再更正は、原則として、法定申告期限から3年を経過した日以降はすることができない(通70条1項1号)。これに対し、納税義務者に有利な更正、再更正又は決定後にする再更正は、5年間はすることができる(異議決定、裁決又は判決で、原処分を変更し又は取り消すときは、この期間制限が働かない。)。また、課税処分のうち決定の制限期間は、法定申告期限から5年である(通70条3項)。しかし、偽りその他不正行為による租税の免脱があったときの更正、再更正又は決定の制限期間は、法定申告期限から7年である(通70条5項。アメリカ内国歳入法では、このような場合は制限期間なしとしている。)。判例は、偽り等による租税の免脱があったときは、不正行為により課税を免れた部分以外についても特例の適用があると解している(最判昭和51.11.30判時833・57)。なお、期限後申告書が提出されている場合は、一定の特例が定められている（通70条1項かっこ書）。また、移転価格税制が適用される場合は、更正及び決定の期限制限の特例として、6年としている（措置66条の4第16項）。

　期間制限の規定が、国税徴収法に定めている第二次納税義務の納税告知（徴32条1項）にも類推適用されるかについて、最判平成6年12月6日判時1518・13は、類推適用を否定し、第二次納税義務は主たる納税義務者の納税義務と別個独立したものではないので主たる納税義務が発生し存続するかぎり必要に応じいつでも課せられるものであるという判断を示している。

　ロ　特別の期間制限

　上記の通常の制限期間が経過した後において、課税標準又は税額等に影響を及ぼす新たな事由(例えば、無効な行為により生じた経済的成果が失われたこと、取り消し得べき行為が取り消されたこと（通71条2号））が生じ、そのために改めて課税処分をする必要が生じたときに、課税処分をできるようにしているのが特別の期間制限の制度である。

　この特別の期間制限内にされる課税処分を、特別更正、特別決定、特別減額更正、特別減額再更正と呼んでいる。特別の期間制限は、一定の新たな事由が生じてから6月又は3年の間にすることができるとしている（通71条、通令24条5

項、30条、地17条の6）[注7]。

(5) 課税処分の理由附記

　課税処分のうち青色更正の更正通知書や青色取消しの通知書には、理由附記が必要とされている（青色更正につき、所155条2項、法人130条2項。青色取消しにつき、所150条2項、法人127条2項。不利益処分の理由の提示義務について、行政手続法14条1項）。

　これらの理由附記に関する規定について、かつて実務では理由の附記がなくても更正等の効力には影響を及ぼさない単なる訓示規定であると解されていたが、判例は、これらの理由附記を求める規定は理由附記が不備であるときは、その内容の適否を問うことなく、理由附記が不備であるということだけで更正等の効力を違法とする効力規定であると解し（最判昭和38.5.31民集17・4・617など）、この解釈が判例の上でも、実務の上でも定着するようになっている。

　理由附記を必要とする理由として、それによって処分を慎重にさせること、かつ処分の相手方である納税義務者に不服申立てについての便宜を与えること、この2つの理由があげられている。それで、処分の前後に口頭でいくら処分の理由を知らせていても、処分の通知書自体の理由附記が不備であれば、前者の理由を充足したことにはならないので、その処分は違法となる（最判昭和38.12.27民集17・12・1871など）。

　理由附記で問題となるのは、どの程度の理由が附記されていれば法律の要請に適合するのか（違法とならないのか）という記載の程度である。

　青色更正の場合、法律は理由附記の程度については何も定めていないので、記載の程度は専ら処分の性質と理由附記を命じている法律の規定の趣旨及び目的に照らして解釈を下すことになる。前掲最判昭和38年5月31日及最判昭和38年12月27日は、この記載の程度について基準（これだけのものが記載されていないと違法となるという消極的基準といわれるもの）を示しており、これがリーディング・ケースとなって、その後の裁判例や実務に大きな影響を与えている。これらの最高裁判決によると、①帳簿書類のどの箇所の記載を信用しないのかという信用しない箇所の特定と、②どういう訳でその帳簿の記載よりも税務官庁が収集した手許資料の方が信用できるのかということを、手許資料を摘示して説明しなければならないとしている。

しかし、これらの最高裁判決が示した基準は、帳簿書類の記載を信用しないで青色更正をする場合には先例として妥当するものであるが、同じ青色更正といっても、帳簿書類の記載を信用しないで更正する場合ではなく、その記載はそのまま信用するが納税義務者と法的見解を異にして青色更正をする場合(例えば、費用にあたるかどうか、冷暖房設備が特別償却か普通償却かいずれの償却資産に該当するか、同族会社の行為計算の否認規定の適用が認められるかどうかなど)には、そのまま妥当しないと解される（この見解をはじめて採用したもの、最判昭和60.4.23民集39・3・850)(注8)。

青色取消しの場合は、理由附記の程度について、実定法のうえで「取消しの書面にはその取消しの基因となった事実が法令のいずれに該当するかを附記しなければならない」と規定しているのであるが、裁判例は、かつて、その理由附記の程度として、取消しの基因となった該当法条だけの記載で足りるとしたものと、当該法条の記載だけでなく取消しの基因となった具体的事実を摘示することを必要とするものと、対立していた。この問題について、最判昭和49年4月25日民集28・3・405は、当該条文を示しただけで取消しの基因となった具体的事実を知ることができない場合には、当該条文を附記するだけでは足りず、基因事実についても納税義務者が具体的に知り得る程度に特定して摘示しなければならないと判断を下している。この最高裁判決が妥当するのは、帳簿書類に仮装又は隠ぺいがあり、これに基因する青色取消しの事例（いわゆる3号事案）であるといえる。

なお、原処分の理由附記が不備である場合、その後の異議決定又は審査請求の段階の答弁書又は裁決の理由附記などによって、原処分（青色更正、青色取消しなど）の理由附記の不備の欠陥を追完できるか（理由附記の不備という瑕疵の治癒）という問題についても、見解が分かれていた。しかし、最判昭和47年3月31日民集26・2・319などの最高裁判決は、繰り返し、青色更正の理由附記が不備である場合、その後の異議決定等の理由附記によって遡ってその欠陥が追完できるものでないと判断を示し（最判昭和47.12.5判時691・13など）、判例の見解は定着している。この考え方は、追完を許すことになると、理由附記を命じた立法の趣旨を否定することになってしまうので、処分をやり直すことにより行政経済のうえでは無駄な繰返しとみられても、処分時に理由附記を具備させ適性手続の遵守を重視しようとする見解であり、妥当な見解である。

(6) 課税処分と信義則の適用

　信義則あるいは禁反言の法理は租税法の分野にも適用になり、税務官庁側にも納税者側にも適用になることは、一般に肯定されている。課税処分との関係で、信義則の適用が問題となるのは、過去の言動（例えば、申告の指導）が法令に違反しており、後の課税処分（例えば、増額更正）が適法な場合である。信義則の税法の領域における適用にあたって検討すべきことは、納税義務者の信頼保護の要請と税務行政の法適合性の要請をどのように調整すべきかという問題（納税義務者に対する個別的な信頼保護のために税務行政の法適合性を犠牲にすべき限界）であり、信義則が適用される要件・信義則が適用された場合の効果である（これらの信義則に関する問題については、第4章第3節を参照されたい）。

(7) 課税処分と実額課税、推計課税

　課税処分は、納税義務者の所得等を実額に従って課税をすること（実額課税）を建前としているが、実額を認定できないときに、課税の放棄をすることは課税の不公平を来すことになるので、次善の方法として、間接資料により所得等を推計して課税（推計課税）をすることが認められている。推計課税は明文で認められていなくても、課税の公平を実現するために許されるものと解されている（旧料理飲食等消費税について、東京高判昭和60.3.26行集36・3・2など）。もっとも、推計課税は、青色申告の場合には許されず、白色申告の場合に限られている（所156条、法人131条）。

　実額課税と推計課税との違いは、認定の資料（認識の資料）の違いに過ぎないのか（帳簿書類等の直接資料によるのか、同業者比率等の間接資料によるのか）、それとも認定の対象の違いなのか（実額課税は所得等の実額を求めるのに対し、推計課税は平均値を求めるものとする）について見解が分かれており、これ迄の判例は、この両者の違いは認定の資料の違いによるもので、両者とも所得等の実額（実額に近いもの）を求めるものであると解している（例えば、東京地判平成3.12.19行集42・11〜12・1968など）。

　推計課税については、第8章第2節2-5を参照されたい。

4 納税義務の承継
4—1 納税義務の承継とその態様

納税義務の承継とは、ある者について既に成立している納税義務など税法上の地位が他の者に移転することをいう。賦課課税方式による租税（地方税など）の場合は、課税権の承継ということになる（地8条の2ないし8条の4）。

納税義務の承継は、次の場合に限られている。

(1) 相続があった場合

相続人又は相続財産法人（民法951条）は、被相続人の納税義務を承継する（通5条1項前段、地9条1項本文）。

(2) 法人の合併があった場合

合併後存続する法人（合併法人）又は合併により設立した法人（新設法人）は、被合併法人の納税義務を承継する（通6条、地9条の3）。

(3) 財産の包括承継があった場合

法人が人格のない社団等の財産に属する権利義務を包括して承継した場合は、その人格のない社団等の納税義務を承継する（通7条、地12条の2第1項）。

(4) 更生計画により新会社が租税債務を承継する場合

会社更生法による更生計画において新会社が旧会社の租税債務を承継することを定めているときは、新会社は旧会社の租税債務を承継する（会社更生法269条1項）。

これらの承継の対象となる納税義務は、成立した納税義務若しくは確定した納税義務であるが、その納税義務には、本来の納税義務のほかに、源泉徴収義務者ということで負担する源泉徴収納付義務や第二次納税義務、連帯納税義務も含まれ、この外にこれらの納税義務に附随する滞納処分費及び附帯税の納税義務も承継される。

4—2 納税義務の承継と租税債務の確保の要請

納税義務の承継については、相続、合併等の場合について税法の規定があるが、税法の規定がない場合にも私人間の合意により自由に納税義務の承継（租税債権の譲渡）が認められるのかについて、徴税の確保の観点から、その譲渡性（移転性）が否定されている。納税義務の承継についての上記の税法規定は、いずれも権利義務が包括的に承継される場合に関するものであるので、確認規定に過ぎないと

第2節　納税義務の成立・確定・消滅

いえるが、これらの規定のあることは反対に税法上規定のない場合は、納税義務の承継を認めない趣旨と解される。

　なお、相続税法には、租税債権の確保をはかる要請から相続人の納付責任に関する規定がおかれている。すなわち、相続人が2人以上ある場合、相続人のうち相続によって取得した財産の価額が承継した納税義務の税額を超えるときは、その相続人はその超える価額を限度として、他の相続人が承継した納税義務について租税を納付する責任が課されている（通5条3項、地9条3項。この納付責任は、承継した被相続人の納税義務に関するもので、相続人が負担する相続税の連帯納付責任（相34条）と異なる）。

　納税義務の承継は、既に成立している納税義務の承継のほか、被相続人の税法上の地位についても引き継がれることになるので、被相続人の税法上の地位を承継した者は、各種の申告、報告の義務を負い（所124条、125条、129条、141条、152条、相27条2項、28条2項など）、またその納税義務について税務官庁の処分の相手方となる。被相続人が不服申立てをしているときはその不服申立人の地位を引き継ぐことになる（訴訟(手続)承継と受継手続。行政不服審査法37条、48条、民訴208条以下）。

　事業を承継している場合であっても、青色申告の承認を受けた地位は一身専属的なもので承継されず、承認申請を出し直すべきものと解されている。法人に対する遺贈や死因贈与により被相続人に納税義務が生じるときは（所59条1項1号）、その相続人が納税申告義務（準確定申告。所124条）と納税義務を承継することになる。

5　租税の納付と納税義務の消滅
5−1　租税の納付と納期限
(1)　法定納期限と具体的納期限

　納税義務者は納期限までに租税を納付すべき義務を負い、原則として租税の納付により納税義務は消滅することになる。納期限には、納期限として一般的に定められている法定納期限と、確定した租税について個別的・具体的に定まる具体的納期限がある。

　イ　法定納期限

　法定納期限とは、各税法において租税を納付すべき期限として一般的に定めら

れている期限であり(通2条8号)、申告納税方式による租税の場合は、法定納期限はその法定申告期限と一致する。申告納税方式による租税の場合に、期限内申告がされたときは、その法定納期限と具体的納期限は一致するが、期限後申告又は修正申告がされたときは、具体的納期限は法定納期限と異なる遅れた期日となる。

賦課課税方式による租税の場合は、その法定申告期限は、翌月末日(取引所税法9条)、保税地域からの引取りのとき(消50条2項、酒30条の5第2項など)、一定の事実が生じた日(酒54条5項、6項など)などである(通2条8号ロ、ハ)。

自動確定方式による租税の場合は、納税義務は成立と同時に確定することになっているので、その法定納期限と具体的納期限は一致する。源泉徴収の場合は、徴収の日の翌月10日(所181条、183条1項など)、印紙税の場合は、課税文書の作成の時(印8条1項)、登録免許税の場合は、登記等を受ける時(登録免許税27条1号)などである。

法定納期限に関して、その翌日が延滞税の計算期間の起算日となり(通60条以下)、また徴収権の消滅時効の起算日となる(通72条以下)。

ロ　具体的納期限

具体的納期限とは、各税法で一般的に定められているものではなく、確定した納税義務について個別的・具体的に定まる納期限のことをいう。租税を具体的納期限までに完納しないときには、税務官庁は督促(通37条)を行い、滞納処分に着手することになる。

申告納税方式による租税で期限内申告によって納付すべき税額については、原則として法定納期限と具体的納期限は一致し、期限後申告により納付すべき税額及び修正申告により追加して納付すべき税額についてはこれらの申告書を提出した日(通35条2項1号)、決定により納付すべき税額及び更正により追加して納付すべき税額については、決定通知書又は更正通知書が発せられた後の翌日から起算して1月を経過する日(通35条2項2号)が具体的納期限である。

賦課課税方式による租税では、具体的納期限は納税の告知による納期限であり(通36条1項1号、2項)、納税の告知による具体的納期限は原則としてその納税告知書を発した日の翌日から起算して1月を経過する日である(通令8条1項)。自動確定方式による租税の場合も、納税の告知がされるときは、その具体的納期限は、納税の告知により定められている納期限である(通36条1項2号ないし6号、2項)[注1]。

納期限(法廷納期限、具体的納期限を含む)までに繰上請求(通38条1項、地13条の2第1項)を受ける場合に指定される納期限も、具体的納期限である。

(2) 納期限の延長

税務官庁は、納税義務者から申請に基づきもしくは職権により、災害その他やむを得ない理由により納期限(法定納期限、具体的納期限)までに納付できないと認められるときは、その災害がやんだ日から2月以内に限り、その納期限の延長を認めている(通11条、通令3条2項、消51条、酒30条の6、地20条の5の2)。納期限の延長は、税務官庁の処分により行われる。

納期限の延長が認められると、延長して定められた納期限が法定納期限又は具体的納期限となる。延長された期間中は利子税、延滞税は課されず(通63条2項)、また延長された納期限までに租税を完納しない場合に督促がはじまることになる。

(3) 納税の猶予

納期限の延長のほかに、納税の猶予(国税通則法の制定前は徴収の猶予と呼ばれていた。)という制度がある。納税の猶予とは、納期限が経過している租税又は納期限未到来の租税について一定要件に該当するときに、その徴収手続を一定期間猶予することをいう(通46条、地15条)。猶予の期間中、延滞税の2分の1が免除となる(通63条1項、地15条の9)。

5－2　延納と利子税

延納とは、納税義務者の経済事情を考えて、一定期間租税の納付を延期するものであり、上述の納期限の延長とは異なる。

延納が認められても、納期限そのものは変わらないが、延納に係る税額分については、徴収権の消滅時効は進行せず(通73条4項)、また延納期間は延滞税の計算期間に算入されない(通64条2項)。延納と納期限の延長との間には実質的な差異はないといえるが、延納の場合は、延納が認められる期間は利子税が課されるという点で異なる(通64条1項)。利子税は、延納のほか、納税申告書の提出期限の延長(法人75条など)が認められる場合も課されている(通64条1項)。

延納は、相続税(相38条1項)、贈与税(相38条3項)、所得税(所131条、132条)

で認められている。延納は、納税義務者の申請に基づく税務官庁の処分により（相38条1項、3項、所132条）又は納税義務者の届出書の提出により税務官庁の処分がなくても認められる（所131条）。延納は、納期限（法定納期限又は具体的納期限）から一定の期間内（10年、5年、3月、2月半）について、納付すべき税額の全部又は一部について認められる。延納期間が長期にわたるときは、担保が要求される（相38条1項、3項、所133条）。

　利子税は、滞納となっているわけではないので、延滞税のように遅延利息の性質を有するものではなく、納期限内に納付した他の納税義務者との間の調整を図るための利息であると解されている。利子税は、原則として延納又は納税申告書の提出期限の延長の期間に応じ、年7.3％の割合により計算される（所131条3項、136条、法人75条7項）。例外として、相続税の場合は、年6.6％又は5.4％の割合により計算される場合があり（相52条1項、52条の2第1項）、また法人税の確定申告書の提出期限の延長の場合には景気調整対策上の措置として最高年12.75％の割合まで引き上げることができることになっている（措置66条の3）。

　納税義務者は、本税を納付するときは利子税を合わせて納付しなければならない（通64条1項）。災害その他やむを得ない理由により申告期限の延長が認められる場合は、当然に利子税が免除される（通64条3項、63条2項）。また、災害その他やむを得ない理由が認められる場合は、税務官庁の処分により利子税が免除されることがある（通64条3項、63条6項）。

5－3　租税の納付

　納税義務者は、納税義務（租税債務）の確定した租税を、法定納期限又は具体的納期限までに納付しなければならない。納税義務は、納付があった範囲で消滅する。

　申告納税方式による租税の場合は、納税義務者は、法定納期限又は具体的納期限までに自主的に納付すべきものとされている（通35条1項、2項）。自動確定方式による租税の場合も、納税義務者は、成立と同時に確定した納税義務について、自主的に法定納期限までに納付すべきものとされている。しかし、賦課課税方式による租税の場合は、賦課決定により確定する納税義務について、税務官庁からの納税の告知をまって、租税を納付することになる。

　租税の納付は、納税義務者（本来の納税義務者のほか、源泉徴収義務者、第二次納

税義務者、保証人が納付する場合がある。）から、租税の収納権限を有する者（例えば、日本銀行ないし歳入代理店としての銀行その他の金融機関、郵便局など）に対してなされる（通34条1項）。租税の納付は、納税義務者以外の第三者が自己の名において、租税を納付すること（第三者納付）を妨げないとしている（通41条1項、地20条の6第1項）。納付した第三者は、納税義務者に対して求償権を取得することになる。

5－4　租税の納付の方法

(1) 金銭納付の原則

租税は、金銭で納付するのを原則としている（金銭納付の原則。通34条1項本文）。租税義務（租税債権）は、納付のあった範囲において消滅する。

(2) 印紙納付

印紙税（印8条1項）、登録免許税（登録免許税法22条）、有価証券取引税（有価証券取引税法12条）、自動車重量税（自動車重量税法8条、9条）などは、徴税の便宜のために、例外として、印紙によって租税を納付することが定められている。印紙による納付は、課税文書（印紙税）、登記等の申請書（登録免許税）、有価証券取引書（有価証券取引税）、一定の提出書類（自動車重量税）などに納付すべき税額に相当する金額の印紙を貼り消印する方法によって納付される。地方税では、証紙徴収というが、印紙納付に該当する（地1条1項13号、151条3項など）。

(3) 物　納

租税は金銭納付を原則としているが、相続税だけに例外として物納が認められている（相41条以下）。

物納は、延納によっても金銭で納付することが困難である場合に限って認められている（相41条1項）。

物納は、納税義務者の申請に基づく税務官庁の許可（物納許可。相41条1項）により認められる。物納が許可された相続税は、物納財産の引渡し、所有権移転の登記その他第三者に対抗する要件を充足したときに納付があったものとされる（相43条）。

物納の制度は、相続税のように金銭以外の財産を取得したことに対する課税の

比重の大きい租税については不可欠な制度であるといえるが、物納の税額が相続税額の約2分の1を占めるという最近の異常な傾向は（1992年度は、相続税を支払わなければならない10人のうち1人程度が物納を選んでいる。）、相続税の課税が過大であることを示しているといえる。

物納については、相続税の項を参照されたい。

5—5　源泉徴収による租税の納付

給与、利子、配当などは所得が発生しこれを支払うときに、支払者に源泉徴収義務を負わせ、受給者の負担する所得税を天引して国に納付することにしている（所118条以下）。支払者の源泉徴収義務は支払の時に何らの手続を必要とせず自動的に成立し確定する（自動確定という。通15条2項2号）。給与所得について過不足を清算するのに年末調整の制度があり、受給者の申告納税の手間を省くことにしている。

5—6　納付以外の納税義務の消滅

納税義務はその本旨に従った自発的な履行（租税の納付）によって消滅することはいうまでもないが、そのほか納税義務者が納期限を経過しても自発的な納付をしない場合は、納税義務者等の財産に対し強制徴収の手続（滞納処分）を行い、租税を強制的に取り立てることになる。納税義務は、このような自発的な納付又は強制徴収によって消滅するが、このほかに、(1)納税義務ないし租税の免除、(2)消滅時効の完成（通72条、地18条）、(3)還付金等の充当（通57条、地17条の2）によっても消滅する。

納税義務と国又は地方自治体に対する金銭債権との相殺は、租税債権の確保の要請から、一般的に認められていない（通122条、地20条の9）。

(1)　納税義務の免除

免除は、免税といわれることもあるが、成立した納税義務を後になってその全部又は一部の負担を消滅させることをいう。この点で、免除は、納税義務がはじめから成立しない非課税（人的非課税、物的非課税）とは区別されているが、その区別が困難な場合が少なくない。税法のうえでは、「……税を免除する。」あるいは「……税の額を免除する。」と規定している。免税も非課税も租税の負担がない

第2節　納税義務の成立・確定・消滅

点で両者の間に違いはないが、所得税の計算の過程で免税所得も総合所得の中に含めるので（措置令17条3項）、納税義務者が最終的に負担する税額に違いが生ずることがある。

　免除には、納税義務者からの申請を要件として免除が行われる場合（災害免除法2条、同法施行令2条、措置25条）と、ある一定の事実が存在するときに、納税義務者又は税務官庁の行為を必要とせず、法律上当然に免除となる場合（例えば、2年以内に譲渡担保権者から譲渡担保設定者に譲渡担保財産を返還したときは譲渡担保権者に対する不動産取得税を免除する場合など、地73条の27の3第1項。他方、譲渡担保財産が担保設定後2年以内に譲渡担保設定者に返されたときは、譲渡担保設定者に対する不動産取得税は非課税である、地73条の7第8号。）がある。また、納税義務者の申請によらず（例、徴153条5項など）又はその申請に基づき（例、災害免除法3条1項、4条、同法施行令3条、11条、17条）税務官庁の行政処分によって免除が認められる場合がある。免除が認められる理由は、一定の政策的考慮（租税特別措置法上のもの）や災害等による資力の減少（災害免除法の場合）などとなっている。免除の効果が生ずるのは、このように多様であるが、多くの場合は、税務官庁の免除のための行政行為（免除の認定処分）によって免除の効果が生ずる。

(2)　租税債権の消滅時効

　租税債権（国又は地方自治体の租税を徴収する権利、すなわち徴収権）も消滅時効により消滅することになっており（旧憲法下では、公権公義務は時効によって消滅しないというのが多数説であった。）、5年の時効によって消滅する（通72条1項、地18条1項）。この消滅時効にかかる5年は、一般の公法上の債権と同じ期間である（会計法30条、地方自治法236条1項）。租税債権の消滅時効による消滅は、納税義務者の側からいうと、租税債務（納税義務）の消滅である。租税債権の消滅時効は、課税権（更正、決定、賦課決定）を行使できる期間制限（一種の除斥期間）とは区別される概念である。

　租税債権について、税法に特別の規定（通72条、73条、地18条、18条の2）のない部分については、一般法として民法の時効に関する規定（通72条3項、地18条3項）が準用される。

　租税債権は、原則として、法定納期限（初日不算入）から5年間行使しないことによって時効によって消滅する（通72条1項、地18条1項、関14条の2第1項）。

189

第7章　租税手続法

　無申告とか申告期限内に正しい申告がなくその後になって納税義務が確定するような場合に、法定納期限の翌日をもって一律に租税債権の消滅時効を進行させてよいのか理論上は問題を残しているが、時効制度はできる限り法律関係を不安定にしないようにするものであるので、課税関係を複雑にしないために、租税債権の消滅時効の起算日を一律に法定納期限の翌日と解してきている。もっとも、偽りその他不正の行為によって租税を逋脱した場合は、原則として当該租税の法定納期限から2年間は消滅時効は進行しない（消滅時効の期間は7年となる。通73条3項本文、地18条の2第1項）。また、移転価格税制の適用がある場合は、徴税の困難性から租税債権の時効は法定納期限から1年間は進行しない（消滅時効の期間は6年。措置66条の4第17項）。

　租税債権の消滅時効の特色は、消滅時効の絶対的効力である（法律関係の複雑化を避けるために、租税債権だけでなく、公法上の債権一般にこの絶対的効力が認められている。）。租税債権の消滅時効について、その援用を必要とせず、その利益の放棄はできない（通72条2項、地18条2項、関14条の2第2項）。租税債権の消滅時効は、納税義務者の意思（援用、放棄）に関係なく、客観的な消滅時効の期間の経過によって消滅するという画一的な効力が生ずる。

　もっとも、税法上一定の中断事由及び中断事由が継続する期間は、消滅時効の中断・停止が生じる（通73条1項、地18条の2第1項、関14条の2第2項）。税法上認めている中断事由は、更正又は決定、納税に関する告知、督促、交付要求、加算税納付義務についての賦課決定である。民法の準用によって認められる中断事由は、催告、訴え、差押え、承認（納税猶予の申請、一部であることを明示した納付）などである。

　中断の効力の及ぶのは、原則として、中断事由とされる処分が直接関係する範囲について中断の効力が生じる（通73条1項、地18条の2第1項）。もっとも、増額更正がされた場合、増額更正の性質からいって、増差額の範囲においてのみ時効中断の効力が生じるものではなく、納税義務の全体について時効中断の効力が生じるものと解すべきである。

　延納、納税の猶予、徴収もしくは滞納処分の猶予に場合には、延納又は猶予されている期間中は、徴収権の行使ができないので、これらの期間中は消滅時効は進行しない（時効の停止。通73条4項、地18条の2第4項、関14条の2第2項）。時効の停止は、事項の中断と異なり、すでに進行した時効期間をご破算にしてしま

うものではない。時効の停止についても民法の規定が準用になる（民法160条、161条）。

なお、本税について時効が中断し又は納税義務の履行があったときは、附帯税である延滞税又は利子税についても、時効中断の効力が生じる（通73条5項、地18条の2第5項、関14条の2第2項）。

6 租税の還付
6-1 過誤納金

過誤納金は、納税義務者に返還（還付）されるが、過納金と誤納金に区別されている。誤納金とは、誤った申告や誤った課税処分に基づき納付した過大納付分のように、納税義務の誤った確定行為に基づいて生じたもので、最初から法律上の原因を欠いていた納付税金をいう。これに対して、過納金とは、減額更正や誤った課税処分が争訟手続などにより取り消され、過大納付分が生じたもので、最初は有効な確定行為に基づいて納付されたが、後日減額更正などによって法律上の原因を欠くことになった納付税金をいう。誤って申告税額を超えて税額を納付した場合、納付義務の消滅時効が完成しているのに誤って租税を納付した場合、無効な申告又は更正・決定に基づいて租税を納付した場合、これらの場合は納税義務の誤った確定に基づいて納付した過大納付分ではないので、誤納金ということになる。もっとも、過納金か誤納金かという区別は全く実益がなく、過誤納金とまとめて呼んだ方が合理的である。

源泉徴収義務者が本来の納税義務者（源泉納税義務者）に返還する過大な天引き分（過納額の還付。所191条）は、税務官庁が還付する還付金等ではないので、ここでいう過誤納金ないし還付金と区別されている。

6-2 還付金

還付金とは、当該納付そのものは適法であったが、後に結果として過大な納付となり、税務官庁が納税義務者に返還すべき税額に相当する金額をいう。還付金を生ずる場合は、個別税法に定められており種々のものがあるが、主要な場合だけを挙げる。

　イ　予納的な納付が確定申告により過大納付となった場合

源泉徴収で徴収された税額が確定申告により納付すべき税額を超える場合（所

138条)、予定納税で納付された税額が確定申告により納付された税額が確定申告により納付すべき税額を超える場合（法人80条、消53条）など

ロ　外国税額控除により控除できる税額があり確定申告により納付すべき税額を超えるとき（所138条1項、法人79条1項）

ハ　純損失・欠損金の繰戻しの場合（所140条、法人81条）

ニ　消費税等の戻入れ制度により翌月の納付税額からの控除をする場合に、控除しきれないとき（酒30条3項、4項など）

ホ　災害等による租税の減免が行われた場合（災害免除法3条2項、7条4項）

6－3　還付の手続

　税務官庁（国、地方自治体）が納税義務者に対し、還付金又は過誤納金を返還することを還付という。還付は一種の不当利得の返還請求で、不当利得の返還請求の特則ということができる。

　税法は、還付金があるときは、税務官庁において遅滞なく還付すべきことを定めているが（通56条1項、地17条）、還付金の場合は、納税義務者からの還付請求について（所138条、139条、法人79条、80条など）、税務官庁が当該還付請求が正当なものであると判断したものについて還付が行なわれる（所令267条4項、法人令151条、153条）。過誤納金の場合は、税務官庁が過誤納金の存在を確認したときに還付が行なわれる（印14条1項、登録免許税法31条1項3号）。

　還付の相手方は、原則として、還付の原因となった租税を納付した者である。保証人又は第三者が租税を納付した場合は、本来の納税義務者が還付の相手方（還付請求権者）になると解されている。消費税の場合、担税者が消費者であるときも、還付の相手方は事業者（納税義務者）と解されている（福岡高那覇支判昭和48.10.31訟月19・13・220）。源泉徴収の場合には、源泉徴収の法律関係は、国と源泉徴収義務者の間にだけ生ずるということで、源泉徴収が過大であるときも、多数説は還付の相手方は源泉徴収義務者であり、受給者（本来の納税義務者である源泉納税義務者）は源泉徴収義務者に対して過大分の取戻しを請求できるに過ぎないと解されている。確定申告で清算した過大分は、受給者が簡明直裁に国又は地方自治体に対し徴収過大分の還付を請求できると解すべきである。還付金及び過誤納金として還付する金額に利息として付加する還付加算金については、後述する。

第2節 納税義務の成立・確定・消滅

6－4 還付金等の消滅時効

還付金又は過誤納金についての請求権（還付請求権）は、一般の公法上の金銭債権（会計法30条、地方自治法236条1項）と同様に、その請求をすることができる日から5年間行使しないことによって、時効により消滅する（通74条1項、地18条の3第1項）。関税の場合は、2年の時効により消滅する（関14条の3第1項）。

還付請求権の時効についても、租税債権の消滅時効と同様に、その援用を要せず、またその時効の利益を放棄することができない（絶対的効力。通74条2項、地18条の3第2項、関14条の3第2条）。還付請求権の時効の中断について、民法の規定が準用になり、請求、承認等が中断事由となる（通74条2項、地18条の3第2項、関14条の3第2項）。

6－5 還付金等の充当

充当とは、税務官庁が還付金又は過誤納金（還付金等）がある場合に、この還付金等を還付しないで、還付請求権の未納の租税の支払に充てることをいう。税法は、還付金等がある場合に一方で未納の租税があるときは、還付をしないで未納の租税の支払に充てなければならないとしている（通57条1項前段、地17条の2第1項、関13条7項）。

充当の性質は、還付金等と未納の租税との相殺である。この充当による相殺は、税務官庁だけがすることができるのが特徴である。立法論として両説があるが、現行法は、納税義務者側からの充当による相殺を認めていない（通122条、地20条の9）。充当すべき場合は、必ず充当しなければならないと解されている。

充当には、従来は、処分性がないと解されていたが、最判平成5年10月8日判時1512・20、最判平成6年4月19日金融商事958・13は、充当に処分性を認めている。充当に処分性を認めることになると、充当が違法である場合、まず充当の取消訴訟を提起し充当の公定力を排除しないと、直接還付請求を認められないことになる。これはかえって納税者の権利救済を狭めることになるのでないかと批判されている（詳細は、取消訴訟の対象の項目で再論する）。

6－6 還付金等と還付加算金

税務官庁は還付金等を還付し又は充当する場合には、還付金等の区分に従い定められている一定の日（所138条3項、139条3項、142条3項など）の翌日から還付

第7章　租税手続法

のための支払決定の日又は充当の決定をした日までの期間の日数に応じ、その還付金等の金額に年7.3％の割合で計算した金額を加算しなければならない（通58条1項、地17条の4）。この還付金等に加算する利子を還付加算金と呼んでいる。

注(1)　会社更生法119条で共益債権となる租税債権の範囲を定めており、更生手続開始時においてまだ納期限の到来していないものを共益債権としている。この納期限は法定納期限（通2条8号）をいうのか、納税通知書で指定される指定納期限（具体的納期限。通38条）をいうのか見解は分かれているが、最判昭和48年7月22日民集28・5・1008は、指定納期限をいうと解している。

(2)　山田二郎「更正後に義務的修正申告がされた場合の更正の取消を求める利益など」ジュリスト1073・342

(3)　私人の公法行為について、新井隆一「行政法における私人の行為の理論（第2版）」（1980年）、塩野　宏「行政法Ⅰ（第2版）」（1994年）

(4)　山田二郎「法人税の計算をめぐって」『平成4年版　日弁連研究叢書（上）』（1992年）346頁

(5)　登録免許税については、還付請求の通知（登録免許税法31条の2）という特例が定められている。この点について、山田二郎「不動産登記と登録免許税」香川最高裁判事退官記念論文集（1993年）152頁

(6)　園部逸夫「更正・再更正覚書」矢野勝久教授還暦記念論集『現代における法と行政』357頁

(7)　青色取消処分について期間制限があるかどうか見解が分かれている。大津地判昭和49年4月10日（行集25・4・249）は、7年前に遡って取り消した事案について、青色取消処分には期間制限の規定はないので、権利濫用ないし信義則など一般条項の制約に触れない限り取消しが許されるとしているが（同旨、大阪高判昭和50年6月11日ジュリスト160・51）、青色取消処分は更正処分の前提をなす手続であるので、更正処分の期間制限に抵触するような取消しは許されないと解すべきである。

(8)　青色更正の理由附記の程度について、山田二郎「青色更正の理由附記とその程度について」吉川大二郎博士追悼論集『法と権利4』（1978年）297頁。

第3節　納税者の記帳義務と税務調査

1　納税者の記帳義務
(1)　税額計算と記帳義務

納税者が税額計算を正確に行うには取引に関して正確な記録を行いかつ記録を保存しておくことが必要である。申告納税制度の採られている所得税及び法人税では、特にその必要性が大きい。それで、多くの租税では、納税者に対し記帳義務を課し又は帳簿等の保存義務を課している（法人の帳簿等の保存期間は、契約書などは5年、決算書類は7年。消費税の関係書類の保存期間は7年。法人150条の2第1項、法人規67条、消58条、消令71条2項）。

(2)　白色申告、青色申告（青色申告制度）と記帳義務

所得税及び法人税では、青色申告制度が設けられていて、青色申告の承認を受けた納税義務者（青色申告者）に対しては、一定の帳簿書類の備え付けてその保存を義務づけるとともに（所148条、法人126条）、青色申告を奨励するために、青色申告者に対して種々の実体法上の特典（欠損金の繰越控除など。所70条、法人57条など）や手続上の特典（更正の理由附記、推計課税の制限。所155条、法人130条、通75条4項1号など）を認めることにしている（「青色申告者と白色申告者の記帳制度の対比」の表を参照）。

青色申告制度は、昭和25年のシャウプ勧告により、過少申告、更正という税務行政の悪循環を切断し、納税者が自分の所得を算定するための正確な記帳をすることを奨励するために設けられたものである。

青色申告書は、原則として、一切の取引を正規の簿記の原則に従い、整然かつ明瞭に記録し、その記録に基づき貸借対照表及び損益計算書を作成しなければならない（所規57条、法人規53条）。

また、昭和59年度の税法改正において納税環境の整備の一環として、青色申告の承認を受けていない白色申告者である個人又は法人の納税者についても、簡易な方法による記帳及び帳簿書類等の保存義務を負うことになっている（所231条の2、所規101条以下、法人150条の2、法人規66条以下）[注1]。

195

第7章 租税手続法

青色申告者と白色申告者の記帳制度の対比

項目＼区分	青色申告者の場合	白色申告者の場合
1．記帳義務 (1) 対象者	青色申告者全員	前々年分又は前年分の事業所得等の金額が300万円を超える者
(2) 記帳方法	帳簿書類を備え、資産、負債及び資本に影響を及ぼす一切の取引を正規の簿記の原則に従い、記録しなければならない（原則）。 但し、別途大蔵大臣の定める簡易な記録の方法及び記載事項によることができる（簡易方式）。 また、前々年分の事業所得等の金額が300万円以下の者については、現金主義による記帳及び所得計算ができる。	帳簿を備え、総収入金額及び必要経費に関する事項を左の簡易方式によりもさらに簡易な方法により、記録しなければならない。
2．記録保存 (1) 対象者	青色申告者全員	事業所得者等で前々年分又は前年分の確定申告書又は総収入金額報告書を提出したもの及び決定を受けたもの
(2) 保存期間	帳簿、決算関係書類………7年 現金預金取引等関係書類…7年 （6・7年目の保存については、マイクロフィルムを保存する方法によることができる。前々年分の事業所得等の金額が300万円以下の者は5年） その他の証憑書類…………5年	記録義務に基づいて作成した帳簿…7年（6・7年目の保存については、マイクロフィルムを保存する方法によることができる。） その他の帳簿書類…5年
3．確定申告書に添付する書類 (1) 添付すべき者	青色申告者全員	事業所得者等で確定申告書を提出するもの
(2) 添付書類及び記載事項	貸借対照表、損益計算書その他事業所得等金額又は純損失の金額の計算に関する事項を記載した収支明細書 但し、簡易方式により帳簿の記載をしている場合には、貸借対照表の添付は要しない。	総収入金額及び必要経費の内容を記載した収支内訳書
4．総収入金額報告書 (1) 提出義務者	事業所得等に係る総収入金額が、3000万円を超える者 （確定申告書を提出した者を除く）	
(2) 記載事項	事業所得等に係る総収入金額の合計額その他参考となるべき事項	

（注）　住民税においては、事業所得者等で前々年中又は前年中の所得について所得割を課されたものが記録保存の対象とされ、また、市町村長が賦課徴収に必要と認めるものについて収支内訳書を添付させることができる。

第3節　納税者の記帳義務と税務調査

(3) 記帳義務違反と制裁

　青色申告者に対してはその帳簿書類等を原則として7年間保存する義務を課しており（所規63条、法人規59条）、もし青色申告者が帳簿書類等の備付け・保存の義務に違反したときは、青色申告承認が取り消されることになっている（所150条、法人127条）。帳簿書類等を備付けていても、税務調査に際しこれを開示しないときは、備付けないのと同視されている（東京高判昭和56・10・21行集32・10・1848など）。

　酒税、消費税、揮発油税及び印紙税などの租税については、記帳義務が課されており（酒46条、消58条、揮発油税法24条、印紙税法18条など）、記帳義務違反に対して処罰を受ける場合もある（酒59条1項3号、印紙税法25条3項）。消費税では、仕入税額控除は、一定の帳簿又は請求書の保存を要件としている（消30条7項。仕入税額控除について推計課税が認められるかについて見解が分れており、学説では肯定する見解が有力であるが（例えば、清永・税法143頁）、実務は実定法の規定を根拠として推計による仕入税額控除を否定してきている）。

2　税務調査

2－1　税務調査の態様

　税務官庁は、課税処分や滞納処分を適正に行うために種々の調査をする必要がある。特に、申告納税方式を採る租税の場合には、納税義務者が行った申告又は更正の請求が正当なものであるかどうかを判定するために調査をする必要がある。税務調査とは、税務官庁が課税処分や滞納処分をするために必要な資料を集める一切の活動をいうのであり（いわゆる行政調査の一態様。通24条など）、犯則事件の調査（国犯法1条以下）をいうものではない[注2]。

　税務調査は、納税義務者その他の者から集められた納税申告書や資料などについて税務官署内で行う調査と、納税義務者やその取引先などに来署を求めたり又は出かけて行う税務官署外の調査に大別することができる。税務調査で税法上トラブルが生ずるのは、後者の税務官署外の調査に関してである。

2－2　課税処分のための税務調査

　課税処分のためにされる税務調査は、(1)純粋の任意調査、(2)間接強制を伴う任意調査、(3)強制調査（査察）に大別することができる[注3]。

第7章　租税手続法

(1)　純粋の任意調査

税務職員が、調査の相手方の同意を得て行う調査のことをいう。

純粋の任意調査については、特に税法上一般的に規定されていないが、税務職員が調査の権限をもっているときは、相手方の同意があれば、任意調査を行うことができると解される(例えば、質問検査権の対象者以外の者に対する任意調査、所235条・法人156条の2などに基づく一定の団体に対する協力要請)。この調査は、次に述べる質問検査権に基づく税務調査と異なり、調査を受認する義務は全くなく、調査の相手方はその意に反して調査を強制されることはない。

(2)　間接強制を伴う任意調査

イ　間接強制を伴う任意調査（質問検査権に基づく調査）

個別の税法の中で、課税処分や滞納処分のための調査として規定されている調査で、質問検査権に基づく調査と呼ばれている(所234条、法人153条、相60条、消62条、徴141条など)。任意調査（相手方の同意をえて行う調査）ということになっているが、調査の相手方が正当な理由がなく調査を拒否した場合には、調査妨害罪ということで刑罰を受ける(所242条8号、9号、法人162条2号、3号、相70条2号ないし5号、消68条1号、徴188条1号、2号。その刑罰は、1年以下の懲役又は20万円以下の罰金というかなり重いもの)。調査の相手方が調査に応じない場合は、強制調査(徴142条、国犯法2条)の場合と異なり、実力をもって調査を強制することができないので、任意調査の中に区分されるのであるが、前述したとおり、正当な理由がなく調査を拒否した場合は刑罰が課されるので、この調査は間接強制を伴う任意調査と呼ばれている。

間接強制を伴う任意調査の中でも、資料調査室所属の税務職員による税務調査（「科調」と呼ばれている）は、貸金庫の調査などについてかなり厳しい税務調査が行われていて、後述の強制調査（査察調査）と実質的には違いはないので、その法的な規制が必要となっている。

ロ　質問検査権に関する個別税法の規定と憲法の諸規定との合憲論争

間接強制を伴う質問検査権に基づく税務調査を定めている規定が憲法31条(法定の手続の保障)、35条（令状主義）、38条（不利益な供述の禁止）に違反しないかという疑問が投げかけられたが、最判昭和47年11月22日刑集26・9・554はいずれも憲法の規定に違反しないという判断を下している。

第 3 節　納税者の記帳義務と税務調査

　この最判は、旧所得税法（昭和 40 年法律第 33 号による改正前の所得税法）63 条、70 条 10 号に関するものであるが、判決内容は、現行の質問検査権及びその罰則に関する規定のすべてに妥当するものである。

　上記判決は、まず、憲法 31 条との関係で、上告人が、検査妨害罪、不答弁罪の犯罪構成要件を定めている質問検査権に関する規定（現行法では、所 234 条、法人 153 条など）がその内容（調査の目的、範囲、相手方、特に「調査の必要があるとき」という要件）が不明確であると主張したのに対し、これらの事項について何ら不明確な点はなく、憲法 31 条に違反しないと判断している。

　次に憲法 35 条との関係について、憲法 35 条は刑事手続だけに適用されるものではなく、強制を伴う他の手続にも適用になることを明らかにしている。この判決は、かつて最判昭和30年4月27日刑集9・5・924、最判昭和36年12月20日刑集15・11・1940では、多数意見が憲法35条は刑事手続に関する規定であって行政手続には適用がないと解していたのを変更したものである。上記昭和 47 年最判は、憲法 35 条が刑事手続だけではなく強制を伴う他の手続にも適用になることを明らかにしているのであるが、税務調査における質問検査権は、その目的、作用、調査の対象者、対象物件、強制の態様、必要性などを総合すると、刑事責任を追求するための資料の取得収集に直接結びつく作用をもつものではなく、もっぱら租税の公平確実な賦課徴収を目的とする手続であるので、あらかじめ裁判官の発する令状によることを一般的要件としていなくても、憲法 35 条の法意には反せず、違憲ではないと判断を下している。

　また、上記判決は憲法 38 条の関係についても憲法 35 条と同様に、憲法38条が実質上において刑事責任を追求するための資料の取得収集に直接結びつく手続には広く適用されることを明らかにしているが、質問検査権の性質はもっぱら租税の公平確実な賦課徴収を目的とする手続であって、刑事責任の追求を目的とする手続ではなく、また、そのための資料の取得収集に直接結びつく作用を一般的に有するものではないということで、憲法 38 条の保障の枠外の問題であって、違憲の問題は生じないと判断を下している[注3]。

　47年最判が、質問検査権に関する規定の合憲性を判断するためにあたって、憲法 35 条、38 条が刑事手続以外にも広く適用されると解釈しながら、憲法35条の関連でも、また憲法 38 条の関連でも、質問検査権はもっぱら租税の公平確実な賦課徴収を目的とする手続であるという理由で、これらの憲法の規定の枠外の問題と

199

していることが注目される。納税者の権利を保障するために、質問検査権の適用についてその目的を逸脱しないように歯止めをしっかりとしておくことが必要である。質問検査権によって収集した資料は、関係者の刑事責任追及のために利用することは許されていない（所234条2項、法156条など）。また告発義務（刑訴法239条2項）を負わないと解すべきである。しかし、最判昭和51・7・9税資93・1173は税務調査中に犯則事件が探知された場合は、犯則事件の調査に移行することは妨げないとしている。なお、犯則調査で収集した資料を更正・決定のために用いることは許されると解されている（最判昭和63.3.31訟月34・10・2074）。

ハ　質問検査権に基づく税務調査の適否

質問検査権に基づく税務調査の内容は、同じものではなく、定期的な税務調査から、料調（「資料調査室の調査」）と呼ばれる査察と紙一重の長い期間にわたる厳しい税務調査まで、緩厳の差がある。これまで、質問検査権に基づく税務調査に関して提起されている争点は、ⓐ調査に際し調査理由を開示しないのは違法ではないか、ⓑ被調査者が第三者（関与税理士でない者）の調査立合いを要求した場合に、第三者の立合いを認めないのは違法ではないか、ⓒ納税義務者の承諾なしに行った取引先の調査（いわゆる反面調査）は違法ではないか、また取引先の調査は納税義務者に対する調査だけでは不足する場合に補充的にのみ許されるものではないか、ⓓ申告期限前には質問検査権の行使が許されないのではないか（いわゆる事前調査の適否。申告期限前は純粋の任意調査に限定されるのではないか。）、ⓔ事前通知をしないで突然に行った調査は違法ではないか，ⓕ質問検査権に基づく税務調査を行うのは、過少申告の疑いがある場合に限定されるのではないかなど、数多くの問題に及んでいる。

調査理由の開示については、従前は、要求があるのに調査理由を開示しないのは違法であるという判決（千葉地判昭和46.1.27訟月17・5・856、静岡地判昭和47.2.9判時659・36）と、実定法のうえでこのような法的義務は負わされていないから違法ではないとする判決（東京地判昭和47.2.28訟月18・6・943）に分かれていた。事後的に裁判所によって調査の必要性が否定されても、納税者の権利救済が保障されないことから、調査の理由開示を求める要請が強い。

第三者の立合いについては、被調査者の依頼した第三者が立合うことは何ら違法・不当ではないとする判決（前掲静岡地判昭和47.2.9）が出ているが、従来は税務職員の守秘義務（所243条、法人163条など）の問題と、非税理士に税理士業務

を容認することになり税理士法違反の問題が生ずるおそれがあるということで、立合いを認めないという建前で実務は処理されている。

　取引先の調査については、納税者の調査だけでは十分でない場合にかぎり、かつその限度においてのみ可能であると限定的に解している判決（前掲静岡地判昭和47．2．9）があるが、実定法のうえでこのような調査の順序を定めている規定はなく、また、必ずしも先に調査することによって取引の内容をよく把握できるものではないということで、実務では取引先の調査を限定的に運用していない（反面調査を補充的に位置づけているもの、金子宏『租税法（第7版補正版）』572頁、清永敬次『税法（第5版）』198頁）。

　また、間接強制を伴う税務調査は、いわゆる事後調査に限定すべきで、いわゆる事前調査は純粋の任意調査の方法によるべきであるという有力な学説がある（金子・前掲書573頁、清永・前掲書200頁）。

　これらの点について、最判昭和48年7月10日は判断を示しているが、同判決によると、質問検査権は、更正や決定の場合だけではなく、予定納税額申請（所113条1項）、青色申告承認申請の承認却下の場合（所145条）など、所得税や法人税の終局的な賦課・徴収にいたる過程で、税務官庁による一定の処分が法令上規定されていて、そのための事実認定と判断が要求されている場合には、その行使が認められるものであると解したうえで、質問検査権に基づく税務調査は、法定申告期限前（歴年終了前又は事業年度終了前）でも法律上禁止されているものではないとし（いわゆる事前調査の適法性）、また調査の範囲、程度、時期、場所など、実定法上特段の定めのない実施の細目については、社会通念上相当な限度にとどまるかぎり、調査を行う税務職員の合理的な選択（裁量）にまかされているものであるという判断を示している。同判決によると、これまで種々の論争があったが、質問検査権に基づく税務調査について、調査にあたる税務職員に広い裁量権が認められるということになった。1994年10月1日から漸く行政手続法が施行されたが、この法律は統一的な行政調査手続まで規定しているものではなく、また、この法律は租税の賦課徴収に関する手続は、すでに判例などによって方向づけができているという理由で適用除外としている。しかし、納税者の権利を保障するために、納税者権利宣言や納税者憲章を公布している国が多い。例えば、アメリカの「納税者権利保障法」（"Omnibus Taxpayer Bill of Rights" Act）によると、a 税務調査の告知について、IRS（内国歳入庁）は、税務調査に際し納税者の権利又は課税

庁の義務に関する簡易かつ非専門的な文書で書かれた告知書を容易しなければならない(改正法6227条)、b 税務調査録音権について、納税者は、事前に通知を行った上で、IRSによる税務調査内容を録音することができる(同法7521条(a)) c 調査理由の告知、専門家と相談する権利について、IRSは税務調査に先立ちもしくは調査時に、調査理由や納税者が有する権利について告知しなければならない(同法7521条(b)(1))、納税者が弁護士、公認会計士、登録税務代理人などの専門家と相談する権利を認める、行政召喚状による調査は別として、任意の調査などの場合は、納税者が専門家と相談したいと明確に申し立てたときは、いつでも調査はただちに停止しなければならない(同法7521条(b)(2))などのことが想定されている(詳細は、北野弘久編『現代税法講義(改訂版)』355頁(1991年))。これらの先進諸国の動向をみると、上記最判によって質問検査権に基づく税務調査に関する論争にピリオドが打たれたということではなく、納税者の権利を保障するために、わが国でも早急に税務調査に関する規定の整備が必要であるといえる。

　ニ　質問・検査の手続要件

　税務職員は、租税の賦課・徴収について調査の必要性があるときは、質問・検査を行う権限を有している。調査の必要性とは、客観的な必要性が認められることであり、税務職員の主観をいうものではない。調査の必要性という要件は、解釈によってその意味内容を明らかにすることができるので、課税要件明確主義や法定手続の保障(憲法30条、31条)に違反しないと解されている(前掲最判昭和47.11.22)。

　税務職員が質問・検査をする場合には、その身分を示す証明書を携帯し、関係人の請求があった場合には、これを提示しなければならない(所236条、法人157条、相60条3項など)。これに違反する質問・検査は違法であり、それに対して応答義務は生じないと解されている(最判昭和27.3.28刑集6・3・546)。

　調査理由の告示の要否、税理士以外の第三者の立合いの許否、取引先の調査の制限(補充性)、調査の時期(いわゆる事後調査に限定されるか)、調査の日時の事前通知、調査の時間(夜間調査の許否)などの調査の実施の細目については、前述のとおり調査を行う税務職員の合理的な裁量にまかされると解されているが、質問検査権が間接強制を伴うものであるので、早急に外国の立法例を参考にして、税務調査に関する手続法(納税者権利保障法)の整備をする必要性がある。

　ホ　質問・検査の相手方(被調査者の範囲)

第3節　納税者の記帳義務と税務調査

　質問・検査の相手方は、ⓐ納税義務がある者、納税義務があると認められる者、確定損失申告書を提出した者（いわゆる本人調査。所234条1項1号、法人153条など）、ⓑ支払調査・源泉徴収票などの提出義務のある者（所234条1項2号）、ⓒ納税義務がある者など（ⓐに該当する者）と取引関係にある第三者（ⓑとⓒはいわゆる反面調査。所234条1項3号、法人154条）である。ⓐの調査の相手方の範囲について、前掲最判昭和48年7月10日は、「納税義務がある者」とは、すでに法定の課税要件が充たされて客観的に所得税の納税義務が成立し、いまだ最終的に適正な税額の納付を終了していない者のほか、当該課税年が開始して課税の基礎となるべき収入の発生があり、これによって将来終局的に納税義務を負担するにいたるべき者をもいい、「納税義務があると認められる者」とは、税務職員の判断によって、右の意味の納税義務がある者に該当すると推認される者をいうと判示している。しかし、結論はほぼ異ならないが、「納税義務がある者」は、法律の規定からいって、具体的納税義務のある者（申告・更正・決定などによって納付すべき税額を確定している者）をいうと解すべきである（同旨、金子宏『租税法（第5版）』535頁）。そして、「納税義務があると認められる者」とは、税務職員の主観ではなく、客観的に課税年度が開始し課税の基礎となるべき収入の発生があり、これによって将来終局的に納税義務を負担することになる者をいうと解すべきである。金子前掲書では、「納税義務がある者」を具体的納税義務のある者に限定し、これを前提として、「納税義務があると認められる者」を、まだ具体的納税義務は成立していないが、税務職員の判断により納税義務が成立していると認められる者を意味すると限定的に解釈し、原則として質問検査権の行使としていわゆる事前調査を行うことは許されないと解しているが、被調査者の範囲を税務職員の主観（裁量）にまかせるのは合理性を欠いており、またこのように広く解釈するのは整合性を欠くように考えられる（納税者の家族が質問・検査に対する非協力について処罰されるかについて、被対象者に含まれない（調査妨害罪は身分犯）と解されている）。

ヘ　検査の対象物件

　検査は、対象物件についてのみ許されている。その閲覧・コピーの作成などの方法で行われる（承諾のない持ち帰りについては、否定的に解されている。）。検査の対象物件は、所得税については事業に関連する帳簿書類その他の物件、法人税については帳簿書類その他の物件、相続税及び贈与税については財産又はその財産に関する帳簿書類である[注4]。

ト　質問・検査と更正・決定などとの関係

　質問・検査が違法である場合、これに基づく更正・決定が常に違法となるわけではないが、課税及び徴収に関する法定手続の保障を徹底させる趣旨からいって、軽微なものでない限り、原則として、違法調査により収集した資料は課税処分の基礎として使用することは許されず、また、違法な質問・検査（違法に収集した資料）に基づく更正・決定は違法となると解すべきである。もっとも、東京地判昭和48年8月8日（判時720・26）、那覇地判昭和63年8月10日（行集39・7～8・790）、大阪地判平成2年4月11日（判タ730・90）は、調査に重大な瑕疵がある場合に限り、更正・決定は違法となるとしている。質問・検査が違法である場合、その調査拒否を理由に所得を推計した更正・決定は、推計の内容を問うことなく、違法な処分となると解されている（千葉地判昭和46.5.18訟月17・5・118）。

チ　質問・検査と収集資料の利用制限

　質問・検査は、前述のとおり、犯則調査に直接に結びつくものではなく、租税の公平・確実な賦課徴収のために必要な資料の収集を目的とするものであるので、その収集資料の利用が制限されている。まず、税務職員が質問検査権の行使によって収集した資料は、刑事責任の追求のために利用することは許されず（査察職員に利用させることは許されない）、また、刑事手続において証拠能力はもたないと解される（所234条1項、法人156条、相60条4項など。逆に、最判昭和61.11.10税務事例20・6・19、最判昭和63.3.31訟月34・10・2074は、犯則調査で収集した資料を租税の賦課徴収に使用することは許されるとしている）。

　次に、税務職員が質問・検査の過程で犯則事実を知った場合でも、税務職員の守秘義務（所243条、法人163条など）が公務員の告発義務（刑訴239条2項）に優先し、税務職員は告発義務を負わない（告発をすることは許されない）と解すべきである（最判昭和51.7.9裁判集201は、法人156条は、税務調査中に犯則事件が探知された場合に、これが端緒となって査察官による犯則事件の調査に移行することを禁ずる趣旨のものではないと解しているが、この運用をルーズにすると、納税者に対する手続保障が意味のないものになるおそれがある）。

(3) 強制調査

　強制調査は、課税・徴収のための税務調査では許されていない。強制調査（いわゆる査察調査）は、犯則事件（租税犯罪）を調査するために認められているもので

第3節　納税者の記帳義務と税務調査

あり、裁判所の許可状をえて行うものである。強制調査は、租税の課税・徴収のために許されているものではないので、租税処罰法の項目の中で説明する。

注(1)　適正・公平な課税を実現するための有力な手段として、納税者番号制度の導入が検討されている。その方式として、公的年金番号を利用する方式と、住民基本台帳の番号を利用する方式が考えられている。支払調書や契約書などの法定資料に納税者番号を記入し、税務行政の機械化と相まって、特に資産性所得（利子・株式や不動産等の譲渡益）について適性・公平な課税を実現しようとして検討されているのである。金子宏「税務情報の保護とプライバシー――納税者番号を視野に入れて」租税法研究22・33（1994年）

(2)　質問検査権に関する主な文献
　　　北野弘久編『質問検査権の法理』（1974年）
　　　玉国文敏「租税調査と現代的課題」租税法研究14・52
　　　曽和俊文「質問検査権をめぐる紛争と法」租税行政と権利保護（1995年）95
　　　国税庁編『税務調査の法律的知識（改訂版）』（1975年）
　　　大塚正民「アメリカ連邦税法における質問検査権」税法学231・20
　　　木村弘之亮「西ドイツにおける調査命令に基づく税務調査――調査命令の法的性質と意義」法学研究56・9・1620
　　　波多野弘「西ドイツにおける税務調査」税法学232・44

(3)　税務調査への黙否権の適用について、金子宏「行政手続と自己負罪の特権――租税手続を中心とするアメリカ判例理論の検討」国家学会百年記念『国家と市民』1巻105頁（1987年）、山田二郎「供述拒否権の保障と犯則事件の調査手続」ジュリ818・66。

(4)　税務調査をめぐって、全国の医療機関の約6割が加盟している全国保険医団体連合会は、刑法や医療法により医師には患者のプライバシーを保護するためカルテの守秘義務があるとしてカルテの調査を拒否しているが、税務署側は所得調査のためカルテの調査が必要であり、税務職員には守秘義務があるので患者の秘密は外部に洩れることはないと説明している（朝日新聞平成7・5・22日夕刊）。

第4節　租税の強制徴収（滞納処分）

1　強制徴収の手続
1−1　滞納と強制徴収の手続

　納税義務者が税法上定められている納期限までに租税を完納しないときは、租税は滞納（納税義務の履行遅滞）となる。

　申告納税方式による租税の場合は、納税義務者は、法律上定められている納期限までに自主的に申告書を提出し、かつ自主的に租税を納付しなければならない。納税義務者が納期限までに租税を完納しないと、滞納処分の開始手続である督促（通37条1項）がされる。

　自動確定方式による租税の場合も、納税義務者は、法律上定められている納期限までに、税務官庁からの納付の請求をまたずに、自主的に租税の納付をしなければならない。もっとも自動確定方式による租税の場合は、納税義務者が納期限までに租税を完納しないときでも、申告納税方式による租税の場合と異なり、直ちに督促を行わず、督促の前に納税の告知（通36条）を先行させることにしている。この納税の告知は、納税義務の確定行為ではなく、すでに自動的に確定している納税義務について、督促と同じく租税の納付を請求(催促)するものである(徴収手続上の手続の1つ)。督促の前に、自動確定方式による租税の納税義務の存否・範囲について税務官庁の判断を予め知らせる手続であるので、納税義務の確定行為ではないが、税務争訟で取消しを求める対象となると解されている（最判昭和45.12.24民集24・13・2243)。

　予定納税の所得税については、税務官庁による予定納税の通知（所106条）がされるので、納税の告知はされない（通36条1項、37条1項)。印紙税については、納期限までに租税が完納されないときは、過怠税を徴収する特別の手続が定められている（印20条)。

　賦課課税方式による租税の場合は、納税義務は税務官庁の賦課決定により確定するので、賦課決定により確定したところに従い、納税の告知（地方税では、納付の告知、納入の告知という。地13条）により租税の納付を請求する（通36条1項1号。通常は、納税通知書（地1条1項6号）の送達をもって、賦課決定と納税の通知を兼

第4節　租税の強制徴収（滞納処分）

国税の滞納処分の流れ

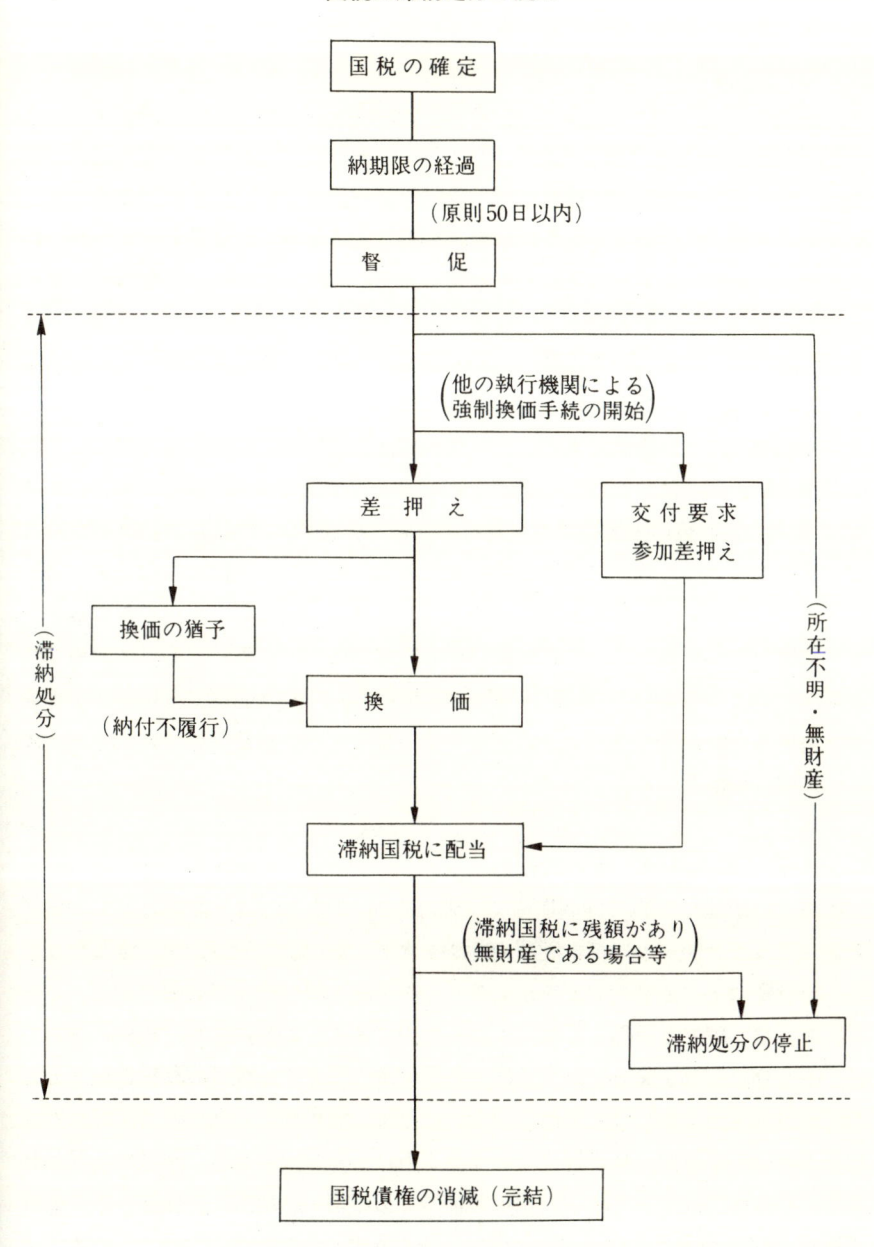

```
            ┌─────────────┐
            │  国税の確定  │
            └──────┬──────┘
                   ↓
            ┌─────────────┐
            │ 納期限の経過 │
            └──────┬──────┘
              （原則50日以内）
                   ↓
            ┌─────────────┐
            │   督　　促   │
            └──────┬──────┘
─ ─ ─ ─ ─ ─ ─ ─ ─ ─┼─ ─ ─ ─ ─ ─ ─ ─ ─ ─ ─ ─ ─ ─ ─
                   │    （他の執行機関による）
                   │    （強制換価手続の開始）
                   ↓              ↓
            ┌─────────────┐  ┌─────────────┐
            │   差 押 え   │  │  交付要求   │
            └──────┬──────┘  │  参加差押え │
                   │         └──────┬──────┘
        ┌──────────┤                │
        ↓          │                │
  ┌──────────┐    │                │
  │換価の猶予│    │                │
  └─────┬────┘    │                │
        │         ↓                │
   （納付不履行）  ┌─────────────┐  │
        └───────→│   換　　価   │  │
                 └──────┬──────┘  │
                        ↓         │
                 ┌─────────────┐  │
                 │滞納国税に配当│←─┘
                 └──────┬──────┘
                        │
              （滞納国税に残額があり）　　（所在不明・
              （無財産である場合等　　）　 無財産　 ）
                        ↓                    ↓
                                      ┌─────────────┐
                                      │滞納処分の停止│
                                      └──────┬──────┘
（滞納処分）
─ ─ ─ ─ ─ ─ ─ ─ ─ ─ ─ ─ ─ ─ ─ ─ ─ ─ ─ ─ ─ ─ ─ ─ ─
                        ↓
                 ┌──────────────────┐
                 │国税債権の消滅（完結）│
                 └──────────────────┘
```

207

第7章　租税手続法

ねている。）。納税義務者が納税の告知で示された納期限までに租税を完納しないときは、督促の手続に移行する。

　申告納税方式による租税や自動確定方式による租税の場合、通常、納期限というのは法律上定められている本来の納期限（法定納期限。期限内申告の場合は、本来の申告期限）をいうが（通2条8号、35条1項）、期限後申告書又は修正申告書の提出により納付すべき税額の納期限は、これらの申告書を提出した日であり、また更正又は決定により納付すべき税額の納期限は、これらの通知書が発せられた日の翌日から起算して1ヵ月が経過する日である。これらの本来の納期限と異なる場合を、具体的納期限と呼んでいる(注1)。

　賦課課税方式による租税の場合、納期限というのは、納税義務者に対する納税の告知に示された納期限（具体的納期限）である。

　申告納税方式・自動確定方式による租税の法定納期限、賦課課税方式による租税の具体的納期限は、延滞税の計算上の始期となり（通60条1項、2項、61条2項）、租税の徴収権の消滅時効の起算日となる（通72条1項）ほか、自動確定方式による租税については、法定期限内に納付がないときは、納税の告知（通36条）がされ、かつ不納付加算税が徴収されることになる(通67条)。修正申告や増額更正・決定があった場合に、全部の延滞税の始期が修正申告等による具体的納期限とズレることになるのか（全部の延滞税の始期がズレるのか）明確でないが、本税全部の納期限が修正申告等によりズレるのではなく、その増差額についてのみ具体的納期限が始期となる。

1－2　滞納処分と自力執行力

　私法上の債権について強制取立て（滞納処分）をするには、原則として、まず、その存否及び金額について裁判所の判断を求め、判決（債務名義）を取得したうえで、裁判所にその強制取立てを求めるという手続を踏むことが必要であり、その手続はかなり時間と費用と手数のかかるものである。これに対し、租税については、その存否及び金額を確定する権限と強制取立てをする権限が租税債権者である国又は地方自治体に与えられている。これは、租税の自力執行権と呼ばれるが、租税の能率的な徴収には不可欠という考え方によるものである。外国でも同じ制度を取り入れている。それで、租税債権者である国又は地方自治体は、租税債権が確定（争訟が提起されても、後述のとおり執行不停止の原則が採用されているが、不

第4節　租税の強制徴収（滞納処分）

服申立期間の経過により形式的確定力が生ずることになる）し、納税義務者が納期限までに租税を完納しないときには、強制徴収の手続を進めることになる。

1－3　滞納処分と違法性の承継

　滞納処分は、納税義務が確定し、納税者が納期限までに租税を完納しないときに始まるので、強制徴収が始まる前提条件として、納税義務（租税債権）の確定していることが必要である。ところで、一連の行政手続においては、先行行為の違法性は後行行為に承継すると考えられているが、租税債務の確定処分（例えば、更正処分）と滞納処分は、その目的を異にしているということで、確定処分の違法性は滞納処分に承継されず、課税処分の瑕疵を理由として滞納処分の取消を求めることはできないと解されている（広島高判昭和26．7．4行集2・7・1167など）。

　滞納処分は租税を強制徴収する目的のための一連の行為であるので、先行行為（例えば、督促）の違法性は、後行行為（例えば、差押）に承継されることはいう迄もない。滞納処分の先行行為の違法を理由にして後行行為の取消しを求めることができる。

　なお、確定処分の違法性は滞納処分に承継されないが、後述のとおり、課税処分の取消しの訴えを本案として滞納処分の執行停止を求めることは許されている（大阪高決昭和43．12．14行集19・12・1912、東京地決昭和46．2．22行集22・1～2・90。東京地決の判例評釈、山田二郎「租税判例研究〔第22回〕」ジュリ490・136）。

　しかし、課税処分の違法性は滞納処分に承継されないということが、これ迄ドグマとして受け入れられているが、全体が一連の手続であることからいってこのドグマの正当性を検討する必要がある。

1－4　債権者代位権・債権者取消権

　租税の徴収確保を図るために、民法の債権者代位権（423条）及び債権者取消権（424条）の各規定が、租税の徴収に準用されている（通42条、地20条の7）。

(1)　債権者代位権

　債権者代位権の行使の要件として、納税者（債務者）が無資力でその一般財産をもって租税の金額を納付することができないこと、租税の納期限が到来していることが必要である。

第 7 章　租税手続法

　租税の徴収のために債権者代位権が行使された事例として、納税者（滞納者）の所有する土地が第三者名義になっている場合に、そのままでは滞納処分を実行できないので、国が納税者に代位して、その第三者（登記名義人）に対して所有名義を納税者に戻すように所有権移転登記手続を請求しているものがある（登記の所有名義が納税者に戻ると、納税者の土地として滞納処分を実行することになる。）。

　債権差押をした場合は、差押債権者は被差押債権について債権者代位権を行使するまでもなく、第三債務者に対して、直接、取立権を取得することになる（徴67条、民事執行法155条 1 項）。債務者（納税者）の有する金銭債権について、債権者が第三債務者に対し代位による支払請求訴訟を提起したのち、債務者に対する滞納処分により国が同一債権を差し押え、第三債務者に対し支払請求訴訟を提起した場合、債権者代位権の行使権限が失われるのか争われたが、判例は、債権差押により債権者の代位権行使権限は失われないとし、二個の請求を併合審理し、両者ともに請求を認容する判決を出している（最判昭和45. 6 . 2 民集24・6・447。逆のことも成立つのか、また債権差押のもつ処分禁止の効力をどう考えるか、種々問題を含む判決である）。東京地判昭和47. 5 . 2 訟月18・11・1690は、債権者が債務者に対し給付訴訟を提起した後に、国が同一債権を滞納処分により差し押えた場合には、その債権の取立権は国に移るから、債権者は給付訴訟の追行権を失い、当事者適格を失うと解している。

(2)　債権者取消権

　債権者取消権の要件として、客観的要件と主観的要件がある。客観的要件として、納税者の行為によりその一般財産が減少し、その結果として租税の全額を徴収することができなくなること（詐害行為の存在と徴収不足の発生）、主観的要件として、納税者及び受益者又は転得者が、その行為によって租税債権を害することを知っていたこと（詐害の意思の存在）が必要である。

　民法の解釈では、債権者取消権を行使するためには、納税者の詐害行為（本旨弁済や不動産の時価売却がしばしば問題となる。否定するのが有力な見解である。）が行われたときにすでに被保全債権が成立していることを必要としているが（最判昭和33. 2 .21民集12・2・341、最判昭和55. 1 .24民集34・1・110。平井宣雄『債権総論〈第 2 版〉』(1995年)281頁など）、租税債権についてその特殊性を考えて、詐害行為時に納税義務の成立の基礎がありかつその成立の確率が高いときには（所得税の納税義

210

務の成立時である暦年の終了時(通15条2項1号)までに、売買があり、売買による譲渡所得税の成立が予測できるようなときには)、納税義務(被保全債権)が成立していなくても行使できるという見解がみられる(佐賀地判昭和32.12.5訟月4・2・163、大阪地判平成元.3.16訟月35・9・1709)。債権者取消権の行使は、取引の効果を遡って否定することになるので、取引の安全からいって、民法上の解釈と同様に、詐害行為時に被担保債権である納税義務の成立を必要とすると考えたい(最判昭和42.3.14裁判集民86・551)。私法の領域の破産手続では、詐害行為取消権と同じ趣旨の否認権(破産法72条)の制度がある[注3]。

債権者取消権は、納税者の行為が租税債権を害することを国又は地方自治体が知った時から2年間行使しないとき、又は納税者の行為の時から20年が経過した時のいずれか早い時点の経過により、時効により消滅する。

なお、納税者の詐害行為を阻止する措置として、国税徴収法には後述の第二次納税義務とい制度を設けている(徴32条以下。特に38条)。詐害行為の受益者に保証人と同様の責任を負わせるものである。行使の簡便さからいって、むしろ第二次納税義務の方が利用されている。

2 租税債権と私債権・他の公課との優劣
2−1 租税債権の一般的優先権(優先徴収権)

租税は、国又は地方自治体の一般歳入に充てる財源であるという強い公益性をもっているので、納税者の一般財産(総財産)について、原則として、他の公課及び私債権に先立って徴収することが認められている(徴8条、9条、地14条、14条の2)。これを租税債権のもつ一般的優先権(優先徴収権)という。

もっとも、租税の一般的優先権というのは、納税者の財産が滞納処分、強制執行等の強制換価手続により換価されて、その換価代金を競合する債権者間に配当

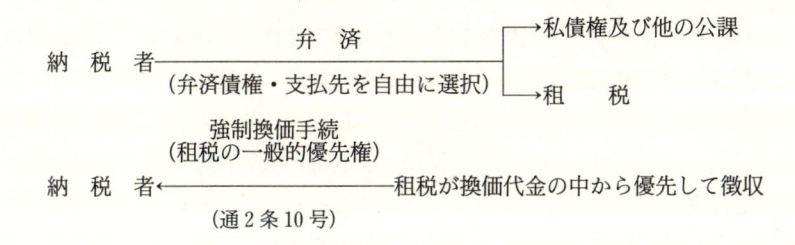

```
納 税 者 ─────弁 済────→ 私債権及び他の公課
         (弁済債権・支払先を自由に選択) → 租  税

          強制換価手続
         (租税の一般的優先権)
納 税 者 ←──────租税が換価代金の中から優先して徴収
         (通2条10号)
```

する場合に、原則として、租税が他のすべての公課及び私債権に優先して弁済を受けることをいうのであり、納税者が任意に租税よりも他の債権を弁済することまでを禁止する効力をもつものではない。

　一般的優先権をもつ租税も、共益費的性格をもつ強制換価手続にかかる費用には常に優先しない（徴9条、10条、地14条の2、14条の3）。

2−2　租税債権と私債権との調整

(1)　現行法の位置づけ

　租税債権に優先権を与えるとしても、優先権をあまり強く認めることは私的取引の安全を害することになる。特に、担保権によって保護されている私債権に対して常に租税が優先するということでは、取引の安全を著しく阻害することになる。租税と担保権付私債権をどのように調整するかは重要な問題であり、昭和34年の国税徴収法の全面改正にあたっては、従来の租税の過度の優先権に対して検討を加え、取引の安全を重視する改正が行われた[注4]。

　現行法では、まず、原則として租税の法定納期限を基準として両者の優劣を定めることとし、租税債権と質権、抵当権、これ以外の担保権及び非典型担保との優劣についても規定がおかれた。昭和53年に仮登記担保法が制定されたので、これに伴い国税徴収法も改正がされた。

(2)　質権・抵当権との調整

　納税者がその財産に質権又は抵当権を設定している場合において、その質権又は抵当権が租税の法定納期限等（「法定納期限」について、徴2条10号。「法定納期限等」について、徴15条1項かっこ書）以前に設定されたものであるときは、当該租税は、当該財産の換価代金について、質権又は抵当権により担保されている債権が優先し、租税は劣後する（徴15条、16条、地14条の9、14条の10）。

　これは、租税と質権・抵当権で担保されている債権との優劣を、当該担保権の設定が租税の法定納期限等以前であるか否かによって決定するものである。旧国税徴収法のもとでは、租税の納期限より1年以上前に設定された質権・抵当権が租税に優先するとされていたため、質権・抵当権の設定後に債務者が滞納した場合に、債権者が不測の損害を受けることが多かったので、現行法では法定納期限等を基準として、租税と質権・抵当権との優劣を決めることとし、取引の安全を

第4節　租税の強制徴収（滞納処分）

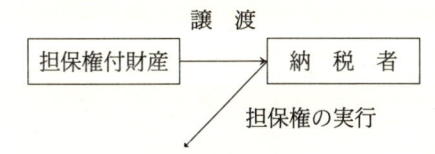

```
                譲　渡
┌─────────┐ ────────→ ┌─────────┐
│担保権付財産│           │ 納税者 │
└─────────┘ ────────→ └─────────┘
              担保権の実行
```

担保の設定時期が
① 納税者の法定納期限前┐　「常に」担保権者が納税者の租税に優先
② 納税者の法定納期限後┘　（旧徴収法との大きな相違点）

図ることに改善した。取引関係に立つ債権者としては、質権・抵当権を設定するにあたって、債務者から納税証明書（通123条、通令41条、地20条の10、地令6条の21）の提出を受けて、債務者に法定納期限等の到来している租税がないかどうかの調査をすれば、租税との優劣を比較的容易に判断できることになった。

　質権又は抵当権により担保される債権額または極度額を増加させる登記がされた場合は、増加した債権額又は増加額については、登記のときに新たに質権又は抵当権が設定されたものとみなされ、租税との優劣が決められる（徴18条2項、地14条の12第2項）。

　納税者が質権又は抵当権の設定されている財産（担保財産）を譲り受け、納税者（譲受人）の租税と競合することになった場合は、担保権者は当該譲受人の租税を予測することはできないので、担保権者に不測の損害を与えるのを避けるために、譲受人の租税はその質権又は抵当権によって担保される債権に常に劣後するものとされている（徴17条1項、地14条の11第1項）。

　逆に、担保権付財産の譲渡人の租税との関係では、担保権の設定がその法定納期限後であるために担保権が優先しないときに、担保権付財産が譲渡され、譲渡により担保権が全く制限なく租税に優先して弁済を受けるのは、租税の徴収を阻害し不合理であるので、譲渡人に他に財産がない場合は、その被担保債権が強制換価手続により配当を受ける金銭のなかから、譲渡人の租税を優先的に徴収できることにしている（徴22条、地14条の16）。この場合に徴収することができる金額は、当該財産の換価代金から質権・抵当権付債権が配当を受けるべき金銭と、この財産の譲渡がなかったとした場合に質権・抵当権付債権が配当を受けるべき金額との差額である（徴22条2項、地14条の16第2項）。譲渡人である納税者の租税と担保権との優劣関係を、財産の移転後も同じように扱うものである。この場合の徴収の方法は、①譲渡財産について強制換価手続が行われた場合は、交付要求

第 7 章　租税手続法

納税者が担保権付財産を譲渡

```
┌─────────────────┐ 担保権の実行
│ 法定納期限前に設定した │ ──────→ 担保権者が常に優先
│ 担保権付財産     │
└─────────────────┘

┌─────────────────┐ 担保権の実行  徴収不足が生ずる場合は、担保
│ 法定納期限後に設定した │ ──────→ 権者が受ける配当から優先的に徴収
│ 担保権付財産     │
└─────────────────┘
```

（徴22条5項、地14条の16第5項。終期は、配当要求の終期と解されている、最判平成2年6月28日判時1373・58。同評釈として、山田二郎・金法1177・20、吉田徹・平成2年行政関係判例解説105、藤井康夫・租研15・21。）により、また、②担保権者が自ら担保権を実行しない場合は、代位実行（徴22条3項、地14条の16第3項）の、いずれかの方法による。

　質権又は抵当権が租税に優先して配当を受ける被担保債権の元本の金額は、担保権者が租税にかかる差押または交付要求の通知(徴55条、82条3項)を受けたときの債権額を限度としている（徴18条1項、地14条の12第1項）。根担保の場合も、租税に優先する範囲は、その限度額ではなく、差押の通知又は交付要求の通知を受けた時点における債権額である。

(3)　先取特権との調整

　先取特権により担保されている債権と租税との優劣については、先取特権を2つに分類している。①不動産保存の先取特権など一般の先取特権(民法306条以下)については、常に質権・抵当権に優先することを考慮して、租税についても常に優先するとされる(徴19条、地14条の13)。②不動産賃貸の先取特権(民法312条)のように、質権・抵当権に対して登記の前後等の要件により優劣する一定の先取特権については、質権又は抵当権と同じ基準により、これらの先取特権が納税者の財産上に租税の法定納期限等以前から存在していた場合には、租税に優先する（徴20条、地14条の14）。

　旧国税徴収法のもとでは、先取特権と租税との優劣に関する規定はなく、先取特権は常に租税に劣後すると解されていたが、上述したように現行法では改善がされた。もっとも、上述の2種類以外の先取特権については、国税徴収法及び地方税法に何らの規定がないので、それらの先取特権は租税に劣後すると解されて

第4節　租税の強制徴収（滞納処分）

いる。
　これらの先取特権は、質権・抵当権の場合と同様に、先取特権のある財産が譲渡された場合には、譲受人の租税との関係では常に租税に優先する（徴20条、地14条の14）。

(4)　留置権との調整
　留置権が納税者の財産上にある場合には、すべての留置権が租税に優先し、租税はその換価代金について留置権により担保されている債権に常に劣後する（徴21条1項、地14条の15第1項）。
　旧国税徴収法のもとでは、先取特権と同じく規定がなかったので、租税に劣後するものと解されていたが、留置権が強い担保的機能（留置的効力。民事執行法59条4項、124条）をもっていることを考慮して、現行法では留置権は常に租税に優先するものとされた。
　留置権のある財産が滞納処分により換価されたときは、留置権によって担保されている債権は、質権・抵当権・先取特権及び仮登記担保によって担保されている債権に先立って配当を受ける（徴21条1項後段、地14条の15第1項後段。質権・抵当権・先取特権によって担保されている債権の場合と異なり、滞納処分により換価した場合にだけ適用を受けることになっている）。留置権には登記制度がないので、留置権者は、滞納処分の手続において、税務官庁等に対し留置権があることを証明することが要求されている（徴21条2項、地14条の15第2項）。

(5)　仮登記担保との調整
　仮登記担保契約に基づく仮登記又は仮登録（以下「仮登記担保」という。仮登記担保契約に関する法律（以下「仮登記担保法」という）1条）が、租税の法定納期限等以前に、納税者の財産にその者を登記義務者として設定されているときは、当該租税は、質権・抵当権により担保されている債権と同じく、その換価代金について、仮登記担保により担保されている債権に劣後する（徴23条1項、地14条の17第1項）。
　仮登記が債務不履行を停止条件とする代物弁済契約と併せて債権担保の方法として利用されるようになり、最高裁判決でも仮登記を担保権として構成する判断がみられるようになったので（最判昭和42.11.16民集21・9・24、最判昭和49.10.23

215

民集28・7・14)、昭和53年に仮登記担保法が制定されることになった。

仮登記担保法の制定に伴い、昭和53年に仮登記担保と租税との調整について次のように国税徴収法の中に追加規定がおかれた。①仮登記担保権と租税との優劣は、仮登記の時期と租税の法定納期限等との前後によってきめる。②仮登記担保の設定されている財産が滞納処分によって差し押えられた場合には、仮登記権利者は本登記の請求をすることができないが（徴15条1項、52条の2）、換価代金からその順位によって配当を受ける（徴129条）。③強制換価手続において仮登記のされた財産につき質権・抵当権・先取特権及び他の仮登記担保権と租税とが競合する場合には、その優劣は担保権と租税との優先関係によってきめる（徴23条2項、地14条の17第2項）。④仮登記担保付財産が譲渡された場合には、質権・抵当権の場合と同様に、譲受人の租税は仮登記担保によって担保されている債権に劣後し、また譲渡時に譲渡人の租税に劣後していた仮登記担保は、換価代金について譲渡人の租税の徴収を受ける（徴23条3項、地14条の17第3項）。⑤根仮登記担保は、租税の滞納処分においては効力を有しない（徴23条4項、地14条の17第4項）。

(6) 譲渡担保との調整

納税者に担保の目的で譲渡した財産（いわゆる譲渡担保財産）があり、かつ譲渡が租税の法定納期限等後になされたものであるときは、納税者の財産に対して滞納処分をしてもなお徴収不足が生ずると認められる場合に限り、譲渡担保財産から譲渡人（譲渡担保の設定者）の租税を徴収することが認められている（徴24条1項、6項、地14条の18第1項、第7項）。

旧国税徴収法のもとでは、譲渡担保財産は法律上（法形式の上で）は納税者が他へ譲渡したことになっているので、滞納処分を行うことはできないと解されていた。しかし、譲渡担保は債権担保にほかならず（いわゆる非典型的担保）、これを質権・抵当権などと区別する合理的な理由がないということから、現行の国税徴収法では、質権・抵当権と同じく、租税の法定納期限等を基準として、租税の法定納期限等後に設定されたものであれば、譲渡担保財産から納税者（譲渡担保の設定者）の租税を徴収できることにしたものである。譲渡担保との調整は、質権・抵当権のように租税の法定納期限等を基準とするものではあるが、換価代金について「優先権」を認めるものではなく、譲渡担保権者に譲渡担保財産の範囲内で「物的納税責任」を負担させていることに特色がある。

第4節 租税の強制徴収（滞納処分）

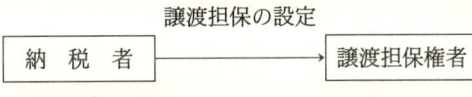

譲渡担保の設定

```
┌─────────┐  譲渡担保の設定  ┌──────────┐
│ 納 税 者 │ ──────────────→ │ 譲渡担保権者 │
└─────────┘                  └──────────┘
```

譲渡担保の設定
① 法定納期限等前──→譲渡担保権者に滞納処分を行うことは許されない
② 法定納期限等後──→譲渡担保権者に物的納税責任

譲渡担保権者に物的納税責任が認められ、譲渡担保財産から納税者（譲渡担保の設定者）の租税を徴収しようとする場合には、譲渡担保権者に対し告知書を発行し（徴24条2項、地14条の18第2項）、告知後10日経過しても完納されない場合に、譲渡担保権者を第二次納税義務者とみなして滞納処分がなされる（徴24条3項、地14条の18第3項）。譲渡担保権者の負担する物的納税責任を、第二次納税義務の制度を利用して滞納処分を行えることにしている[注5]。

なお、譲渡担保財産を譲渡担保権者のものとして、譲渡担保権者の負担する租税についての滞納処分をすることが適法かという問題がある。譲渡担保を非典型担保と考え、譲渡担保権者は清算義務を負っているものと考えると（最判昭和46.3.25民集25・2・208）、譲渡担保権者は優先弁済権を主張できるだけであり、譲渡担保財産を譲渡担保権者ものとしてなした滞納処分は違法であると解される（適法としているもの、東京高判昭和47.6.12金法661・29）。

2－3　租税公課の相互間の調整

租税は、前述のとおり一般的優先権があるが、共益費優先の原則により、強制換価手続の費用（徴9条、地14条の2）及び滞納処分費（徴10条、地14条の3）には劣後する。

租税と他の公課（社会保険の保険料など）との関係では、租税が公課に優先する（徴8条、地14条）。

租税相互の関係（国税相互の間、国税と地方税の間、地方税相互の間の関係）については、優劣の関係はなく同順位とされ、具体的には徴収手続をとる前後によって優劣が決められる。差押をした租税は、これに交付要求をした租税に優先し（徴12条、地14条の6。差押先着手主義という。）、また交付要求をした租税相互間では、先に交付要求をした租税が優先する（徴13条、地14条の7。交付要求先着手主義という。）。

租税相互間では同順位という原則に対して、次の2つの例外がある。①強制換

価がされた場合の間接消費税（消費税を除く）は、その徴収の基因となった公売等にかかる物品の換価代金について、他の租税に優先する（徴11条、通39条、地14条の4）。②租税について設定された担保財産があるときは、その租税は、換価代金について他の租税に優先する（徴14条、地14条の8）。

2—4　租税債権と私債権間の特殊な調整

強制換価手続において、租税債権と私債権が競合する場合には、国税が地方税に優先し、私債権が地方税に劣後しかつ国税に優先するというように、相互の優先順位が確定できない場合がおこる。例えば、差押先着手主義により国税が地方税に優先し、地方税は法定納期限等の関係で私債権に優先するが、私債権は法定納期限等の関係で国税に優先するというような場合である。このような場合には、次の順序で競合が調整される。

①　他の租税、公課及び私債権に対して常に優先順位にある強制換価手続の費用、強制換価の場合に生ずる消費税等、留置権により担保される私債権などについて、換価代金を上記の順序により充当する（徴26条1号、地14条の20第1号）。

②　租税公課と私債権との2つのグループに分け、各グループに属する個々の租税または私債権について法定納期限等、担保権設定の時期等の古いものから優先順位に関する諸規定に従い双方のグループに配分さるべき総額を計算する（徴26条2号、地14条の20第2号）。

③　各グループに配分されるべき総額を各グループ内の債権の優先関係に従い充当する（徴26条3号、4号、地14条の20第3号、第4号）。

3　租税債権と他の強制換価手続（主に倒産手続）
3—1　滞納処分と強制執行等

滞納処分による差押のなされている財産に対して強制執行や担保権の実行としての競売（以下、「強制執行等」という。）を行うことができるか、また強制執行等の行われている財産に対して滞納処分としての差押をすることができるかについて、かつて判例は否定していたが、滞納処分と強制執行等との調整が強く要請されていた。昭和32年に「滞納処分と強制執行等との手続の調整に関する法律」（以下、「調整法」という）が制定され、有体動産・不動産及び船舶に限って、滞納処分と強制執行等との調整が定められたが、昭和54年の改正で、調整の範囲が手形・小

第4節　租税の強制徴収（滞納処分）

切手にも拡大され、さらに昭和55年の改正により、調整の対象が原則としてすべての財産に拡大されている。

①　強制執行による差押、強制競売の開始決定等または競売の開始決定は、滞納処分による差押のされている財産に対してもすることができる（調整法3条1項、11条の2、12条1項、19条、20条、20条の2、20条の3第1項、20条の10、20条の11第1項）。この場合において、強制執行等の手続は、原則として、滞納処分による差押が解除された後でなければ、進めることができない（調整法4条、13条1項、20条の5）。

②　滞納処分による差押は、強制執行等の手続の開始している財産に対してもすることができる（調整法21条1項、28条、28条の2、29条1項、35条、36条、36条の2、36条の3第1項、36条の12ないし36条の14）。この場合には、滞納処分による公売・取立などの手続は、原則として、強制執行ないし競売による差押の取消、強制競売ないし競売の申立ての取下げ、差押命令の申立ての取下げ等がなされた後でなければすることができない（調整法22条、30条、36条の8）。

3—2　租税債権と倒産手続

(1)　倒産手続の諸制度

倒産手続には、裁判上の制度として、破産、民事再生、特定調停、会社更生、会社整理、特別清算という制度があり、破産法、和議法、会社更生法及び後者の二者は商法会社編に規定されており、破産、会社整理、特別清算は清算型、民事再生、会社更生、特定調停は再建型と位置づけられている。そしてこの外に、裁判外の処理として任意整理と呼ばれる清算型の整理が広く行われている。

ここでは、倒産手続について圧倒的多数を占める破産と会社更生を中心に、そこで租税債権がどのように規定されているかを説明する。

(2)　租税債権と破産手続

破産手続（破産法は、大正11年法律71号により制定されたもので、現在では数少ない片仮名の法律である）では、租税債権は一般の債権と区別して取り扱われている。破産宣告前に成立した租税債権は一律に財団債権とされ破産宣告後に成立した租税債権は、破産財団に関して生じたものに限って、財団債権とされている（破産法47条2号）。

第7章 租税手続法

　財団債権とされる租税債権は、破産手続によらずに、破産債権に優先して随時弁済を受けることができる（破産法49条、50条）。

　破産法が原則として租税債権を財団債権として優先弁済を認めていることについて、財団債権は本来破産債権者が共同で負担すべき共益的な性質を有する支出に限るべきであるということから、破産宣告後に成立した租税債権のうちで、「破産財団に関して生じたもの」として財団債権として扱われる範囲について、見解が分れている。固定資産税・登録免許税・印紙税などは、破産財団の管理のための必要な経費として、「破産財団に関して」生じた租税であるとすることに異論はないが、所得に対して課される所得税・法人税については、共益的な費用の性質をもつか争われている。最判昭和43年10月8日（民集22・10・2093）は、所得税についてこれを否定し、最判昭和62年4月21日（民集41・3・329）は、法人税に関して、通常の所得（予納法人税の対象となる清算所得）に対する部分はこれを否定しているが、短期所有土地の譲渡益に対する法人税の重課税（土地重課税）に対する部分については、破産財団に関して生じたもので財団債権に含まれるものと解している。また上記最判62年4月21日は、加算税は本税に付帯して生じるものであるから、財団債権にあたるかどうかは、本税が財団債権性を有するかどうかにかかるとし、法人に対する都道府県民税・市町村民税（法人住民税）のうち均等割は、破産法人が破産の目的でなお存続することに伴い負担すべき経費に属し財団債権にあたるが、法人住民税のうち法人税割は、予納法人税と性格が同じであるから、法人住民税のうち財団債権にあたるのは、均等割に対応する部分であり、その余は財団債権にあたらないとし、また清算中の事業税は、その性格が予納法人税と同じであるから財団債権にあたらないとしている。

　これらの一連の最高裁判決の理論構成は薄弱であり、所得税については、総所得に対する人税であることを理由としており、一方、土地重課税については、清算のない取りきりの租税であることを主な理由としているように解される。破産

```
租 税 債 権
    ┌破 産 宣 告 前──────────────────→財 団 債 権
    └破 産 宣 告 後─┬破産財団に関して生じたもの──→財 団 債 権
                    └上記以外のもの──────────→規 定 な し
                                                （劣後的破産債権）
```

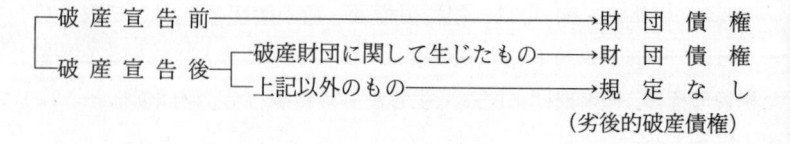

第4節　租税の強制徴収（滞納処分）

債権者が共同で負担すべき共益的な支出といえるような性質をもつ租税以外は、破産財団に関して生じた租税には当らず、財団債権には含まれないと解すべきである。

破産手続で未だ解明できていないのは、財団債権とならない租税債権の破産手続上の位置づけである。名古屋地決平成元年6月12日（金法1238・128）、その抗告審・名古屋高決平成元年8月30日（金法・1238・28）は、租税債権であっても、破産宣告前の原因に基づいて生じたものでない以上破産債権（破産法15条）にもあたらないとし、破産財団から弁済を受けることはできないとしているが（同旨、横浜地判平成元.3.15税務事例21・11・25）、破産法46条4号の罰金などに準じ劣後的破産債権と解するもの（谷口安平「破産管財人による財団の換価と課税」法学論叢116・1～6・281、田中敦・昭和62年度主要民事判例解説・判タ677・304）、少なくとも一般の破産債権と同列に扱うべきとするもの（杉本正樹・昭和62年行政関係判例解説180頁）に見解が分れており、国税当局はこれを優先的破産債権にあたるという見解を採っているが（前掲名古屋高決平成元年8月30日の事例の国側の主張）、劣後的破産債権と解する見解が正当である。

破産財団に属する財産が、財団債権の総額を弁済するのに不足する場合、破産法51条1項本文は、法令に定める優先権にかかわらず各財団債権の額に応じて按分すると規定しているが、破産管財人の報酬は、財団債権の中でも共益費としての性格が強いという理由で、租税その他の公課に優先して弁済を受けることができると解されている（最判昭和45.10.30民集24・11・1667）。

財団債権と扱われる租税債権も、破産宣告前に滞納処分に着手しているもの以外は、破産管財人に交付要求（徴82条）をすることにより破産財団から弁済を受ける（破産法49条）。破産財団に属する財産について、破産宣告前に滞納処分が開始しているときは、破産宣告後もその滞納処分を続行することができるが（破産法71条1項）、破産宣告があると、破産財団に属する財産に対して新たな滞納処分をすることは許されない（最判昭和45.7.16民集24・7・879）。

破産債権にあたる租税債権について、破産管財人に対する交付要求をもって破産裁判所に対する債権届出（破産法228条）と同視できるかという問題が提起されているが、破産手続により配当を受ける破産債権は、破産法の規定に従い交付要求とは別に所定期間内に債権届出をすることが必要であると解される。

別除権（破産法92条）は、破産手続によらないで行使することができるが（同95

条)、別除権の行使として、破産手続外において担保権の実行手続が開始されたときは、財団債権である租税債権はその手続に対して調整法による2重差押をすることが許されている。この場合の担保権と租税債権との優先順位については、国税徴収法、民事執行法などの法律の定めるところによる。

現行の破産法は、前述のとおり、破産宣告前に生じた租税債権をすべて一律に財団債権として取り扱っているので、現実の破産事件では、破産管財人がようやくかき集めた破産財団から破産手続によらないで徴税が行われてしまうために、破産によって大きな被害を被っている多数の債権者に対しその配当額を減少させる例が少なくないといわれている。

このような破産手続において強い力をもつ租税債権の実態をふまえて、昭和33年12月8日の租税徴収制度調査会に答申では、「現行制度のように、租税債権を財団債権に含ませることは、財団債権が主として破産財団の管理処分のための共益費用であるため必ずしも適当であるとはいえないが、その反面において、別除権を有する担保権者が破産手続によらず弁済を受けることができる地位が認められていることと対応して、租税も財団債権から除外するとともに、破産宣告後も滞納処分ができること等租税の特殊な地位に応ずる徴税確保の方法を考慮することが適当である。」(第11・1「破産法その他の法律における租税徴収のあり方」3(1))という意見が示されている。破産法上における租税債権の位置づけについては、早急に根本的な再検討が必要とされており、趨勢は租税債権について譲歩を求める見解が大勢である。外国の立法例を見ても、破産宣告前の原因に基づく租税債権を一律に財団債権としている立法例は見当らない(ドイツ破産法、アメリカ破産法)。ドイツ破産法では、破産宣告前1年以内に納期の到来した租税債権に限って優先順位の破産債権と扱っている[注6]。

(3) 租税債権と会社更生手続

昭和27年に制定された会社更生法は、倒産法上の租税債権の位置づけについて立法例の趨勢に沿い、租税債権を、原則として共益債権とせず、更生債権としている(会社更生法102条、208条)。これは、共益債権の範囲を制限し会社の更生を容易にするためであり、さらに、次の3つの取扱いを定めている。

① 更生手続開始の申立てがあった場合において、裁判所が必要があると認めるときは、あらかじめ徴収の権限を有する者の意見をきいて、滞納処分又は租税

第4節　租税の強制徴収（滞納処分）

債権の担保のために提供された物件の処分の中止を命じることができる（会社更生法37条2項）。

②　更生手続開始の決定があったときは、決定の日から更生計画の認可もしくは更生手続終了までの間又は決定の日から1年間は、更生債権又は更生担保権に基づく会社財産に対する滞納処分及び租税債権の担保のために提供された物件の処分をすることができず、すでにされているこれらの処分を中止する（会社更生法67条2項）。

③　更生計画において、徴収の権限を有する者の意見をきいたうえで、3年以内の納税の猶予又は換価の猶予を定めることができ、また、徴収の権限を有する者の同意のもとに、租税の減免や3年をこえる納税の猶予又は換価の猶予等を定めることができる（会社更生法122条）。

前述のとおり、会社更生手続では、租税債権も共益債権ではなく、更生債権とされるのであるが、例外として、租税債権のうち、源泉徴収にかかる所得税、各種消費税、特別徴収義務者が徴収納付すべき地方税などで、更生手続開始当時まで納期限の到来していないものは、共益債権として請求できることが定められている（会社更生法119条）。これは、これらの租税がいずれも預り金の性質をもっていることを理由に、共益債権としていると考えられる。それで、ここでいう納期限とは、法定納期限をいうのではなく、具体的納期（源泉所得税などの場合では、納税告知書に指定された指定納期限）をいうものと解されている（最判昭和49．7．22民集28・5・1008。山田二郎『増補税務訴訟の理論と実際』337頁（1976年））。もっとも、合理的な理由がないのに、納税告知が遅延したような場合には、共益債権としての請求が制限されると解される（東京地判昭和50.12.5行集26・12・1402）[注7]。

法人税法の特例として、更生計画において、新会社が租税債務を承継する旨が定められているときは、新会社がその租税を納付する義務を負い、旧会社の租税債務は消滅するものと定められている（会社更生法269条1項）。また、更生手続における会社の財産の評価換及び債務の消滅による益金で、更生手続開始前から繰越されている欠損金額（青色繰越控除及び災害繰越控除の対象となる欠損金を除く。）に達するまでの金額は、当該事業年度の所得の金額の計算上益金の額に算入しないと定められている（同269条3項）。

4 滞納処分による債権差押と相殺

(1) 滞納処分による債権差押と民事執行法による債権差押

滞納処分による債権差押が行われると、後述の債権差押の効力の項で説明するとおり、一方で被差押債権について弁済禁止の効力が生じ、他方で差押債権者は被差押債権について取立権を取得することになる（徴62条、65条）。

滞納処分による債権差押の効力について、古い裁判例では、滞納処分による債権差押を受けた第三債務者は、差押前に取得した債権であっても、滞納処分をした国に対抗できないと判断しており（長崎控訴院判大正4.6.26財政経済弘報480・11）、この裁判例が実務の指針となっていたようであるが、最判昭和27年5月6日（民集6・5・518）は、滞納処分による債権差押の場合でも、債権差押を受けた第三債務者は差押前に取得した債務者（滞納者）に対する反対債権をもって相殺できることを明らかにした。

この27年の最判以降は、滞納処分による債権差押の効力について、一般の民事執行法による債権差押の効力（民事執行法145条、155条）と全く同じであると考えられるようになり、債権差押と相殺の効力を含めて両者の間に全く違いがないと解されるようになった。

それで、滞納処分による債権差押は、一般私債権による債権差押と同じ効力を持つにすぎず、一般の私債権による債権差押と全く同じ土俵の上に立って相殺の優先関係を考えることになる。滞納処分による債権差押ということで特例は全くないのであるが、債権差押と相殺の関係が、滞納処分による債権差押の諸判例によって展開・検討されてきたという経緯があるので、ここで債権差押と相殺の優先関係一般のことについて説明する。

(2) 法定相殺と契約相殺

相殺には、民法505条に基づく「法定相殺」と、契約に基づく「契約相殺」がある。契約相殺には種々の内容のものがあるが、典型的なものは、銀行取引約定書5条、7条に見られるように、銀行（第三債務者）の反対債権について、債務者の信用を悪化させる一定の客観的事情が発生した場合には（例えば、手形の不渡や預金債権の「差押の申請」があるとき）、債務者に期限の利益を喪失させ、他方、銀行の債務者に対する債権について期限の利益を放棄し、直ちに相殺適状を生じさせ、相殺できると合意（期限利益喪失条項を含む相殺予約）しているものである。

第4節　租税の強制徴収（滞納処分）

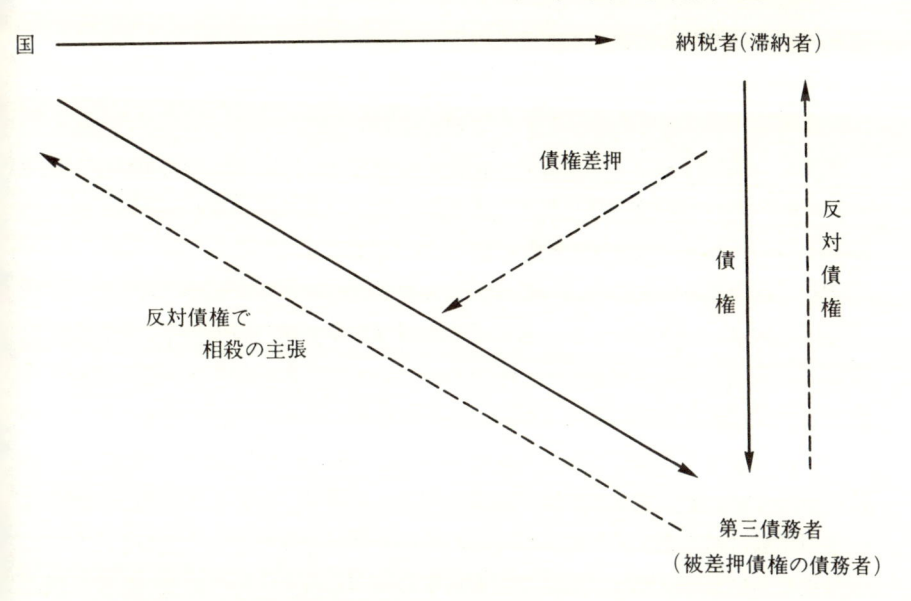

```
国 ─────────────────────→ 納税者（滞納者）
  ↖                              │ ↑
    ╲         債権差押            │ │反
      ╲     ←┄┄┄┄┄┄→           債│ │対
        ╲                         │ │債
   反対債権で                    権│ │権
   相殺の主張                     │ │
          ╲                       ↓ │
            ╲┄┄┄┄┄┄┄┄┄→ 第三債務者
                                （被差押債権の債務者）
```

(3)　法定相殺について判例の動向

法定相殺について、裁判例は大きく変化している。

①　古くは、債権差押時に両債権の弁済期が到来していて相殺適状にあることを必要としていた（相殺適状説。大判明治31.2.8民録4・2・11）。

②　次に、債権差押時に反対債権の弁済期が到来しておれば、被差押債権の弁済期が未到来であっても、第三債務者の相殺についての期待利益は保護すべきであるとした（期待利益説。最判昭和32.7.19民集11・7・1297）。

③　次に、債権差押時に、両債権の弁済期が未到来であっても、反対債権の弁済期が被差押債権の弁済期よりも先に到来するときは、期待利益の観点から、第三債務者は差押後の相殺を差押債権者に対抗できるとした（制限説。最判昭和39.12.23民集18・10・2217）。

④　さらに、判例は相殺の担保的機能を重視し、反対債権が債権差押前に取得されたものである限りは、両債権の弁済期のいかんを問わず、第三債務者は相殺適状を待って相殺できるとした。この見解は、民法511条の端的な反対解釈を論拠としたものである（無制限説。最判昭和45.6.24民集24・6・587）。

昭和45年の最判は、8対7という僅差の判決であったため、再度の判例の動揺が考えられていたが、45年の最判の見解はその後の裁判例によっても踏襲され、

現在では裁判例でも実務でも定着をみている。

(4) 契約相殺（相殺予約）についての判例の動向

対立する債権をもつ2当事者間の相殺予約の対内的効力（当事者間の効力）については、契約自由の原則から有効であることについて異論がない。問題となるのは、その対外的効力（差押債権者に対する効力）である。

相殺予約の対外的効力については、39年の最判においてはじめて取り上げられ、39年の最判は、制限説をとり、対立する両債権の弁済期の前後関係で反対債権の弁済期が先行している場合（法定相殺が対抗力をもつ場合）に限り、第三債務者は、債権差押後に相殺予約に基づく相殺を差押債権者に対抗できるとした。ところが、45年の最判では、期限の利益の喪失・放棄により弁済期（相殺適状）の繰り上げを認めることにより、結果的に無制限説をとるのと同じことになり、第三債務者は差押債権者に対し相殺予約に基づく相殺を広く対抗できるとした。45年の最判のこの点についての見解は11対4で、安定度の高いものとなっている。45年の最判のこの多数意見はその後の裁判例に踏襲され、今日に至っている。

契約相殺には、種々のものがあるが、典型的なものは、期限利益喪失条項を含む相殺予約であり、一種の非典型担保として機能している[注8]。

対立する2当事者間の相殺予約については、対内的効力のほか対外的効力も有効とするのが大勢である。そして、差押前に締結された相殺予約の効力は、被差押債権に付着するものとして当然に差押債権者に引き継がれるものと解されている[注9]。

学説の動向は、法定相殺について制限説が有力であるが、相殺予約については、対外効を肯定する見解が有力である。

5 滞納処分と第二次納税義務の制度

(1) 第二次納税義務の制度

納税義務者（源泉徴収義務者、特別徴収義務者を含む。）が租税を滞納した場合に、徴税を確保するために、納税者と一定の関係にある者に保証人と類似した納税責任を負わせる制度として、第二次納税義務という制度が設けられている（徴32条、地11条）。この制度は、本来の納税義務者から租税の全部又は一部を徴収することが不可能となったと認められる場合に、納税義務者と物的・人的に特殊な関係に

第4節　租税の強制徴収（滞納処分）

ある者を第二次納税義務者とし、その不足額についてその者に納税義務を負わせ、その者に対して滞納処分の執行を可能にしている制度である。

(2)　第二次納税義務の態様

第二次納税義務は、納税義務者と人的・物的に特殊な関係にある者に負担をさせているが、その態様には、次のとおり種々のものがある。

①　無限責任社員の第二次納税義務（徴33条、地11条の2）。

②　清算人、残余財産の分配を受けた者の第二次納税義務（徴34条、地11条の3）。

清算人は分配又は引渡をした財産の限度で、残余財産の分配又は引渡を受けた者はその受けた財産の価額の限度で、第二次納税義務を負担させられる（徴34条、地11条の3）。

③　同族会社の第二次納税義務（徴35条、地11条の4）。

同族判定株主(法人2条10号)から租税を徴収することが困難である場合に、その者の有する株式の価額の限度において、当該同族会社がその同族判定株主の滞納にかかる租税について第二次納税義務を負う。

④　収益が法律上帰属するとみられる者、資産の貸付を法律上行ったとみられる者及び同族会社の行為計算の否認規定により否認された受益者の第二次納税義務（徴36条、地11条の5）。

例えば、夫が妻名義で株券を購入し、その配当収入は実質所得者課税の原則により夫の所得として課税される場合に、株券に対する滞納処分を可能にするために、妻に第二次納税義務を負担させるものである（徴36条1号）。

また、法人の交際費としての支出が社長の個人的地位に基づくものであるとして、同族会社の行為・計算の否認規定（法人132条）によりその損金算入が否認され、社長に対する役員賞与と認定された場合に、社長に対し否認された額の限度で第二次納税義務を負担させるものである（徴36条3号）。

⑤　共同的な事業者の第二次納税義務（徴37条、地11条の6）。

納税義務者とその親族、又は同族会社とその同族判定株主との間の特殊な関係を理由に、その親族又は同族判定株主を共同的な事業者と見て、第二次納税義務を負担させるものである。

⑥　事業譲受人の第二次納税義務（徴38条、地11条の7）。

第7章　租税手続法

　納税義務者が、親族その他の特殊関係者にその事業を譲渡し、かつ譲受人が同一とみられる場所において同一又は類似の事業を営んでいる場合は、譲受人は、その譲受財産を限度として第二次納税義務を負担する。ただし、その譲渡が滞納にかかる租税の法定納期限より1年以上前にされている場合は、第二次納税義務を負担させられることはない。

　⑦　無償譲受人等の第二次納税義務（徴39条、地11条の8）。

　納税義務者に対する徴税不足が、当該租税の法定納期限の1年前以後に納税義務者が行った無償又は著しい低い対価による財産の譲渡、債務の免除、その他第三者に利益を与える処分に基因すると認められるときは、これらの処分により権利を取得し又は義務を免れた者は、原則として受けた利益が現に存する限度で第二次納税義務を負担する。

　この第二次納税義務の対象となる無償譲渡等は、詐害行為取消権（通42条、民法424条）の対象にもなるのであるが、詐害行為取消権の行使は訴訟を提起しなければならないので、この第二次納税義務の制度は、税務官庁に簡便に詐害行為を取消す手段を与えたものといえる。ところで、詐害行為取消権は行使のための主観的要件として、債務者及び受益者又は転得者の害意（詐害の意思）を必要としているが、第二次納税義務では明定していないので、この主観的要件を必要としないという見解があるが（受益者又は転得者について、吉国二郎ほか「国税徴収法精解」466頁（1977年））、取引の安全を犠牲にしている制度であることを考えると、行使の要件については、詐害行為取消権と同様に考えるべきである。

　法人が役員や株主に賞与や配当を支払うことは、賞与は勤労の対価であり、配当は株式その他の出資に対応する利益であるので、通常は無償譲渡には該当しない（一人株主に対する配当について第二次納税義務を負担させているもの、東京高判昭和55．9．18行集31・9・1882）。使途秘匿金（措置62条）について認定賞与又は認定配当と取扱われていることがあるが（法人通9－2－10など）、認定賞与、認定配当も通常は無償譲渡に該当しないと考えられる。

　無償譲渡を受けた者は、「受けた利益の限度」で第二次納税義務を負うが、「受けた利益の限度」の算定にあたり、受益財産の取得に要した費用、例えば契約の費用、不動産取得税、登録免許税を受益財産の価格から控除すべきであるが、贈与税、受益に課される所得税、住民税を控除すべきかどうかについては見解が分かれている。控除すべきであると考える（住民税について控除すべきでないとするも

の、最判昭和51.10.8訟月22・10・2479)。控除を否定するときは、受益者は当然に受益に課された所得税(あるいは贈与税)について後発的理由に基づく更正の請求をすることになる(通23条2項2号)。また、賞与又は配当が無償譲渡に当るということで第二次納税義務が負担させられた場合、賞与などに対する源泉所得税の課税は矛盾することになり、矛盾しないように調整の措置が必要である[注10]。

⑧ 人格のない社団等の財産にかかる第二次納税義務(徴41条、地12条の2)。

人格のない社団等はその財産を自己の名義で登記・登録をすることができないので、普通は管理人などの名義を借りて登記・登録をしているが、人格のない社団等が租税を滞納した場合には、その名義人である第三者が、その財産を限度として、第二次納税義務を負担する(徴41条1項、地12条の2第2項)。また、人格のない社団等が解散することなく財産の払戻し分配をした場合は、払戻し又は分配を受けた者が、その受けた財産の価額を限度として、第二次納税義務を負担する(徴41条2項、地12条の2第3項)。

(3) 第二次納税義務の成立と確定

国又は地方自治体は、納税義務者の租税を第二次納税義務者から徴収しようとする場合は、その者に対し、徴収しようとする金額、納付の期限、その他必要な事項を記載した納付申告書により告知をしなければならない(徴32条1項、地11条1項)。第二次納税義務は、この納付申告書の送達によってはじめて成立し、かつ確定する(清永敬次『新版税法(全訂)』254頁では、第二次納税義務は法律の規定に従い当然に成立し、納付通知書により成立している第二次納税義務が確定すると説明しているが、第二次納税義務は「徴税不足の見込が認められる」場合に、この税務官庁の判断を介して成立するものであるので、納付通知書の送達によってはじめて成立・確定すると考えるべきである)。

第二次納税義務の確定後、本来の納税義務の全部又は一部が消滅した場合は、第二次納税義務の附従性から、第二次納税義務も影響を受け、その範囲が縮減するものと考えられる。しかし、第二次納税義務の確定後、本来の納税義務者の財産が増加したり減少したりした場合は、一旦確定している第二次納税義務は当然に影響を受けないと考えられる。

第二次納税義務は、保証債務と類似したものであり、他人の債務を負担するも

のであるので、その納付し又は徴収した租税について、本来の納税義務者に対して求償権をもつ。

　通則法70条に更正、賦課決定等の課税権について期間制限を定めているが、第二次納税義務の納付通知については通則法70条の類推適用はなく、主たる納税義務が存続する限り履行責任を負うものと解されている（最判平成6.12.6判時1518・13）。

(4)　第二次納税義務の性質（附従性と補充性）
　①　附従性　　第二次納税義務は、本来の納税義務者の租税を負担させられるものであるので、本来の納税義務が納付・免除などによって消滅したときは、第二次納税義務も消滅する。これを、第二次納税義務の附従性という。

　主たる納税義務の一部のみが消滅しそれによって徴収不足額が減少するときは、その範囲で第二次納税義務の範囲も縮小する。また、主たる納税義務について納税の猶予がされている場合は、第二次納税義務について納付通知書を発し、督促をなし又は滞納処分をすることはできない。これに対し、主たる納税義務の時効による消滅又は時効の中断・停止が第二次納税義務に及ぶかどうかについては見解が分かれている（保証人の納税義務について附従性を認めるもの、東京地判昭和39.3.26下民集15・3・639。時効の停止について附従性を認めるもの、広島地判昭和46.5.6訟月17・8・1354。）。しかし、本来の納税義務者について換価の猶予（徴151条）がなされた場合でも、第二次納税義務者に対する徴税の手続の開始ないし続行は当然に停止しない（ただし、換価はできないので、その手前で停止することになる。）。

　②　補充性　　第二次納税義務は、本来の納税義務者から徴税できない場合に負担させるものであるので、本来の納税義務者に対して滞納処分をしても徴収すべき税額に不足すると認められる場合に限り、その不足額を限度として、納付義務が生じる。これを第二次納税義務の補充性という。

　合名会社の社員又は合資会社の無限責任社員の第二次納税義務は、本来の納税義務者からの徴税の不足額がそのまま第二次納税義務の限度となるが、その他の態様の第二次納税義務は、本来の納税義務者と第二次納税義務者との関係によって、「特定の財産の価額」の限度（徴34条、35条）、「受けた利益の額」を限度（徴36条、39条）、「特定の財産」を限度において（徴36条ないし38条、41条）第二次納税義務を負うものとされているので、要するに、不足見込額とこれらの責任限

度額のいずれか少ない方が第二次納税義務の限度ということになる。

　また、第二次納税義務者に対する財産の換価は、原則として本来の納税義務者の財産を換価に付した後でなければ行うことができない（徴32条4項、地11条3項）。会社更生法67条2項により本来の納税義務者に対する滞納処分が禁止されている間も、第二次納税義務者に対し滞納処分の手続を開始ないし続行することは許されるが、その財産を換価することは許されないと考えられる（最判昭和45.7.16民集24・7・1047は、第二次納税義務者に対する財産の換価を認めたことになっているが疑問である、山田二郎・前掲書317頁）。

(5)　第二次納税義務者の救済

　第二次納税義務者が第二次納税義務の告知処分（納付通知書による賦課処分）を不服とするときはその取消しを求めて税務争訟を提起することになるが、第二次納税義務の個々の賦課要件の欠缺のほかに、本来の納税義務者に対する更正・決定などの違法をその取消理由として主張することができるかについて、見解が分かれている。

　最判昭和50年8月27日（民集29・7・1226）は、第二次納税義務者は、課税処分が不存在又は無効でない限り、第二次納税義務の告知処分の取消訴訟で、課税処分の違法を取消理由として主張することはできないと判断を示している（要するに、両者の間の違法性の承継を認めていない。）。

　しかし、第二次納税義務が生じるような場合は、本来の納税義務者は課税処分を争う能力や関心を失っている場合が少なくなく、また第二次納税義務者が告知を受けたときは、本来の納税義務者に対する課税処分の出訴期間はすでに経過しているのが通例であり、第二次納税義務者に課税処分を争う機会を閉ざすのは不合理であること、それに第二次納税義務が附従性と補充性をもつものであることからいって、課税処分の違法性は第二次納税義務に当然に承継され、課税処分の違法は、第二次納税義務の告知処分の取消訴訟においても取消理由となると考えるべきである。この見解に立つ学説が有力となっている（金子『租税法（第5版）』146頁）。

第7章　租税手続法

6　滞納処分の手続
6－1　滞納処分の進行と適用法令

納税義務者が税法上定められた納期限（原則は、法定納期限）までに租税を完納しないときは、その租税は滞納（履行遅滞）となり、原則としてまず督促の手続がとられる。督促をしても納税義務者が租税を完納しないときは、滞納者の財産差押、交付要求、換価、換価代金の滞納租税への充当という手続が進められ、納税義務の履行の強制的な実現が行われる。督促を前提として、このように差押に始まる納税義務の強制徴収の手続を滞納処分と呼んでいる。滞納処分は、1個の独立した行政処分をいうのではなく、差押、換価、充当などという一連の行為の全体をいうものである。

私法上の債務の場合には、債権者がその債権の履行を強制的に実現しようとするには、まず裁判所に債務名義（判決など）を要求し、さらに裁判所にその債務名義に基づき強制履行を求めることが必要であるが、租税については、国又は地方自治体に自ら納税義務の履行を強制する権限（滞納処分をする権限）が認められている。これは、租税債権に与えられている大きな特色である。

滞納処分は納税義務の履行を強制する手段であるから、滞納処分の前提として納税義務が成立しかつ確定していることが必要である。前述のとおり、課税処分と滞納処分は目的を異にする別個の処分であるので、課税処分の違法性は滞納処分に継承されないが、課税処分の成立と確定(要するに、課税処分の存在)は、滞納処分を始める前提である。

滞納処分は、国税の場合は、当該租税の納税地を所轄する税務署長又は税関長が（通43条1項）、必要がある場合は税務署長から引継を受けて国税局長が、その所轄庁としてこれを行う（通43条3項）。

国税の滞納処分に関する一般法として国税徴収法があり、地方税については地方税法でおおかた国税徴収法に定める滞納処分の例によることにしている。この外、滞納処分と他の強制換価手続との関係については、「滞納処分と強制執行等との手続の調整に関する法律」、会社更生法、破産法、企業担保法などに若干の規定がおかれている。これらの滞納処分に関する規定は、租税の強制徴収のほか、公課（社会保険制度に基づく保険料（国民年金法95条など）、行政代執行の費用（行政代執行法6条1項）、郵便料金の不納金額（郵便法37条1項）など）についても広く準用されていることで、重要な意味をもっている。

第4節　租税の強制徴収（滞納処分）

6－2　督　促

督促は、滞納処分に移行するための前提となる手続である。

確定した納税義務について、納期限までに租税が完納されない場合には、督促（通37条1項）が行われる。前述したとおり、督促をする前に、自動確定手続による租税や賦課課税方式による租税では、納税の告知の手続が行われる。

督促は、納期限までに租税が完納されない場合に、税務官庁が行う納付を請求する行為（催促）であり、原則として滞納処分（差押、公売、換価、配当）を始めるための前提要件として必要な手続である。

ただし、繰上請求（通38条1項、地13条の2第1項）、繰上保全差押決定（通38条3項）、保全差押決定（徴159条、地16条の4）の各場合及び一定の事実が生じた場合に直ちに租税を徴収する場合には、緊急に差押をする必要があるということで、督促を必要とせず、直ちに差押ができる（通37条1項1号、2号酒58条）。

督促は、督促状の送達により行われる（通37条1項）。督促状は、納期限から50日以内に発せられる（通37条2項。例外、所116条）。50日経過後に発せられた督促状も有効である。国税の保証人又は第二次納税義務者に対する督促は、納付催告書でされる（通52条2項、3項）。

督促には、消滅時効の中断の効力がある（通73条1項4号、地18条の2第1項2号）。

6－3　財産の調査

滞納処分を行うために、徴収職員に財産の調査をする権限が与えられている。

徴収職員は、滞納処分のため滞納者の財産を調査する必要があるときは、滞納者及び滞納者と一定の関係にある個人又は法人に対し、質問をなし、またこれらの者の財産に関する帳簿もしくは書類を検査することができる（徴141条）。この調査は任意調査ではあるが、正当な理由なく拒否した場合には罰則により処罰される（いわゆる間接強制（徴188条）を伴うもの）という内容の任意調査である。

徴収職員は、滞納処分のための調査としてさらに必要があり、㈲滞納者が財産の任意提供を拒否した場合、㈹滞納者の財産を所持する第三者がその引渡をしない場合、㈶滞納者の親族その他特殊関係者（徴38条）が滞納者の財産を所持すると認めるに足りる相当の理由がある場合においてその引渡としないときは、滞納者その他の者の「物又は住居その他の場所」について捜索をすることができる

(徴142条)。そしてこの捜索にあたって必要があるときは、滞納者もしくは第三者に金庫類を開かせ、又は自らこれを開くため必要な処分ができることになっている(徴142条3項)。この捜索は、相手方の同意を要件としない強制調査と解されている。この強制調査について、裁判所の令状は要求されていないが、刑事責任を追及するための資料の収集に直接結びつくものではなく、行政目的のためのものであるということで、憲法35条には違反しないと解されている(所得税法に規定している税務職員の検査について、最判昭和47.11.22刑集26・5・554)。

最判平成11年11月29日（判時1694・3）は、差押債権者は貸金庫を特定し、それについて貸金庫契約を締結していることを立証すれば、貸金庫内の個々の動産を特定してその存在を立証する必要はないとしている。

6－4　財産の差押

(1)　差押の着手

滞納者が督促を受け、その督促を受けている租税を督促状を発した日から10日を経過した日までに完納しないときは、滞納者の財産に対して差押が行われることになる（徴47条1項1号）。繰上請求・繰上保全差押及び保全差押にかかる租税ならびに一定の事実が生じた場合に直ちに徴収するものとされている租税については、督促を経ないで差押がなされる（徴47条1項2号、2項）。

滞納者の財産のうちのどの財産を差し押えるかは、徴収職員の裁量にまかされているが、差押について次の3つの制限がある。

イ　超過差押の禁止

差押は、督促にかかる当該租税を徴収するために必要な財産以外は、差し押えることが許されていない（徴48条1項）。これを「超過差押の禁止」という。滞納者の所有する差押可能な財産が一筆の土地だけであるような場合には、その価額が滞納税額を著しく超過しているときでも、当該土地の差押は超過差押にはならないと解されている（前橋地判昭和32.6.4下民集8・6・1063）。

ロ　無益な差押の禁止

差押は、差押可能財産の価額が、差押にかかる滞納処分費、及び徴収すべき租税に先立つ他の租税その他の債権の金額の合計額をこえる見込がないときは、その財産を差し押えることが許されない(徴48条2項)。これを、「無益な差押の禁止」という。

第4節　租税の強制徴収（滞納処分）

ハ　第三者・相続人の保護

　滞納者の財産であって質権、抵当権、先取特権、留置権、賃借権その他第三者の権利の目的となっている財産を差し押えたときは、第三者に滞納者の他の財産へ差押換と他の財産の先行換価を請求する権利を認め、第三者の権利を保護している（徴50条）。

　また、被相続人の租税（相続税を含む）について、その相続人の財産を差し押える場合には、滞納処分の執行に支障がない限り、まず相続財産を差し押えなければと定めている（徴51条1項）。相続人の固有財産が差し押えられた場合には、相続人は差押換を請求することができる（同2項、3項）。

(2)　差押の対象財産

　差押の対象となる財産は、次の要件をみたしていることが必要である。

　イ　差押財産は、滞納者の所有に属するものであること。

　所有者と登記名義人とが一致していない場合、民法177条の適用があるかという問題がある。租税債権を私法上の債権よりも特に不利益に扱う理由はないということで、滞納処分にもその適用を認め、差押より先に差押財産の譲渡を受けた者は、登記がなければ差押債権者である国又は地方自治体に対抗できないと解されている（最判昭和31.4.24民集10・4・417）。もっとも、差押債権者（滞納処分権者）が、差押以前にその財産を譲受人のものとして扱った事実があるような場合は、そのような滞納処分権者は登記の欠缺を主張するについて正当な利益を有する第三者に当らないと解されている（最判昭和35.3.31民集14・4・663）。

　ロ　当該財産が金銭的価値を有すること。

　差押は、差押財産を換価し、換価代金をもって租税に充当するための手続であるから、差押の対象財産は金銭的価値を有するものでなければならない。

　ハ　当該財産が譲渡性を有するものであること。

　前述のとおり、差押は換価をするための手続であるから、一身専属の権利（扶養請求権、相続権など）や法令上譲渡を禁止されている権利（共同漁業権（漁業法26条1項）、租鉱権（鉱業法72条））などは、差押の対象とすることができない。

　ニ　当該財産が差押禁止財産（徴75条以下）に当らないこと。

　国税徴収法のうえで差押禁止財産には、絶対的差押禁止財産と条件付差押禁止財産とがある。前者には、滞納者及びその家族の生活に欠くことができない衣類・

235

家具など（徴75条）、給与のうち一定の基準に達するまでの金額（徴76条。諸控除後の給料の20％）、及び各種の社会保険料の給付のうち一定の基準に達するまでの金額（徴77条）がこれに該当する。後者には、滞納者が租税の全額を徴収することのできる財産で、換価が困難でなく、かつ第三者の権利の目的となっていないものを提供することを条件として、差押が禁止される財産で、職業・事業の継続に必要な機械等がこれに該当する（徴78条）。

福岡地判平成7年7月28日（判タ901・242）は、滞納処分として滞納者の死亡後遺障害担保特約付き所得補償保険契約から発生するすべての保険金支払請求権を差押えたうえ、取立権の行使として保険契約を解約して解約返戻金の支払を請求できるとしている。

(3) 差押の手続
イ　一般的な差押手続

一般的な差押手続として、徴収職員は、滞納者の財産を差し押えた場合には、差押を実行したことを明らかにするために差押調書を作成し、差押財産が動産その他一定の種類の財産であるときは、その謄本を滞納者に交付しなければならない（徴54条）。また、差押財産が質権、抵当権などの第三者の権利の目的となっている場合には、当該第三者に権利行使の機会を与えるため、その第三者に必要事項を通知することが要求されている（徴55条）。

ロ　動産・有価証券の差押手続

動産又は有価証券の差押は、徴収職員がその財産の占有を滞納者から徴収職員の手許に移して行う（徴56条1項）。差押の効力は、徴収職員がその財産を占有したときに生じる（同2項）。金銭を差し押えた場合には、その限度で租税を徴収したものとみなされる（同2項）。有価証券を差し押えたときは、徴収職員はその有価証券にかかる金銭債権を取立てることができる（徴57条1項、2項）。差し押えた動産などの保管は、滞納者又はその財産を占有する第三者に委ね（徴60条1項）、徴収上支障のないときはこれらの者にその使用又は収益を許可することができる（徴61条）。滞納者又は第三者に保管させた場合は、差押の事実を明らかにするため、封印、公示書その他差押を明白にする方法によって公示したときに、差押の効力が生じる（徴60条2項）。

第三者の占有する動産等を差押手続については、第三者の権利を保護するため、

第4節　租税の強制徴収（滞納処分）

特別の規定がおかれている（徴58条、59条）。

　ハ　債権の差押手続

　債権の差押は、第三債務者に対する債権差押通知書の送達によって行う（徴62条1項）。差押の効力は、債権差押通知書が第三債務者に送達されたときに生じる（同2項）。

　債権の差押は、原則として、徴収すべき滞納税額にかかわらずその全額を差し押えることができる（徴63条本文）。全額を差し押えても、超過差押の禁止には触れない。これは、債権の取立の可能性が第三債務者の弁済能力、反対債権による相殺によって左右されることによる。もっとも、取立てが確実なものについては全額を差し押えるべきではなく、一部について差し押えることになる（同但書）。全額を差し押えた場合でも、その一部を取立てることによって租税等の満足をうることができる場合には、必要な範囲をこえて取立てることはできないと解されている（東京高判昭和45.4.3訟月16・7・712）。

　金銭債権を差し押えた場合、差押債権者は、被差押債権について取立権を取得するが（徴67条1項）、第三債務者が任意に履行しない場合は、滞納者以外の第三債務者に対して滞納処分をすることはできないので、通常の民事上の手続により、給付訴訟を提起し、そして民事執行の手続をとることになる。金銭債権の債権差押をした場合、第三債務者から対抗手段として相殺の抗弁が提出されることが多い。債権差押と相殺については、別項を設けて前述した（第7章第4節4）。

　ニ　不動産などの差押手続

　不動産（地上権その他不動産を目的とする所有権以外の物権、工場財団、鉱業権などを含む。）の差押は、滞納者に対する差押書の送達によって行う（徴68条1項）。差押の効力は、差押書が滞納者に送達されたときに生じる（同2項）。不動産を差し押えたときは、税務署長は差押の登記を関係機関に嘱託する（同3項）。不動産の差押があった場合でも、滞納者は原則として差押不動産について通常の用法に従い使用・収益をすることができる（徴69条）。

　登記された船舶、登録を受けた飛行機、登録を受けた自動車又は登記を受けた建設機械の差押の方法、効力の発生時、差押登記の嘱託については、不動産の差押に準じて行われる（徴70条1項、71条1項）。

　ホ　無体財産権（知的財産権）などの差押手続

　無体財産権等（動産・有価証券・債権・不動産・船舶・航空機・自動車及び建設機械

237

第7章　租税手続法

を除くすべての財産）のうち、特許権、著作権その他第三債務者がない財産の差押は、滞納者に対する差押書の送達により行う（徴72条1項）。無体財産権のうち、電話加入権、合名会社の社員の持分その他第三債務者がある財産の差押は、第三債務者などに対する差押通知書の送達により行う（徴73条1項）。差押の効力は、差押書の送達のとき又は差押通知書が第三債務者に送達されたときに生じる（徴72条2項、73条2項）。登記を必要とするものについては、差押の登記の嘱託がなされる(徴72条3項、73条3項)。特許権・実用新案権その他の権利で、その処分の制限について登記をしなければ効力が生じないものの差押の効力は、差押の登記がされたときに生じる（徴72条5項、73条4項）。

(4) 差押の効力
イ　処分禁止の効力

　滞納処分としての差押の効力は、通常の民事執行法による差押と全く同じである。差押は、滞納者の特定の財産について法律上又は事実上の処分を禁止する効力がある。このため、差押後に行った財産の譲渡、権利の設定（東京地判平成2年6月22日判タ743・140は、自動継続契約特約に基づく定期預金の期限延長が権利の設定に当るとしている。)などの処分は、差押債権者である国又は地方自治体との関係では、その効力を対抗することはできない（差押の相対的効力）。

　差押は、租税の徴収が目的であるので、差押を受けた滞納者などは租税の徴収に支障のない限度で差押財産の使用・収益をすることができる（徴61条、69条）。

　債権差押がされた場合、第三債務者が相殺をもって対抗できる要件については、今日では、滞納処分による債権差押も一般の債権差押の場合と全く違いがないと解されているが、裁判例の変遷については別項で説明した（第7章第5節4）。

ロ　果実及び継続収入などに対する差押の効力

　差押の効力は、差押財産から生じる天然果実に及ぶが（徴52条1項）、法定果実には及ばない（徴52条2項）。ただし、債権を差し押えた場合の差押後の利息については、差押の効力が及ぶ（同項但書）。

　差押財産に損害保険契約などが締結されているときは、差押の効力は、保険金などの支払いを受ける権利にも及ぶ（徴53条1項。物上代位）。

　給料・年金などの継続収入の債権差押の効力は、差押後に収入すべき金額に及ぶが、その限度は徴収すべき租税の額である（徴66条）。

第4節　租税の強制徴収（滞納処分）

滞納処分と仮処分の関係

(不動産の差押えの場合)

仮処分の被保全権利		仮処分の執行方法	仮処分債権者が本案に勝訴した場合の差押えの帰すう	差押えに基づく換価
所有者についての登記請求権（53①）		所有権について処分禁止の登記（甲区） (例)真実の所有者による所有権移転登記請求権保全	仮処分債権者に対抗できず、差押登記は抹消される 　　　　　　　　(58①②)	本案訴訟の帰すうが定まるまでの間は、差押財産の所有者（差押えの帰すう）が定まらないから、換価できない。
用益権又は担保物権についての登記請求権	用益権又は担保物権の移転又は消滅についての登記請求権（53①）	用益権について処分禁止の登記（乙区） (用益権の処分が禁止されるだけであり、所有権の処分は禁止されない。) (例)・地上権譲受人による地上権移転登記請求権保全 ・地主による地上権抹消登記請求権保全	差押えは影響を受けない。ただし、仮処分時に遡って、不動産上の用益権が消滅するか、用益権者が交替する。	差押え前に設定された用益権は買受人が引き受けることになるが、用益権の消滅の場合は、本案訴訟の帰すうが定まるまでの間は用益権の有無（売却条件及び評価額）が定まらないから換価できない。 用益権の移転の場合は、負担付で評価及び換価が可能である。
		担保物件について処分禁止の登記（乙区） (担保物件の処分が禁止されるだけであり、所有権の処分は禁止されない。) (例)・債権譲受人による抵当権移転登記請求権保全 ・地主による抵当権抹消登記請求権保全	差押えは影響を受けない。ただし、「担保物件の保存、設定又は変更登記請求権保全の仮処分」の場合と異なり、換価によっても仮処分の効力は消滅せず、仮処分に遡って、不動産上の担保物権が消滅するか、担保権者が交替する。	本案訴訟の帰すうが定まるまでの間に換価するとすれば、買受人に仮処分付の担保物件を引き受けさせることとなるから、評価額を低くしなければならないが、換価後に仮処分債権者が敗訴して担保物権が消滅した場合には、再評価の上、買受人から差額を徴収しなければならないという問題が生じる。したがって、本案訴訟の帰すうが定まるまでの間は、換価できない。
	用益権又は担保物権の保存、設定又は変更の登記請求権（53②）	①本案訴訟の相手方が土地所有権者である場合には所有権の処分禁止の登記がされ、②本案訴訟の相手方が用益権者である場合には用益権の処分が禁止される。 ① 所有権についての処分禁止の登記（甲区）＋保全仮登記（乙区） (例)・地上権者による地上権設定登記請求権保全地上権者による地上権（存続期間）変更登記請求権保全 ② 用益権についての処分禁止の登記（乙区）＋保全仮登記（乙区） (例)・地主による地上権（地代）変更登記請求権保全	差押えは影響を受けない。ただし、仮処分時に遡って、不動産上に用益権の負担が生じるか、又は既存の用益権の内容が変更される。 (注) 所有権の処分禁止の登記の後にされた所有権移転の登記は、仮処分債権者が本案訴訟に勝訴した場合でも抹消されない（仮処分債権者の被保全権利と抵触しない。）。	差押え前に設定された用益権は買受人が引き受けることになるが、本案訴訟の帰すうが定まるまでの間は用益権の有無及び内容（売却条件及び評価額）が定まらないから、換地できない。
		本案訴訟の相手方が土地所有権者である場合には所有権の処分禁止の登記がされ、②本案訴訟の相手方が担保権者である場合には担保物権の処分が禁止される。 ① 所有権についての処分禁止の登記（甲区） (例) 抵当権者による抵当権設定登記請求権保全 　　根抵当権者による抵当権変更（極度額増額）登記請求権保全 ② 担保物権についての処分禁止の登記（乙区）	差押えは影響を受けない。換価により仮処分の効力は消滅する。 ただし、仮処分債権者にも配当（供託）する。 　　　　　　　　(徴133③) (注) 所有権の処分禁止の登記の後にされた所有権移転の登記は、仮処分債権者が本案訴訟に勝訴した場合でも抹消されない（仮処分債権者の被保全権利と抵触しない。）。	いつでも換価が可能である。

(注)　数字は徴収法の条文。

ハ　仮差押・仮処分と差押

差押は、仮差押又は仮処分のされている財産に対しても執行することができるが(徴55条3号、140条、調整法21条以下)、差押がされただけでは、仮差押又は仮処分は失効しない (徴通140-12)。

滞納処分と仮差押の関係は、民事上の強制執行と仮差押の関係と全く同様である。仮差押のされている財産に対しても換価処分を行うことができ、仮差押債権者は、換価代金に残余が生じた場合に、民事執行法に従って満足をうることができるにとどまる (調整法28条、34条、36条の12)。

滞納処分と仮処分との関係については、従来、滞納処分優位説と仮処分優位説とが対立していたが、民事保全法(平成元年法律91号)が仮処分と強制執行の関係について従来の考え方を整理したのに伴い(民事保全法52条、58条)、滞納処分との関係も、これに準じて解釈が整理されることになった。① 仮処分の目的が所有権の保全である場合 (例えば、所有権移転登記請求権を保全するため処分禁止の仮処分)は、換価があっても仮処分は消滅せず、差押財産の買受人は、後に仮処分債権者が本案訴訟で勝訴した場合には、その所有権取得をもって仮処分債権者に対抗することはできない (仮処分優位説。民事保全法53条1項、58条1項、2項)。それで、この場合は、換価は、本案訴訟の帰すうが定まるまで行うべきではないということになる (徴通140-13)。② これに対し、仮処分の目的が抵当権などの保全である場合には、仮処分債権者は他の担保権者と同様に配当手続に参加することができるので、仮処分は換価によって消滅し、仮処分債権者は買受人の所有権の取得には対抗できない (同53条1項、2項、58条1項、徴通140-14以下)。

ニ　時効中断の効力

差押は、納税義務の消滅時効の中断事由の1つである(通72条3項、民法154条)。

(5) 差押の解除

租税の納付や換価代金の充当により差押にかかる租税の金額が消滅した場合や、又は差押財産の価額が滞納処分費及び差押にかかる租税に優先する他の債権の合計額をこえる見込がなくなった場合(つまり、無益な差押となった場合)には、差押を解除しなければならない (徴79条1項)。繰上保全差押又は保全差押について、担保の提供などがあった場合も、差押を解除しなければならない (徴159条5項、

第4節　租税の強制徴収（滞納処分）

通38条4項）。

　差押にかかる租税の一部納付、充当、財産の値上りなどにより超過差押と認められるに至った場合、又は滞納者が他の適当な財産を提供しそれを差し押えた場合には、差押財産の全部又は一部について差押を解除することができる（徴79条2項）。

　差押の解除は、滞納者又は第三債務者、質権者などのうち知れている者、交付要求をしている者にその旨を通知することによって行われる（徴80条1項）。差押の解除があったときは、封印の除去、差押登記の抹消登記の嘱託、差押財産の引渡などが行われる（徴80条2項ないし5項、81条）。

　東京地判平成11・3・26判時1692・88は、租税債権に優先する抵当権者は滞調法20条の5にかかわらず租税債権による差押処分の解除がなくても、被差押債権の支払請求ができるとしている。

6－5　交付要求及び参加差押

　交付要求の手続とは、滞納者の財産に対して既に滞納処分や強制執行などの強制換価手続（徴2条12号）が開始されている場合に、同じ財産について重ねて差押を行うことは無駄な手続を繰り返すことになるので、自ら差押をする代わりに先行している手続の執行機関（徴2条13号）に対し換価代金のうちから滞納している租税の分配を受ける手続である（徴82条1項）。つまり、交付要求とは、通常の民事執行の配当要求と同じ性質の手続であり、交付要求をしたときは、その強制換価手続から配当を受けることができる。配当を受けるにあたって、一般的優先権が認められる。

　交付要求は、強制換価手続の執行機関に対して租税の弁済を催告する行為であり、利害関係人の実体法上の権利・義務を変動する効力を有していないので、行政処分には当らない。利害関係人は、交付要求の取消を求めて行政争訟を提起することは許されず（最判昭和59年3月29日訟月30・8・1495）、配当異議の訴えにおいて交付要求の対象とされている租税債権の存否・範囲を争うことができるものと解されている。また、強制換価手続により配当を受けることのできる債権者は、一定の理由があるときは、税務署長に対して交付要求の解除を求めることができる（徴85条）。利害関係者が交付要求の効力を争っている間は、執行機関は、換価代金のうち交付要求にかかる税額に相当する金額を供託しなければならないもの

と解される（民事執行法91条1項7号）。

交付要求は、交付要求を受けた執行機関の滞納処分などの強制換価手続が取消、解除などにより失効した場合にはその効力を失うことになるので、このことから生ずる徴税上の障害が生じないようにするために、参加差押の手続が設けられている。参加差押は、差押の要件（徴47条）を充たしていて、動産・不動産など一定の財産について既に滞納処分による差押がされている場合に限り認められる（徴86条1項）。参加差押は、先行の滞納処分による差押が解除されたときには、原則として参加差押をした時まで遡って差押の効力が生ずる（徴87条1項）。

交付要求及び参加差押は、納税義務の消滅時効を中断する効力を有している（通73条1項5号、72条3項）。

6－6　財産の換価

(1) 滞納処分と差押財産の換価

差押財産を金銭に換えることを広義の換価という。広義の換価には、取立てと売却（狭義の換価）とがある。租税は金銭で納付又は徴収するのが原則であるので（通34条）、差押財産が金銭であるときは、これを直ちに滞納租税に充当し、以後の手続は必要でないが、差押財産が金銭以外の財産であるときには、換価の手続が必要となる。

差押財産が有価証券である場合には、有価証券（小切手、約束手形など）に示されている金銭債権を取立てるか、又は換価の手続をとる（徴57条1項）。差押財産が債権である場合には、その取立てをすることができる（徴67条1項）。取立てをした財産が金銭以外の財産である場合には、これを差し押えて（徴67条2項）、更に換価をしなければならない。差押財産が取立ての著しく困難な財産であるときは、換価をしなければならない（徴89条1項）。

(2) 換価の手続

差押の財産の換価は、原則として、買受けの機会を一般に公開して行う売却方法（公売）によらなければならない（徴94条1項）。一定の場合に限定して、例外として、随意契約による売却（徴109条）、国による買入（徴110条）が認められている。これは、公正の手続で換価を行い、滞納者の利益の保護を図るためである。このための補完的な予防措置として、滞納者は、換価の目的となった自己の財産

を直接であると間接であるとを問わず買い取ることができず、税務職員も換価の目的となった財産を買い受けることはできない(徴92条)。

　公売は、滞納税額を徴収するのに必要な限度で行うべきであり、必要な限度をこえた公売は違法である(超過公売の禁止)。ただし、差押財産が不可分である場合(例えば、地上建物と宅地との一括公売)には、滞納税額をこえていても、その公売処分は違法とはならない。

　公売は、入札(徴101条、102条)又はセリ売(徴103条)の方法によって行われる(徴94条2項)。

　売却決定は、換価に付した差押財産について、最高価申込者に対して行われる。買受人は、原則として売却決定の日までに買受代金を現金で納付しなければならない(徴115条1項ないし3項)。買受人がその期限までに代金を納付しないときは、売却決定が取り消される(徴115条4項)。

　買受人が代金を納付したときは、売却決定通知書が買受人に交付される(徴118条)。また、買受人へ動産の引渡(徴119条)、登記の関係機関へ権利移転の登記の嘱託(徴121条)など、買受人に換価財産の権利を移転させるのに必要な措置がとられる。

(3)　換価の効果

　買受人が代金を納付したときには、買受人は換価財産の所有権を取得する(徴116条1項)。もっとも、行政庁の許可、登録などが権利移転の効力要件とされている換価財産の所有権の取得は、許可、登録などがなされたときに権利移転の効力が生じる(農地、鉱業権など)。買受人による換価財産の所有権の取得は、原始取得ではなく、一般の売買と同じように承継取得である(大判大正9.10.12民録26・1469)。差押債権者に対抗できる地上権などの用益物権、賃借権などは、換価財産に付着して移転する。

　換価財産上に設定されている質権、抵当権などの担保権は、買受人が買受代金を納付したときには消滅する(消滅主義。徴124条1項)。ただし、質権、抵当権又は登記のある先取特権などの負担については、これらの担保権により担保されている債権が差押にかかる租税に優先するなど一定の要件を充たしているときは、これを買受人に引き受けさせることができる(徴124条2項)。

6−7 配 当

(1) 滞納処分と配当

配当は滞納処分の最終の手続であって、滞納処分により徴収された金銭を、滞納処分の原因となった滞納租税、滞納処分費、交付要求を受けた租税、差押財産にかかる担保権によって担保されている債権などに分配することをいう(徴128条、129条)。

配当の順序と範囲は、まず、差し押えた金銭及び交付を受けた金銭は、直ちに滞納租税(滞納処分費を含む。)に充当する(徴129条2項)。次に、差押財産の換価による売却代金、及び有価証券、債権又は無体財産などについて第三債務者などから取り立てた金銭(これらを「換価代金等」という。)は、① 滞納租税(滞納処分費を含む。)、② 交付要求を受けた租税及び公課、③ 差押財産にかかる質権、抵当権、先取特権、留置権又は担保のための仮登記により担保される債権、④ 動産・自動車又は建設機械の引渡命令を受けた第三者が滞納者に対して有する損害賠償請求権又は賃料返還請求権に対して配当される(徴129条1項)。これ以外の無担保私債権などは、執行力にある正本が付与されているものであっても、配当の範囲から除外されている。

滞納処分の執行によって徴収した金銭を配当して残余がでたときには、残余金を滞納者に交付することになる(徴129条3項)。配当金の残余は、原則として滞納者に交付することになるが、例外的に他の強制執行などがなされている場合の執行機関に交付されることがある(調整法6条1項、17条など)。

滞納処分の執行によって徴収された金銭のうちの換価代金等が、配当されるべき債権の総額に不足するときは、国税徴収法、民法(373条など)その他の法律(商法849条、地14条など)の規定により、債権間の優先関係に従って配分することになる(徴129条4項)[注11]。

(2) 配当の手続

換価代金等を配当するには、配当を受けることのできる債権を確認する必要があるので、配当を受けることのできる者は、売却決定の日の前日までに債権現在額申立書を税務署長に提出しなければならない(徴130条1項)。税務署長は、債権現在額申立書を調査し、また同申立書の提出のない担保付債権を調査して、債権額を確認する(同2項)。この場合に、登記された担保権などにより担保された債

第 4 節　租税の強制徴収（滞納処分）

権及び登記できない質権又は留置権により担保されている債権で知られているもの以外の債権を有する者が、売却決定のときまでに債権現在額申立書を提出しないときは、配当を受けることができない（同3項）。

　税務署長は、配当を受ける債権、その金額、換価代金等の交付期日を記載した配当計算書を作成して、債権現在額申立書を提出した者などにその謄本を送達し（徴131条）、指定する交付期日に配当計算書に従って換価代金の交付をする(徴133条1項)。換価代金等を配当すべき債権の弁済期が到来していないときは、配当すべき金額を供託し、その旨をその債権者に通知する（徴134条）。換価代金等の交付期日までに配当計算書に関する異議の申出があったときは、配当計算書を更正し、その更正したところに従って交付をする（徴133条2項）。

　配当（配当計算書の作成を含む一連の手続）は、債権の存否、その金額、その順位について実体法上の権利関係を確定する行為ではないので、税務署長が本来他の債権に配当すべき換価代金等を誤って国に配当した場合には、本来配当を受けるべき債権者は、配当計算書に関する不服申立期間を徒過した場合であっても、国に対し不当利得として返還請求をすることができる（最判昭和39.3.16訟月10・4・615）。

6－8　滞納処分と納税義務の消滅

　滞納処分により徴収した金銭を滞納租税に充当したときは、充当した範囲で納税義務は消滅する。納税義務の消滅の時期は、金銭を差し押えた場合は、その差押のとき(徴56条3項)、差し押えた有価証券にかかる金銭債権を取り立てた場合は、その取立のとき(徴57条2項)、差し押えた債権の取立てを行った場合は、その取立てのとき(徴67条3項)、交付要求を行った場合は、換価代金等の交付を受けたとき(徴56条3項)、差押財産について換価処分を行った場合は、換価代金を買受人から受領のとき（徴116条2項）である。

7　滞納処分の緩和措置
7－1　換価の猶予

　滞納者の財産を差し押えた場合に、① その財産の換価を直ちにすることにより滞納者の事業の継続又は生活の維持を困難にするおそれがあるとき、又は、② その財産の換価を猶予することが、直ちにその財産を換価するのと較べて、租税の

徴収上有利であるときは、滞納者が納税について誠実な意思を有することを条件として、1年の範囲内で差押財産の換価の猶予が認められている（徴151条）。

7—2 滞納処分の執行停止

滞納者について、①滞納処分を執行できる財産がないとき、②滞納処分を執行することによってその生活を著しく窮迫させるおそれがあるとき、③滞納者の所在及び滞納処分を執行できる財産がともに不明であるときには、滞納処分の執行の停止がなされる（徴153条1項）。滞納処分の執行停止は、差押から換価までの各段階（交付要求は除く）で認められる。

執行停止は、滞納者に通知される（徴153条2項）。生活の著しい窮迫を理由とする執行停止の場合は、既に差押がされているときは差押を解除しなければならない（同3項）。

執行停止が3年間継続したときは、不安定な状態が継続することを避けるために、滞納にかかる租税の納税義務は消滅するものとされる（徴153条4項）。この期間は、除斥期間と解されている。執行停止の期間中は、納税義務の消滅時効は進行しない（通73条4項）。また執行できる財産がないことを理由とする執行停止の場合で、滞納租税が限定承認にかかるものであるときなどにおいては、3年を待たずその納税義務を直ちに消滅させることができる（徴153条4項）。

執行停止後3年以内の間において、執行停止の理由がないと認められるときは、執行停止が取り消される（徴154条）。

注(1) 会社更生法119条では、更生債権と扱われる租税債権のうち、源泉所得税など預り金の性格をもつ租税で、更生手続開始当時、まだ「納期限」の到来していないものを共益債権としている。それで、この「納期限」が、これらの租税について、更生債権かそれとも共益債権かを区別する重要な基準となるが、第7章第2節5—1(1)で説明しているとおり、最判昭和49年7月22日は、法定納期限をいうのではなく、具体的納期限をいうと解している。
(2) 違法性の承継の問題は、公定力の効果の問題ではなく、それとは別個の遮断効の問題と理解されるようになっている（小早川光郎「先決問題と行政行為」田中古稀記念論集373）。
(3) 詳細な研究として、飯原一乗・詐害行為取消権・否認権の研究（1989年）。
(4) 最判昭和32年1月6日（民集11・1・1）は、抵当権の設定された不動産が譲渡

第4節　租税の強制徴収（滞納処分）

されたが、たまたま譲受人がその抵当権の設定時期から1年以内の納期限の国税を滞納していたという事案について、「抵当不動産の譲受人に対する譲受前に納期の到来した国税債権は抵当権に優先しないと解すべきである。」と判示した。この判決は、昭和34年の国税徴収法の改正に大きな影響を与え、判例の見解が現行徴収法17条に引継がれているといわれている。

(5)　銀行では昭和61年10月頃以降手形貸付に代えて「一括支払システムに関する契約書（債権担保契約書）」（統一契約書の内容について、金法1183・6）により債務者（支払企業）の仕入先に対する代金債権を譲渡担保として貸出を行うことが定着しているが、国税不服審判平7年6月19日裁決は、この一括支払システムは擬制により譲渡担保権の消滅を主張するものであるとし、譲渡担保権者である銀行に対し徴24条による物的納税義務(第二次納税義務) の納税告知とした（金法1431・26）。銀行側では、一般支払システムに関する契約は有効であり、これによると、納税告知を発行したとき（納税告知の到達により効力が生じたときではない。）に期限の利益を喪失させ代物弁済は実行されているので、譲渡担保権は消滅しているとして主張し、その納税告知の取消を求める訴訟を提起している(三菱銀行事件)。東京地判平成9年3月12日(行集48・3・141)、控訴審・東京高判平成10年2月19日（判時1647・86）は、いずれも納税告知を適法としている（上告中）。

(6)　租税債権の倒産手続上の取扱いについて、山田二郎「租税債権の倒産法上の取扱い」新実務民事訴訟法講座13（1981年）265頁、同「破産と税務処理」新版破産法（1990年）98頁。

(7)　租税債権の会社更生手続上の取扱いについて、注釈会社更生法(担当、山田二郎)（1986年）。

(8)　租税債権と担保権付私債権の優先関係について、現行の国税徴収法15条以下では、租税の法定納期限を基準として、それ以前に設定されたものであれば担保権が優先するとしている。相殺の担保的機能が重視されてきているが、質権・抵当権でも租税の法定納期限後に設定されたものは租税に劣後することになっているので、相殺予約の効力を広く認めることになると、担保権との調整とバランスを欠くことにならないか（相殺予約の保護が厚すぎないか）、という疑問が生ずる。しかし、法解釈で相殺の効力を制限することは許されず、この矛盾は立法によって調整されるべきである。

(9)　滞納処分による債権差押と三者間にまたがる相殺予約の対外的効力について、山田二郎（租税判例研究）・ジュリ995・118。

(10)　東京地判昭和50年3月24日（訟月21・5・1158）は、認定賞与又は認定配当の基礎となった事実関係が、民事法に照らし贈与などに該当するときは、国税徴収法

247

第7章　租税手続法

39条にいう無償譲渡又は低額譲渡に該当することになり、1つの事実について税務署長が別々の認定をすることになっても、それは適用法令を異にすることに起因するのであり、少なくともこのような場合には統一がなくてもやむを得ないと解している（同旨、国税不服審判所裁決昭和49年9月27日裁決事例集9・31、吉国二郎『国税徴収法精解』466頁）が、前述のとおり、私はこのような不統一な処理には疑問をもっている。

⑾　東京地判平6年10月28日（判タ890・109）は、不動産競売事件において交付要求書の延滞税欄に単に「法律による金額要す」とだけ記載された場合には、交付要求の効力は、交付要求書に記載された本税額に対する延滞額に対する延滞税額についてのみ及び、交付要求書に記載されていない内入納付済の本税に対する延滞税には及ばないと判示している。この事例では、配当表の欄外に記載されていることについて配当異議の訴えを起こせるのかという問題もあるが、判決はこれを肯定している。

第8章　税務救済法

第1節　税務争訟の構造

1　税務争訟と納税者の救済

　税務官庁の行った課税処分（更正、決定など）や滞納処分（差押え、公売など）などの処分に対して不服がある場合は、処分を受け納税者は行政機関と裁判所に対して不服申立てをすることができる。税務官庁の処分に対する不服申立ての手続（救済制度）を総称して税務争訟（手続）と呼ぶ。

　税務争訟では、通常、税務官庁がした処分についてその一部又は全部の取消しが求められ、行政機関の審査手続（行政不服審査の手続）では、当該処分に違法又は不当な点がないかどうかを審査し（行審1条1項）、裁判所の審査手続（税務訴訟の手続）では当該処分に違法な点がないかどうかを審査する（裁判所法3条1項）。行政機関の審査手続は、簡易迅速な救済制度として国民が広く利用できることを建前としている。一方、裁判所の審査手続は、慎重な判断を建前としている。

　税務争訟の審理に関して、古い伝統的な考え方は、税務官庁の処分に手続違反があっても、実体的に処分が過大・違法なものでなければ是認する考え方が採られていたが、最近では、処分の手続（行政過程）の法律適合性を重視する考え方に傾斜してきているといえる。この手続の法律適合性を重視する考え方は、英米法の「適正手続の保証」due process of lawの思想、つまり憲法31条に定めている「法定の手続の保証」の考え方に由来するものであり、「正しい処分は、正しい手続によって行われることによって保証される。」という考え方に基づいているものである。

2　行政不服申立前置主義と選択主義

　行政事件訴訟に一般に適用され行政事件訴訟法（行訴法）では、処分取消しの訴

えについて、行政不服申立ての経由（前置）を原則として必要とせず、行政不服申立てを提起するか、それとも直ちに行政訴訟（処分取消訴訟）を提起するかは国民の選択に任せる建前を採用している（選択主義、行訴法8条。昭和37年に行訴法が制定される前は、広く行政不服申立前置主義を採用しており、国民の権利救済を阻害しているという非難が強かったので、改正されたという経緯がある。）。

しかし、税務訴訟については、この行訴法の建前の例外として、処分取消しの訴えについては通常の場合に2段階の行政不服申立て（処分をした税務署長に対する「異議申立て」と国税不服審判所長に対する「審査請求」）の経由（前置）を必要としている（通115条、地19条の12）。税務争訟においては、通常の行政争訟と異なり、原則として行政不服申立てによって争いが解決できない場合に、はじめて税務訴訟を提起することが許されている。

このように税務訴訟について例外的に行政不服申立前置主義が導入されている理由（前置主義のフィルター効果の採用）について、次の四つの理由が挙げられている。

(イ)　国税に関する処分は大量的かつ回帰的であること

(ロ)　課税標準の認定等が複雑かつ専門的であるから、出訴に先立って行政不服申立てを要求することは、行政庁の知識と経験を活用して訴訟に至ることなく紛争の解決を図り、また訴訟に移行した場合に事案の明確化に役立つこと

(ハ)　裁判所が訴訟の氾濫に悩まされることを回避できること

(ニ)　税務行政の統一的運用に役立つことが大きいこと

が挙げられている（昭和36年7月5日付国税通則法の制定に関する答申「税制調査会第2次答申」の説明第7章第7節6の3）

3　税務争訟に適用される法律

行政上の不服申立てに関する一般法として行政不服審査法があるが、税法上の処分に対する行政上の不服申立てについては、国税通則法の中に殆ど完結的に規定されているので、国税通則法の中のこれらの規定が国税にかかる行政上の不服申立てに適用されることになる（通75条以下。特別の規定として、関税については、徴172条・関89条ないし92条。地方税については、地19条ないし19条の10）。

行政事件訴訟に関する一般法として、行政事件訴訟法があり、同法は税務訴訟についても一般的に適用される。そして、幾つかの特別規定が国税通則法などに

定められている(通114条ないし116条、徴171条2項、関93条、地19条の11ないし19条の13)。

第2節　行政上の不服申立て

1　行政不服申立ての種類

　課税処分に対する行政不服申立てには、異議申立てと審査請求があり、前述のとおり、これらの行政不服申立てを経たのちでなければ、取消訴訟を提起できないことになっている。

2　異議申立て

　処分をした税務官庁（原処分庁）に対する不服申立てを異議申立てという。

　国税に関する処分は、原則として、税務署長によって行われるので、処分をした税務署長に対して異議申立てをする（通75条1項、関89条1項。例外、通75条4項、5項。納税地異動の場合の特例として、通85条、86条。）。

　地方税に関する処分は、処分をした地方公共団体の長に対して異議申立てをする。地方公共団体の長（知事、市長等）が権限を税務事務所長等に委任をしているときは（地3条の2）、委任に基づき処分をした税務事務所長等に対して異議申立てをする。

3　審査請求

　処分をした税務官庁の上級庁に対する不服申立てを審査請求という。

　国税に関する税務署長の行った処分について、審査請求は国税不服審判所長に対して行う。審査請求は、原則として、異議申立てに対する決定を経た後でなければ申立てができない（異議申立前置主義）。例外的に、青色申告納税者は異議申立てを経由しなくても、直接、審査をすることが認められている（通75条4項）。異議申立前置主義が採用された理由は、国税に関する処分が大量であるので、処分庁にもう一度見直しの機会を与えようという理由によるものである。

　地方税については、一般に処分庁に上級庁がないので処分庁に異議申立てをすることになる（地19条、行審法6条。但し、地自治法231条3第5項）。判例は、地方税の賦課権限を地方事務所長に委任している場合は（地3条の2）、異議の決定権も委任しているものと解している（岡山地判昭和36．3．28行集12・3・445など）。都民

第2節　行政上の不服申立て

税の賦課徴収を特別区の権限としている場合は、賦課決定をした当該特別区長に対して異議申立てができるだけであって、都知事に対する審査請求は許されない（東京地判昭和44.12.4判時610・42）。

4　国税不服審判所

　昭和43年7月30日の税制調査会の答申（「税制簡素化について第3次答申」）基づき、税務行政の主管部（執行機関）から独立した新しい裁決機関として国税不服審判所（昭和45年5月1日創設）が置かれることになった。

　従来は、昭和25年7月にシャウプ勧告に基づき協議団という制度が置かれ、国税に関する不服申立てについて国税庁長官又は国税局長が裁決をする場合に、その判断が公正に行われるために国税庁又は国税局に附置された協議団の議決に基づくことになっていたが、決定又は裁決を下すのは協議団ではなく国税庁長官又は国税局長であり、また協議団は不服申立てについて判断を下すにあたって国税庁長官が出している通達に当然に拘束されることになっていたので、納税者の信頼を得ることができなかった。それで、これらの批判に対する解決策として、協議団に代えて、第三者機関的な性格を強化し救済機関の機能を高めるために、審査請求に対する新しい独立した裁決機関として国税不服審判所が創設されることになった。国税不服審判所は国税庁の附属機関ではあるが（大蔵省設置法20条1項）、裁決権が独立し（通78条1項、98条）、また裁決に当たって一定の手続の下で通達と異なる判断をすることが認められているということで（通99条）、他の行政分野には類例がない第三者的色彩の強い裁決機関である。

　国税不服審判所長は、国税庁長官が大蔵大臣の承認を受けて任命する（通78条2項）。国税不服審判所には、国税審判官及び国税副審判官が置かれる（通79条1項）。国税不服審判所の地方支部として、全国に国税不服審判所支部（通常、東京国税不服審判所、大阪国税不服審判所等と呼ばれている。）が置かれている。国税不服審判所長の通常の裁決の権限は、首席国税審判官（各地の国税不服審判所支部長）に内部委任されている（通113条、通令38条）[注1]。

5　不服申立期間

　異議申立て及び異議申立てを経由しない審査請求の場合は、処分があったことを知った日（処分に係る通知を受けた日）の翌日から起算して2月以内に不服申立て

をしなければならない(初日不算入。通77条、関89条2項、地方税の場合は60日以内。なお、期間の計算については、通10条)。もっとも、処分があった日の翌日から起算して1年を経過したときは、正当な理由(天災その他やむをえない理由)があるときを除き、不服申立てをすることができない(通77条4項)。

国税に関する処分については、通常の場合は、まず異議申立てをすることが必要とされているので(異議申立前置主義)、異議申立てに対する決定を経た上でされる第2審としての審査請求は、異議決定書の謄本の送達があった日の翌日から起算して1月以内か、あるいは、処分があった日の翌日から起算して1年以内に不服申立てをしなければならない(通77条2項、関90条)。

後述の出訴期間と同様に、不服申立期間内に不服申立てがないと、処分は形式的に確定することになる(処分に不可争力が生じる(注2))。

異議決定を経た処分について不服があるときは、異議決定を経た原処分(異議決定で原処分の一部が取消されたときは原処分の残存部分)の取消しを求める審査請求をすることになる。異議決定も独立して取消訴訟の対象となるが(異議決定の取消しを求める審査請求は許されていない。通76条1号)、そこでは原処分の違法は取消事由として主張することが許されていない(原処分主義。行訴法10条2項)。

6 不服申立人

不服申立ては、処分によって法律上の利益(法律上保護されている利益)を侵害された者がすることができる(不服申立ての主観的要件。通75条1項、3項、関89条1項)。不服申立人は、通常の場合は処分の名宛人であるが、名宛人でなくても処分によって法律上の利益を侵害された者(例えば差押処分について抵当権者等)は不服申立人に含まれる。

納税義務者に不利益を与えない減額更正等については、不服申立てができない(最判昭和56.4.24民集35巻3号672頁)。減額部分が不足で不服であるときは、減額による残存の更正処分の取消しを求めることになる。

不服申立人は、不服申立てのために代理人を選任することができる。通則法は、弁護士、税理士その他適当と認める者を代理人に選任できると規定しているが、弁護士、税理士は例示であって、代理人はこれらの者だけに限定されていない(通107条)。ただ、不服申立てを業として行うことは、禁止されている(税理士法51条、52条。税務訴訟の代理人は、弁護士だけに制限されている。民訴法79条1項)。

第2節　行政上の不服申立て

7　不服申立ての教示

　行政上の不服申立てについて、不服申立制度を利用し易いようにするために、現行の行政不服審査法では、新しく教示という制度を設けている（行審法57条、58条、通75条4項2号、77条6項、84条6項、112条）。教示の内容は、不服申立てができる旨、不服申立てをすべき行政庁、不服申立てをすることができる期間である（行審法57条1項、2項）。異議申立てが係属して3か月を経過したときは直ちに審査請求ができる旨の教示（通111条）は、行政不服審査法では要求されていない税法上の特別の教示である。もっとも、処分又は裁決等にあたって取消訴訟を提起できることは、教示すべき内容となっていない。

　処分庁が教示をしなかったときは、処分に不服がある者は、当該処分庁に不服申立書を提出することができる（行審法58条1項）。しかし、教示をしなかったことは、処分を違法とするものではない（東京高判昭和55.12.24行裁集31・12・2675）。

8　不服申立ての手続

　不服申立ては、一定の事項を記載した異議申立書又は審査請求書を提出して行う（書面主義。通81条1項、87条1項、2項）。

　異議決定を経て審査請求をする場合も、原処分に不服があるときは、原処分の全部又は一部の取消しを求める審査請求をすることになる（原処分主義。通76条1号）。

　不服申立期間、異議申立前置等の不服申立ての要件を充たしているものについて、本案（申立ての内容）について審理を進める。不服申立ての要件を充たしていないときは、直ちに却下の異議決定又は裁決がされる。

9　執行停止（執行不停止の原則）

　不服申立ては、その対象である処分の効力、執行又は手続の続行を停止させることはない（執行不停止の原則。執行不停止の原則は訴訟でも採用されている。）。ただし、差押財産の滞納処分による換価は、原則として、不服申立てに対する異議決定又は裁決があるまで、執行停止をしなければならない（通105条1項但書、地19条の7第1項但書）。また、国税徴収法58条2項の引渡命令を受けた第三者が不服申立てをしたときは、不服申立ての係属する間は、財産の搬出をすることはできない（徴172条、地19条の8）。

255

第8章　税務救済法

　異議申立てを受けた処分庁は、必要があると認めるときは申立て又は職権により、徴収の猶予等をすることができ(通105条2項、3項)、また、国税不服審判所長も、必要があるときは申立て又は職権により、徴収の猶予等を所轄庁に求めることができる(通105条4項ないし6項)。地方税についても、同様に、例外的な徴収の猶予等の手続が定められている（地19条の7第2項）。

10　行政不服申立ての審理
10—1　異議申立ての審理

　行政不服申立ての審理については、簡易迅速性の確保と審理機関の事情を考慮して、書面審理主義が採られている(行審法25条)。もっとも、申立人から申立てがあったときは必ず口頭で意見を述べる機会を与えなければならず、また、この場合に申立人は許可を得て補佐人と共に出頭することができる(通84条2項、行審法25条1項但書)。

　意見陳述の方法について明確な規定はないが、固定資産税に関する固定資産税評価審査委員会の審理手続では、公開が必要とされており（地433条6項）、一般に、処分庁を出頭させ、対審構造で審理が行われている。

　行政不服申立ての審理は、職権により、適当と認める者を参考人として陳述させたり、書類その他の物件の所持者に対しその物件の提出を求め、かつ提出された物件を留め置くこと、必要な場所を検証したり、不服申立人又は参考人を審尋することができる(行審法27条ないし30条)。明文の規定はないが、不服申立人側でも、自己の主張を裏付けるために書類や物件を提出することができる。

　行政不服申立ての審理で、異議審理庁又は審査庁が、不服申立人の主張しない事実を職権で採り上げてその存否を調べること（職権探知主義）が認められるかどうか、一般の行政不服審査では職権探知を認める見解が有力であるが(訴願法当時のものであるが積極に解するもの、最判昭和29年10月14日(民集8巻10号1858頁)、塩野『行政法II』26頁。通達では、異議申立ての調査を広く解している、不服審査基本通達(異議申立関係)84-1）、租税に関する行政不服申立てでは、救済制度の趣旨を徹底するために、不服申立人の主張しない事実を職権で取り上げることは許されないと解されてきている（争点主義的運営。不服審査基本通達（審査請求関係）97-1。[注3]）。

　不服申立人が異議申立書を提出すると、異議審理庁（原処分庁）は、異議申立書

256

に記載されている不服申立ての理由（処分の違法・不当の点の有無）について、もう一度処分を見直す審理を行うことになる。

行政不服申立ての審理に関して重要なものとして、① 職員の調査権、② 閲覧請求制度がある。これらについては、審査請求の審理（第2節10.10－2 .(イ)）の中で説明する。

10－2 審査請求の審理

審査請求人が審査請求書を提出すると、不適法を理由に却下決定をすべき場合（不服申立期間の経過後の申立等不適法な不服申立て）を除いて、国税不服審判所長は、原処分庁に対し審査請求書に記載されている審査請求の趣旨及び理由に対応する原処分庁の主張（原処分が違法・不当でないことについての主張）を記載した答弁書を提出させなければならない（通93条1項、2項。行審法では審査庁の裁量に委ねられているのと異なる、行審法22条1項。）。原処分庁から答弁書が提出されると、その副本が請求人に送付される（通93条4項）。審査請求の審理は、請求人及び原処分庁の双方の主張によって明らかとなった争点について進められる（争点主義的運営。不服審査基本通達（審査請求関係）97-1）また、原処分庁から答弁書が提出されると、審査請求の審理に当たる担当審判官1名及び参加審判官2名以上の者が指定される（通94条）。

審査請求人は、答弁書に対する反論書又は証拠書類等を提出することができ（通95条）、また単独で若しくは補佐人とともに出頭して口頭で意見を述べることを求めることができる（通84条1項、101条1項）。また、原処分庁側でも、原処分の理由となった事実を証する書類その他の物件を担当審判官に提出することができる（通96条1項）。担当審判官は、審理上必要があるときは、申立てにより又は職権で、審査請求人若しくは原処分庁または関係人その他の参考人に質問を行ない、これらの帳簿書類その他の物件につき、所有者等に対し提出を求めることができる（通97条1項、2項）。

審査請求の審理は、書面審理主義・職権主義を建前としている。請求人が口頭意見陳述を行ない、あるいは参考人の尋問がされる場合も、公開・対審構造で行なうことまで要求されていない。

固定資産税には台帳課税主義と縦覧制度が導入されていて（地349条1項、415条）、課税台帳に登録された土地・建物の評価額（登録価格）について不服がある

第8章　税務救済法

国税不服申立制度の概要図

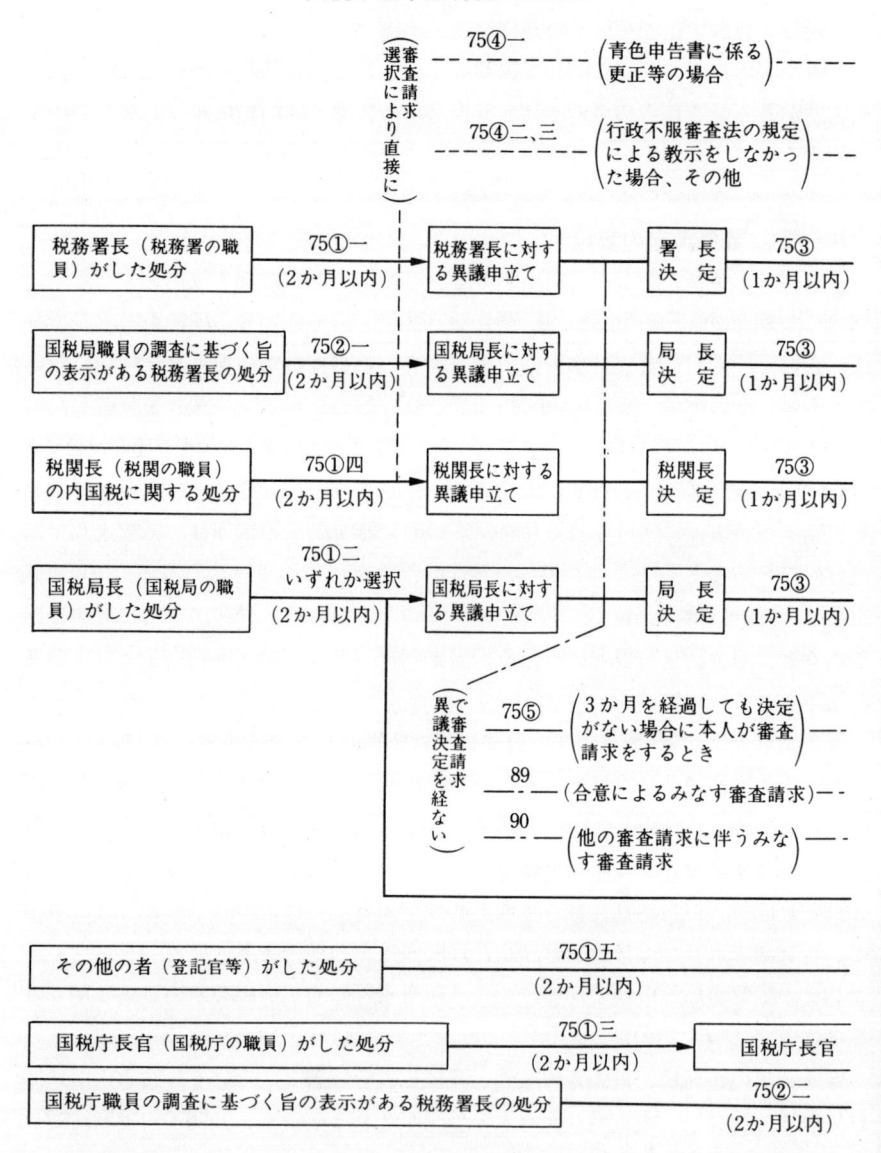

処分の種類	申立先・期間	異議申立て	決定	審査請求期間
	（審査請求の選択により直接に）	75④一 ------	（青色申告書に係る更正等の場合）	------
		75④二、三 ------	（行政不服審査法の規定による教示をしなかった場合、その他）	------
税務署長（税務署の職員）がした処分	75①一 （2か月以内）	税務署長に対する異議申立て	署長決定	75③ （1か月以内）
国税局職員の調査に基づく旨の表示がある税務署長の処分	75②一 （2か月以内）	国税局長に対する異議申立て	局長決定	75③ （1か月以内）
税関長（税関の職員）の内国税に関する処分	75①四 （2か月以内）	税関長に対する異議申立て	税関長決定	75③ （1か月以内）
国税局長（国税局の職員）がした処分	75①二 いずれか選択 （2か月以内）	国税局長に対する異議申立て	局長決定	75③ （1か月以内）
	（異議で審査請求決定を経ない）	75⑤ ------	（3か月を経過しても決定がない場合に本人が審査請求をするとき）	------
		89 ------	（合意によるみなす審査請求）	------
		90 ------	（他の審査請求に伴うみなす審査請求）	------
その他の者（登記官等）がした処分	75①五 （2か月以内）			
国税庁長官（国税庁の職員）がした処分	75①三 （2か月以内）		国税庁長官	
国税庁職員の調査に基づく旨の表示がある税務署長の処分	75②二 （2か月以内）			

第2節　行政上の不服申立て

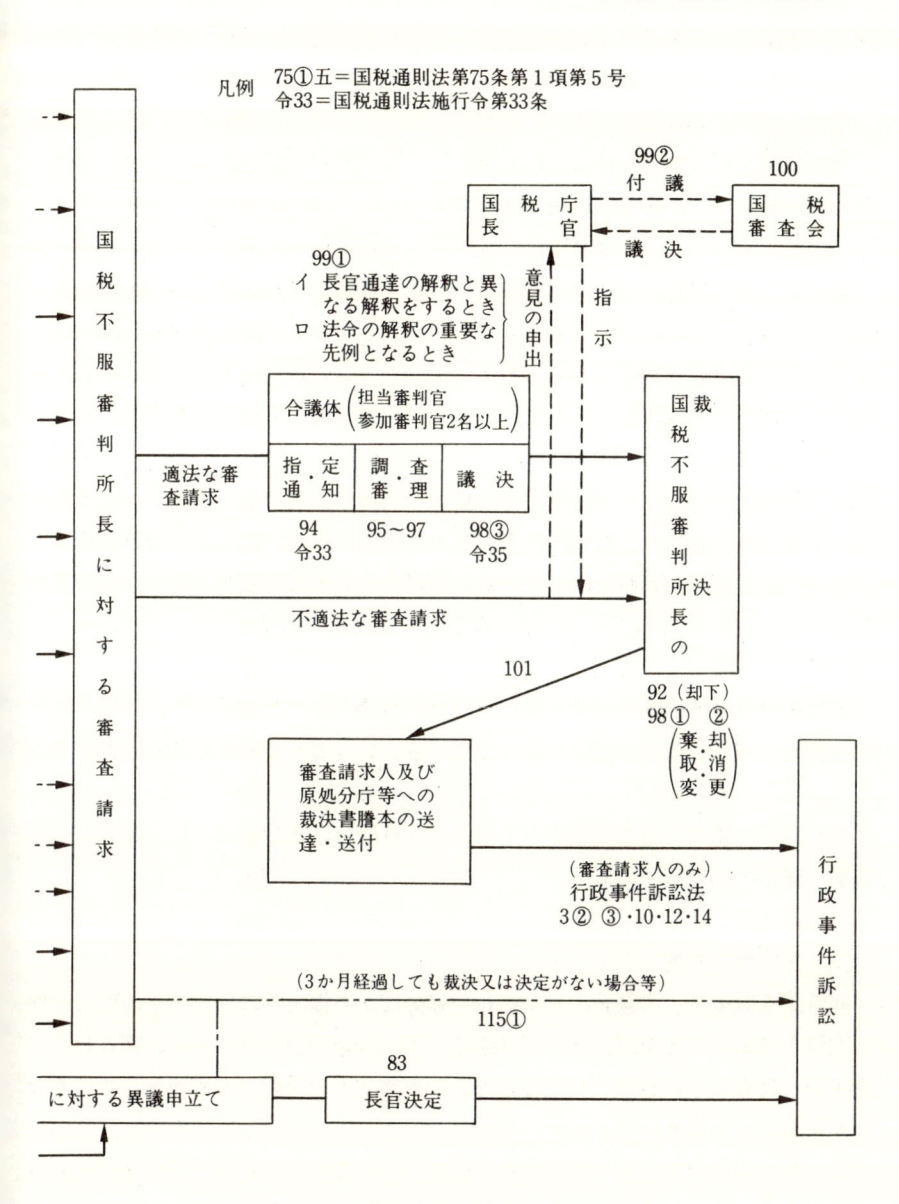

凡例　75①五＝国税通則法第75条第1項第5号
　　　令33＝国税通則法施行令第33条

```
                                              99②
                                              付議
                                    ┌─────┐ ──→ ┌─────┐
                                    │国税庁│      │国　税│
                                    │長 官 │      │審査会│
                                    └─────┘ ←── └─────┘
                                       議決
           99①
        イ 長官通達の解釈と異
          なる解釈をするとき     意 指
        ロ 法令の解釈の重要な     見 示
          先例となるとき         の
                                 申
                                 出
        ┌合議体 ─担当審判官────┐
        │      参加審判官2名以上│
        ├────┬─────┬────┤
        │指 定│調 査│議　│
        │通 知│審 理│決　│
        └────┴─────┴────┘
          94    95～97   98③
          令33           令35
```

国税不服審判所長に対する審査請求

適法な審査請求

不適法な審査請求

101

審査請求人及び
原処分庁等への
裁決書謄本の送
達・送付

国税不服審判所長の
92（却下）
98① ②
（棄却）（取消）（変更）

（審査請求人のみ）
行政事件訴訟法
3② ③・10・12・14

（3か月経過しても裁決又は決定がない場合等）
115①

に対する異議申立て

83
長官決定

行政事件訴訟

（出典・南博方『租税争訟の理論と実際』24・25頁）

259

きは、市町村に設置されている固定資産評価審査委員会に対して不服申立てをすることになっており、審査申出人から申立てがあったときは原則として書面審理を行い、委員会の裁量で公開の口頭審理の手続によることになっている（地433条2項）。口頭審理の審理手続については条例でも明確な規定を置いていない場合が多い。一般には、口頭審理は対審構造で進められているが、最判平成2年1月18日（判時1375・50）は、①委員会は、土地等の登録価格の不服審査を口頭審理手続によって行なう場合には、自ら又は市町村長を通じて審査申出人が不服事由を特定して主張するために必要と認められる合理的な範囲で当該土地等の評価の根拠等を知らせる措置を講ずべきであるが、②委員会は、審査申出人において他の土地等の評価額と比較検討するため、他の状況類似地域における土地等の評価額等を了知できるような措置を講ずることまでは要請されていないこと、③委員会は、口頭審理外で行なった職権調査の結果を判断の基礎として採用し、審査の申出を棄却するときでも、右職権調査の結果を口頭審理に上程する手続を経ることを要しないこと等の判断を示している。委員会の判断に不服があるときは、委員会を相手方（被告）として登録価格の取消訴訟を提起することになる（地433条。裁決主義）。

審査委員会は他の審査機関と異なり議会の承認人事であるうえに、住民・納税者を構成員とし、住民参加の形をとっているということで特色がある（地423条3項）。

審査請求の審理で重要な意味があるのは、①閲覧請求制度と、②行政不服申立機関の職員の調査権である。

(1) 閲覧請求制度

閲覧請求制度は、審査請求人に対し、処分庁から提出された書類その他の物件の閲覧を求めることを認める制度（証拠の開示を求める制度）であり、審査請求の効果を上げるように設けられたもので、審査請求人の手続上の権利として重要な機能をもっているものである。

しかし、現状では、この制度は余り機能していない。それは、処分庁から原処分の正当性を裏付けるに足りる書類等が整理されて提出されているとはいえないこと、それに閲覧請求が認められる書類の範囲が非常に限定されていること(処分庁から提出された書類等の全容が示されず、閲覧請求が認められているのは要約して再

生したものであることなど)、写しをとることが制限されていることなどによる。

　閲覧請求ができる書類等の範囲について、具体的な事例として、処分庁から任意に提出されるものに限られるか、担当審判官等が職権で収集したもの含むかが問題となったことがある。裁判例は分かれているが、閲覧請求制度が審査請求人に原処分を根拠付ける書類等を検討する機会を与えるという意味をもっていることを重視すると、処分庁から審査庁に提出された経緯は問わず、審査庁に現に存在する書類であれば閲覧請求の対象となると考えられる (同旨、大阪地判昭和44.6 .26行集20・5〜6・769)。反対、大阪地判昭和46.5 .24行集22・8〜9・1217、同昭和46.6 .28訟月18・1・35)。この考え方を押し進めると、担当審判官等が処分庁に出向き、処分庁の保管している所得調査書の要点を写して作成したメモや(前掲大阪地判昭和44.6 .24)、担当審判官等が職権による調査により裁決の基礎とする書類等も対象に含めるべきことになる。

　閲覧請求があった場合は、原則として閲覧を拒否できない建前になっている(通96条2項)。例外として、閲覧請求を拒否できるのは、「第三者の利益を害する恐れがあるとき」、「その他正当な理由があるとき」に限定されている (通96条2項後段)。閲覧請求の拒否が争われたケースとして、取引先の調査書を、第三者である取引先の個人的秘密を害する恐れがあるということで閲覧を拒否した事件で、大阪地判昭和45.10.27訟月17・10・109 (控訴審・大阪高判昭和50.9 .30訟月21・11・2400)は、調査書の閲覧を許した結果、納税義務者において調査に応じた取引先の行為を快く思わずその後の取引が円滑に欠くにいたるとしても、審査庁において閲覧を拒否できない手前となっている以上、閲覧を拒否できる「第三者の利益を害する恐れがあるとき」に当たるとは言えないと判断している。つまり、取引先の個人的秘密を守る利益と閲覧請求で認められている納税者の手続的権利を比較衡量して、後者の方をより保護すべきであるとしているように解される。また、所得調査書に行政上の秘密である調査技術や所得標準率に関する記載があることを理由にその全部の閲覧を拒否したケースについて、前掲大阪地判昭和45年10月27日及び大阪高判昭和50年9月30日は、行政上の秘密にかかる文書は閲覧を拒否できる正当な理由がある場合に当たるが、秘密の部分があれば、これに紙を貼付したり又は消去して閲覧させればよいのであって、秘密の部分があることをもってこれと関係のない部分までの閲覧を拒否することは許されないと判断している。ここで行政上の秘密とは、「形式秘」をいうものでなく「実質秘」をいうものであ

る。最決昭和52年12月19日（刑集31・7・1053）、国家公務員法100条1項、109条の秘密の意義について、国家機関が単にある事項を形式的に「秘扱い」の指定（形式秘）をしただけでは足りず、秘密とは、非公知の事実であって、実質的にも秘密として保護するに値すると認められるものをいうと判断している。議員や選出された高級公務員について、資産内容の公開を求めることができるということになると、このような場合は、閲覧請求が認められる巾も広くなるといえる。

閲覧許否処分は、審査手続を構成するものであるので、その違法は当該審査手続に関する瑕疵として裁決の取消事由となるが、それ自体独立して取消訴訟の対象とならない（同旨、東京地判昭和41.7.19行集17・7〜8・855、京都地裁昭和49.7.19訟月20・10・167。最判昭和39.1.24最民18・1・113は、議事録閲覧請求を却下した人事委員会の行為について同様に解している）。

(2) 職員の調査権

異議審理庁及び審査庁の職員は、審理上必要があるときは、申立てにより又は職権で審理請求人又は関係人に質問をなし、帳簿書類その他の物件の検査などを行うことができる（通84条、97条）。これらの職員の調査権について、個別税法に規定している質問検査権（所234条、法人153条、相60条など）と同じものなのか見解が分かれている。通達では、審理のための検証又は審尋等の規定によって制限されず、質問検査権を有すると解している（不服審査基本通達（異議申立関係）32-1）。しかし、行政不服申立てが救済制度であることを考えると、不服申立人が間接強制を伴う質問検査を受認する義務を負うというのは救済制度の趣旨と矛盾するように考えられる。

11 行政不服申立ての決定・裁決

11—1 決定・裁決の内容

行政不服申立手続は取下げによっても終了するが（行審39条）、制度が本来予定している最終的な判断の手続は、異議申立ての場合は決定（異議決定。通83条）、審査請求の場合は裁決（通98条）である。

行政不服申立てに対する決定又は裁決をいつまでにすべきかについて、地方税に関しては、申立ては受理した日等から30日又は60日以内にすることが定められているが（地19条の9。ただし、この規定は訓示規定であって、この期間経過後の決

第 2 節　行政上の不服申立て

定又は裁決でも直ちに違法ということにはならない)、国税に関しては一般には規定されていない。もっとも、異議申立て後 3 月を経過しても決定がないときは、異議申立前置主義の例外として、直ちに審査請求をすることが認められている(通75条 5 項)。また、異議申立て又は審査請求の後に訴えを提起する建前になっている場合も、異議申立て又は審査請求をした後 3 月を経過して決定又は裁決がないときは、不服申立前置主義の例外として、直ちに訴えを提起することが認められている(通 115 条 1 項 1 号)。直ちに訴えを提起しても、異議申立て又は審査請求が棄却されたものとみなされるものではなく、そのまま係属するので、不服申立庁は判断をする必要がある。もっとも、多くの場合は、その是非は別として、訴訟の結果待ちということで棚上げの取扱いがされているようである。

　決定・裁決には、訴訟手続における判決と同様に、却下・棄却・認容の三つの種類がある。

　却下は、不服申立期間の経過後の不服申立ての提起等、不服申立ての要件を欠く不適法な申立てであるときにされる（通 83 条 1 項、92 条)。

　棄却は、不服申立ての内容が理由がないときになされる。(通83条 2 項、98条 1 項)。ただし、不服申立てに理由がある場合でも、例外的に一定の場合には、不服申立てを棄却することが認められている(徴 173 条、地 19 条の10第 1 項)。このような場合には、棄却する決定又は裁決において、不服申立てに係る処分が違法又は不当であることを宣言することが必要とされている (徴 173 条 2 項、地 19 条の10第 2 項。一種の事情裁決、行審法 40 条 6 項、48 条)。

　審査請求が審査請求の要件を充足した適法なものであり、審査請求について国税不服審判所長が裁決をするときは、担当審判官及び参加審判官の議決に基づいてしなければならない(通98条 3 項)。議決に基づいてという意味は、議決に拘束を受け、これと違った裁決はできないという意味に解されている。

　認容は、不服申立てが理由があるときに、当該処分の全部又は一部の取消し・変更という形でなされる (通 83 条 3 項本文、98 条 2 項本文)。処分の一部取消しとは、例えば、税額を 100 万円とする更正処分について税額 50 万円を超える部分だけを取消すことである。また処分の変更とは、例えば 3 年間の納税猶予の申請に対し 6 月の納税猶予を認める処分がされ、これに対する不服申立ての決定又は裁決において10月の納税猶予を認めることである。原処分が更正処分である場合、全部取消の決定又は裁決があっても、それは税額を零とするものではなく、申告

263

額を上回る更正処分による増差額の全部を取消すという意味であり(一般には、申告額いくらを超える部分を取消すと明示しているが、このような明示をしていなくても同じである。)、申告額に戻るということになる。本税に関する原処分が取消されると、当然にその範囲で附帯税（過少申告加算税など）は失効することになる。

行政不服申立ての特色は、処分が違法であるときだけでなく、処分が不当であるときも、認容の決定がされることになっている(行審法1条)。しかし、この例は極めて少ない。決定又は裁決は、原処分を申立人の不利益に変更することは禁止されている(通83条3項但書、98条2項但書)。訴願法には規定がなかったので学説上争いがあったが、行政不服申立制度は、行政の自己統制を図る制度に重点があるのではなく、救済制度であることに重点が置かれているので、原処分の不利益変更は禁止されている（東京地判昭和54年2月28日税務訴訟資料104・443は、異議棄却決定と同時に増額再更正処分がされたとしても、本来の職権行使まで制限を受けるものでないので、不利益変更の原則に触れるものではない。）。

審判所に対する審査事件の件数は年間おおむね2,000件台といわれている。裁決で原処分の全部又は一部が取消されたものは、審判所の発足当時は40％強であったが、その後次第に低下して最近では20％を下回るようになっている。この20％を下回っている数字は、救済機関として少なすぎる感じを抱かせる。審判所が発足当時と同じように積極的に取り組むことが期待される。

11—2 通達と異なる解釈と裁決

国税不服審判所長が裁決をする場合、国税庁長官が発した通達に示されている法令の解釈と異なる解釈による裁決をすることができることになっており、このことが国税不服審判所の第三者機関性・独立性の特徴となっているが、このような裁決をするとき、又は国税に係る処分を行なう際の法令の解釈に関して重要な先例となると認められる裁決をするときは（いわゆる99条案件）、国税不服審判所長は予めその意見を国税庁長官に申し出なければならない(通99条1項)。国税庁長官は、このような申し出があったときは、国税不服審判所長に対し指示をなし(通99条2項)、国税不服審判所長はこの指示に従わなければならない。国税庁長官のこの指示権は、国税不服審判所の裁決機関としての独立性に一定の限界があることを示しているものである。

もっとも、国税庁長官は、国税不服審判所長の意見が審査請求人の主張を認容

第 2 節　行政上の不服申立て

するものであり、かつ国税庁長官が当該意見を相当と認める場合を除いて、国税審査会の議決に基づいて、指示を発しなければならない(通99条2項)。国税審査会は、学識経験がある者のうちから大蔵大臣によって任命される10名以内の委員で構成される(通100条)。国税審査会は、国税庁長官の指示権が恣意的に行なわれたり、国税不服審判所長の独立性を害したりすることのないように、国税庁長官の指示権の行使を事前に検討するために国税庁に置かれている合議体の機関である。

このいわゆる99条案件は、審判所の発足以来平成5年現在までで、全部で8件あったと言われている。この8件は、いずれも審査請求人の主張を認めるもので、かつ国税庁長官も国税不服審判所長の意見を相当と認めたので、国税審査会に諮問はされていない。具体的な事例として、不動産所得・事業所得・山林所得又は雑所得を生ずるような事業の用に供する土地を取得後これを使用することなく譲渡した場合、その土地の取得に要した借入金の利子の取扱いについて、それ迄の通達では、その資産の使用開始の日以前に係る部分については資産の取得費に算入し、使用開始の日以降に係る部分については必要経費に算入することにしていたが、原処分庁は全く使用せず譲渡した場合のその借入金の利子は土地の取得費に包含できないとして更正をしたが、国税不服審判所は法令の解釈上難しい問題であるということで、いわゆる99条の案件として取扱い、裁決では、土地の取得後なんら使用に供することなく空閑地として譲渡した場合も、取得費に算入するという判断を下している(昭和54年9月20日裁決)。そして、この裁決後に、裁決の判断に従い長官通達が変更されている[注4]。

11—3　決定・裁決の理由附記

不服申立てに対する決定又は裁決は、書面で行い、その理由を附記しなければならない(通84条4項、101条1項)。理由附記が不備な場合の効力や理由附記の程度は、青色更正処分で主に問題とされたが、理由附記を定めている規定は、単なる訓示規定ではなく、効力規定であって、理由附記を欠く決定又は裁決あるいは理由附記の不十分な決定又は裁決は、その内容の適否を問うことなく、理由附記が不備であるという形式的なことだけで当該決定又は裁決が取り消されるべきものと解されている（最判昭和38年5月31日最民17・4・617等)。そして、決定等に理由附記が要求されている立法趣旨としては、①不服申立てに対する審理決定を慎重にさせること、②不服申立人に対し更に不服申立て又は訴訟を提起するための

判断資料を提供することにあると解されている。それで、決定等の前後に口頭でいくら決定等の理由を知らせていても、決定書等の理由附記が不備であれば、上記の立法趣旨を充足したことにはならず、その決定等は取消しを免れないと解されている（最判昭和38.12.27民集17・12・1871等）。

決定又は裁決の理由附記としてどの程度の記載があれば適法ということになるのかが重要な問題であるが、不服申立てに係る処分の全部又は一部を維持する場合には、附記理由として、「その維持される処分を正当とする理由が明らかにされていなければならない」と定められている（通84条5項、101条1項）。

原処分（例えば、青色更正）の理由附記が不備である場合、その後の異議決定、審査請求の段階の答弁書あるいは裁決の理由附記によって、さきの理由附記の不備が治癒できるかについて見解が分かれていたが、最高裁判決は、原処分の理由附記が不備である場合、その後の異議決定等の理由附記によって遡ってその不備は治癒されるものではないと、理由附記による手続保障が形骸化しないように厳しい判断を示している（最判昭和47.3.31民集26・2・319、同昭和47.12.5判時691・13等）。

11－4　決定・裁決の効力

決定又は裁決は、不服申立人に送達されることにより効力を生ずる（行審42条1項(注2)）。

処分の全部又は一部の取消しの決定又は裁決がされ、それが確定すると、その取消された範囲において処分は始めからなかったことになる。更正処分の全部が取消されても、前述のとおり、税額が零となるのではなく、申告額に戻ることになる。

処分を取消し又は変更する決定又は裁決は、関係行政庁を拘束する（通102条1項、行政不服審査法43条1項）。これを決定又は裁決の拘束力と呼ぶ。処分を取消し又は変更する決定又は裁決があると、原処分庁では決定又は裁決の結論及び理由と矛盾するような処分を新たにすることは許されない。裁決の趣旨に従い原処分庁が新たな処分をすべき場合は、原処分庁において裁決の趣旨に従い新たな処分をすべき拘束をうける。青色申告の承認不許可処分が裁決で取消された場合は、納税者は改めて承認申請を出し直す必要はなく、原処分庁は裁決の趣旨に従い承認許可処分を行なうことになる。更正の請求を棄却した処分（「更正の請求が理由

第2節　行政上の不服申立て

がない」旨の処分）が取消された場合は、原処分庁は裁決の趣旨に従い**減額更正処分**を行なうことになる。審判所が直接に申告額の全部又は一部の取消（減額更正）を行うことができるか見解は分かれているが、単に差戻しの趣旨の取消決定だけでなく、**減額更正と同じ内容の取消決定ができる**ものと解したい。

　異議決定庁又は裁決庁は、決定又は裁決に違算・書き損じ等明白な誤りがある場合を除き、一旦行なった決定又は裁決を自ら取消したり、又は変更することは許されない。これを、決定・裁決の不可変更力（自搏力）という。

第3節　税務訴訟

1　税務訴訟の種類（形態）

　税務訴訟として提起されているものを大別すると、課税処分を争う訴訟、滞納処分を争う訴訟、これらの処分に関する異議決定又は裁決を争う訴訟、課税処分や滞納処分を違法として損害賠償を請求する訴訟、納付済みの税金を不当利得として返還（還付）を請求する訴訟、納付義務を定めている制定法が憲法等に違反し無効であるということで納付義務の不存在確認を求める訴訟など多くの種類のものがある。

　そして、課税処分を争う訴訟は、税額の確定が3つの方式（申告納税方式・賦課課税方式・自動確定方式）に分かれているので、これに対応して提起されている。国税は殆どの税目に申告納税方式が導入されているので、更正や決定などを争うという形態で訴訟が起こるが、地方税には賦課課税方式を採っているものが多いので、賦課処分を争うという形態で訴訟が起こされている。

　① 申告納税方式（制度）のもとでは、更正又は決定（申告のない場合の決定処分。通24条ないし26条）の取消訴訟又は無効確認訴訟、更正の請求に対する「更正すべき理由がない」旨の通知（通23条4項）の取消訴訟又は無効確認訴訟、青色更正承認の取消処分（所150条、法人127条）の取消訴訟又は無効確認訴訟など、② 賦課課税方式（制度）のもとでは、賦課決定（納税通知）の取消訴訟又は無効確認訴訟など、③ 自動確定方式（制度）のもとでは、源泉徴収義務者に対する納税告知（通36条）の取消訴訟又は無効確認訴訟などである。

　滞納処分に関する訴訟は、督促・差押・公売処分等の滞納処分の取消訴訟又は無効確認訴訟のほか、第二次納税義務を課する納税告知（徴32条1項）の取消訴訟又は無効確認訴訟があり、この他税務官庁を被告として訴えるものでなはく、税務官庁（国・地方団体）が滞納税金を取立てるために訴訟を提起するものがあり、これには、滞納処分による債権差押に基づく取立訴訟（被告は差押債権の第三債務者）、滞納処分としての不動産の差押を実施するための登記請求訴訟(第三者名義になっている滞納者の不動産を滞納者名義に変更して差押を実施するための登記移転請求訴訟)、詐害行為の取消訴訟、時効中断のための租税債権存在確認訴訟などであ

る。

　取消訴訟と無効確認訴訟の区別は、無効確認訴訟は、処分が単に違法であるということでなく、無効（通常、違法の程度が重大かつ明白な違法な処分という。）であることを理由とする例外的な訴訟であり、無効確認訴訟は、出訴期間の制限や不服申立前置主義の制限を受けないことになっている。税務訴訟の大半は、課税処分や滞納処分の取消訴訟（行訴3条2項、8条以下）であり、その中でも大半は更正又は決定の取消訴訟である。

2　税務訴訟と訴訟要件等

　税務訴訟の大部分を占めており、通常の訴訟形態である処分取消訴訟について説明する。

　税務訴訟は、いわゆる民事事件の一種類であり、その中の行政事件訴訟ということで、一般法として民事訴訟法、特別法として行政事件訴訟法の適用を受ける（行訴1条、7条）。

　税務訴訟も、一般の民事訴訟及び取消訴訟に要求されている訴訟要件を充足しなければならないが、特に重要なのは、出訴期間・不服申立前置・訴訟物・立証責任（実額課税、推計課税の立証責任を含む）・文書提出命令である。

2－1　出訴期間

　取消訴訟は、処分又は裁決のあったことを知った日から3か月以内に提起しなければならない（行訴14条1項）。また、処分又は裁決があった日から1年を経過したときは提起することができない（行訴14条3項）。3か月の出訴期間は不変期間であり（行訴14条2項）、裁判所が自由にこの期間を伸縮することはできないが、当事者の責に帰すことができない事由によって期間を遵守できなかったときは、追完が認められている（民訴97条）。

　国税に関する処分については、行政不服申立前置主義が採られているので、裁決があったことを知った日又は裁決のあった日が出訴期間の起算日の初日となる。裁決のあったことを知った日から3か月か又は裁決の知・不知に拘らず裁決のあった日から1年か、いずれかが先に経過すると出訴できなくなり、処分は確定する(不可争力が生ずる)。裁決を起点とする場合、初日は出訴期間の計算に算入される（初日算入、行訴14条4項。「……の日から起算する」という法令の用語の解釈に

ついて、最判昭和52．2．17最民31・1・50。）。

　処分又は裁決があったことを知った日の解釈について、最判昭和27年11月20日（民集6・10・103）は、知り得べかりし状態におかれたときを指すものではなく、現実に知ったときを指すべきものとしている。しかし、最判昭和27年4月25日（民集6・4・462）は、郵便による送達のように事実上知り得る状態におかれたときは、その時に知ったものと事実上推定されるとしている（通10条に、期間の計算及び期間の特例について定めているが、その内容は一般法である民法138条以下と同じ内容である）。国税通則法77条には、行政不服申立ての申立期間について特に定めており、「処分があったことを知った日」は、処分に係る通知を受けた場合には、「その受けた日」であるとしている（不服申立期間の始期について）[注2][注3]。

　滞納処分に関する争訟については、滞納処分手続を早期に安定させる目的から、最初の階階の滞納処分に対して争訟を提起する場合には、比較的短期の争訟の申立期間が定められている（徴171条、地19条の4）。

2－2　行政不服申立前置主義

　前述した通り、一般法である行政事件訴訟法は、行政事件訴訟の典型的な訴訟類型としている処分取消しの訴え（取消訴訟中心主義）について選択主義を採り、原則として処分取消しの訴えは行政不服申立てを経由しなくても訴えを提起できることにしているが(行訴8条1項本文)、税法上の処分に対する取消の訴えは、通常、異議決定及び裁決を経た後でなければ提起できないこととしている。つまり、税法上の処分については、一般法である行政事件訴訟法が採っている選択主義の建前と異なり、例外として不服申立前置主義を採用している（通115条1項、関93条、地19条の12）。立法論として、税法上の処分について、行政不服申立前置主義を強制することが正当視できるかについては疑問がもたれている。

2－3　訴　訟　物（争点主義と総額主義）

　課税処分あるいは滞納処分の取消しの訴えの性質について、従来、課税処分あるいは滞納処分の効果を遡及的に消滅させる形成訴訟の一種と解されている。

　そして、その訴訟物（審理の対象あるいは審理の範囲）は、課税処分あるいは滞納処分の個々の違法事由ではなく、課税処分あるいは滞納処分についての違法一般であると解されている。

第3節　税務訴訟

　税務訴訟について訴訟物が特に議論されているのは、更正・決定の取消訴訟に関してであるので、この点を敷えんして説明すると、訴訟物が違法一般であるといっても、具体的には弁論主義（民訴159条）との関係で、争点として取り上げられた違法事由の存否について審理が進められることになる。

　税務訴訟の争点として取り上げられる違法事由は、手続上の違法事由と実体上の違法事由に大別されるが、実体上の違法事由について、税務訴訟の特色が現われている。税務官庁が更正・決定で認定した所得金額が納税者の所得金額を上回っていないかどうか（高すぎないかどうか）を判定し、納税者の所得金額を上回っている場合は、その限度で違法と判断すべきものと解されている。

　そして、この場合、争点主義と総額主義という2つの見解が対立している。争点主義というのは、審理の対象は、処分を根拠づけている理由に限定されるという考え方である。換言すると、納税者の所得金額の認定理由（理由付け）として税務官庁の認定理由としていなかったものを取り上げることができない（認定理由の差し換えができない。その前提として、税務官庁は訴訟上の主張として原処分庁の認定理由と違ったことを主張することが許されない。）という見解である。この見解を採ると、原処分庁の認定理由であるAという譲渡所得が認められないと、別にBという譲渡所得があり、トータルとして原処分以上の所得があることが判明しても、原処分は違法となり取消されるということになる（もっとも、更正の期間制限内（通70条）であれば、再更正、再々更正の対象となることはいうまでもない。）。

　総額主義というのは、審理の対象が処分を根拠づける一切の理由に及ぶという考え方である。換言すると原処分庁の認定理由となっていなかったものであっても、時機に遅れたものでない限り（民訴157条）取り上げて差し支えない（その前提として、税務官庁は訴訟上の主張として原処分の認定理由となっていなかったことでも自由に主張することが許される）という見解である。この見解を採ると、原処分の理由に捉われることなく、納税者のトータルとしての所得が原処分庁の認定額と較べて高すぎないかどうか（税額の正当な総額）が審理の対象となり、高すぎない以上処分は適法ということになる。

　税法上の処分は必ず一定の理由に基づいて行なわれるべきものであり、理由の差し換えを自由に認めるということは、恣意的な処分を認めることになるが[注5]、白色更正・決定については、裁判例は、総額主義を採っている（代表的なもの、最判昭和42．9．12訟月13・11・1418．最判平成4．2．18民集46・2・77等）。青色更正につ

いては、処分に理由附記が要求されており（所155条2項、法人130条2項）、理由附記が不備であるときは取消事由になると解されているので（最判昭和38.5.31最民17・4・617等）、青色更正が取消訴訟の対象となった場合、認定理由の差し替えが許されるかについて裁判例は分かれていた。

最判昭和56.7.14（民集35・5・901）は、一般的に青色更正について理由の差し替えができるか否かについて見解を示すことは留保しているが、理由附記が一応の形式を備えていて、納税者に格別の不利益を与えるものでない限り、原処分の附記理由と異なる理由の追完ないし差し替えが許されるという判断を示している。この事案は、棚卸資産の譲渡に関して、原処分では取得価額が過大であるという理由で更正をしたが、訴訟の段階になって、税務官庁側が認定理由の予備的追加として、販売価額が過少であると主張したものであり、同じ譲渡資産の販売差益を対象としたものである。この理由の差し替えが納税者に格別の不利益を与えるものであるか否かについては、異なる見解も成り立つといえる。この最判以後、裁判例は青色更正の認定理由の差し替えについて厳格でなくなったようであるが、一方で最判は理由附記が不備である場合の理由の追完の是非（原処分の理由附記の不備が後日の答弁書の提出等による追完によって治癒されるか）について厳格な立場をとり、理由附記に関する規定が空文化しないことを要請していることを考えると（最判昭和47.3.31最民26・2・319、最判昭和47.12.5判時691・13等）、矛盾しない解釈の確立が必要である。

審理の対象が、争点主義か総額主義かということは、審査請求の審理でも同じように問題となることであり（もっとも、異議申立ての審理は、処分庁による処分の見直しという性質が強い）、昭和45年の国税不服審判所の発足にあたり、参議院の附帯決議で、争点主義的運用をすることが要請されている（不服審査基本通達（審査請求関係）97-1[注6]）。

2-4　取消訴訟の対象（処分性）

取消訴訟を起すには、取消しを求める対象である処分が存在することが必要とされている。これについては、処分性ということで議論されている。

処分が存在するときは、取消訴訟を提起し、処分の取消しを求めないと、処分による公定力の壁を破れないことになる。処分が存在しないときには、直接に還付請求（訴訟）をすることができる。

第3節　税務訴訟

従来、充当には処分性がないと解されていたが、最判(二小)平成5年10月5日（判時1512・20）、最判(二小)平成6年4月19日（金融商事958・13）は、充当に処分性を認めている。これらの判決によると、充当が違法な場合は、まず充当の取消訴訟を提起して、充当の取消しを求めないと、直接充当を違法として還付請求をしても認められないことになりそうできるが、この見解は納税者の救済をかえって狭める結果を起こさないかと批判されている。

2－5 主張責任・立証責任と国税通則法116条（証拠申出の順序）

(1)　主張責任と立証責任

主張責任とは、主要事実（法律の効果の判断に必要な要件事実）の主張がない場合に、当事者の一方の受ける不利益をいい、立証責任（挙証責任）とは、ある事実の存否が審理の最終の段階になっても不明なときに、当事者の一方の受ける不利益をいう（兼子一『民事訴訟法講座2　立証責任』565頁、三ケ月章『民事訴訟法』〈法律学全集〉　405頁）。そして、主張責任及び立証責任は、審理の方式に職権審理主義（行訴24条）が加味されているかどうかにかかわりなく、適用されるものである。

立証責任は、客観的立証責任と主観的立証責任とに区別がされ、上述の意味の立証責任を客観的立証責任とし、この客観的立証責任を前提として、当事者の一方にとって積極的な立証活動が必要となることを主観的立証責任と説かれている。

主張責任及び立証責任の分配（どちらの当事者の負担とするかという問題）は、どうすれば最もよく正義と公平の要求にかなうかという見地から考えられるべきものである。取消訴訟における主張責任及び立証責任について右要求に応えるためには、公益と私益との調整をはかり、正義と公平を実現しようとする行政法規及びそれが定めている行政法関係の特殊性を考え、訴訟における立証の難易をもあわせて考慮し、正義と公平の要求に合致する主張責任及び立証責任の分配の枠組みを見出す必要がある（田中二郎『新版・行政法　上巻』345頁）。

(2)　取消訴訟の主張責任と立証責任

取消訴訟について、処分を行った被告行政庁が主張責任を負うとすることについては異論を見ないが、立証責任の分配については、意見の対立が見られる。

第1説は、行政行為は公定力により適法であることが推定されるから、原告(被処分者)がその違法であることについて立証責任を負うと解するものである（行裁

昭和22．3．24行録58・66、田中二郎『行政法総論』〈法律学全集〉276頁。同『改訂行政法』上巻345頁）。

第2説は、公定力と立証責任との法的関連性を否定し、取消訴訟の立証責任も民事訴訟手続上の一般原則（当事者は自己に有利な効果を生ずる法規の要件事実の充足について立証責任を負うとするもの。法律要件分類説）と同様に、実体法である行政法規の規定いかんにより、立証責任が分配されるべきだと解するものであり、積極的行政行為については、権利発生事実について被告行政庁が、権利障害事実・権利消滅事実については、原告（被処分者）が立証責任を負うが、消極的行政行為（許否行為）取消訴訟では、この関係が逆になると説く（東京高判昭和32.11.13行集8・11・152、福岡地判昭和32.12.16行集8・12・152、滝川叡一「行政訴訟における立証責任」岩松還暦論集483頁など）。

第3説は、公定力と立証責任の分配の関係については、第2説と同意見であるが、立証責任の分配について民事訴訟の一般原則が取消訴訟に妥当することを否定し、民事訴訟に妥当する法律要件説は私法法規が対立当事者間の利害調整規定として制定されているのに対して、公法法規は公益と私益との調整を内容とし、また、裁判規範としてよりも行政機関に対する行為規範としての性格が濃厚であるので、公法法規と私法法規とが異なる原理により構成されていることを理由に、行政法規の要件事実に立証責任の分配の基準を求めず、一般的な原則をたてることなく個々の場合に適用すべき法規の立法趣旨や行政行為の特性（外観主義、迅速性、大量性、継続性）や立証の難易等を考慮して、立証責任の分配を定めるべきであると説く（雄川一郎『行政争訟法』〈法律学全集〉313頁、兼子仁『行政行為の公定力の理論』331頁、田中二郎『新版・行政法 上巻』345頁）。そして、課税処分や滞納処分のように国民に義務を課する行政行為の取消訴訟については、通常行政処分を行った行政庁が立証責任を負うべきであるとする。

初期においては、第1説を採る裁判例が多かったが、最近の裁判例の大勢は、第3説が支持されている。

(3) 税務訴訟の主張責任と立証責任

税務訴訟の中の典型的な訴訟類型である更正・決定処分の取消訴訟についてこのことを敷えんすると、所得の内容は原告である納税者が誰よりもよく知っているということを根拠に、立証責任は原告にあるという見解や立法例[注7]もみられる

第3節　税務訴訟

が（田中二郎ほか「税制と税務行政の現状と将来」税務大学通信46・5・1）、裁判例の大勢は、税務官庁が行った更正・決定処分について争われている以上、被告税務官庁が当該更正・決定処分が適法（課税要件を充足していること）であることについて、主張責任と立証責任を負うべきものと解している（最判昭和38．3．3訟月9・5・668など）。

　被告税務官庁が更正・決定処分の適法であることについて立証責任を負うということは、所得が課税客体である更正・決定処分の取消訴訟についていうと、税務官庁が更正・決定処分において認定した所得金額が原告（納税者）の所得金額より高くないことが更正・決定処分の適法性を根拠づけることになるので、税務官庁は右所得金額が存在することについて立証責任を負うことになる。この所得金額は、所得税についていうと、原則として、収入金額から必要経費を控除して算出することになっており（所23条以下）、また、法人税についていうと、益金から損金を控除して算出することになっているので（法人22条1項）、所得金額について争いがあり、特に争点について整理がついていない以上、原則としてその所得金額が算出される各根拠項目（収入金額、必要経費、益金、損金）について立証責任を負うということになる。

　また、所得税の所得控除（雑損控除、医療費控除、社会保険料控除、生命保険料控除、損害保険料控除、配偶者控除、扶養控除、基礎控除など。所72条ないし80条）のうち、雑損控除ないし損害保険料控除は申告書に記載のあることを要件として控除されるものであるが、更正・決定をした場合は、所得控除を含めて所得金額について、被告税務官庁において立証責任を負うことになる。税額控除（所86条以下）についても、同様に解することになる。

　もっとも、必要経費や損金・所得控除・税額控除・特別措置等は、納税義務者たる原告にとって有利なことであるので、立証責任を双方に分配し、納税義務者たる原告の負担とすべきであるという見解もみられる（滝川叡一「行政訴訟における立証責任」岩松還暦論集488頁、斎藤秀夫「税務訴訟の立証責任について」裁判官特別研究叢書26頁）。例えば、仙台地判昭和32年12月18日（行集9・1・154）、熊本地判昭和33年5月6日（行集9・5・954）、名古屋地判昭和38年2月19日（行集14・2・278）は、必要経費について原告に立証責任があるとしており、神戸地判昭和29年11月20日（行集5・11・2628）は、会社の支出金について、東京地判昭和33年2月15日（行集9・2・184）は、借入金について、福岡地判昭和35年4月28日（行集11・

275

5・1426）は、仕入金額について、それぞれ原告である納税義務者側に立証責任があるとしている。また、東京地判昭和33年1月11日（行集9・1・42）は繰越欠損金の損金算入の要件としての青色申告承認の有無について、繰越欠損金の損金算入を主張する原告側において立証責任を負担すべきであるとしている）。

なお、納税義務者において一旦納税申告書を提出しながら申告書記載の所得金額を争おうとする場合には、納税義務者において、その所得金額が真実に反するということのほかに、その過誤が客観的に明白かつ重大なものであり、税法所定の是正方法（更正の請求、通23条など）によることのできなかった特段の事情については、主張責任を負うべきものと解されている（最判昭和39.10.22最民18・7・1762）。

また、特別措置の適用を選択して確定申告をしたのちに、通常の規定に従って所得金額（実額）を計算した方が有利であることに気付いたという場合は、一旦選択権を行使した以上は所得金額は確定しているということで、更正の請求は許されない（更正の請求の事由には該当しない）と解されている（社会保険診療報酬にかかる必要経費の概算控除（措置26条）を選択した場合について、最判昭和62.11.10訟月25・7・1969）。ただし、特別措置の選択について錯誤があった場合は、更正の請求あるいは修正申告が認められると解されている（修正申告について、最判平成2．6．5最民44・4・612）。

(4) 証拠申出の順序

国税に関する抗告訴訟について、国税通則法116条には、「原告の行うべき証拠の申出」と題して、「国税に関する法律に基づく処分（更正決定等及び納税の告知に限る。以下「課税処分」という。）に係る行訴3条2項（処分の取消しの訴え）に規定する処分の取消しの訴えにおいては、その訴えを提起した者が必要経費又は損金の額の存在その他これに類する自己に有利な事実につき課税処分の基礎とされた事実と異なる旨を主張しようとするときには、相手方当事者となった税務署長又は税関長が当該課税処分の基礎となった事実を主張した日以降遅滞なくその異なる事実を具体的に主張し、併せてその事実を証明すべき証拠の申出をしなければならない（通116条1項本文）」と規定している。

この規定は、昭和25年のシャウプ勧告に基づく税法改正に際し、所得税法・法人税法の中に「証拠申出の順序」として挿入され、昭和59年3月の「納税環境整

第3節　税務訴訟

備のための税法改正」の一環として、上記のような現行法の規定に改められて、今日に至っているものである。

　シャウプ勧告では、この規定の必要性について、「税の払戻しのために納税者が起こす訴訟に関する規定は明確にすべきである。納税者はもし税務署又は国税局のいずれかが不利な決定をした場合は、その決定後、訴訟を起こすことが許されるべきである（行政上の決定の引延し又は遅延を防止するため、納税者は、もし正当な行政措置を採りうる一定期間内に彼の異議申立てについて決定がされるときは、彼の権利として訴訟を起こすことが許されるべきである）。……このような訴訟及び詐欺又は刑事犯の行為を含んでいるもの以外の租税の徴収に関する訴訟においては、納税者は政府の行政上の決定が誤っている証拠を、まず最初にもってくる責任を負うべきである。」（シャウプ使節団日本税制報告書付録4巻D33項）と説明している。

　この規定の意味について、立証責任の分配を定めものではなく、裁判所の訴訟指揮のあり方を定めているものであるというのが一般の解釈となっている（杉本良吉「税金訴訟における証拠申出の順序」財政11・102、最高裁事務総局『行政訴訟事件10年史』536頁）。

　わが国では、「主張責任及び立証責任」の項で述べた通り、通常の取消訴訟に関して、被告税務官庁が処分が適法であることについて主張責任及び立証責任を負担すべきものと解しているので、被告税務官庁の主張が合理的と認められる場合も、当事者に争いがある以上、その争点事項について、立証責任が被告税務官庁側から原告納税義務者側に転換することにはならない。しかし、現行法の下では、被告税務官庁が課税処分の適法であるこについて具体的な主張をしているのに、原告納税義務者が遅滞なく反対事実の主張や反対事実の立証をすることを怠ると、「時機に遅れた攻撃防禦方法」の提出ということで、その後に証拠の申出等をしても却下の決定を受け（民訴139条）、主張・立証活動について制限を受けることになる。

　この国税通則法116条の規定は、申告納税制度を背景として、納税者側に有利な事実や証拠を早く提出させ、争点を早期に明確にさせ、訴訟の促進を図ろうとしたものであるが、この規定が活用されるには、まず早い段階に被告税務官庁側で課税処分が違法でないことについて明確で具体的な主張を示すことが必要であるといえる。現状では、この規定は余り積極的に活用されていない。

(5) 推計課税と主張責任・立証責任

　推計課税は、青色申告者の場合には許されず、白色申告者の場合に限って行なうことができるものであるが(所156条、法人131条)、白色申告者も場合も、実額課税をなしえないときに、次善の方法として許されるものと解されている。実額課税ができないときという推計課税の要件を、推計課税の手続要件と呼んでる。この手続要件は、実定法には規定がないが、裁判例の積み重ねによって定着をみたものである（例えば、大阪地判昭和45.9.22訟月17・1・91）(注8,9)。

　推計課税による更正・決定について取消訴訟が提起され、推計課税が争われた場合には、被告税務官庁において、第1に、この推計課税の手続要件について主張責任と立証責任を負担し、第2に、推計課税の内容が合理的であることについて主張責任と立証責任を負担しなければならないと解されている。そして、その合理性とは、① 推計の基礎とした資料が正確であること(正しく収集されていること。)、② その推計方法が具体的に適用されるケースの実情に適合していることをいい、合理性が争点となった場合は、この①及び②の事項について、被告税務官庁側において主張責任と立証責任を負うことになる。

　被告税務官庁がこの立証を尽くした場合は、原告納税義務者において積極的に反証を提出しないと、推計課税は適法（合理性がある）という認定を受けることになる。

　これ迄の実務では、推計課税の場合も、推計の目的は実額（できるだけ実額に近い金額）を明らかにすることであると考えており、原告が推計の結果が実際の所得と食い違うことを法廷で明らかにした場合は（極端な例としては、訴訟まで帳簿を提示しないで推計課税を受け、推計が帳簿額を下回っているときは更正を争わず、推計が帳簿額を上回っているときだけ取消訴訟を提起し、訴訟で帳簿を提示して、推計の結果が過大であると主張するケースが考えられる。)、推計の結果が実額と食い違う限度で、推計は違法（推計は合理的ではない。つまり「実額は推計を破る」という。）と解している（例えば、福岡地判昭和30.12.5行集6・12・536、福岡高判昭和32.10.9行集8・10・1820、京都地判昭和52年7月15日行集28・7・775、東京地判昭和53.9.11訟月25・2・440等)。そして、これを有効な実額反証と呼んでいる。しかし、推計課税の推計の目的は、果たして実額であるのか疑問である。推計は、実額を把握しない場合に次善の方法として許されるものであり、推計の目的は概数（同種・同業・同態の納税者から推認される平均値）と考えるべきではないか。このように考える

と、「実額は直ちに推計を破る」ことにならず、また実額反証は最も有効な反証とはならないことになり、推計課税で実額を追うことに多くの労力が使われたり、推計課税に関する取消訴訟が大幅に遅延しているのを改善するのにも役立つのではないかと考える。

　最近の実額反証が問題となっている多くのケースは、原告(納税者)は帳簿書類等を作成していながら税務職員の税務調査にあたっては開示せず、推計課税による更正処分を受けて取消訴訟を提起し、訴訟の場で、税務官庁の主張する収入金額については争わず(収入金額は帳簿書類等の金額よりも少なくない場合が多いと推測される。)、必要経費だけ帳簿書類等を証拠として実額(実額反証)を主張して更正処分の取消しを求める事例が少なくない。このような事例に対して、最近の判決は、必要経費だけ帳簿書類等による実額を主張するだけでは有効な反証として認めず、その必要経費に見合う収入金額の実額を明らかにするか、その必要経費が収入金額に対応するものでないことを明らかにしなければ有効な反証とならないとしているが、この見解は厳格すぎるというべきで、必要経費がその年度に支出されていることが明らかになれば、税務署長側にその必要経費の実額が収入金額に見合わない過大なものであること、他に収入金額の脱漏のあることについて立証責任の転換が生じるものと考えるべきであろう(注10)。

2−6　職権証拠調べ

　行政事件訴訟法は、訴訟の結果について公益に影響することが大きいので、裁判の適正を期するために、審理のすべてを通常の民事訴訟手続のように当事者の処理に任せることにせず、当事者の訴訟行為を基調にしながらも職権審理主義を加味することにしている。

　すなわち、通常の民事訴訟手続は、当事者の主張した事実及びその提出した証拠のみに基づいて裁判をすること(弁論主義)にしているのであるが、行政事件訴訟手続は、当事者の弁論に現われた主要事実(法律効果(納税義務)の発生・変更・消滅にかかる事実)について判断を下すべものとしながらも、当事者の弁論に現われた主要事実について証拠が不十分なため心証の得られない場合は、補充的に職権で証拠調べができるとしている(行訴24条)。行政事件訴訟法24条にいう「必要があると認めるとき」というのは、職権による補充的な証拠調べをいうものと解される。

第8章　税務救済法

職権証拠調べの規定の内容について、最判昭和28.12.24最民7・13・1604は、「行政事件訴訟特例法9条（職権証拠調べ）は、証拠につき十分な心証が得られない場合、職権で証拠を調べることができる旨を規定したものであって、原審で証拠につき十分な心証が得られている以上、職権によって更に証拠を調べる必要はないのである」と判断を示している。

2－7　文書提出命令
(1)　文書提出命令と税務訴訟の特色

　民訴法の文書提出命令の制度は、行政事件訴訟を視野に入れて作られたものではないが、行政事件訴訟で、最近、原告（被処分者である納税者）が行政庁が所持する文書について文書提出命令（行訴7条、民訴220、223条）を申立てることが多くなっている。これは、行政庁の訴訟以外の対応が非常に限定されているので、接点を広げたいということで行政事件訴訟を提起し、裁判の場を借りて行政資料を収集したり行政庁の応答を求める手段として利用しようとする傾向の一環であるともみられている（行政事件訴訟のフォーラム化）。税務訴訟でも、税務署長の所持する文書について、原告納税者から文書提出命令の申立てがされる例が増えている。行政事件訴訟では、行政処分の根拠となった資料の入手の可否が取消訴訟の帰すうに影響するので、文書提用命令の公正な運用が取消訴訟では重要な意味をもっている。

　税務訴訟で、原告納税者から文書提出命令の申立てが出ている大半の事例は、推計による更正処分の取消訴訟や最近では移転価格税制を適用した更正処分の取消訴訟である。これらの推計による更正処分は、被告税務署長が同業者率等の資料により推計を行なっており、訴訟の段階では、通例、右推計の合理性を立証するために、税務署長作成の「類似同業者課税事績表」などを提出しているので、この同業者率表や事績表など推計の根拠資料について文書提出命令が申立てられている。事績表とは、同業者の申告書自体は秘密扱いで公表できないということで、証拠としてこれに代えて税務署長が管内の類似業種・類似規模の青色納税者の申告事績を集約して作成した国税局長宛の報告書で、通達に基づき一定の抽出基準により類似同業者の売上高又は原価等の必要事項をまとめている文書である。税務署長が自署管内の納税者から提出された青色確定申告書添付の決算書の記載内容に基づき通達の示す抽出基準に該当する類似同業者を選定し、その納税者名

第3節 税務訴訟

をA・B・C等の符号で付して匿名で表示しているものである。

(2) 文書提出命令の対象文書
　文書提出命令の対象文書は、引用文書（民訴220条1号）、閲覧要求文書（同条2号[注11]）、法律関係文書（同条3号[注12]）である。
　推計課税による更正処分の取消訴訟では、前述の類似同業者事績表の基礎資料とされた青色申告添付の決算書が引用文書に該当するということで、文書提出命令の申立ての対象文書とされている。
　推計課税による更正処分にあたって使用された同業者率・所得標準率等の課税資料が行政秘の文書に該当することは裁判例でも肯定しているが（詳しいことは、同様の制度である審査請求の中の閲覧請求制度の項目（第2節10.10-2.(イ)）で説明した。もっとも、取消訴訟が提起された場合に課税の根拠として明らかにできないような資料を使って更正処分をすることは、本来許されてよいのか検討を必要とする課題である。）、被告税務署長は訴訟の段階では推計による更正処分の合理性を立証するために、事績表を立証資料（証拠）としているので、その基礎資料である青色申告決算書が引用文書に該当するという申立てが出ている。
　民事訴訟法220条1号にいう「引用文書」とは、文書そのものを準備書面・本人の陳述書・本人尋問の中や証拠として引用する場合のほか、その主張を明確にするための文書の存在・内容について積極的に言及している場合も含まれると解されている（菊井維大ほか『全訂民事訴訟法II』（平成元年）612頁）。
　上記青色申告決算書が引用文書に該当するか否かについて、裁判例は分かれている。
　大阪地決昭和61年5月28日（判時1209・16）、鳥取地決平成1年1月25日（訟月36・3・337）、広島高裁松江支決平成1年3月6日（訟月36・3・323（鳥取地決の抗告審決定））は、引用文書に該当すると判断している。
　これに対して、神戸地決昭和60年4月18日（判タ556・227）、大阪高決昭和61年7月1日（判タ567・176）、大阪高決昭和63年1月22日（判タ675・205）は、引用文書に該当しないと判断している。
　消極説を採る裁判例は、事績表は、青色申告決算書の存在及び内容自体を積極的に引用したものでないと解しているのであるが、事績表は実質的には青色申告添付の決算書に基づくものであるので、類似同業者の青色申告添付の決算書は引

281

用文書に該当すると言わざるを得ないのではないかと考える。前述したとおり、このような推計資料の取扱いは、次の説明する守秘義務の関連でも難しい問題であるが、公表できないようなものを推計の根拠としていることに問題の根源があるといえる。秘密資料を用いて推計により更正処分をしておいて、その推計の根拠は公表(提出)できないというのは、不公正なことである。公表できるような推計資料を作って推計課税をするよう取扱いの改善が必要である。

(3) 文書提出命令と守秘義務

国家公務員法100条1項は、国家公務員の「職務上の秘密」及び「職務上知ることのできた秘密」について、国家公務員に守秘義務(1年以下の懲役又は3万円以下の罰金)を課しており、税務職員については、個別税法の中で、更に重い刑罰(2年以下の懲役は3万円以下の罰金)をもって厳しい守秘義務を課している（所243条、法人163条、相72条等）。この立法趣旨は、国家の秘密の保全と併せて、個人や法人のプライバシーや経済取引に立ち入って情報を入手する税務職員に厳しい守秘義務を負わせることにより、情報の入手を確保し易いようにしているものと考えられる（広島高裁松江支判昭和26.4.4高刑4・6・573）。行政秘及び守秘義務の意義については、審査請求の中の閲覧請求制度の項目（第2説10.10-2.(イ)）で説明している。

文書提出命令についても、民事訴訟法196条、191条1項1号等の証人義務・証言義務の免除を定めた守秘義務に関する規定が類推適用され、守秘義務があるときは、文書の所持者は文書提出命令が出ても文書提出義務はなく、文書の不提出による不利益な効果（民訴224条）や制裁（民訴225条）は働かないと解されている（東京地決昭和43年9月14日判時530・18（教科書検定訴訟の調査意見書等）、東京高決昭和44.10.15判時573・20（同抗告事件）、東京高決昭和60.2.21判時1149・119（捜査記録）等。名古屋高決昭和52.2.3高民30・1・1は、当事者が自ら引用した文書を所持することにより提出義務を負うときは、証言拒絶に関する民訴196条、197条は類推適用されず、守秘義務があるものでも提出義務は免除されないとしている。)。

ところで、税務訴訟では、文書提出命令のあった同業者の青色申告添付の決算書について、引用文書に該当すると解した裁判例（前掲裁判例）でも、個人等の秘密に属する事項の記載があるということで、税務署長が守秘義務を負っていることを根拠として、文書提出義務を否定し、その文書提出命令の申立てを却下して

いる。これらの守秘義務に関する判断は理解できるが、前述のとおり、納税者に公開(提出)できない資料を使って推計課税をしていること自体に根本的に検討の必要があるように考えられる。

　また、同業者の青色申告添付の決算書について文書提出命令の申立てがあった場合に、原本自体の提出に難点があるとしても、守秘義務に触れないようにするために、原本の提出に代えて原本のうちの申告者や税理士の住所・氏名・電話番号、事務所の名称・所在地・従業員の氏名等の固有名詞（いわゆる個人識別情報）を削除したもの（マスクをしたもの）の文書提出命令の申立てが認められるか、あるいは上記代替文書について提出義務を認めるべきかという問題が提起されている。

　前掲鳥取地決平成1年1月25日は、申告者の特定につながる固有名詞を削除した写しであれば、納税者の秘密を漏泄するおそれはなく、守秘義務に反しないとして、被告税務署長に対し、原本の写しの提出義務を認めている（同趣旨、前掲大阪地決昭和61.5.28）。

　しかし、この決定の抗告審である前掲広島高裁松江支決平成1年3月6日は、原決定を取り消し、文書提出命令の申立てを却下している。その理由は、原本と異なる文書の提出を求めること、すなわち申立て時に存在しない文書(マスクをした代替文書)を作成して提出することを求めることは、文書提出命令の制度に含まれないばかりか、民事訴訟規則143条にいう原本提出義務にも矛盾する結果となり許されないという判断を示している（同趣旨、大阪高決昭和61.9.10）。

　また、前掲広島高裁松江支決平成1年3月6日は、税務署長に右写しの作成義務を負担させる法定根拠もないし、固有名詞を削除しても他の記載等から類似同業者が特定されて、その者に対する守秘義務違反が生じるおそれがないとは言えないことを、提出義務を否定する根拠に挙げている。

　マスクをした代替文書の作成・提出義務は、原本自体の提出義務が肯定される場合に、守秘義務を回避するために行なわれる本来の提出義務の一環と考えるべきことであり、また原本と代替文書との関連も実質的に同一文書と解すべきであるので、文書提出義務を否定している裁判例は、形式論を展開しているもので、説得力がないといえる。文書提出命令の制度の重要な意義と守秘義務の内容を合理的・実質的に考えることが必要である。

　磁気テープ（電磁的記録）の提出を命ぜられた者は、その内容を紙面等にアウト

第8章　税務救済法

プットするに必要なプログラムを作成してこれと併せて提出義務を負うものと解されている（大阪高決昭和53．3．6高民31・1・38）。

2－8　取消訴訟と主張の制限

(1)　取消訴訟と原処分主義

取消訴訟は、処分に違法（取消理由）があるか否かについて争われ、審理が展開される。

ところで、行政事件訴訟法は、取消し理由の制限として、自己の法律上の利益に関係のない違法を理由として取消しを求めることはできないこと（行訴10条1項）、原処分の違法を理由として異議決定あるいは裁決の取消しを求めることができないこと（行訴10条2項）を定めている。

前者の例として、第二次納税義務者が提起した第二次納税義務の告知処分（徴32条）の取消訴訟において、主たる納税義務者に対する課税処分の違法は自己の法律上の利益に関係のない違法（換言すると、課税処分の違法は第二次納税義務の告知処分の取消理由とはならない。）と解されている（最判昭和50．8.27民集29・7・1226）。この第二次納税義務の告知処分の取消訴訟について、主たる納税義務者に対する課税処分の違法を取消理由として主張できないという裁判に対して、第二次納税義務者の救済を非常に狭めているということで学説の多くは批判している（例えば、金子・前掲書146頁）。後者は、原処分主義と呼ばれているもので、行政不服申立てを経由していても、原処分が違法であるということであれば原処分を対象として取消しを求めるべきことを定めている一種の交通整理であり、異議決定や裁決の取消訴訟では異議決定や裁決の固有の違法事由（例えば、裁決の理由附記の不備の違法等の審査手続の違法）だけしか主張できないとするものである。裁決が原処分の一部を取消していたとしても、原処分の残存部分が承服できないというのであれば、裁決の取消訴訟ではなく、残存している原処分の取消訴訟を提起しなければならない。原処分主義に違反している場合、訴え自体が違法となるのではなく、取消事由に該当しない違法事由を主張している請求（理由のない請求）と取扱われる。この取扱いについて初期の裁判例は見解が分かれていたが、現在の大勢は、理由のない請求（請求棄却すべきもの。例えば、東京地判昭和41．2．18判時470・21等）と解している。

第3節 税務訴訟

(2) 取消訴訟と原処分の理由の差換え

理由附記が法律上要求されている青色更正の取消訴訟において、被告税務署長が原処分の理由附記に示されていない新たな主張をすることが許されるか否かについて、前述したとおり見解が分かれている。最判昭和56年7月14日(民集35・5・901)は、一般論に言及することは避けているが、同一の課税所得(譲渡所得)の範囲内で納税者に格別の不利益を与えないときは、理由の追加主張が許されると解している。この最判は、一般論をすることを避けているので、理由の差換えを容認したものでないことは明らかであるが、この判決以後、実務では原処分の理由の差換えについて厳格でなくなったといえるが、理由の差換えの許容の限度(被告税務署長の原処分の適法性についての主張の範囲)は、税務訴訟の基本である税務訴訟の訴訟物(審理の範囲)にかかわる難しい問題の1つである。

3 税務訴訟と執行不停止

取消の訴えを提起しても、行政不服申立ての場合と同様に、原則として処分の執行又は手続の執行を停止させることはできない(行訴25条1項)。つまり、執行不停止を原則としている。例外として、処分の執行又は手続の続行により生ずる回復の困難な損害を避けるため緊急必要があるときは、裁判所は、申立てにより又は職権で、処分の効力・処分の執行又は手続の続行の全部又は一部を停止することができる(行訴25条2項)。課税処分と滞納処分は別個の処分であり、違法性の承継はないと解されているが、課税処分の取消訴訟を提起した場合には、これを本案として、滞納処分の執行停止を求めることができる(東京地決昭和46.2.22行集22・1〜2・90、大阪高決昭和43.12.14行集19・12・1917、神戸地決昭和41.12.26行集17・12・1402。反対、大阪高決昭和43.3.27行集19・3・476。山田二郎・ジュリ490・136(前掲東京地決の評釈))。

例外として、執行停止が認められるのは、「回復の困難な損害を避けるため緊急の必要があるとき」であるが、大阪高決昭和25年7月4日(行集1・追・1880)は、他人名義となっていたため、その者に対する滞納処分として差押えた財産が公売されようとしている場合、東京地決昭和28年1月21日(行集4・12・3040)は、差押物件の移動及び公売により工場の操業が不可能となり信用を失墜するおそれのある場合、奈良地決昭和29年2月18日(行集5・12・2959)は、差押えられた電話加入権の公売が遠隔地と取引を業とする者の事務に多大の支障をきたすお

それのある場合、大阪地決昭和39年12月25日（行集15・12・2337）は、会社の生産設備が差押えられた場合、それが公売されて失うことになると営業を停止せざるを得ず、多数の従業員を路頭に迷わせるおそれのある場合、神戸地決昭和41年12月26日は、宅地及び建物が差押えられた場合において、それが公売されると再取得するのが困難であると認められる場合等が、この例外の要件に該当するとしている。課税処分や滞納処分（差押）に疑義があり、緊急の必要性が認められても、差押の効力や滞納処分手続を停止するのではなく、公売を停止しているのが多くの事例である。

第2次納税義務者が、第2次納税義務の告知・督促・これらに係る滞納処分について訴えを提起したとき（徴90条3項前段、地11条4項）、保証人がその者に対する告知・督促又は滞納処分について訴えを提起したとき（徴90条3項後段、地16条の5第4項）、納税義務者を登記義務者とする担保のための仮登記がある財産に対する差押について訴えの提起があったとき（徴90条3項後段、地14条の17第3項）、譲渡担保権者を第2次納税義務者とみなしてされた告知又は滞納処分について訴えの提起があったとき（徴24条3項後段、地14条の18第4項）、これらのときは、その訴訟の係属する間は、滞納処分による財産の換価を制限している。これは、例外的に執行停止を定めているものである。

4 税務訴訟の判決

(1) 判決の種類

税務訴訟の判決も、訴訟判決と本案判決の2つに分類できる。

訴訟判決とは、訴訟要件（例えば、出訴期間、行政不服申立の経由）が欠けている不適法な訴えに対してされる訴え却下の判決のことで、本案（課税処分の適否等）について判断が示されないので、門前払いの判決とも呼ばれている。

本案判決は、課税処分の適否等請求それ自体について判断を示す判決であり、全部又は一部の請求認容（原告納税者の勝訴）、全部又は一部の請求棄却（原告納税者の敗訴）及び事情判決の3種類の判決がある。

事情判決（行訴31条）は、処分は違法であるが、処分を取消すと公共の福祉に適合しないと認められる場合に、例外的に認められている請求棄却の判決であるが、税務訴訟で事情判決が認められる事例は稀である。最判昭和32年4月30日（民集11・4・666）は、町が町民税賦課決定処分の取消により単に特定人に対する特定

第3節 税務訴訟

年度の町民税収入を失うにすぎない場合には、事情判決をすることはできない。

(2) 判決の効力

　判決は当事者に対する言渡しにより効力を生じるが(民訴250条)、当事者が判決の送達を受けた日から2週間以内に上訴(控訴又は上告)をしないと、判決は確定する(これを判決の確定力あるいは不可争力という)。確定判決には種々の効力が認められるが、主なものは既判力・形成力・拘束力・執行力である。

　イ　既判力　既判力は確定判決の最も基本的な効力であり、実体的確定力あるいは一事不再理とも呼ばれる。既判力とは、後訴において、確定判決の内容と矛盾する主張や判断をすることができない効力のことである。請求認容の判決で主に問題となるのであるが、請求棄却の判決でも再訴の禁止ということで問題となる。

　既判力について、その主観的範囲と客観的範囲が問題となる。主観的範囲は、当事者以外に、どの範囲の人に効力が及ぶのかということであるが、税務訴訟でも、当事者及びその承継人に限られると解されている(民訴115条)。行政事件訴訟の特色として、税務官庁が当事者として受けた判決は、権利の帰属主体(行政主体)である国・地方自治体に効力が及ぶ。

　客観的範囲は、確定判決の訴訟物(判決が審理の対象として判断した部分)について生じるのであるが、税務訴訟の訴訟物の範囲と対応して考えることになる。

　課税処分の取消訴訟の訴訟物は、当該課税処分の違法性一般であるので、既判力は当該課税処分の個々の違法事由ごとに生じるのではなく、当該課税処分の違法性一般について生じることになり、請求認容(原処分の取消し)の判決があり、課税処分が違法と判断されると、敗訴した税務官庁が更正期間内であっても同一の年度の所得について再び更正処分(再更正処分)をすることは既判力に抵触して許されないことになると解される(総額主義を採った場合は、この結論が肯定できるが、争点主義を採る場合は検討の余地を残している。)。

　更正処分の違法と国家賠償法1条1項にいう違法が同じかどうか(一元説か、二元説か)見解が分れているが、最判平成5年3月11日民集47・4・2863は、所得金額を過大に認定した更正処分が違法であってもそのことから直ちに国家賠償法1条1項にいう違法があったというものではないと二元説を採っている(この判決の評釈として、山田二郎・ジュリ1050・22)。

287

ロ　形成力と第三者効　　形成力は、請求認容（原処分の取消し）の判決に認められる効力で、処分のときに遡って原処分の効力を失わせる効力である。取消判決があると、行政庁による取消しを要せず、初めから処分がなかったのと同じ状態となる。

そして、取消判決は、広く第三者に対しても効力を有するので（行訴32条1項）、これを取消判決の第三者効と呼んでいる。

ハ　拘束力　　処分又は裁決を取消す判決は、その事件について、当事者である行政庁その他関係行政庁を拘束する効力を生じる。これを、取消判決のもつ拘束力と呼ぶ。拘束力の性質について、既判力の効果と解する見解と、行訴法により特に定められた効力と解する見解があるが、後者が通説である。

拘束力は、ただ主文について生ずるだけではなく、理由中の判断についても生じると解されている。それで、行政庁は取消訴訟の確定後にその判決の趣旨に従って行動すべきことを義務づけられるだけではなく、裁判所が違法と判断した同一の事情の下で、同一の理由で、同一の内容の処分をすることが禁止される。

更正の請求を棄却した決定が取消されると、税務署長は当該確定申告について減額更正をする義務を負うだけでなく、同一年度の所得について増額更正処分をすることも許されないことになる（反対説がある。）。

更正の請求を棄却する通知（棄却処分）と、増額更正処分との相互関係について未だ定説はないが、更正と増額再更正と同様に、棄却する通知に先に行わなれた増額更正を吸収し一体化するという見解が有力である。

ニ　執行力　　確定判決の内容が強制執行によって実現できる効力を執行力と呼ぶ。

通常の民事事件では、給付判決の確定により、これを債務名義として強制執行に移行できることになるので（民事執行法2条）、確定判決の執行力は重要な意味をもつが、税務訴訟では、課税処分（更正又は決定）に自力執行力が与えられており（滞納処分をするのに債務名義を必要としていない。）、また、前述のとおり争訟を提起しても執行不停止の原則が採られているので（通105条1項、地19条の7第1項、行審34条1項、行訴25条1項）、判決の執行力は特に重要な意味をもっていない。

5　税務訴訟と和解

和解とは、当事者が互いに譲歩して訴訟を終結させることをいう。和解には、

第3節　税務訴訟

訴訟上の和解と（民訴267条）と起訴前の和解（民訴275条）がある。ここでは、訴訟上の和解を取上げる。

　租税債権は、租税法の規定により成立・消滅するので、税務官庁が裁量で租税債権の全部又は一部を免除したり、延納を許可することは許さず、原則として和解できない（和解に親しまない。）と説明されてきている。

　しかし、実際には、課税要件の存否・納税者の財産の帰属・債権差押に基づく被差押債権の存否（第三債務者の主張する相殺の効力）等について争いがあり、訴訟外で課税処分や滞納処分の全部又は一部を取消すということで、訴えを取下げて訴訟を終了させることにし、和解をするのと事実上同じことが行われている。特に徴収関係の債権差押に基づく債権取立請求訴訟では、第三債務者（被差押債権の債務者）から相殺の抗弁が出ることが多く、前述のような事実上の和解がされることが少なくない。

　税務訴訟で事実上の和解をする場合、例外として減額更正の5年の期間制限を受けないと解されているが、租税債権の減免は租税法の規定を離れてすることは許されていない。差押債権取立訴訟の対象は租税債権でなく一般私債権であるので、直接には国の債権管理法や租税債権の減免に関する法律の制約は受けないが、国税徴収法79条に定めている差押解除の要件の制約や分納納付についての制約（長くても5年が限度）を受けるものとして運用されている。

注(1)　国税不服審判所『国税不服審査制度詳解（国税通則法審議議事録）』、同『国税不服審判所の10年』（1980年）、同『国税不服審判所の20年』（1990年）。
　　　　金子・杉山・山田「国税不服審判所の20年」ジュリスト954・14（平成2年）、杉山・山田「審判所制度の一層の充実をめざして」納税事例22・5（1990年）、「特集国税不服審判所発足25周年」法律のひろば148・5・4
　(2)　更正通知書などの書類の送達のあった日（送達日）と不服申立期間の始期は、原則として一致している。
　　　　国税関係書類の送達について、通12条1項では、(イ)郵便による送達と、(ロ)税務職員による交付送達の2つの方法を定めている。
　　　　郵便による送達と交付送達と、法文上ではどちらが原則であり、いずれが補充的であるか明らかでないが、実際には、郵便による送達が原則となっており、必ずしも書留や配達証明等の特別の取扱いをすることを要求していないが、更正通知書（通28条）等の重要な書類は書留によるべきものと取り扱われている。

第8章 税務救済法

　郵便による送達について、到達主義を前提としたうえで（民訴107条3項では、「郵便に付する送達」について発送主義を採っている。）、通常到達すべきであった時に送達があったものと推定（presumption）するという、推定規定をおいていることに特色がある。この推定は、事実上の推定ではなく、法律上の推定であるが、反対の事実が明らかにされると、上記の推定は覆されるものと解されている。推定規定が働くのは、送達を受けるべき者に宛てて、その者の住所・居所・本店所在地に送達がされていることが前提である。

　書留、配達証明郵便については、上記の推定は働かず、実際に郵送された日が、送達日となる。受領拒否をした場合に、送達があったものと取り扱ってよいのか見解が分かれている。原則として、受領拒否をしても送達があったものと解してよいと解されている（津地判昭和48.10.11税資71・522。正当で理由があって受領拒否したとき（例えば、長期海外旅行中）は、その送達の効力は生ぜず、他の送達方法に移行せざるを得ないことになる。書留内容証明郵便が名宛人不在(所在不明ではない)で返戻された場合、東京地判平成5．5．21判タ859・95は、郵便局の留置期間の満了時に送達があった(了知可能な状態におかれた）ものとしている。

　郵便による送達により送達できない補充的な送達方法として、税務職員による交付送達が行われる。交付送達には、原則として直接交付、例外として出会送達（通12条4項但書）・補充送達（通12条5項1号）・差置送達（通12条5項2号）がある。

　差置送達とは、書類の送達を受けるべき者又は補充送達を受けるべき者が送達の場所にいないとき、又はこれらの者が正当な理由なく書類を受領拒否したときは、その書類を送達すべき場所（その建物の玄関内、郵便受箱等）に置くことである。旧国税徴収法では、書類の受領人が受領拒否したときは、公示送達(通14条)ができることになっていたが、現行の国税徴収法では差置送達によることになっている。

　東京地判平成3．1．24訟月37・3・1290は、通用口に郵便受箱は設置されていたが、家人（受送達者の妻）とのやりとりの末、家人が受領を拒否したので、正面玄関の門扉の下に一方的に書類を置いた差置送達の効力が争われたが、判決はこの差置送達を有効としている(書類をセロテープなどで止めておかなかったので、その書類が道路に落ち、通行人が拾ったということになっている。)。

　一方、不服申立期間の始期については、一般には、処分を受けたことを知った日から進行することになっている（行審14条、行訴14条）。国税に関する処分の取消訴訟については、審査請求前置主義が採り入れられているので、裁決を受たことを知った日が起算日となる(例外として、初日算入。行訴14条4項)。処分を受けたこ

とを知るとは、了知すべき状態においたことではなく、現実に知ったことをいうのであるが（最判昭和27.11.20最民6・10・103）、郵便による送達のように事実上知りうる状態におかれたときは、その時に知ったものと事実上推定されるとしている（最判昭和27.4.25最民6・4・462）。

(3) 通77条は、不服申立期間の始期について特別の規定をおき、処分に係る通知を受けた場合には、「その受けた日」から不服申立期間が進行すると定めている（通77条1項かっこ書き）。国税関係処分は、書面によって通知されるのが通例であるから、このかっこ書きの「処分に係る通知を受けた日」が不服申立期間の始期の原則となるといえる。通知を受けた日とは、処分の内容を現実に了知したかどうかを問わず、送達のあった日（通知を了知できる客観的状態においた日）をいうものと解されるので、行審14条や行訴14条が不服申立期間の始期を「処分を知った日」と主観的事情にかからせているのと建前を異にしている。もっとも、この場合でも、送達があった日に処分を知ることができない特別の事情（いわゆる正当事由）があったときには、例外を認めるかどうかで見解が分かれる。この例外を認めるときには、送達日（処分の効力が生じた日）と不服申立期間の始期とが一致せず、両者の間に間隔が開くことになる。

書類が送達の受けるべき者の住所・居所の不明又は外国においてすべき送達について困難な事情があると認められるときには、最後の手段として、公示送達が認められている（通14条）。

(4) 最近までの99条案件の紹介として、山田二郎ほか「税務争訟の実務〔改訂版〕」249頁（1993年）。

(5) ジョフリィ・J・ラニング「合衆国における行政機関および裁判所における租税に関する紛争解決の諸手続の概要」司法研修所・研究書54・45の中で、「アメリカの租税裁判所の審理においては、両当事者は、多くの事実上の争点が合意しようと努めることにより争点を整理し、租税裁判所は、どのような新しい争点にも立ち入る権限があり、行政手続の間で考慮されていた資料に限られることはない。」と述べているが、アメリカの租税裁判所の審理は、処分の見直しという性格が強く、また司法取引が活発に行われるので、この考え方を日本にそのまま持ち込むことはできない。

アメリカの連邦税に関する異議申立と訴訟手続について、フローチャートを参照。

ドイツの税務訴訟について、デーゲンハード・フォン・ドヴィッケル「ドイツにおける税務訴訟」（三木義一訳）立命館法学235・541

行政手続法の制定（平成5年）に先立ち平成2年10月行政手続法研究会（総務庁）

第8章 税務救済法

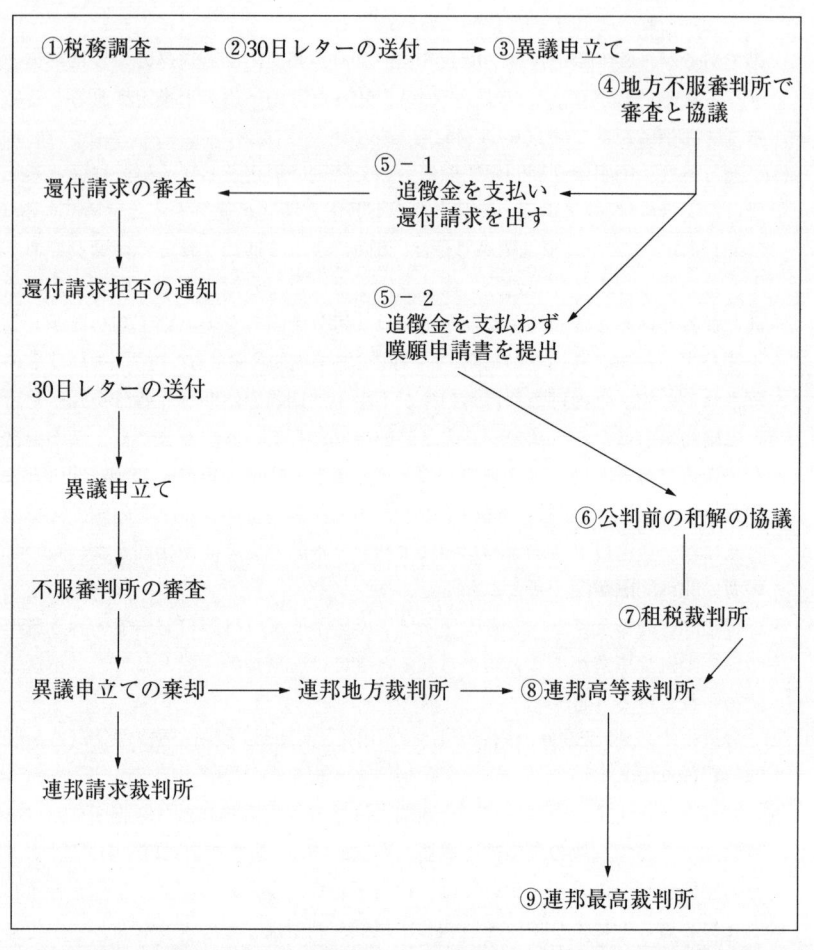

```
①税務調査 ──→ ②30日レターの送付 ──→ ③異議申立て ──→
                                            ④地方不服審判所で
                                              審査と協議
                     ⑤-1
還付請求の審査 ←──── 追徴金を支払い ←────
                     還付請求を出す
     ↓
還付請求拒否の通知      ⑤-2
     ↓               追徴金を支払わず
30日レターの送付       嘆願申請書を提出
     ↓
異議申立て
     ↓                              ⑥公判前の和解の協議
不服審判所の審査                              ↓
     ↓                              ⑦租税裁判所
異議申立ての棄却 ──→ 連邦地方裁判所 ──→ ⑧連邦高等裁判所 ←
     ↓
連邦請求裁判所
                                           ↓
                                    ⑨連邦最高裁判所
```

が発表した「統一的行政手続法に関する要綱案」では、処分の理由附記(現行の行政手続法では14条)について次のように定めている。しかし、行政手続法は税務行政には適用除外となっている(通74条の2、地18条の4)。

① 侵害処分及び申請を拒否する処分(その一部を拒否する場合を含む。)については、次の各号に掲げる場合を除き、原則として、理由を附記しなければならない。
　一　緊急の必要があるため処分を口頭で行うとき。ただし、この場合には、一定期間内に処分の相手方から理由の開示を請求できること。
　二　処分の理由附記を要しないことが法律で定められているとき。

第3節　税務訴訟

　　　（備考）
　　　　次の場合も適用除外すべきかどうか。
　　　　大量に同種の処分を行い、かつ個々の事情により理由付けを要しないとき。
　　② 処分の理由は、書面により、当該処分の根拠となる法律上及び事実上の理由を示すものとする。
　　③ 前項の書面においては、特段の事情がない限り、重要な事実に関する認定の根拠についてもできる限り明らかにするよう努めるものとする。
(6) 国税通則法の制定にあたって、昭和45年3月24日の参議院大蔵委員会で、次のような附帯決議を行っている。「政府は、国税不服審判所の運営に当たっては、その使命が納税者の権利救済にあることに則り、総額主義に偏ることなく、争点主義の精神をいかし、その趣旨徹底に遺憾なきを期すべきである。」。
　　衆議院大蔵委員会の附帯決議は、直接、争点主義に関する決議ではないが、昭和44年6月27日次のような決議がされているのが注目される。「納税者が審査請求に当たって自己の主張を十分に行いうるよう、税務当局はその処分又は異議決定において附する理由をできる限り詳細に記載するよう努めるべきである。」。
(7) アメリカ内国歳入法（IRC）
　7422条 c　納税者が脱税の意図があったとして有罪とされるべきどうかが争点となっている事案を除いては、政府の反論がなされた争点に関しては、納税者が立証責任を負わねばならない。
　7454条 a　原告（納税者）が脱税の意図があったとして有罪にされるべきかどうかが争点となっている手続においては、このような争点についての立証責任は政府が負う。
　　木村弘之亮『租税証拠法の研究』（1987年）96頁では、「西ドイツにおける租税判例の立証責任分配のルールは、まず税務官庁は租税債権を根拠づける事実について客観的立証責任を負い、次に、納税者は租税債権を限定もしくは障害または滅却・抑制する事実について客観的立証責任を負うものとしている。証拠の近接または立証困難の観点から、租税債権を証拠づける法律要件を区分することにより、納税者に客観的立証責任を負わせる試みが若干の裁判例によって行なわれたが、この試論の大半は不必要・不明確な論法となっている。」と紹介されている。
(8) 泉徳治ほか「租税訴訟の審理について（1985年）」司法研究報告書36輯2号171頁以下。
　　時岡泰ほか「推計課税の合理性について（1982年）」司法研究報告書30輯1号。
(9) 大阪地判昭和50年1月29日（訟月21・4・141）は、裁判所が当事者の主張しない

推計方法で収入金額を認定できるとしているが、弁論主義からいって疑問である。

(10)　山田二郎「推計課税と実額反計の立証の程度」自治研究64・11・133、同「推計による更正処分の取消訴訟において必要経費の実額反証が認められた事例」自治研究69・9・114

時岡泰ほか・推計課税の合理性について（司法研究報告書、1981、法曹会）

木村弘之亮・租税証拠法の研究（1987、成文堂）

(11)　最近では、全国殆どの地方自治体で公文書公開制度を導入しているので、この制度で閲覧できる公文書は閲覧要求文書（2号文書）に該当すると解される。もっとも、閲覧請求権は私法上のものに限られ（例えば、株主・会社債権者の株式会社に対する計算書類等の閲覧請求）、公法上のものは挙証者においてこれを行使すれば文書が開示され目的を達するので（民訴226条但書）、公法上のものは含まないという見解がある（前掲菊井維大ほか「全訂民事訴訟法II」614頁）。

平成13年4月の情報公開法の施行を契機として、税務の分野でも、通達に制定にあたってのパブリック・オピニオン制度、アドバンス・ルーリングの制度、ノー・アクション・レターの制度の導入が検討されている。常岡孝好「ノー・アクション・レターの法的性質」商事法務1578、1580、1581、1585）。

(12)　税務訴訟では、引用文書に該当するということで、文書提出命令の申立てがされることが多いが、他の行政訴訟では、3号の法律関係文書に該当するということで、文書提出命令の申立てがされることが多い。

いわゆる伊方原発訴訟で、高松高決昭和50年7月17日（行集26・7〜8・893）は、3号にいう法律関係文書とは、挙証者と文書の所持者との間の法律関係の形成過程で作成されたものを含み、行政訴訟の取消訴訟では、その行政処分がされるまでの所定の手続の過程で作成され、その処分の前提資料となった文書を含む、と判断を示している。

行政訴訟における立証責任について、宮崎良夫「行政訴訟における主張・立証責任」行政訴訟の法理論263頁、山村恒年「主張責任・立証責任」現代行政法大系5・187、萩原金美「行政訴訟における主張・立証責任論」成田頼明先生退官記念論集218頁。

第9章　租税処罰法

第1節　附帯税

1　附帯税の種類と行政罰

　租税に附帯して納付しなければならない一定の金銭的負担を附帯税という[注1]。国税では、附帯税として、国税通則法で一般的なものとして、延滞税、利子税及び加算税定められているほか（通60条以下）、印紙税法で過怠税が定められている（印20条）。地方税では、附帯税という名称を用いず、国税の延滞税に相当するものを延滞金、国税の加算税に相当するものを加算金と呼んでいる（地72条の44、72条の45、72条の46、72条の47など）。

2　延滞税

　延滞税（通60条）は、納税義務者が法定納期限内に国税を納付しない場合に、その不納付税額及び不納付期間に応じて課されるものであり、納税義務の不履行に伴う遅延利息（遅延損害金）の性質のものである。具体的には、期限内申告による納付すべき税額を法定納期限内に納付しない場合、期限後申告、修正申告、更正又は決定による納付すべき税額がある場合、納税の告知による納付すべき税額を法定納期限内に納付しない場合、予定納税若しくは源泉徴収に係る所得税を法定納期限までに完納しない場合等に延滞税の負担が生じる。延納や納税申告書の提出期限の延長が認められている間は租税の延滞（納税義務の履行遅滞）が生じないから延滞税は課されない（利子税が課される。通64条1項）。延滞税額は、租税の法定納期限の翌日（例外、通令25条）から、その租税を完納する日（完納日を含む。）までの期間の日数に応じ、その未納の租税に年14.6％の割合を乗じた額である（通60条2項本文）。ただし、延滞の期間に応じて差を設け、確定後2ヶ月を経過前に納付する場合を有利に取り扱うために、納期限（納税の告知による具体的納期限）まで

295

の期間又は納期限の翌日から2ヶ月を経過する日までの期間については、その未納の租税に年7.3%び割合で計算した金額としている（通60条2項但書）。

納税義務者は、延滞税をその税額の計算の基礎となる未納税額により算出して、納付しなければならない（通60条3項）。延滞税は、期間の経過とともに発生し確定するものであり（通15条3項8号）、その納付については税務官庁からの確定手続（決定）や催告（納税の告知）はなく、納税義務者が自主的に納付しなければならないことになっている。

納税義務者について災害その他特別の事情が生じたときは、延滞税の全部又は一部が免除される。延滞税の免除は、法律上一定の要件が存在するときに税務官庁の処分を要しないで当然に行われるもの（通63条1項本文、2項、4項）と、法律上一定の要件が存在するときに税務官庁の処分によって行われるもの（通60条3項、5項、6項）とがある。延滞税、加算税、過怠税又は利子税の納付が遅れても、さらにこれに延滞税が課せられることはない（延滞税等の附帯税は、本税に対して課されるものである）。

3 利子税

利子税は、申告期限の延長、延納などが認められる場合に、延長又は延納が認められない納税義務者との負担の均衡を図るための利息としての性質をもっているものである。利子税は、延納などが認められている税額（本税）に、延納などの認められている期間に応じ年7.3%（相続税の場合は原則として6.6%）の割合で計算した金額である（所131条3項、法75条7項、相52条など）。

利子税は、単なる延納利息であり、制裁として課されるものではない。利子税についても、支払いが遅れても延滞税は課されない。

4 加算税

加算税は、行政上の制裁として課される行政罰の一種である。

申告納税方式が適用される税目については、納税義務者が法定申告期限内に正しい申告をせず（無申告、過少申告）、申告義務に違反したときに課される。

不納付加算税は、申告義務違反ということでなく、租税の納付義務違反（源泉徴収納付義務違反）に対して課される。

加算税には、過少申告加算税（通65条）、無申告加算税（通66条）、不納付加算

税(通67条)及び重加算税(通68条)があるが、重加算税は更に過少申告重加算税(通68条1項)、無申告重加算税(通68条2項)及び不納付重加算税(通68条3項)に分かれている。

　加算税の納付義務は、原則として、税務官庁からの賦課決定により成立・確定する。加算税は、税務官庁の賦課決定通知書が発せられた日の翌日から起算して1ヶ月を経過する日までに納付しなければならない(通35条3項)。加算税のうち、不納付加算税及び不納付重加算税は、納付の告知書が定める納期限までに納付しなければならない(通36条1項1号、2項)。

　国税庁は、平成12年7月3日重加算税及び過少申告加算税等の賦課基準を明らかにする事務運営指針を公表している。

(1)　過少申告加算税

　過少申告加算税(通65条)とは、期限内申告書が提出された後、修正申告書の提出又は更正があった場合に、その修正申告書の提出又は更正に基づき納付すべきことになった税額(増差税額)の10％、増差税額が期限内申告税額又は50万円のいずれか多い金額をこえる場合はそのこえる金額の5％に相当する金額を加算して、行政罰として課すものである。

　過少申告加算税は、期限内申告書の税額が過少であったことについて「正当な理由」があると認められる場合は、「正当な理由」がある範囲において課されない(通65条4項)。また、過少申告加算税は、期限内申告書が提出された後に修正申告書の提出があった場合、その修正申告書の提出が国税についての調査があったことにより「更正を受けることを予知」してされたものでないとき(自発的な修正申告書の提出があったとき)も、課されないことになっている(通65条5項)。税務調査を受け、その指導のもとに修正申告を行った場合は、「更正を受けることを予知」してされたものでない場合には当たらないと解されている(東京高判昭和56・9・28行集32・9・1689)。

(2)　無申告加算税

　無申告加算税(通66条)とは、期限内申告書の提出がない場合に、後に期限後申告書の提出若しくは決定があった場合、又は期限後申告書の提出若しくは決定があった後に修正申告書の提出若しくは更正があった場合に、その期限後申告書

第9章　租税処罰法

の提出、修正申告書の提出又は更正に基づき納付すべきことになった税額(増差税額)の 15 ％に相当する負担を課す行政罰である（通66条1項）。無申告加算税も、期限内申告書の提出がなかったこと等について「正当な理由」がある場合は課されない（通66条1項但書、2項）。

期限後申告書の提出があった場合、又は期限後申告書の提出があった場合、その期限後申告書又は修正申告書により納付すべきことになる増差税額を基礎として課される無申告加算税は、これらの申告書の提出が国税についての調査があったことにより「更正又は決定を受けることを予知」してされたものでないとき（自発的な申告書の提出であるとき）は、本来の無申告加算税額の3分の1に減額される（通66条3項）。

(3)　不納付加算税

不納付加算税（通67条）とは、源泉徴収にかかる国税（通2条2号）がその法定納期限までに完納されなかった場合に、源泉徴収義務者に対し納税の告知にかかる税額又はその者が納税の告知を受けることなく納期限後に納付した税額の10％に相当する負担を課すものである（通67条1項）。

不納付加算税も、その不納付について「正当な理由」があるときは課されない（通67条1項但書）。また、納税の告知を受けることなく納期限後に納付があった場合、その納付が「調査を受けたことによる納税の告知」を予知してされたものでないときは、本来の不納付加算税の2分の1に減額される（通67条2項）。

(4)　重加算税

重加算税（通68条）とは、過少申告加算税、無申告加算税及び不納付加算税が課されるべき場合に、納税義務者がその国税の課税標準等又は税額等（通19条1項）の計算の基礎となるべき事実の全部又は一部を「隠ぺいし又は仮装し」、「その隠ぺいし又は仮装したところに基づいて納税申告書を提出し、法定申告期限までに納税申告書を提出せず、又は法定納期限までに租税を納付しなかった」ときに、これらの加算税に代えて課される重い行政罰である（通68条）。

単なる過少申告行為は、重加算税の賦課要件には当たらず、殊更の過少申告行為であることを必要とすると解されている（後述の逋脱犯の要件と同じ。最判昭和48・3・20刑集27・2・138）。正しい会計帳簿類を作成記録していても、事後的に所

第 1 節　附帯税

得額を殊更過少に記載した確定申告書を提出したような場合（「つまみ申告」と呼ばれているような場合）は、単なる過少申告にとどまるものではなく重加算税の賦課要件を充たすものと解されている（最判平成 6 .11.22民集48・7・1379）。しかし、重加算税は「課税標準等の基礎となる事実を隠ぺいしたこと」（税務調査の拒否も含む。）に基づいて納税申告書を提出することにペナルティを負わせようとするものであるので、事後的な脱税工作が、脱税犯の対象となるものであっても、つまみ申告を捉えて重加算税の賦課要件に当たるという見解には疑問をもつ（同旨、大阪高判平成 5 . 4 . 27税理36・10・211）。

　重加算税の賦課要件を満たしているというには、過少申告行為そのものとは別に、隠ぺい、仮装と評価される行為が存在し、これと合わせた過少申告がされることを要するが、架空名義の利用や資料の隠匿等の積極的な行為が存在したことまで必要とせず、納税者が当初から所得を過少に申告することを意図し、その意図を外部からもうかがうことができる行動をしたうえ、その意図に基づく過少申告をしたような場合は、重加算税の賦課要件を充たすものと解されている。それで、納税者が顧問税理士に確定申告書の作成を依頼した際に、同税理士から株式等の売買による所得の有無について質問を受け、資料の提示が求められたもにもかかわらず所得はない旨を答え、株式等の取引に関する資料を全く示さず、同税理士が過少申告をしたときは、納税者に重加算税を賦課する要件を充たしているとしている（最判平成 7 . 4 .28判時1529・53）。

　重加算税は、過少申告加算税の10％に代えて35％の割合の重加算税（過少申告重加算税）が、無申告加算税の15％に代えて40％の割合の重加算税（無申告重加算税）が、不納付加算税の10％に代えて35％の割合による重加算税（不納付重加算税）が課される。

　重加算税は、資産の譲渡等に係る消費税を除く消費税等（通 2 条 3 号）の場合には課されない。これらの消費税等は、間接国税ということで通告処分制度（国犯14条）の適用を受けるので、重加算税の対象から外されている。

　重加算税の「隠ぺい又は仮装」という要件と逋脱犯「偽りその他不正の行為」という要件とは、同じ内容であるといえるので、重加算税の賦課と逋脱犯に対する処罰が憲法39条が禁止している「 2 重処罰の禁止」に触れないかが争われた。最判昭和33年 4 月30日（民集12・6・938）は、加算税は申告義務又は租税納付義務違反に対する制裁として課されるものであるが、申告義務違反又は租税納付義務

第9章 租税処罰法

違反を刑罰として処罰するものではないので、憲法39条に違反しないと判示している。不正行為があっても多くの場合、重加算税の賦課で終わっており、逋脱犯として処罰されるのは悪質な場合であるといえるが、重加算税の賦課と逋脱犯の処罰は、形式論として最判のような説明ができるとしても、わが国の重加算税の賦課は非常に重く処罰的色彩が強いので、実質的に見ると、「二重処罰の禁止」に触れないか、比較法的・実証的な検討をすべき課題である。

隠ぺい仮装行為の主体は納税者自身に限定されるかについて、京都地判平成5．3．19税理36・11・193は、履行補助者（納税者から依頼を受けて申告手続を代わって行った者）が行った隠ぺい仮装行為（相続税申告書に架空債務を計上）について納税者が認識を欠いていても重加算税を納税者本人に課税することが適法であると解している。また、経営の主宰者である役員が行った売上金額の除外等は、その法人の隠ぺい又は仮装行為と同視されているほか、現場取引を一任されていた専務取締役が収入金額を隠ぺいした場合、会社の代表者が右隠ぺいの事実を知らなくても、その法人は重加算税の負担を免れないと解されている（長野地判昭和58.12.22税資134・581）。

最判平成9.7.9刑集51・6・453は、従業員の身分のない者が従業員と共謀して所得税ほ脱の違反行為に加担した場合は所得税ほ脱の共同正犯が成立するとしている。

5 過怠税

過怠税（印20条）とは、印紙税の課税文書の作成者が印紙税に相当する金額の印紙を課税文書の作成の時までに貼用する方法により納付せず納付義務に違反したときに、課税文書の作成者に課される。過怠税は、原則として、納付しなかった印紙の額とその2倍に相当する金額との合計額に相当する負担が行政罰として課される（印20条1項。例外、印20条2項。もっとも、印紙税に相当する金額は、印紙税の追徴の性質をもつものである。）。

印紙税の納付義務は、印章又は署名で印紙に消印を記入することによって印紙税を納付したことになるから、印紙を貼用しても消印をしない場合は、印紙税の納付義務違反として過怠税が課される（印20条3項）過怠税の最低は、1,000円と定められている（印20条4項）。

印紙税の不納付について、従来は故意又は過失を問わず刑事上の処罰の対象と

第1節　附帯税

されていたが、昭和42年の印紙税法の改正により、故意の場合のみ刑事上の処罰を受けることに改められ（印22条以下、27条）、このときに印紙税の不納付について過怠税の制度が設けられたものである。

第9章 租税処罰法

第2節 租 税 犯

1 租税犯と処罰の変遷

租税犯とは、租税の賦課、徴収及び納付に直接関連する犯罪をいう。

租税に関連して、このような租税犯以外に、租税に関連して、税務職員の秘密漏泄盗用罪（所243条、法人163条、相72条、税理士法60条1項1号）や、税理士の脱税相談の罪（税理士法58条）などがある。

個々の租税犯に関する定めは、原則として、個々の税法の中に規定されている。

租税犯は、従来は、租税の課税・徴収という行政上の目的を達するために設けられた法令に違反することを理由に処罰するもの（行政犯）と考えられていたが、最近（特に戦後）は、脱税に対する反社会性（他の納税者に対する信義に反する行為）が強調されることになったのと相まって反社会的、反道義的な行為（刑事犯）として処罰されるように変わってきており、今日では租税犯、特に脱税犯の刑事犯的性格が強調され、高額の脱税事件については処罰も罰金でなく、懲役を科する事例が増えてきている[注2]。

租税犯は、直接に所得等を隠し脱税をする脱税犯と、直接に脱税を行うものでないが正常な納税を防げる危険な行為として処罰される租税危害犯（租税秩序犯）に大別される。

脱税犯には、逋脱犯（狭義の脱税犯）、拡張的脱税犯（間接的脱税犯）、不納付犯があり、また、租税危害犯には、単純無申告犯、不徴収犯、検査拒否犯がある。

2 租税犯の構成要件

(1) 脱 税 犯

イ 逋脱犯（狭義の脱税犯）の構成要件

逋脱犯は、納税義務者が「偽りその他不正の行為」により、租税を免れることを構成要件としている（所238条、239条1項、法人159条、相68条、消64条）。所得税の予定納税及び法人税の中間申告による納付は、逋脱犯の対象となっていない。

逋脱犯の構成要件である「偽りその他不正の行為」とは、詐欺その他不正の手段が積極的に行なわれた場合と限定的に解釈されおり、単なる無申告という消極

第2節 租税犯

的な行為はこれに該当しないと解されている。それで、脱税の意思があって無申告であっても、他に積極的な行為（帳簿の不正記入など）がないときは、不正の行為に該当しない（最判昭和24.7.9刑集3・8・1213、最判昭和38.2.12刑集17・3・183。積極的な不正の行為がない無申告は、単純無申告としてのみ処罰される。）。もっとも、最判昭和42年11月8日（刑集21・9・1197）は、脱税の意図によ帳簿の不記帳（不作為）は、不正の行為に該当すると解している。

「偽りその他不正の行為」の具体例として、二重帳簿の作成、帳簿の虚偽記入、脱税の意図による過少申告（所得金額をことさら過少に記載した内容虚偽の確定申告書の提出、最判昭和48.3.20刑集27・2・138）、調査を担当した税務職員に対する虚偽の申立てがある。二重帳簿の作成等を伴う無申告又は過少申告については、両者を合わせたものではなく、無申告又は過少申告のみが不正行為に該当すると解されている（最決昭和63.9.2刑集42・7・975）。

ロ　逋脱犯の成立

逋脱犯は、偽りその他不正の行為によって租税を免れたことにより成立する。租税を免れるという中に、還付金等の還付を受けることも含まれる。不正の行為と逋脱との間には、因果関係が存在しなければならない（大阪高判昭和24.6.13刑事裁判資料46・63など）。

申告納税方式による租税の場合は、納期限までに正当額を申告・納付しないときに、逋脱犯が成立する（最判昭和45.3.13判時586・97）。この見解を採ると、納期限を過ぎて逋脱犯が成立した後に、納税申告若しくは課税処分に基づいて納付があっても、逋脱犯の成立を左右しないことになる（東京高判昭和37.4.4税資40・178）。

青色申告承認の取消しがあった場合、青色申告者に対する逋脱犯は、青色申告承認の取消しによる優遇措置の適用を受けられなくなったために生じる増差税額（青色利益額）についても概括故意という考え方を採り成立すると解されているが（最判昭和49.9.20刑集28・6・291）、取消しを受けて始めて増差税額が生じるので、このように故意を広くする見解には疑問をもつ（金子宏『租税法（第5版）』660頁、清永敬次『新版税法（全訂）』287頁、佐藤英明「いわゆる青色申告取消益と逋脱犯」金子編・所得課税の研究（1991年））。

ハ　逋脱犯の両罰規定（業務主の処罰）

逋脱犯は、いわゆる身分犯であり、納税義務者である個人、納税義務者である

303

法人の代表者、代理人、使用人その他従業員が処罰されるのが原則である。そして、刑罰は、故意による行為を処罰するのを原則としており、過失行為を処罰するのは法律に特別の規定がある場合に限定されている。

租税犯一般には、過失を処罰する特別の規定はない。それで、逋脱犯についても、故意犯だけが処罰の対象となる。もっとも、両罰規定により、行為者のほか業務主も処罰の対象とされている場合は、過失があった業務主（結果回避等の義務を怠った業務主）も処罰を受けると解されている。

逋脱犯について、他の一定の租税犯と同様に、両罰規定が置かれている（所244条、法人164条、相71条、地62条3項、72条の60第4項など）。両罰規定とは、法人の代表者又は法人若しくは個人の代理人、使用人その他の従業者が、その法人又は個人の業務又は財産に関し税法上の罰則に該当する違反行為をしたときは、その違反行為の行為者が罰せられるほかに、脱税の効果が生ずる納税義務者である法人又は個人に対して罰金刑を科するものである。

また逋脱犯の主体となる身分のない税理士や銀行員が逋税行為に関与した場合には逋脱犯の共犯（刑法65条1項。共同正犯、教唆犯、従犯）として処罰されることになる。会社の顧問税理士として、法人税を免れようと企て、仕入れを水増計上するとともに、期末棚卸高の一部を除外するなどの方法により所得を秘匿したうえ虚偽の確定申告書を提出し、法人税を脱税したような場合は、当該税理士は脱税について共同正犯として責任を負うべきものと解されている。企業外の税理士、公認会計士、弁護士など企業と委任関係にある者であっても、業務主の直接又は間接の統制監督下にある場合は、逋脱犯の共犯として処罰されるものと解されている（東京地判平成6．4．25税理38・8・160。なお、税理士脱税相談は禁止されており（税理士法36条）、懲戒処分を受けるほか、刑事処分も受けることになっているが（同法45条、58条）、両者は法条競合の関係に立ち、逋脱犯の規定だけが適用になると運用されている。）。

両罰規定の業務主責任の根拠については、法人の機関である代表者の行為については刑法上も法人が直接責任を負うべきものと考えられており、また法人又は個人の従業員が違反行為を行う場合は、業務主である法人又は個人が従業員に対して選任・監督・違反防止義務を負っているので、これらの義務違反の過失につき責任を負うべきものと考えられている（最判昭和32.11.27刑集11・12・3113）。

法人が合併により消滅した場合に、権利義務を承継した合併会社（存続会社）に

第 2 節　租　税　犯

被合併会社（消滅会社）が脱税罪を侵したことによる罪金刑を科することができるか疑問がもたれるが（個人の死亡の場合は公訴棄却となり、相続人に承継されることはない）、最判平成 6．9．16 刑集 48・6・357 は、罰金刑を合併による存続会社に科すことができるとしている。

ニ　逋脱犯の刑罰

逋脱犯に対する刑罰は、5 年以下の懲役若しくは 500 万円以下の罰金又はこれの併科（所 238 条、法人 159 条、相 68 条）、あるいは、5 年以下の懲役若しくは 50 万円以下の罰金又はこれの併科（酒 55 条、57 条、関 110 条）などと定められている。

租税犯にも、刑法上の没収及び追徴に関する規定（刑法 19 条、19 条の 2）が適用になるが、税法上特に没収及び追徴に関する規定を置いている例がある（関 118 条。所得税や法人税では逋脱犯が成立しても、脱税額は没収や追徴の対象とならず、罰金額の中で考慮されている。）[注4]。最判昭和 37 年 11 月 28 日（刑集 16・11・1577）は、関税法 118 条 1 項の犯罪貨物等の没収に関する規定に関して、この没収は被告人の所有に属すると否とを問わず所有権を奪う処分であるが、所有者である第三者に対し告知、弁解、防禦の機会を与えることなくその所有権を奪うことは憲法 29 条、31 条に反するという解釈を示した。これを受けて、昭和 38 年に、「刑事事件における第三者所有物の没収手続に関する応急措置法」が制定され、第三者に対する告知（同法 2 条）、被告事件の参加手続（同法 3 条）などの手続保障規定が置かれるようになっている。

ホ　その他の脱税犯

(イ)　拡張的脱税犯

拡張的脱税犯とは、租税収入を確保するために特定の行為が一般的に禁止されている場合に、許可なくその行為をすることを構成要件としている犯罪である。このような行為は脱税と結びつくことになるので、逋脱犯に準じて重く処罰されている。例えば、免許を受けないで酒類等を製造した場合の無免許製造犯（酒 54 条）、許可を受けないで貨物を輸入した場合の無免許輸入犯（関 111 条）などがある[注3]。

(ロ)　不納付犯

不納付犯とは、徴収義務者が納税義務者から徴収し納付すべき租税を納付しないことを構成要件とする犯罪である。例えば、所得税の源泉徴収の場合（所 240 条）、地方税の特別徴収の場合（ゴルフ場利用税について、地 86 条 1 項、特別地方消費

税について、地122条1項）などがある。

その他に、退職所得の受給に関する申告書を提出しないで源泉徴収されるべき所得税を免れた場合（所239条2項）がある。

(2) 租税危害犯

イ 単純無申告犯

単純無申告犯とは、「正当な理由なく」納税申告書をその提出期限までに提出しなかったことを構成要件としている犯罪である（所241条、法人160条、相69条）。つまり、申告義務違反に対する制裁である。租税逋脱の意思による無申告であっても積極的な不正手段を伴わない単純な無申告は逋脱犯を構成せず、単純無申告犯として処罰される。

ロ 不徴収犯

不徴収犯とは、源収義務者が納税義務者から徴収すべき租税を徴収しなかったことを構成要件としている犯罪である（所242条3号）。不徴収犯は徴収義務者が租税を徴収しなかったことにより成立するので、租税を徴収せずかつ納付しなかったときは前述の不納付犯に吸収される。

ハ 調査妨害罪

調査妨害罪とは、税務職員が行う調査に協力しないことを構成要件とする犯罪である（所242条8号、法人162条2号、3号、相70条2号ないし5号、消68条、徴188条など）。その調査拒否の態様には、税務職員から帳簿の提出を求められてもこれに応じないこと、税務職員の前に立ちはだかって事務所に立ち入るのを阻止すること、検査を予知して在庫品の分散、偽りの帳簿作成、居留守を使うことなどをいう。

調査妨害犯が成立するには、その前提として、税務職員の調査が適法になされていることが必要な条件である。

調査妨害罪の検査を妨げる罪について、最判昭和45年12月18日（刑集24・13・1773）は、調査受認義務を負う者（納税義務者など）の行為のみを処罰する身分犯ではないと解している。

その他に、税務官庁に対する書類提出義務違反の罪（所242条1号、5号、相70条1号）、記帳義務違反の罪（有価証券取引税法24条4号）、課税標準の申告義務違反の罪（酒56条1項3号、消67条2号）などがある。

第2節　租　税　犯

3　犯則事件の調査

(1)　租税犯の刑事手続と調査（捜査）手続の特色

　租税犯に対する処罰は原則として、刑事訴訟の規定に従い刑事裁判手続を経て科されることになっているが、租税犯については、税務職員の中の査察担当職員により国税犯則取締法による租税犯（「犯則事件」と呼んでいる。）の調査が行なわれることになっており、また間接税及び関税については通告処分という簡易な科刑手続が導入されているのが大きな特色となっている。国税犯則取締法は地方税についても一般的に広く準用されている（地71条、72条の73、336条）。

　国税犯則取締法は、明治33年に制定された法律で、現在でも条文が片仮名のまま残っている数少ない法律の1つであり、憲法や刑事訴訟法との適合性について種々の疑問が提起されている[注5]。

(2)　犯則事件の調査

　犯則事件について特に実定法上の定義規定はないが、前述した租税犯に関する事件をいう。

　犯則事件の調査は、国税犯則取締法により調査の権限が与えられている税務職員が行うことになっているが、この税務職員は、通常は、国税庁、国税局又は税務署の調査査察部に所属している税務職員で、マルサと呼ばれている。国税犯則取締法では収税官吏と呼称されている（以下「収税官吏」という）。

　犯則事件の調査は、収税官吏によって行なわれるが、租税犯に関する証拠の収集を目的とするものであるから、課税処分や徴収処分のための個別税法による税務調査（いわゆる「税務調査」、「税務職員の質問検査権に基づく税務調査」）とはその性質を異にしている。犯則事件の調査は、通常の行政処分ではなく、刑事手続に準ずるものであり、憲法31条、38条の適用があると解されている。

(3)　犯則事件の任意調査

　収税官吏は、犯則事件を調査する必要があるときは、犯則嫌疑者又は参考人に対し質問を行い、これらの者の所持する物件、帳簿、書類等を検査し、又はこれらの者が任意に提出した者を領置することができる（国犯1条、関119条等。収税官吏の身分証明書の携帯義務について、国犯4条、関126条）。

　間接国税の場合は、犯則嫌疑者の検査拒否等について処罰が定められていて、

間接的強制を伴うものであるが(国犯19条ノ2)、この質問、検査及び領置の建前は、これに応ずるか否かは犯則嫌疑者又は参考者の任意に任されているので、いわゆる任意調査に属するものである。間接国税の場合だけ間接的強制を負わせているのは、間接国税の調査は、通告処分という行政上の処分のための調査という性格があるので、間接的強制を設けたものであると説明されている。

犯則事件の調査は、課税処分等のための調査と異なり刑事責任を追及するための調査であり、刑事手続に準ずるものであるので、犯則嫌疑者は当然に黙秘権を有するものと考えられている（最判昭和59．3．27刑集38・5・2037）。しかし、上記最判は、犯則事件の調査に憲法38条1項の規定が適用になるものと解しているが、黙秘権のあることを保障したにとどまるものであり、黙秘権を予告すべきことを保障したものではなく、黙秘権の予告をするかどうかは立法裁量に属するものであり、犯則事件の調査については刑事訴訟法のように黙秘権の予告を要求している規定はないので、黙秘権を予告しないで行った犯則事件の調査も憲法違反とはならないと判断している。しかし、憲法38条1項に定める黙秘権の保障を実効あるものにするには、黙秘権の予告は必要なものであり、古い国税犯則取締法の規定を、現行憲法の下で制定された刑事訴訟法と整合性をもつように解釈するには、犯則事件の調査についても刑事訴訟法の黙秘権の予告の規定が準用になると解釈すべきである。

(4) 犯則事件の強制調査

収税官吏は、犯則事件を調査するために必要があるときは、裁判官の許可を得て（許可状を取得したうえで）、臨検、捜索又は差押えをすることができる（国犯2条1項、2項、関121条1項、2項）。臨検、捜索又は差押えをする必要があるときは、錠をはずし、戸扉又は封を開くなどの処分をすることができ(国犯3条ノ2第1項、関127条1項)、また必要があるときは警察官等の援助を求めることができる（国犯5条、関130条)。捜索をするときは立会人の立会を必要とし(国犯6条、関129条)、また臨検、捜索又は差押えは原則として日没より日出までの間は許されていない（国犯8条、関124条）。

臨検、捜索又は差押えによる調査は、任意調査の場合と異なり、相手方の承認の有無を問わず強制できるので、強制調査である。臨検、捜索又は差押えによる調査は、刑事手続上の調査に準ずるものであり、かつ強制調査であるから、事前

第2節 租税犯

に裁判官の許可状(令状)を必要としている。例外として、間接国税の場合についてだけ、現に犯則を行い又は現に犯則を行い終わった際に発覚した事件等の場合(現行犯、準現行犯の場合)には、証憑を収集するために必要であって急速を要し、裁判官の許可状を得ることができないときは、裁判官の許可を得ずに臨検、捜索又は差押えをすることができるとしている(国犯3条、関123条)。間接国税の場合についてだけ例外を規定しているのは、その必要性によるものである。この例外について、最判昭和30年4月27日(刑集9・5・924)は、住居不可侵を規定する憲法35条の保障は現行犯の場合に及ばないから、国税犯則取締法3条1項は憲法35条に違反しないと判断している。

(5) 収税官吏の告発等

収税官吏が犯則事件の調査が終了したときに採るべき手続は、直接国税と間接国税とで違っている。間接国税とは、たばこ税や酒税など7種のもので、消費税は除外されている(国犯規1条)。

直接国税(国税犯則取締法上では、直接国税のほか、間接国税以外の犯則事件を包括している)については、収税官吏は犯則事件の調査により犯則の成立に確信を得たとき(犯則の心証を得たとき)は、直ちに検察官に告発の手続をしなければならない(国犯12条ノ2)。しかし、直接国税については間接国税の場合と異なり、収税官吏による告発は公訴のための訴訟条件とはなっていない(最判昭和28.9.24刑集7・9・1825)。

間接国税については、収税官吏が犯則事件の調査を終了したときは、所轄国税局長、税務署長又は税関長に対し、調査結果を報告することが定められている(国犯13条、関137条)。しかし、犯則嫌疑者が逃走する虞があるとき、又は証拠堙滅の虞があるときは、収税官吏は調査結果の報告をしないで、直ちに告発をしなければならない(国犯13条但書、関137条)。

収税官吏の調査結果の報告等により、国税局長等が犯則の成立に確信を得たときは、通告処分を行うことになる(国犯14条、関138条)。ただし、国税局長等は、犯則者が通告を受ける金銭を履行する資力がないと認めるとき、又は情状が懲役刑に処すべきものと考えるときは、通告処分をすることなく、直ちに告発の手続をとることになる(国犯14条2項、17条2項、関138条1項但書、2項)。また、犯則者が通告処分を受けた日から20日以内に通告を履行しないときも、国税

309

局長等は告発をしなければならない(国犯17条1項、関139条)。間接国税の場合収税官吏又は国税局長等の告発は、訴訟条件と解されている(関140条1項。最判昭和28.9.24刑集7・9・1825)。

4 通告処分

通告処分とは、国税局長等が犯則の調査により犯則の成立について確信を得たときに、その理由を明示して罰金若しくは科料に相当する金額、没収品に該当する物品、徴収金に相当する金額及び書類送達並びに差押え物件の運搬、保管に要した費用を、指定の場所(原則として、犯則者の住所又は居所の所轄税務署)に納付すべき旨を通告すべきものである(国犯14条1項、関138条1項)。

通告処分は、前述のとおり、犯則の内容が罰金又は科料の刑に処せられるような比較的軽い場合に行なわれるもので、情状が懲役刑に相当するようなときは行うことができない(国犯14条2項、関138条1項1号)。

通告処分の性質は、国と犯則者との間の和解の一種と説明されており、行政手続により実質的に刑罰を科したのと同じ結果を達しようとする制度である(交通事件の交通反則金(道路交通法125条以下)の納付制度と同様の制度。従前は交通事件即決裁判手続により科されていた罰金刑に代えて、簡略な行政上の手続で実質上罰金と同等の財産上の不利益を違反行為の制裁として科するもの)通告処分の効果として、通告処分が履行されると、同一事件について公訴が提起されること(刑事責任を追及されること)はない(国犯16条1項)。間接国税に通告処分の制度が採用されている理由について、件数が多いこと、犯則の事実の認定が比較的容易にできること等が挙げられているが、主たる理由はやはり間接国税に関する犯則事件は、直接国税と比較して、罰金等の納付により犯則事件が起こした財政上の被害を解消できる(反社会性が弱い)と解していることによるといえよう(最判昭和28.11.25刑集7・11・2288)。

通告処分は、これに従うかどうかは犯則者の任意の選択に任されている。犯則者が通告処分に従いこの内容を履行したときは、同一事件について刑事上の訴追を受けることはない(国犯16条1項、関138条4項)。犯則者が通告処分に従わないときは、国税局長等は告発の手続をとり(国犯17条1項、関139条)、刑事手続に移行する。

犯則者が通告処分の対象となった犯則事実について承服できず争おうとすると

第 2 節　租 税 犯

きは、通告処分に対して不服申立て（審査請求、取消訴訟）を提起することはできず（最判昭和47.4.20民集26・3・507）、通告処分に従わないで刑事手続への移行を求め、その刑事手続の中で犯則事実の有無について争うことになる。通告処分に対する取消訴訟を許さないとしても、刑事手続で争う道がついているということで、裁判を受ける権利を保障している憲法32条には違反しないと解されている（上記昭和47年最判）。

注　(1)　附帯税の研究書は数少ないが、文献として、木村弘之亮『租税科料法』（1991年）、佐藤英明『脱税と制裁』（1992年）、品川芳宣『附帯税の事例研究』（1990年）がある。
　　(2)　租税犯と租税犯の処罰規定の変遷について、美濃部達吉『行政刑法総論』（1939年）、津田実『国際犯則取締法講義』（1959年、帝国判例）、板倉宏『租税刑法の基本問題』（1961年）、臼井滋夫『国税犯則取締法』（1990年、信山社）、河村澄夫『税法違反事件の研究』司法研究報告（1954年）、小島建彦「直接税違反事件の研究」司法研究報告書（1978年）、野間洋之助ほか「税法違反事件の処理に関する実務上の諸問題」司法研究報告書（1990年）、松沢智ほか『租税実体法と処罰法』（1983年）、租税法学会「租税刑事法の諸問題」租税法研究第9号（1981年）。
　　(3)　酒類販売業の免許制と職業選択の自由が争われた事件で、最判平成4.12.15民集46・9・2829は、酒類販売業の免許制を合憲と解したが、この判決には、園部裁判官の補足意見、坂上裁判官の反対意見がついており、学説では合憲性に疑問をもつ見解の方が多い（野中俊彦「酒類販売免許制と職業選択の自由」ジュリ1024・28（平成4年度重要判例解説））。
　　(4)　租税犯に対する制裁の構造と機能について、佐藤英明『脱税と制裁』（1992年）。
　　　　懲役刑（実刑）に罰金刑を併科しなかった事例として、神戸地判平成4年7月7日（税理36・11・194）。同判決は、「行政罰であるとはいえ、重加算税等により本件脱税による不法収益は既に剥奪されており、さらに罰金刑を科することは、被告人にとって過酷な結果となることが考えられる上、被告人に右のような経済状態から、仮に罰金刑を科しても換刑留置をもって量刑すべきであり、検察官主張のように罰金刑を併科する必要性はない。」と判示している。
　　(5)　山田二郎「憲法38条1項による供述拒否権の保障と国税犯則事件の調査手続」ジュリ818・66

資 料

1　日本の近代税制の主な沿革

明　治
6年(1873年)　地租改正
8年(1875年)　旧幕府の雑税を廃止し酒税など制定
20年(1887年)　所得税を創設
22年(1889年)　旧憲法（帝国憲法）制定
29年(1896年)　日清戦争戦費調達で営業税（のちの事業税）など創設
32年(1899年)　所得税改正で法人所得税も徴収
38年(1905年)　日露戦争で相続税創設

大　正
9年(1920年)　所得税の大改正（配当の総合課税制導入など）
15年(1926年)　国・地方自治体を通じて税制整理（売薬印紙税などを廃止）

昭　和
12年(1937年)　日中戦争開始。北支事変特別税で物品特別税など創設
13年(1938年)　支那事変特別税で遊興飲食税など創設
15年(1940年)　法人税、物品税など独立。市町村税など制定。所得税に源泉徴収制度導入
21年(1946年)　戦時補償特別税、財産税創設
22年(1947年)　新憲法制定
23年(1948年)　取引高税創設（24年廃止）
25年(1950年)　シャウプ勧告（24年）による税制の大改革。富裕税、有価証券売却益課税導入（ともに28年廃止）。地租などを廃止し固定資産税に
28年(1953年)　所得税の給与所得控除の整備と最高税率引上げ
62年(1987年)　売上税創設などの税制改革案が衆院で廃案。マル優制度廃止
63年(1988年)　税制改革6法案成立（消費税創設、所得税の簡略化、最高税率大幅引下げなど）

平　成
1年(1989年)　消費税（税率3％）施行。資産課税（取得、保有、譲渡）の強化と地価税の創設など地価高騰を抑制するために土地税制の改革（施行は平成3年又は4年）
4年(1992年)　地価税施行(地価の鎮降化により、平成10年以降は、地価税を停止、法人・個人の土地譲渡益の課税の緩和）。相続税評価額（宅地）を地価公示価格の80％へ引上げ
6年(1994年)　中堅所得者層の税負担の緩和のための税制改革。固定資産評価額（土地）を地価公示価格の70％へ引上げ

9年(1997年)　消費税の税率を5％（国税分4％、地方分1％）に引上げ
11年(1999年)　個人所得税、法人税の恒久的な減税
12年(2000年)　政府税制調査会が「わが国税制の現状と課題――21世紀に向けた国民の参加と選択」を公表
13年(2001年)　地方分権一括法により地方自治体の独自課税の立法化と分権化、中央省庁などの改革

資　料

2　国税収入の構成の累年比較（税目別・会計別内訳）

区分	昭和9～11年度		16		25		30		35		40		45	
	金額 百万円	構成比 %	金額 百万円	構成比 %	金額 億円	構成比 %	金額 億円	構成比 %	金額 億円	構成比 %	金額 億円	構成比 %	金額 億円	構成比 %
直接税	427	34.8	3,161	64.1	3,136	55.0	4,811	51.4	9,784	54.3	19,416	59.2	51,344	66.1
所得税 { 源泉	※140	11.4	※1,585	32.1	2,201	38.6	2,787	29.8	3,906	21.7	9,704	29.6	24,282	31.2
申告	—	—	—	—	1,275	22.4	2,141	22.9	2,929	16.3	7,122	21.7	17,287	22.2
法人税	※117	9.5	※1,349	27.4	926	16.2	646	6.9	977	5.4	2,581	7.9	6,995	9.0
相続税	30	2.4	65	1.3	838	14.7	1,921	20.5	5,734	31.8	9,271	28.3	25,672	33.0
旧評価税	—	—	—	—	27	0.5	56	0.6	123	0.7	440	1.3	1,391	1.8
再評価税	—	—	—	—	—	—	—	—	—	—	—	—	0	0.0
その他	—	—	—	—	—	—	—	—	—	—	0	0.0	—	—
間接税等	140	11.4	162	3.3	64	1.1	43	0.5	21	0.1	—	—	—	—
酒税	799	65.2	1,770	35.9	2,566	45.0	4,552	48.6	8,226	45.7	13,369	40.8	26,388	33.9
砂糖消費税	216	17.6	359	7.3	1,054	18.5	1,605	17.1	2,485	13.8	3,529	10.8	6,136	7.9
揮発油税	82	6.7	120	2.4	7	0.1	476	5.1	281	1.6	289	0.9	442	0.6
石油ガス税	—	—	12	0.2	74	1.3	255	2.7	1,030	5.7	2,545	7.8	4,987	6.4
物品税	—	—	—	—	—	—	—	—	—	—	0	0.0	122	0.2
トランプ類税	—	—	181	3.7	165	2.9	269	2.9	822	4.6	1,379	4.2	3,395	4.4
取引所税	—	—	28	0.6	—	—	2	0.0	3	0.0	5	0.0	6	0.0
有価証券発行税	—	—	3	0.1	—	—	8	0.1	6	0.0	25	0.1	49	0.1
取引税	13	1.1	29	0.6	0	0.0	24	0.3	111	0.6	82	0.3	158	0.2
通行税	—	—	—	—	11	0.2	144	1.5	43	0.2	42	0.1	122	0.2
入場税	—	—	87	1.8	—	—	270	2.9	164	0.9	104	0.3	135	0.2
関税	157	12.8	1	0.0	16	0.3	3	0.0	1,098	6.1	2,220	6.8	3,815	4.9
とん税	3	0.2	—	—	—	—	5	0.1	8	0.0	29	0.1	51	0.1
日本銀行券発行税	—	—	—	—	—	—	—	—	5	0.0	4	0.0	8	0.0
印紙収入	83	6.8	146	3.0	92	1.6	233	2.5	506	2.8	827	2.5	2,187	2.8
日本専売公社納付金	202	16.5	415	8.4	1,138	20.0	1,182	12.6	1,465	8.1	1,793	5.5	2,723	3.5
地方道路税(特)	—	—	—	—	—	—	77	0.8	188	1.0	461	1.4	903	1.2
石油ガス税(譲与分)(特)	—	—	—	—	—	—	—	—	—	—	36	0.1	122	0.2
特別とん税(特)	—	—	—	—	—	—	—	—	11	0.1	—	—	63	0.1
原重油関税(特)	—	—	—	—	—	—	—	—	—	—	—	—	963	1.2
その他	43	3.5	389	7.9	8	0.1	0	0.0	—	—	—	—	—	—
合計	1,226	100.0	4,931	100.0	5,702	100.0	9,363	100.0	18,010	100.0	32,785	100.0	77,732	100.0

一般会計／特別会計

314

資 料

区　分	昭和50年度		55		60		平成元		2		3		4		5	
	金額	構成比	金額	構成比	金額	構成比	金額	構成比	金額	構成比	金額	構成比	金額	構成比	金額	構成比
	億円	%	億円	%	億円	%	億円	%	億円	%	億円	%	億円	%	億円	%
直　接　税	100,583	69.3	201,628	71.1	285,170	72.8	423,926	74.2	462,971	73.7	463,073	73.3	405,520	70.7	396,582	69.4
所　得　税	54,823	37.8	107,996	38.1	154,350	39.4	213,815	37.4	259,955	41.4	267,493	42.3	232,314	40.5	236,865	41.5
（源泉分）	39,663	27.3	82,353	29.0	122,495	31.3	153,087	26.8	184,728	29.4	195,710	31.0	187,787	32.7	189,060	33.1
（申告分）	15,160	10.5	25,643	9.1	31,855	8.1	60,728	10.6	72,168	11.5	71,783	11.3	47,586	8.3	47,805	8.4
法　人　税	41,279	28.5	89,227	31.5	120,207	30.7	189,933	33.2	183,836	29.3	165,951	26.3	137,136	23.9	121,379	21.3
会社臨時特別税	—	—	—	—	—	—	—	—	—	—	—	—	3,184	0.6	2,861	0.5
相　続　税	1,374	0.9	4,405	1.6	10,613	2.7	20,178	3.5	19,180	3.1	25,830	4.1	27,462	4.8	29,377	5.1
地価税	—	—	—	—	—	—	—	—	—	—	—	—	5,201	0.9	6,053	1.1
旧法人臨時特別税	3,104	2.1	—	—	—	—	—	—	—	—	—	—	—	—	—	—
法人臨時特別税	—	—	—	—	—	—	—	—	—	—	—	—	—	—	1	0.0
地価税等	2	0.0	—	—	—	—	—	—	—	—	—	—	223	0.0	46	0.0
間　接　税	44,460	30.7	82,060	28.9	106,332	27.2	147,435	25.8	164,827	26.3	169,037	26.7	168,444	29.3	174,560	30.6
消　費　税	—	—	—	—	—	—	32,699	5.7	46,227	7.4	49,763	7.9	52,409	9.1	55,865	9.8
酒　税	9,140	6.3	14,244	5.0	19,315	4.9	17,861	3.1	19,350	3.1	19,742	3.1	(65,511)	(11.4)	(69,831)	(12.2)
たばこ消費税	—	—	431	0.2	8,837	2.3	9,612	1.7	9,959	1.6	10,157	1.6	10,199	1.8	10,298	1.8
揮　発　油　税	8,244	5.7	15,474	5.5	15,568	4.0	14,653	2.6	15,055	2.4	15,375	2.4	15,631	2.7	16,268	2.8
	(8,244)	(5.7)	(15,474)	(5.5)	(16,678)	(4.3)	(19,203)	(3.4)	(20,066)	(3.3)	(20,719)	(3.3)	(21,159)	(3.7)	(21,993)	(3.9)
石　油　ガ　ス　税	408	0.3	149	0.1	155	0.0	158	0.0	157	0.0	154	0.0	152	0.0	151	0.0
	(278)	(0.2)	(297)	(0.1)	(310)	(0.1)	(316)	(0.1)	(314)	(0.1)	(308)	(0.1)	(304)	(0.1)	(302)	(0.1)
航空機燃料税	183	0.1	488	0.2	521	0.1	612	0.1	641	0.1	690	0.1	729	0.1	768	0.1
	(216)	(0.1)	(577)	(0.2)	(616)	(0.2)	(723)	(0.1)	(757)	(0.1)	(815)	(0.1)	(862)	(0.2)	(908)	(0.2)
物　品　税	6,825	4.7	4,041	1.4	4,004	1.0	4,733	0.8	4,870	0.8	4,883	0.8	5,054	0.9	4,907	0.9
トランプ類税	9	0.0	5	0.0	4	0.0	△1,343	△0.2	46	0.0	16	0.0	8	0.0	6	0.0
取　引　所　税	97	0.1	152	0.1	111	0.0	456	0.1	413	0.1	388	0.1	359	0.1	444	0.1
有　価　証　券　税	668	0.5	2,087	0.7	6,709	1.7	12,331	2.2	7,479	1.2	4,430	0.7	3,125	0.5	4,551	0.8
通　行　税	345	0.2	637	0.2	753	0.2	△	—	—	—	—	—	—	—	—	—
入　場　税	26	0.0	54	0.0	50	0.0	—	—	—	—	—	—	—	—	—	—
自　動　車　重　量　税	2,203	1.5	3,951	1.4	4,523	1.2	5,789	1.0	6,610	1.1	6,519	1.1	6,930	1.2	7,012	1.2
	(2,937)	(2.0)	(5,268)	(1.9)	(6,031)	(1.5)	(7,719)	(1.4)	(8,813)	(1.4)	(8,692)	(1.4)	(9,240)	(1.6)	(9,349)	(1.6)
石　油　税	3,733	2.6	6,469	2.3	6,369	1.6	8,049	1.4	8,252	1.3	9,234	1.5	9,155	1.6	8,809	1.5
関　と　ん　税	67	0.0	89	0.0	86	0.0	88	0.0	89	0.0	91	0.0	89	0.0	86	0.0
日本銀行券発行税	40	0.0	—	—	—	—	—	—	—	—	—	—	—	—	—	—
印　紙　収　入	4,798	3.3	8,409	3.0	14,126	3.6	19,601	3.4	18,944	3.0	17,488	2.8	15,706	2.7	15,991	2.8
消費税（譲与分）	3,380	2.3	8,081	2.8	—	—	—	—	—	—	—	—	—	—	—	—
地方道路税	1,496	1.0	2,783	1.0	2,999	0.8	8,175	1.4	11,557	1.8	12,441	2.0	13,102	2.3	13,966	2.4
石油ガス税（譲与分）	139	0.1	148	0.1	155	0.0	3,453	0.6	3,608	0.6	3,726	0.6	3,805	0.7	3,543	0.6
航空機燃料税（譲与分）	33	0.0	89	0.0	95	0.0	158	0.0	157	0.0	154	0.0	152	0.0	151	0.0
自動車重量税（譲与分）	734	0.5	1,317	0.5	1,508	0.4	1,930	0.3	2,203	0.4	2,173	0.3	2,310	0.4	2,337	0.4
特別とん税	84	0.1	111	0.0	107	0.0	110	0.0	111	0.0	114	0.0	111	0.0	140	0.0
原油関税等	1,349	0.9	1,387	0.5	1,205	0.3	911	0.2	1,029	0.2	971	0.2	904	0.2	108	0.0
電源開発促進税	—	—	—	—	—	—	—	—	—	—	—	—	—	—	820	0.1
揮発油税（特）	299	0.2	1,085	0.4	2,335	0.6	2,745	0.5	2,947	0.5	3,040	0.5	3,068	0.5	3,090	0.5
石油臨時特別税（特）	—	—	—	—	1,110	0.3	4,550	0.8	5,011	0.8	5,344	0.8	5,528	1.0	5,725	1.0
一般会計計	145,043	100.0	283,688	100.0	391,502	100.0	571,361	100.0	627,798	100.0	632,110	100.0	573,964	100.0	571,142	100.0
特別会計計																

(注) 消費税、揮発油税、石油ガス税、航空機燃料税及び自動車重量税の（ ）書は、それぞれの特別会計分を含めた場合である。

315

資 料

区分	平成6年度 金額(億円)	構成比(%)	7 金額	構成比	8 金額	構成比	9 金額	構成比	10 金額	構成比	11(当初) 金額	構成比	11(補正後) 金額	構成比	12(当初) 金額	構成比
直接税	359,567	66.6	363,519	66.1	360,476	65.3	352,325	63.4	303,397	59.3	280,640	57.2	266,740	56.0	302,990	59.8
所得税	204,175	37.8	195,151	35.5	189,649	34.3	191,827	34.5	169,961	33.2	156,850	31.9	150,670	31.6	186,800	36.9
法人税	167,142	31.0	157,259	28.6	150,210	27.2	154,030	27.7	137,658	26.9	124,590	25.4	120,690	25.3	156,610	30.9
申告分	37,033	6.9	37,891	6.9	39,440	7.1	37,797	6.8	32,304	6.3	32,260	6.6	29,980	6.3	30,190	6.0
源泉分	123,631	22.9	137,354	25.0	144,833	26.2	134,754	24.2	114,232	22.3	104,280	21.2	97,990	20.6	99,470	19.6
相続税	26,699	4.9	26,903	4.9	24,199	4.4	24,129	4.3	19,156	3.7	19,480	4.0	18,050	3.8	16,710	3.3
地価税	4,870	0.9	4,063	0.7	1,772	0.3	1,601	0.3	39	0.0	30	0.0	30	0.0	10	0.0
旧法人臨時特別税(特)	14	0.0	44	0.0	20	0.0										
間接税等	180,440	33.4	186,111	33.9	191,785	34.7	203,682	36.6	208,580	40.7	210,375	42.8	209,865	44.0	203,630	40.2
消費税	56,315	10.4	57,901	10.5	60,568	11.0	93,047	16.7	100,744	19.7	103,760	21.1	103,760	21.8	98,560	19.5
	(70,394)	(13.0)	(72,376)	(13.2)	(75,709)	(13.7)										
酒税	21,127	3.9	20,610	3.7	20,707	3.7	19,619	3.5	18,983	3.7	19,810	4.0	18,670	3.9	18,600	3.7
たばこ消費税	10,398	1.9	10,420	1.9	10,798	1.9	10,176	1.8	10,462	2.0	8,960	1.8	8,960	1.9	9,000	1.8
揮発油税	18,133	3.4	18,651	3.4	19,152	3.5	19,261	3.5	19,982	3.9	20,450	4.2	20,450	4.3	20,780	4.1
	(24,081)	(4.5)	(24,627)	(4.5)	(25,831)	(4.6)	(25,831)	(4.6)	(26,636)	(5.2)	(27,166)	(5.5)	(27,166)	(5.7)	(27,714)	(5.5)
石油ガス税	154	0.0	153	0.0	150	0.0	147	0.0	144	0.0	150	0.0	150	0.0	150	0.0
	(308)	(0.1)	(306)	(0.1)	(300)	(0.1)	(294)	(0.1)	(289)	(0.1)	(300)	(0.1)	(300)	(0.1)	(300)	(0.1)
航空機燃料税	816	0.2	855	0.2	878	0.2	879	0.2	901	0.2	900	0.2	900	0.2	870	0.2
	(964)	(0.2)	(1,010)	(0.2)	(1,038)	(0.2)	(1,039)	(0.2)	(1,065)	(0.2)	(1,064)	(0.2)	(1,064)	(0.2)	(1,028)	(0.2)
石油税	5,243	1.0	5,131	0.9	5,252	1.0	4,967	0.9	4,767	0.9	4,960	1.0	4,960	1.0	4,820	1.0
物品税	4	0.0	3	0.0	3	0.0										
トランプ類税																
取引所税	413	0.1	438	0.1	420	0.1	397	0.1	190	0.0						
有価証券取引税	3,905	0.7	4,791	0.9	3,915	0.7	4,036	0.7	1,726	0.3						
通行税																
入場税																
自動車重量税	7,543	1.4	7,837	1.4	8,261	1.5	8,128	1.5	8,165	1.6	8,410	1.7	8,410	1.8	8,320	1.6
	(10,576)	(1.9)	(10,449)	(1.9)	(11,014)	(2.0)	(10,837)	(1.9)	(10,887)	(2.1)	(11,213)	(2.3)	(11,213)	(2.4)	(11,093)	(2.2)
関税	9,076	1.7	9,500	1.7	10,240	1.8	9,529	1.7	8,687	1.7	7,850	1.6	7,850	1.6	7,300	1.4
とん税	87	0.0	87	0.0	88	0.0	92	0.0	86	0.0	90	0.0	90	0.0	90	0.0
日本銀行券発行税																
印紙収入	17,519	3.2	19,413	3.5	19,693	3.6	16,811	3.0	16,084	3.1	15,210	3.1	15,840	3.3	15,110	3.0
消費税(譲与分)(特)	14,079	2.6	14,475	2.6	15,142	2.7	2,764	0.5	2,850	0.6	2,906	0.6	2,906	0.6	2,965	0.6
地方道路税(特)	2,577	0.5	2,635	0.5	2,724	0.5	147	0.0	144	0.0	164	0.0	164	0.0	150	0.0
石油ガス税(譲与分)(特)	154	0.0	153	0.0	150	0.0	160	0.0	164	0.0	164	0.0	164	0.0	158	0.0
航空機燃料税(譲与分)(特)	148	0.0	155	0.0	160	0.0	2,709	0.5	2,722	0.5	2,803	0.6	2,803	0.6	2,773	0.5
自動車重量税(譲与分)(特)	2,514	0.5	2,612	0.5	2,753	0.5	115	0.0	107	0.0	113	0.0	113	0.0	113	0.0
特別とん税(特)	109	0.0	109	0.0	110	0.0	588	0.1	518	0.1	619	0.1	619	0.1	522	0.1
電源開発促進税(特)	868	0.2	821	0.2	853	0.2	3,540	0.6	3,573	0.7	3,679	0.7	3,679	0.7	3,699	0.7
原油関税等(特)	3,310	0.6	3,386	0.6	3,464	0.6	6,570	1.2	6,654	1.3	6,716	1.4	6,716	1.4	6,934	1.4
揮発油税(特)	5,948	1.1	5,976	1.1	6,304	1.1										
石油臨時特別税(特)																
一般会計 計	540,007	100.0	549,630	100.0	552,261	100.0	556,007	100.0	511,977	100.0	491,015	100.0	476,605	100.0	506,620	100.0
たばこ特別税(特)									927	0.2	2,675	0.5	2,675	0.6	2,716	0.5
特別会計 計																

(注) 1. 消費税、揮発油税、石油ガス税、航空機燃料税及び自動車重量税の( )書は、それぞれの特別会計分を含めた場合である。
2. 5年度以降に収納される法人臨時特別税及び石油臨時特別税は一般会計分として計上されている。

(備考)
1．国税は、平成10年度以前は決算額、平成11年度は当初及び補正後予算額（第2号）後予算額、平成12年度は当初及び補正予算額である。
2．国税は特別会計分及び日本専売公社納付金を含んでいる。
3．国税の直接税及び間接税等の区分については、「(2)税目別・会計別内訳」を参照のこと。なお、「(2)税目別・会計別内訳」の「その他」の内容は次のとおりである。
(1) 昭和9～11年度
　直接税のその他　　地租（58百万円）、営業収益税（60百万円）、営業税（0百万円）、戦時利得税（0百万円）、資本利子税（15百万円）、鉱業税（5百万円）、取引所営業税（2百万円）
　間接税等のその他　清涼飲料税（4百万円）、織物消費税（39百万円）
(2) 昭和16年度
　直接税のその他　　配当利子特別税（10百万円）、外貨債務特別税（9百万円）、営業税（0百万円）、地租（25百万円）、鉱区税（10百万円）、法人資本税（5百万円）、利益配当税（1百万円）、営業収益税（14百万円）、営業税（87百万円）、資本利子税（0百万円）、戦時利得税（0百万円）、北支事件特別税（1百万円）、公債及び社債利子税（0百万円）
　間接税等のその他　建築税（2百万円）、清涼飲料税（12百万円）、織物消費税（130百万円）、遊興飲食税（201百万円）、入場税（33百万円）、兌換銀行券発行税（11百万円）
4．昭和9～11年度及び16年度の所得税には個人臨時利得税（9～11年度4百万円、16年度184百万円）を含み、法人税には法人臨時利得税（9～11年度20百万円、16年度814百万円）を含んでいる。
5．入場税、昭和36年度までは特別会計に属していた。
6．地方税は、地方交付税及び地方譲与税及び地方讓与税及び地方讓与税を含まず、平成10年度以前は決算額、平成11年度（当初）は見込額、平成11年度（補正後）は実績見込額、平成12年度は見込額である。
7．地方税における直接税、間接税等の区分は次のとおりである。
　　直接税―（現行税目）都道府県税　事業税、鉱区税、狩猟者税、軽油引取税及び入猟税を除く。
　　　　　　　　　　　　税（自動車取得税、自動車税、軽自動車税、狩猟免許税、自転車荷車税、市町村民税、固定資産税、特別土地保有税、目的税、鉱産税、特別地租、国税附加税、電気税、ガス税、雜種税（一部）、段別割、戸数割、戸別割、家屋税、電柱税、漁業権税、軌道税、電話加入権税、船舶税、使用人税、舟税、自転車税、荷車税及び金庫税
　　　　　　　（廃止税目）特別所得税、狩猟者税、狩猟免許税、電話加入権税、自転車荷重税、電話税、雜種税、雜種税、段別割、戸数割、戸別割、家屋税、段別割、戸別割、家屋税、家屋税、電柱税、営業税、段別割、家屋税、電柱税、家屋税、扇風機税、と畜税、犬税、使用人税、舟税、自転車税、荷車税及び金庫税
　　間接税等―直接税以外の諸税
8．昭和9～11年度の地方税は、雜種税以外は直接国税の附加税、雜種税は、戸数割その他の直接税のみであり、雜種税については、昭和11年度の調定済額を基礎とし、税目により区分した直接税、間接税等の比率を適用して決算額を按分推計している。

317

資料

3 地方税収入の構成の累年比較

区　分	昭和30年度 金額(億円)	構成比(%)	40 金額	構成比	50 金額	構成比	60 金額	構成比	平成8年度 金額	構成比	9 金額	構成比	10 金額	構成比	11(計画) 金額	構成比	12(計画) 金額	構成比
道府県税	1,471	38.6	7,823	50.5	38,692	47.4	102,040	43.8	145,915	41.6	149,478	41.3	153,195	42.6	148,195	42.0	152,355	43.5
市町村税	2,344	61.4	7,671	49.5	42,856	52.6	131,125	56.2	205,022	58.4	212,077	58.7	206,027	57.4	204,762	58.0	198,213	56.5
地方税総計	3,815	100.0	15,494	100.0	81,548	100.0	233,165	100.0	350,937	100.0	361,555	100.0	359,222	100.0	352,957	100.0	350,568	100.0
直接税	3,061	80.2	12,013	77.5	67,375	82.6	199,520	85.6	309,482	88.2	314,119	86.9	296,625	82.6	291,083	82.5	288,839	82.4
間接税等	754	19.8	3,481	22.5	14,173	17.4	33,645	14.4	41,455	11.8	47,436	13.1	62,597	17.4	61,874	17.5	61,729	17.6
道府県普通税	1,468	99.8	7,171	91.7	34,987	90.4	92,991	91.1	125,781	86.2	130,534	87.3	135,367	88.4	130,537	88.1	134,798	88.5
道府県民税	237	16.1	1,758	22.5	9,890	25.6	29,513	28.9	41,404	28.4	42,090	28.4	36,516	23.8	35,989	24.3	42,844	28.1
(個人)	140	9.5	1,229	15.7	7,393	19.1	21,003	20.6	26,095	17.9	28,075	18.8	24,341	15.9	24,990	16.9	24,285	15.9
法人利子割	97	6.6	529	6.8	2,497	6.5	8,510	8.3	9,930	6.8	9,538	6.4	8,576	5.6	7,068	4.8	6,493	4.3
									5,379	3.7	4,477	3.0	3,599	2.3	3,931	2.7	12,066	7.9
事業税	806	54.8	3,299	42.2	15,016	38.8	39,370	38.6	53,396	36.6	51,003	34.1	44,825	29.3	41,562	28.0	38,827	25.5
(個人)	202	13.7	253	3.2	480	1.2	1,298	1.3	2,556	1.8	2,709	1.8	2,711	1.8	2,460	1.7	2,299	1.5
(法人)	604	41.1	3,046	38.9	14,536	37.6	38,072	37.3	50,840	34.8	48,294	32.3	42,114	27.5	39,102	26.4	36,528	24.0
地方消費税											8,070	5.4	25,504	16.6	24,626	16.6	25,438	16.7
不動産取得税	52	3.5	414	5.3	1,813	4.7	4,346	4.3	8,073	5.5	7,311	4.9	6,348	4.1	6,053	4.1	5,831	3.8
道府県たばこ(消費)税	96	6.5	440	5.6	1,356	3.5	3,130	3.1	3,800	2.6	2,477	1.7	2,313	1.5	2,739	1.8	2,875	1.9
ゴルフ場利用(入場)税	15	1.0	95	1.2	500	1.3	1,083	1.1	987	0.7	980	0.7	923	0.6	897	0.6	827	0.5
特別地方消費税(遊興飲食・料理飲食等消費)税	151	10.3	559	7.1	2,674	6.9	4,757	4.7	1,310	0.9	1,245	0.8	1,125	0.7	1,095	0.7	146	0.1
自動車税	78	5.3	549	7.0	3,689	9.5	10,380	10.2	16,495	11.3	17,046	11.4	17,369	11.3	17,423	11.8	17,894	11.7
鉱区税	5	0.3	8	0.1	6	0.0	9	0.0	6	0.0	5	0.0	5	0.0	4	0.0	4	0.0
狩猟者登録(狩猟免許)税	3	0.2	4	0.1	6	0.0	27	0.0	20	0.0	19	0.0	18	0.0	18	0.0	17	0.0
固定資産税(特例)	22	1.5	39	0.5	21	0.1	123	0.1	71	0.0	83	0.1	219	0.1	131	0.1	95	0.1
法定外普通税・その他	3	0.2	6	0.1	2	0.0	253	0.2	219	0.2	205	0.1	202	0.1	—	—	—	—
道府県目的税	0	0.0	652	8.3	3,705	9.6	9,049	8.9	20,134	13.8	18,942	12.7	17,828	11.6	17,658	11.9	17,557	11.5
自動車取得税	—	—	—	—	1,750	4.5	3,471	3.4	6,563	4.5	5,621	3.8	4,973	3.2	4,673	3.2	4,556	3.0
軽油引取税	—	—	649	8.3	1,940	5.0	5,558	5.4	13,553	9.3	13,307	8.9	12,841	8.4	12,972	8.8	12,989	8.5
その他	0	0.0	3	0.0	15	0.0	20	0.0	14	0.0	14	0.0	13	0.0	13	0.0	12	0.0
旧法による税収入	3	0.2	—	—	—	—	—	—	—	—	2	0.0	—	—	—	—	—	—
合　計	1,471	100.0	7,823	100.0	38,692	100.0	102,040	100.0	145,915	100.0	149,478	100.0	153,195	100.0	148,195	100.0	152,355	100.0

資　　料

普　通　税	2,334	99.6	7,273	94.8	40,100	93.6	120,404	91.8	187,296	91.4	194,654	91.8	188,291	91.4	186,892	91.3	180,737	91.2
市　町　村　民　税	740	31.6	3,046	39.7	19,804	46.2	66,454	50.7	90,979	44.4	97,042	45.8	88,157	42.8	83,660	40.9	79,222	40.0
個　　　　人	576	24.6	2,200	28.7	13,597	31.7	45,028	34.3	64,075	31.3	71,723	33.8	65,242	31.7	63,789	31.2	61,197	30.9
法　　　　人	164	7.0	846	11.0	6,207	14.5	21,426	16.3	26,904	13.1	25,319	11.9	22,915	11.1	19,871	9.7	18,025	9.1
固　定　資　産　税	1,104	47.1	2,773	36.1	14,900	34.8	41,747	31.8	87,421	42.6	87,525	41.3	90,198	43.8	92,865	45.4	90,906	45.9
土　　　　地	433	18.5	655	8.5	6,539	15.3	17,898	13.6	36,430	17.8	37,052	17.5	37,543	18.2	38,289	18.7	37,898	19.1
家　　　　屋	465	19.8	1,210	15.8	5,068	11.8	16,028	12.2	34,330	16.7	33,242	15.7	35,113	17.0	37,098	18.1	35,388	17.9
償　却　資　産	206	8.8	908	11.8	3,293	7.7	7,821	6.0	16,661	8.1	17,231	8.1	17,542	8.5	17,478	8.5	17,620	8.9
軽自動車(自転車・荷車)税	46	2.0	125	1.6	275	0.6	698	0.5	1,095	0.5	1,131	0.5	1,159	0.6	1,153	0.6	1,211	0.6
市町村たばこ(消費)税	192	8.2	732	9.5	2,381	5.6	5,515	4.2	6,723	3.3	7,990	3.8	8,136	3.9	8,589	4.2	8,836	4.5
電気税・ガス税	215	9.2	540	7.0	1,613	3.8	5,270	4.0	—	—	—	—	—	—	—	—	—	—
鉱　　　産　　　税	17	0.7	24	0.3	28	0.1	46	0.0	22	0.0	19	0.0	17	0.0	17	0.0	15	0.0
木材引取税	15	0.6	25	0.3	29	0.1	21	0.0	—	—	—	—	—	—	—	—	—	—
特別土地保有税	—	—	—	—	1,028	2.4	552	0.4	1,050	0.5	941	0.4	619	0.3	608	0.3	547	0.3
法定外普通税・その他	5	0.2	8	0.1	42	0.1	101	0.1	6	0.0	6	0.0	5	0.0	—	—	—	—
目　　的　　税	6	0.3	207	2.7	2,181	5.1	9,316	7.1	17,024	8.3	16,728	7.9	16,982	8.2	17,083	8.3	16,593	8.4
入　　湯　　税	3	0.1	14	0.2	71	0.2	140	0.1	217	0.1	222	0.1	226	0.1	230	0.1	231	0.1
事　業　所　税	—	—	—	—	152	0.4	1,972	1.5	3,114	1.5	3,247	1.5	3,232	1.6	3,205	1.6	3,185	1.6
都　市　計　画　税	—	—	190	2.5	1,955	4.6	7,201	5.5	13,691	6.7	13,257	6.3	13,522	6.6	13,646	6.7	13,176	6.6
そ　　の　　他	3	0.1	3	0.0	0	0.0	0	0.0	—	—	—	—	2	0.0	2	0.0	1	0.0
旧法による税収入	4	0.2	0	0.0	—	—	—	—	—	—	—	—	—	—	—	—	—	—
国有資産等所在市町村交付金	—	—	27	0.4	136	0.3	368	0.3	702	0.3	695	0.3	754	0.4	787	0.4	883	0.4
納　　付　　金	—	—	164	2.1	439	1.0	1,037	0.8	—	—	—	—	—	—	—	—	—	—
合　　　　計	2,344	100.0	7,671	100.0	42,856	100.0	131,125	100.0	205,022	100.0	212,077	100.0	206,027	100.0	204,762	100.0	198,213	100.0

(備考) 1．平成10年度以前は決算額．平成11年度及び12年度は地方財政計画額である．
2．昭和31年度以前の入湯税は法定普通税に含まれる．

事項索引

ア 行

青色申告（制度）………………78、84、195
青色（申告）取消し………………179
青色申告特別控除制度……………84
異議申立て…………………………252
　——の審理………………………256
移転価格税制………………………151
委任立法の限界……………………32
違法所得…………………………44、63
印紙納付……………………………187
疑わしきは国庫の不利益に………38
益　金………………………………95
閲覧請求制度………………………260
延滞税………………………………295
延　納………………………………185
応益負担……………………………2
応能負担……………………………2

カ 行

外国税額控除………………………149
　——方式…………………………148
　みなし外国税額控除……………22
拡張的脱税犯………………………305
確定決算主義………………………94
隠れたる利益処分…………………43
過誤納金……………………………191
加算税………………………………296
　過少申告——……………………297
　不納付加算税……………………298
　無申告加算税……………………297
過少資本税制………………………154
課税期間……………………………57
課税権…………………………2、11

課税処分……………………………175
　——の期間制限…………………177
　——の効力の発生………………174
　——の種類………………………175
　——の手続………………………176
　——の理由附記…………………179
課税単位……………………………55
課税標準……12、65、94、118、126、135、142
課税物件……55、62、93、116、125、134、138
課税要件…………………………19、52
仮装行為……………………………42
過怠税………………………………300
合算課税
過納金………………………………191
簡易課税制度………………………121
換　価………………………………242
換価代金等…………………………243
還　付………………………………191
還付加算税…………………………193
還付金………………………………191
　——の消滅時効…………………192
管理支配基準………………………151
期限後申告…………………………170
期限内申告…………………………169
帰　属……………………56、64、93
帰属所得……………………………63
既判力………………………………287
寄付金………………………………102
記帳義務……………………………195
吸収一体説…………………………177
形成力………………………………287
行政不服申立前置主義………249、270
行政不服申立て
　——の種類………………………252

321

事項索引

――の審理	256
金銭的納付	1
繰上請求	233
繰上保全差押決定	233
繰戻控除	82
経済的観察法	35
軽自動車税	140
軽油引取税	139
決定（課税処分）	176
決定（不服申立て）	262
限界控除	119
現金主義	75
源泉徴収義務	50
権利確定主義	76
原処分主義	284
恒久的施設	154
鉱区税	139
交際費等	103
鉱産税	140
更正	175
公正基準	96
更正の請求	172
通常の請求	172
特別の請求	174
拘束力	288
公売	243
交付要求	241
国際課税	146
国税	11
――の種類	11
――の税務行政組織	162
国税庁、国税局	163
国税不服審判所	253
国籍基準	58
固定資産税	136、139、140
固定資産評価基準	142
誤納金	191
ゴルフ場利用税	139

サ行

裁決	262
債権者代位権	209
債権者取消権	210
再更正	176
詐害行為	210
差押	234
――先着手主義	217
――の対象財産	235
――の解除	240
――の効力	238
――の手続	236
参加差押	241
仕入税額控除	118
事後調査	200、201
事業所税	140
事業税	139
資産課税	6
事前調査	200
市町村たばこ税	140
市町村民税	140
執行不停止の原則	255
執行力	288
質問検査権	199
実質課税の原則	35
実質主義	35
実質所得者課税の原則	54、92
重加算税	298
自動確定方式	12、168
自動車税	139
自動車取得税	139
使途秘匿金	104
借用概念	36
従価税	12
住所居所基準（主義）	26、58

事項索引

修正申告	170
充当	193
収入金額	70
従量税	12
主税局	161
主張責任	273
出訴期間	269
狩猟者登録税	139
消費税	113
消滅時効	189
職権証拠調べ	279
所得概念	60
所得控除	83
所得税	57
所得の分類	63
白色申告	195
人格のない社団・財団	50
信義誠実の原則	46
申告期限	169
申告納税方式（制度）	12、165
審査請求	252
――の審理	257
人税	12
推計課税	278
税額控除	84、110
税法	
――の解釈	35
――の遡及適用	26
――の適用範囲	26
――の法源	20
税務行政組織	161
税務署	161
税務争訟	249
税務訴訟	268
――と訴訟要件	269
――の種類	268
税務調査	197
税理士	51
税率	56、86、109、118、125、134、144
実効税率	56
超過累進税率	56
特別税率	110
累進税率	56
政令への委任	30
総額主義	270
総合所得税	63
相殺	224
相続財産の評価	129
相続税	124
争点主義	270
贈与税	133
訴訟物	270
租税	
――の意義	1、2
――の強制徴収	206
――の納付	183
――の納付の方法	187
――債権の一般的優先権（優先徴収権）	211
租税回避（行為）	39
租税危害犯	306
租税原則	8
租税権力関係説	49
租税債務関係説	49
租税実体法	19、49
租税条約	155
租税処罰法	18
租税節約	40
租税手続法	17、18
租税犯	302
租税平等主義	20、31
租税法律関係	49
租税法律主義	21、22、29
損益通算	82

323

事項索引

損金 …………………………………93
損失の繰越控除 ………………………82

タ 行

対応調整…………………………………152
第二次納税義務（者） ……………50、226
第三者効…………………………………288
第三者納付………………………………187
台帳課税主義……………………………137
滞納処分…………………………206、232
　──の執行停止………………………209
タックス・ヘイブン対策税制…………149
脱税犯……………………………………302
　単純合算課税……………………………61
単純無申告犯……………………………306
地方税………………………………………11
　──の種類…………………………140、141
　──の税務行政組織…………………162
超過公売の禁止…………………………243
超過差押の禁止…………………………234
調　査
　課税処分のための税務──…………197
　間接強制を伴う任意──……………198
　強制調査………………………………204
　滞納処分のための調査………………233
　純粋の任意調査………………………198
　犯則事件の──………………………307
調査妨害罪……………………………198、306
通告処分…………………………………310
通　達………………………………………23
倒産手続…………………………………219
同族会社の行為計算の否認 ………40、108
道府県たばこ税…………………………139
道府県民税………………………………139
督　促……………………………………233
特別地方消費税…………………………139
特別徴収義務………………………………50

特別土地保有税…………………………140
独立企業間価格…………………………151
都市計画税………………………………140
取消しうべき行為…………………………43

ナ 行

2重課税
　国際的な──…………………………146
　法人税と所得税の──……………58、91
2分2乗方式………………………………59
入湯税……………………………………140
入猟税……………………………………139
納期限
　──の延長……………………………185
　具体的──……………………………184
　法定──………………………………183
納税義務……………………………………2
　──の確定……………………………166
　──の承継……………………………182
　──の消滅……………………………183
　──の成立……………………………164
　──の成立時期………………………164
納税義務者 …50、57、91、114、124、133、137
　制限──…………………………………51
　無制限──………………………………51
納税証明書………………………………213
納税申告…………………………………169
　──の効力……………………………171
　──の種類……………………………169
納税の告知………………………………206
納税の猶予………………………………185

ハ 行

売却決定…………………………………243
配　当……………………………………244
判　決
　──の種類……………………………286

324

事項索引

――の効力……………………287
犯則事件の調査……………………307
反面調査……………………200
非課税
　人的非課税 ……………7、50、58、92、138
　物的非課税……………………53、62
非課税所得 ……………………62
必要経費 ……………………75
表見課税 ……………………55
賦課課税方式 ………………12、167
賦課処分……………………176
附帯税……………………295
負担調整措置……………………142
不徴収犯……………………306
普通税 ……………………12
物　税 ……………………12
物　納……………………131、187
不動産取得税……………………139
不納付犯……………………305
不服申立て
　――期間……………………253
　――の教示……………………255
　――の手続……………………255
不服申立人……………………254
文書提出命令……………………280
　――の対象文書……………………281
　――と守秘義務……………………282
分離課税 ……………………64
分類所得税 ……………………64

併存説……………………176
法人税 ……………………91
法定申告期限……………………169
保全差押決定……………………233
逋脱犯……………………303
本店所在地基準（主義）……………26、92

マ　行

みなし譲渡 ……………………71
無益な差押の禁止……………………234
無効の行為 ……………………43
免　除……………………188
免除方式……………………147
目的税 ……………………12

ヤ　行

役員に対する給与 ……………………99
優先徴収権……………………211

ラ　行

利子税……………………185、296
立証責任……………………273
理由附記
　課税処分の――……………………179
　決定・裁決の――……………………265

ワ　行

和解（税務争訟の）……………………288

325

〈著者紹介〉
山田二郎（やまだ じろう）

京都大学法学部卒、法務省官房訟務部第五課長（税務訴訟を担当）、
東京高等裁判所判事、東京地方裁判所部総括判事を経て、
東海大学法学部教授（2000年定年退職）、弁護士

〈主な著書〉 税務訴訟の理論と実際（財経詳報社）、税務争訟の実務（改訂版、共著、新日本法規出版）、所得税（租税法講座第2巻）、租税債権（実務法律体系第9巻）、論文集（全3巻、信山社、近刊予定）など

税法講義（第2版）

2001（平成13）年5月20日　第2版第1刷発行
　　　　　　　　　　　　3058-0201

著作者　山　田　二　郎
発行者　今　井　　　貴
発行所　信山社出版株式会社

〒113-0033 東京都文京区本郷 6-2-9-102
TEL 03-3818-1019
FAX 03-3818-0344
henshu@shinzansha.co.jp

印　刷　勝美印刷株式会社
製　本　大　三　製　本

© 2001, 山田二郎　Prited in Japan.
落丁・乱丁本はお取替えいたします。

ISBN 4-3058-4 C 3332

NDC分類 323.913　3058-0201:012-010-002

ISBN4-7972-1871-1 C3332　　　定期予約受付中　　　　　　　　新刊案内2001.3
NDC分類329.801国際私法・国際取引法

国際私法学会 編　　　　最新刊

国際私法年報 2 2000

― 特集〈法例〉施行100周年・国際私法学会50周年―国際取引法 ―

＊国際私法学会はこのたび学会の機関誌として「国際私法年報」を公刊することとした。あたかもこの1999年という年は、学会創立の50周年目にあたる。前年には、会員の最も重要な研究対象の一つである'法例'の制定・施行100周年を迎え、この機会に相応しい研究成果の一端をシンポジウムという形で公表した。学会自体の発展にとって、意義深い節目の一つであった（創刊の辞）。
また、第2号は1999年6月北海道大学大会の成果を中心に、その記録を残すという作業を以て、本誌を刊行できた。 *(Japanese Year Book of Private International Law, 2000)*

目 次

特集　国際取引法

契約の準拠法……………………………………………京都大学教授　櫻田嘉章
不法行為地法主義の限界とその例外……………………一橋大学教授　横山　潤
国際金融と国際私法………………………………………大阪大学教授　野村美明
法人の従属法とその適応範囲……………………………中央大学教授　山内惟介
　―欧州諸立法の比較検討とその立法論への示唆―
商法規定の国際的適用関係 ……………………………東京大学教授　江頭憲治郎
海事国際私法の「独自性」 ……………………………学習院大学教授　神前　禎
海事国際私法の将来 ……………………………………東京大学助教授　藤田友敬
民事及び商事に関する裁判管轄及び外国判決に関する条約準備草案（1999年10月31日）

国際私法年報 1999　創刊第1号　本体2,857円

国際商事仲裁法の研究　　高桑　昭 著　12,000円　　新刊
国際環境法　　磯崎博司 著　2,900円
公正の法哲学　　長谷川晃 著　8,000円　新刊
グローバル経済と法　　石黒一憲 著　4,600円　新刊
金融の証券化と投資家保護　　山田剛志 著　2,100円　新刊

信山社　ご注文はFAXまたはEメールで
FAX 03-3818-0344　　Email：order@shinzansha.co.jp
〒113-0033 東京都文京区本郷6-2-9-102　TEL 03-3818-1019
信山社のホームページ　　http://www.shinzansha.co.jp

ISBN4-7972-3034-7 C3332 NDC343.201 財政法　　　甲斐　素直 著

予算・財政監督の法構造

A5判変型上製カバー　総 520 頁　　本体 9,800 円（税別）

☆憲法と財政法規の解釈論の架橋をめざす研究書。国の統治機構や地方自治体と全体的調整を図る中から財政法や財政監督法が生じていることを示す。

ISBN4-7972-3036-3 C3333 NDC324.201 マンション法　　山畑　哲世 著

マンション管理法セミナー

A5判変型並製カバー　総 216 頁　　本体 2,222 円（税別）

☆管理会社のためのマンション管理の基礎知識を掲載。マンション住民紛争を予防するため、管理役員組合にも必読の書。管理会社フロントマンの各種研修に、テキストとしても最適。

ISBN4-7972-2621-8 C3382 NDC670901法務英語　　後藤　浩司 著

法務英語入門 改訂第Ⅱ版

A5判変型並製カバー　総 216 頁　　本体 3,000 円（税別）

☆いまや各種企業における書類や通信には、英語は不可欠である。外部発注には向かない重要書類の雛型となるような例文を多くあげて、すぐに役立つ実用書であり、法務部門必携の実務書。待望の改訂版出来！

ISBN4-7972-9027-7 C3032 NDC327.121司法　　　斎藤　哲 著

市民裁判官の研究

A5判変型上製　総 384 頁　　本体 7,600 円（税別）

☆市民参加の裁判制度について諸外国の制度を中心に、日本における裁判官論を概観しながら、制度の沿革と機能を考察。国民の司法参加が重要課題であるいま、新鮮な視点を提供する最新の研究書。

ISBN4-7972-1787-1 C3332 NDC322.901外国法　　田島　裕 訳著

イギリス憲法典 ―1998年人権法

―田島裕著作集 別巻2―

四六判変型上製カバー　総 144 頁　　本体 2,200 円（税別）

☆1998年11月9日にイギリスの国会を通過した人権法は2000年10月2日から施行されている。国内法化されたこの人権法は憲法典に相当する重要な意味を有する。かかる条文を全文翻訳、解説を付加。

信山社

ご注文は書店へ。FAXまたはEmailでも受付（送料別）。
fax 03-3818-0344　Email：order@shinzansha.co.jp
〒113-0033　東京都文京区本郷6-2-9-102　Tel 03-3818-1019
ホームページ：http://www.shinzansha.co.jp

行政裁量とその統制密度	宮田三郎 著	元専修大学・千葉大学／朝日大学教授	6,000 円
行政法教科書	宮田三郎 著	元専修大学・千葉大学 朝日大学教授	3,600 円
行政法総論	宮田三郎 著	元専修大学・千葉大学 朝日大学教授	4,600 円
行政訴訟法	宮田三郎 著	元専修大学・千葉大学 朝日大学教授	5,500 円
行政手続法	宮田三郎 著	元専修大学・千葉大学 朝日大学教授	4,600 円
行政事件訴訟法 (全7巻)	塩野 宏 編著	東京大学名誉教授 成溪大学教授	セット 250,485 円
行政法の実現 (著作集3)	田口精一 著	慶應義塾大学名誉教授 清和大学教授	近刊
租税徴収法 (全20巻予定)	加藤一郎・三ケ月章 監修	東京大学名誉教授	
	青山善充・塩野宏 編集 佐藤英明・奥 博司 解説	神戸大学教授 西南学院大学法学部助教授	
近代日本の行政改革と裁判所	前山亮吉 著	静岡県立大学教授	7,184 円
行政行為の存在構造	菊井康郎 著	上智大学名誉教授	8,200 円
フランス行政法研究	近藤昭三 著	九州大学名誉教授 札幌大学法学部教授	9,515 円
行政法の解釈	阿部泰隆 著	神戸大学法学部教授	9,709 円
政策法学と自治条例	阿部泰隆 著	神戸大学法学部教授	2,200 円
法政策学の試み 第1集	阿部泰隆・根岸 哲 編	神戸大学法学部教授	4,700 円
情報公開条例集	秋吉健次 編 個人情報保護条例集 (全3巻)		セット 26,160 円
(上) 東京都23区 項目別条文集と全文			8,000 円 (上) -1, -2 都道府県 5760 6480 円
(中) 東京都27市 項目別条文集と全文			9,800 円 (中) 政令指定都市 5760 円
(下) 政令指定都市・都道府県 項目別条文集と全文			12,000 円 (下) 東京23区 8160 円
情報公開条例の理論と実務	自由人権協会編 内田力蔵著作集 (全10巻)		近刊
上巻〈増補版〉5,000 円 下巻〈新版〉6,000 円 陪審制の復興	佐伯千仭他編		3,000 円
日本をめぐる国際租税環境	明治学院大学立法研究会 編		7,000 円
ドイツ環境行政法と欧州	山田 洋 著	一橋大学法学部教授	5,000 円
中国行政法の生成と展開	張 勇 著	元名古屋大学大学院	8,000 円
土地利用の公共性	奈良次郎・吉牟田薫・田島 裕 編集代表		14,000 円
日韓土地行政法制の比較研究	荒 秀 著	筑波大学名誉教授・獨協大学教授	12,000 円
行政計画の法的統制	見上 崇 著	龍谷大学法学部教授	10,000 円
情報公開条例の解釈	平松 毅 著	関西学院大学法学部教授	2,900 円
行政裁判の理論	田中舘照橘 著	元明治大学法学部教授	15,534 円
詳解アメリカ移民法	川原謙一 著	元法務省入管局長・駒沢大学教授・弁護士	28,000 円
税法講義	山田二郎著 4,000 円 市民のための行政訴訟改革 山村恒年編		2,400 円
都市計画法規概説	荒 秀・小高 剛・安本典夫 編 3,600 円 放送の自由		9,000 円
行政過程と行政訴訟	山村恒年著 7,379 円 政策決定過程 村川一郎著		4,800 円
地方自治の世界的潮流 (上・下)	J.ヨアヒム・ヘッセ 著 木佐茂男 訳		上下:各 7,000 円
スウェーデン行政手続・訴訟法概説	萩原金美 著		4,500 円
独逸行政法 (全4巻)	O.マイヤー 著 美濃部達吉 訳		全4巻セット:143,689 円
韓国憲法裁判所10年史 13,000 円 大学教育行政の理論	田中舘照橘著		16,800 円

信山社　ご注文はFAXまたはEメールで
FAX 03-3818-0344　Email order@shinzansha.co.jp
〒113-0033 東京都文京区本郷 6-2-9-102　TEL 03-3818-1019　ホームページは http://www.shinzansha.co.jp